シンガポール川とゲイラ
シンガポール海峡に注ぐマ
必見観光名所、最新スポット、歴史的
シンガポール観光のメイン

富の泉
ンテック・シティ・モールの中心にある
水に基づき作られた、金運のパワース
ットとして有名

ラッフルズ・ホテル・シンガポール
シンガポールを代表するホテル
アフタヌーンティーなども楽しめ
ショッピング・アーケードも併設する

チャイムス
かつての女子修道院で教会建築が見事
今ではレストランやショップが入る商業施設

シンガポール国立博物館
シンガポール最古の博物館
重厚な白亜の外観はさすが

プラナカン博物館
荘麗な外観がリニューアルでさらに
美しさUP。プラナカンの華麗な文化を紹介

オールド・ヒル・ポリス・ステーション
カラフルな窓枠がかわいい映えビル
かつては警察本部の建物だった

クラーク・キー
シンガポール川を挟んで両岸に栄える
シンガポールのナイトライフの拠点

オフィア・ロード
ニコル・ハイウェイ
Nicoll Hwy
Queen St.
Manila St.
Middle Rd.
ビクトリア・ストリート
ノース・ブリッジ・ロード
Beach Rd.
Waterloo St.
Bras Basah Rd.
Victoria St.
North Bridge Rd.
Coleman St.
ヒル・ストリート
Armenian St.
カンニング・ライズ
Canning Rise
Hill St.
フォートカニングパーク
River Valley Rd.

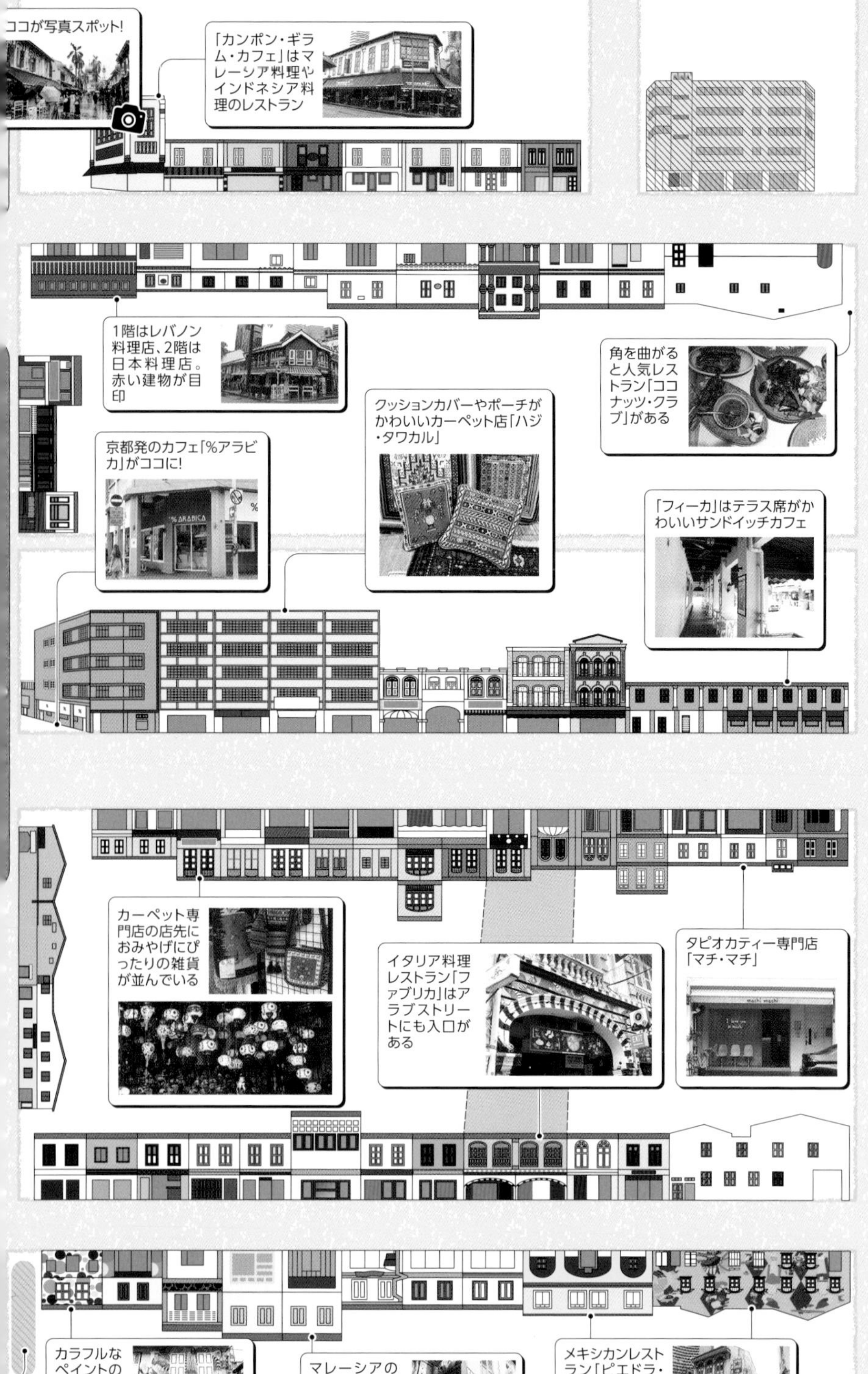
ココが写真スポット!
「カンポン・ギラム・カフェ」はマレーシア料理やインドネシア料理のレストラン
1階はレバノン料理店、2階は日本料理店。赤い建物が目印
角を曲がると人気レストラン「ココナッツ・クラブ」がある
クッションカバーやポーチがかわいいカーペット店「ハジ・タワカル」
京都発のカフェ「%アラビカ」がココに!
「フィーカ」はテラス席がかわいいサンドイッチカフェ
Beach Rd.
カーペット専門店の店先におみやげにぴったりの雑貨が並んでいる
イタリア料理レストラン「ファブリカ」はアラブストリートにも入口がある
タピオカティー専門店「マチ・マチ」
カラフルなペイントの「イタリアン・ベーカリー」
マレーシアのチョコレートブランド「ベリーズ」のショップ
メキシカンレストラン「ピエドラ・ネグラ」は写真スポットとしても人気

「ルマー・ミナン・マカン」は広いテラス席のあるインドネシア料理レストラン

トルコスイーツの店「オットマン」はアイスの看板が目印!

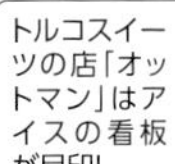

香油と香油瓶を買える「ジャマール・カズラ・アロマティックス」

ブッソーラ・ストリート *Bussorah St.*

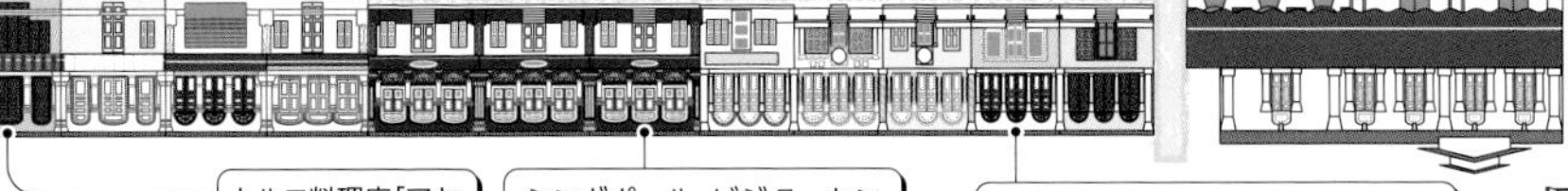

サルタン・モスクの前には雑貨の露店が並ぶ

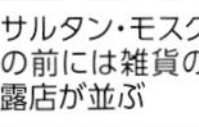

トルコ料理店「アヤソフィア」はカフェ使いもOK

シンガポール・ビジターセンター、レストラン、ホステル「キューブ」が集まる

「グランド・バザール」にはトルコの雑貨がたくさん!

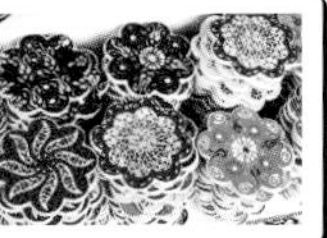

カヤトーストとコーヒーを楽しめるカフェ「タリック」

青いウォールアートのレストラン「イスタンブルー」

バグダッド・ストリート *Baghdad St.*

アラブ・ストリート *Arab St.*

トルコ雑貨やテキスタイルの店が並ぶ

バクラバなどのトルコスイーツの店「シャラビー・スイーツ」

アサイーボウルとスムージーの店「アサイー・アフェア」

「ブラック・シープ&コー」はグリル料理&クラフトビールの店。ウルトラマンの壁画がある

ハジ・レーン *Haji Lane*

クロワッサンサンドやデニッシュが買える「フレンチ&アメリカン・ベーカリー」

「ユートピア」はバティックの洋服専門店

ウォールアートがある狭い路地にバーのテラス席が並ぶ

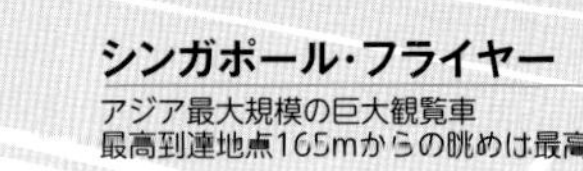

シンガポール・フライヤー
アジア最大規模の巨大観覧車
最高到達地点165mからの眺めは最高

ザ・リッツ・カールトン・ミレニア・シンガポール
ゆったり広い客室と、マリーナ・ベイの眺望が自慢

セント・アンドリュース大聖堂
荘厳な白亜の尖塔が天に向かって伸びる
シンガポール屈指の大聖堂

エスプラネード・シアター・オン・ザ・ベ
ドリアンのような外観が印象的な
シンガポール随一の芸術センター

マーライオン
上半身がライオン、下半身
魚のシンガポールのシンボ
記念撮影は外せない

ナショナル・ギャラリー・シンガポール
シンガポールと東南アジアの現代アートのコレクションを所蔵する美術館

ラッフルズ卿上陸地点(記念像)
1819年、英・東インド会社の官吏だった
スタンフォード・ラッフルズ卿が上陸した場所

ボート・キー
シンガポール川沿いのショップハウスを利用した
観光客に人気のナイトスポット

r Rd.
Rochor Rd.
Raffles Ave.
Raffles Blvd.
ベイフロント・アヴェニ
ヘリックス
The Helix
ラッフルズ・ブールバード
ラッフルズ・アヴェニュー
マリーナ・プロムナード
エスプラネード・ドライブ
Connaught Dr.
ndrew's Rd.
ジュビリー橋
Jubilee Bridge
Esplanade Dr.
Fullerton Rd.
High St.
シンガポール川
ス・ボート・キー
North Boat Quay
ボート・キー
Boat Quay
Upper Circular Rd.
サウス・ブリッジ・ロード
Circular Rd.
Carpenter St.
North Canal Rd.
South Canal Rd.
Hong Kong St.
Church St.
New Bridge Rd.
South Bridge Rd.
Pekin St.
ホン・リム・パーク
Hokkien St.
Merchant Rd.
クロス・ス

マリーナ湾
ガーデンズ・バイ・ザ・ベイ
巨大な人工ツリーがそそり立つ未来型植物園
夜のガーデン・ラプソディーも必見
マリーナベイ・サンズ
マリーナ・ベイに威容を誇る
シンガポールのランドマーク
ト・コースト・パークウェイ
East Coast Pkwy.
Bayfront Ave.
Sheares Link
Sheares Ave.
スペクトラ
マリーナベイ・サンズで毎日行われる
音楽と水と光の壮大な無料ショー
Olympic Walk
Bayfront Link
ベイフロント・アベニュー
ザ・フラトンホテル・シンガポール
１９９６年まで中央郵便局だった歴史的建物が
再開発によりホテルとして開業。風格ある外観を見せる
Bayfront Ave.
Marina Blvd.
Straits View
Marina View
Central Blvd.
セントラル・ブールバード
ラッフルズ・キー
Raffles Quay
Collyer Quay
Cross St.
Shenton Way
Robinson Rd.
Boon Tat St.

アラブ・ストリート

ハジ・レーン 詳細 MAP

サルタン・モスク

シンガポールを代表するイスラム教のモスク。現在のサルタン・モスクは、1928年に建設され、モスク内の拝観も可能

North Bridge Rd.

マスカット・ストリート Muscat St.

Haji Lane Map

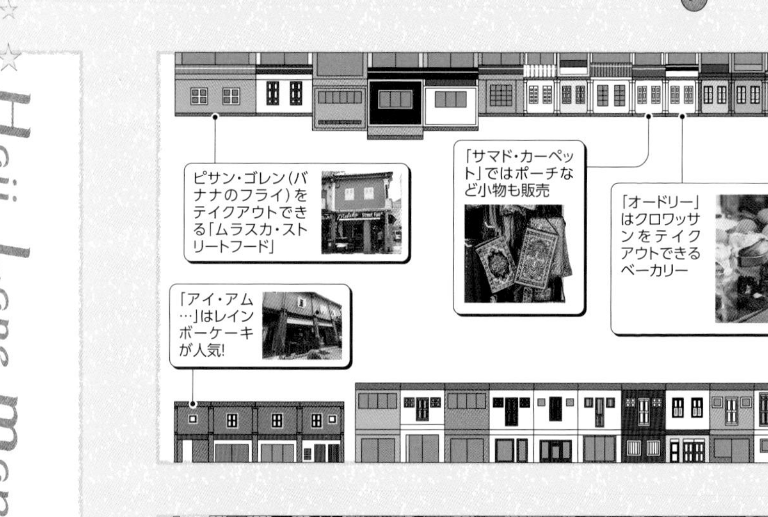

ピサン・ゴレン(バナナのフライ)をテイクアウトできる「ムラスカ・ストリートフード」

「サマド・カーペット」ではポーチなど小物も販売

「オードリー」はクロワッサンをテイクアウトできるベーカリー

「アイ・アム…」はレインボーケーキが人気!

シンガポールの名物がモチーフのピンバッジなど、かわいい雑貨が手に入る「ヒュッゲ」

「コーヒー・ドンキー」はハンドドリップコーヒーを提供するカフェ

ダウンロード
方法は
袋とじへ!

せかたび

シンガポール

Singapore

完全Map

S ショップ	C カフェ	E エンタメ
R レストラン	N ナイトスポット	F ファーストフード
H ホテル	B エステ・スパ	

シンガポール全図

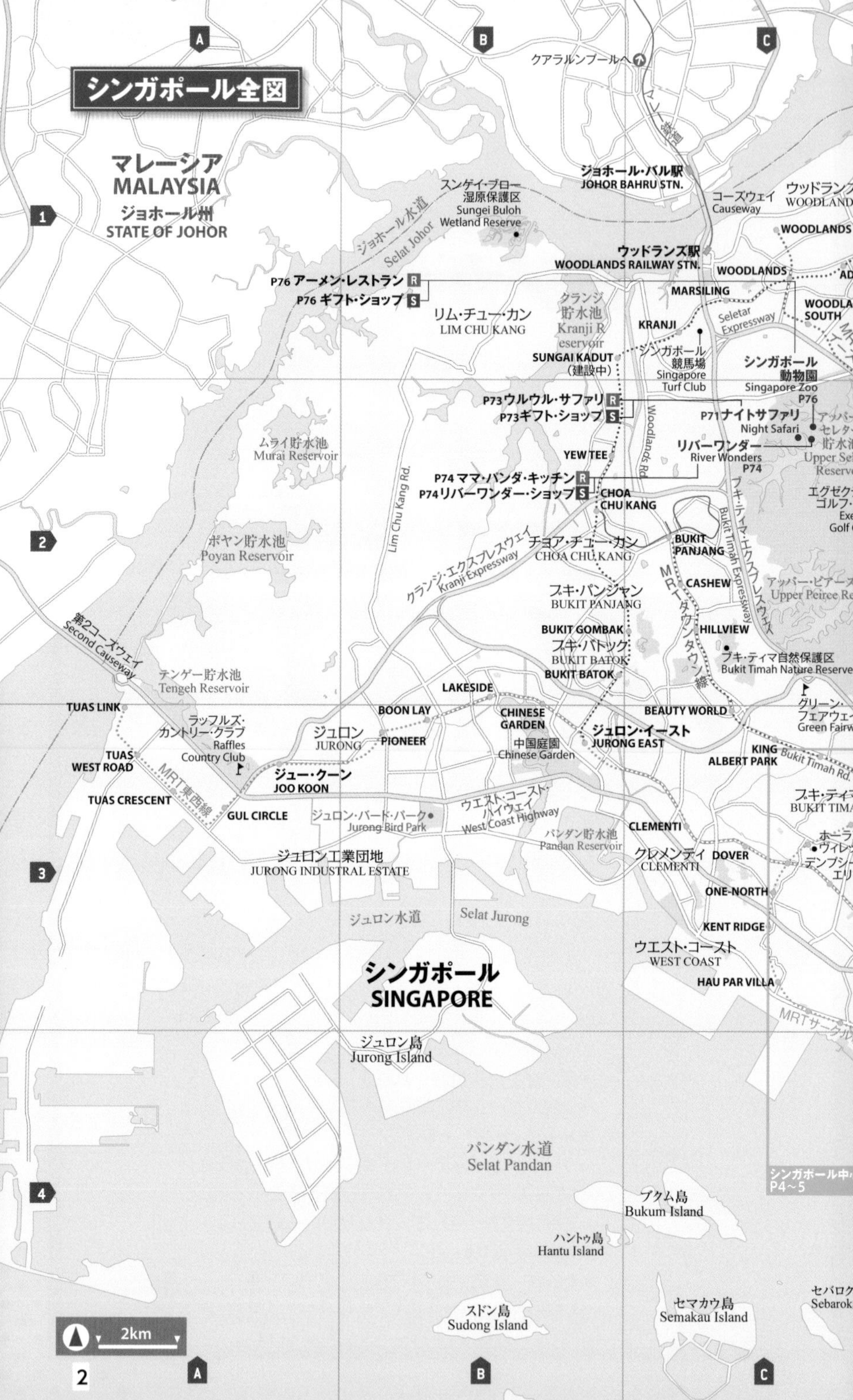

マレーシア
MALAYSIA
ジョホール州
STATE OF JOHOR
クアラルンプールへ
ジョホール・バル駅
JOHOR BAHRU STN.
コーズウェイ
Causeway
ウッドランズ
WOODLANDS
スンゲイ・ブロー湿原保護区
Sungei Buloh Wetland Reserve
ジョホール水道
Selat Johor
ウッドランズ駅
WOODLANDS RAILWAY STN.
P76 アーメン・レストラン R
P76 ギフト・ショップ S
リム・チュー・カン
LIM CHU KANG
クランジ貯水池
Kranji Reservoir
MARSILING
KRANJI
Seletar Expressway
SUNGAI KADUT
(建設中)
シンガポール競馬場
Singapore Turf Club
シンガポール動物園
Singapore Zoo
P76
P73 ウルウル・サファリ R
P73 ギフト・ショップ S
P71 ナイトサファリ
Night Safari
リバーワンダー
River Wonders
P74
ムライ貯水池
Murai Reservoir
YEW TEE
Woodlands Rd.
Lim Chu Kang Rd.
P74 ママ・パンダ・キッチン R
P74 リバーワンダー・ショップ S
CHOA CHU KANG
ブキ・ティマ・エクスプレスウェイ
Bukit Timah Expressway
ポヤン貯水池
Poyan Reservoir
クランジ・エクスプレスウェイ
Kranji Expressway
チョア・チュー・カン
CHOA CHU KANG
BUKIT PANJANG
CASHEW
ブキ・パンジャン
BUKIT PANJANG
MRTダウンタウン線
BUKIT GOMBAK
HILLVIEW
ブキ・バトック
BUKIT BATOK
ブキ・ティマ自然保護区
Bukit Timah Nature Reserve
第2コーズウェイ
Second Causeway
テンゲー貯水池
Tengeh Reservoir
BUKIT BATOK
LAKESIDE
TUAS LINK
BOON LAY
CHINESE GARDEN
BEAUTY WORLD
ジュロン・イースト
JURONG EAST
ラッフルズ・カントリー・クラブ
Raffles Country Club
ジュロン
JURONG
PIONEER
中国庭園
Chinese Garden
KING ALBERT PARK
Bukit Timah Rd.
TUAS WEST ROAD
ジュー・クーン
JOO KOON
MRT東西線
TUAS CRESCENT
GUL CIRCLE
ジュロン・バード・パーク
Jurong Bird Park
ウエスト・コースト・ハイウェイ
West Coast Highway
パンダン貯水池
Pandan Reservoir
CLEMENTI
クレメンティ
CLEMENTI
DOVER
ジュロン工業団地
JURONG INDUSTRIAL ESTATE
ONE-NORTH
ジュロン水道
Selat Jurong
KENT RIDGE
ウエスト・コースト
WEST COAST
シンガポール
SINGAPORE
HAU PAR VILLA
MRTサークル
ジュロン島
Jurong Island
パンダン水道
Selat Pandan
シンガポール中心
P4～5
ブクム島
Bukum Island
ハントゥ島
Hantu Island
スドン島
Sudong Island
セマカウ島
Semakau Island
セバロク
Sebarok
2km
A
B
C
1
2
3
4

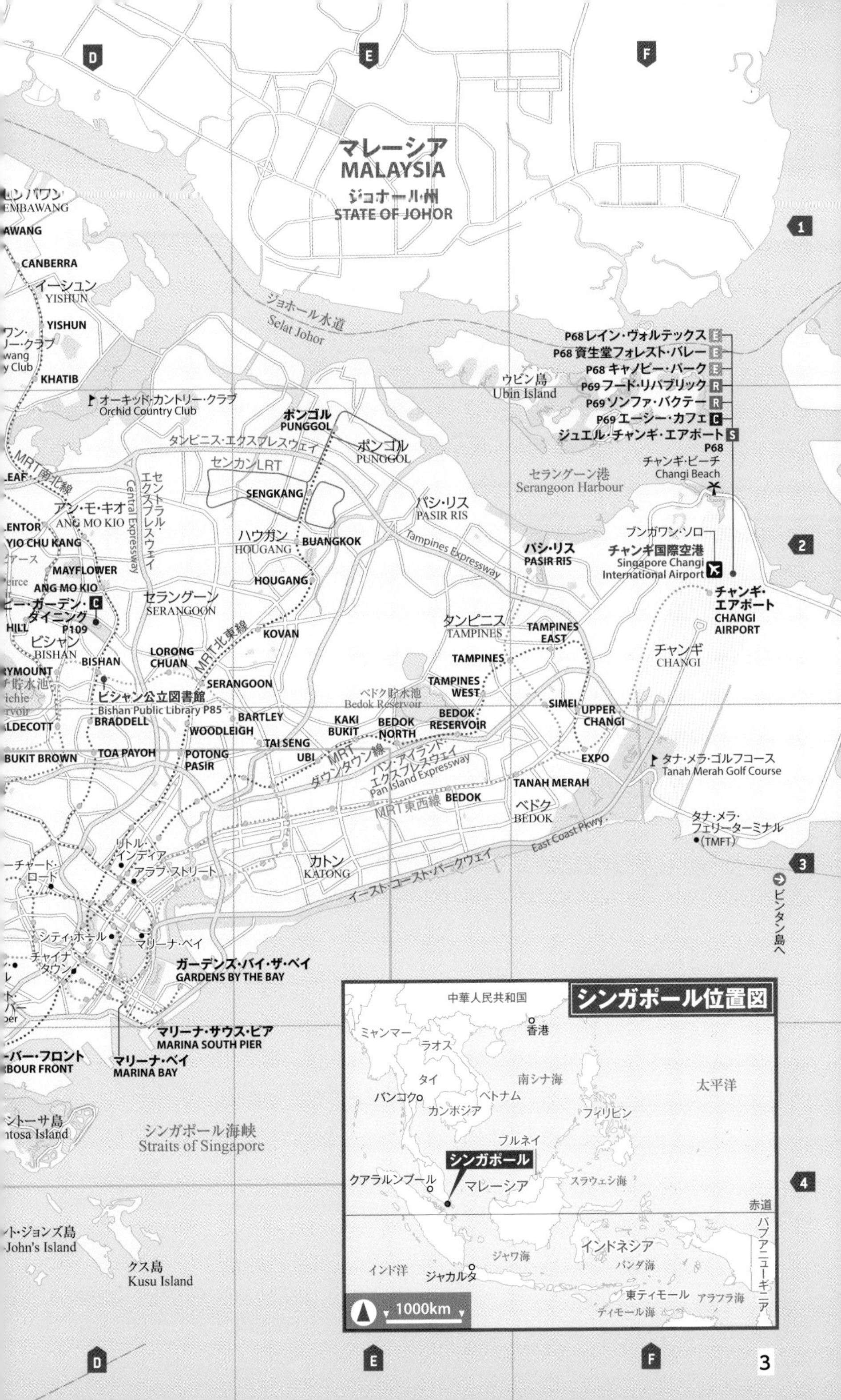
マレーシア
MALAYSIA
ジョホール州
STATE OF JOHOR
ジョホール水道
Selat Johor
P68 レイン・ヴォルテックス E
P68 資生堂フォレスト・バレー E
P68 キャノピー・パーク E
P69 フード・リパブリック R
P69 ソンファ・バクテー R
P69 エーシー・カフェ C
ジュエル・チャンギ・エアポート S P68
ウビン島
Ubin Island
チャンギ・ビーチ
Changi Beach
セラングーン港
Serangoon Harbour
ブンガワン・ソロ
チャンギ国際空港
Singapore Changi International Airport
チャンギ・エアポート
CHANGI AIRPORT
チャンギ
CHANGI
タナ・メラ・ゴルフコース
Tanah Merah Golf Course
タナ・メラ・フェリーターミナル (TMFT)
ビンタン島へ
オーキッド・カントリー・クラブ
Orchid Country Club
ポンゴル
PUNGGOL
タンピニス・エクスプレスウェイ
センカンLRT
SENGKANG
パシ・リス
PASIR RIS
Tampines Expressway
セントラル・エクスプレスウェイ
Central Expressway
MRT南北線
アン・モ・キオ
ANG MO KIO
ハウガン
HOUGANG
BUANGKOK
セラングーン
SERANGOON
タンピニス
TAMPINES
TAMPINES EAST
MRT北東線
KOVAN
LORONG CHUAN
BISHAN
ビシャン
ビシャン公立図書館
Bishan Public Library P85
SERANGOON
BARTLEY
ベドク貯水池
Bedok Reservoir
TAMPINES WEST
SIMEI
UPPER CHANGI
BEDOK RESERVOIR
KAKI BUKIT
BEDOK NORTH
TAI SENG
UBI
MRTダウンタウン線
パン・アイランド・エクスプレスウェイ
Pan Island Expressway
EXPO
TANAH MERAH
BEDOK
ベドク
MRT東西線
WOODLEIGH
POTONG PASIR
BRADDELL
TOA PAYOH
リトル・インディア
アラブ・ストリート
カトン
KATONG
East Coast Pkwy.
イースト・コースト・パークウェイ
シティ・ホール
マリーナ・ベイ
チャイナタウン
ガーデンズ・バイ・ザ・ベイ
GARDENS BY THE BAY
マリーナ・サウス・ピア
MARINA SOUTH PIER
マリーナ・ベイ
MARINA BAY
シンガポール海峡
Straits of Singapore
クス島
Kusu Island
CANBERRA
イーシュン
YISHUN
KHATIB
MAYFLOWER
ANG MO KIO
ダイニング P109
シンガポール位置図
中華人民共和国
香港
ミャンマー
ラオス
タイ
バンコク
ベトナム
カンボジア
南シナ海
太平洋
フィリピン
ブルネイ
シンガポール
クアラルンプール
マレーシア
スラウェシ海
赤道
パプアニューギニア
インドネシア
ジャワ海
バンダ海
インド洋
ジャカルタ
東ティモール
アラフラ海
ティモール海
1000km

シンガポール中心図

ボタニック・ガーデンズ BOTANIC GARDENS
ジェイコブ・バラス・チルドレンズ・ガーデン Jacob Ballas Children's Garden P83
スティーヴンス STEVENS
ニュートン NEWTON
オーチャード ORCHARD
オーチャード・ロード
ネーピア NAPIER
シンガポール植物園 Singapore Botanic Gardens P82
デンプシー・ヒル Dempsey Hill P192
オーチャード・ブールバード ORCHARD BOULEVARD
サマセット SOMERSET
ドービー・ゴート DHOBY GHAUT
グレート・ワールド GREAT WORLD
ブン・トン・キー P91
レッド・ハウス・シーフード P93
フォート・カニング FORT CANNING
クラーク・キー CLARKE QUAY
ハヴロック HAVELOCK
ティオン・バル TIONG BAHRU
チャイナタウン CHINATOWN
アウトラム・パーク OUTRAM PARK
マックスウェル MAXWELL
タンジョン・パガー TANJONG PAGAR
ホランド・ビレッジ HOLLAND VILLAGE
ブオナ・ヴィスタ BUONA VISTA
コモンウェルス COMMONWEALTH
ワン・ノース ONE-NORTH
ケント・リッジ KENT RIDGE
クイーンズタウン QUEENSTOWN
レッドヒル REDHILL
ハウ・パー・ヴィラ HAW PAR VILLA
パシ・パンジャン PASIR PANJANG
ラブラドール・パーク LABRADOR PARK
テロック・ブランガ TELOK BLANGAH
マウント・フェーバー MOUNT FABER
ハーバー・フロント HARBOUR FRONT
ビボ・シティ
セントーサ島 Sentosa Is. P198
ユニバーサル・スタジオ・シンガポール Universal Studios Singapore P200
リゾート・ワールド™・セントーサ Resort World™ Sentosa
ソフィテル・シンガポール・セントーサ・リゾート＆スパ P218
タンジョン・ビーチ Tanjong Beach
オーチャード P6～7
ティオン・バル P12下
セントーサ島 P14～15
500m

D
E
F
ウッドレイ駅へ
ポトン・パシール
POTONG PASIR
タイ・セン駅へ
ウビ
UBI
マクファーソン・ロード
マッター
MATTAR
MRTダウンタウン線
MRT DOWNTOWN LN.
Ubi Ave 2
Ubi Ave 1
マクファーソン
MacPherson
KPE
MRT北東線
MRT NORTH EAST LN.
Serangoon Rd.
ゲイラン・バル
GEYLANG BAHRU
ブーン・ケン
BOON KENG
クォン・ワイ・シュー病院
Kwong Wai Shu Hospital
ゲイラン
GEYLANG
Eunos Ave 5
Jln Eunos
Jln Selamat Rd
MRT東西線
MRT EAST WEST LN.
アルジュニード
ALJUNIED
パヤ・レバ
PAYA LEBAR
ユーノス
EUNOS
ケンバンガン
KEMBANGAN
ベドック駅へ
1
ファーラー・パーク
FARRER PARK
リトル・インディア～アラブ・ストリート P8～9
シムズ・アベニュー
チャンギ・ロード
Langsat Rd
ベンデミール
BENDEMEER
Geylang Rd
Guillemard Rd
ハイ・ロード
Onan Rd
Joo Chiat Rd
スティル・ロード
カラン
KALLANG
ダコタ
DAKOTA
Dunman Rd
ジャラン・ベサール
JALAN BESAR
ラヴェンダー
LAVENDER
マウントバッテン
MOUNTBATTEN
Nicoll Highway
イースト・コースト・ロード
カトン P13
アラブ・ストリート
ARAB STREET
アラブ・ストリート～ブッソーラ・ストリート～ハジ・レーン P12上
スタジアム
STADIUM
マリーンパレード
MARINE PARADE
ブギス
BUGIS
ニコル・ハイウェイ
NICOLL HIGHWAY
イースト・コースト・パーク
East Coast Park
ゲイラン川
Geylang Riv.
エスプラネード
ESPLANADE
イースト・コースト・パークウェイ
2
マリーナ
MARINA
プロムナード
PROMENADE
マリーナ・ベイ・ゴルフ・コース
Marina Bay Golf Course
シティ・ホール
CITY HALL
シンガポール・フライヤー
Singapore Flyer P84
マーライオン
Merlion P60
ベンジャミン・シアーズ橋
Benjamin Seares Bridge
マリーナベイ・サンズ
Marina Bay Sands P46
ベイフロント
BAYFRONT
ダウンタウン
DOWNTOWN
ガーデンズ・バイ・ザ・ベイ
GARDENS BY THE BAY
ガーデンズ・バイ・ザ・ベイ
Gardens by the Bay P62
マリーナ・サウス
MARINA SOUTH
マリーナ・ベイ
MARINA BAY
マリーナ～チャイナタウン P10～11
マリーナ・サウス・ピア
MARINA SOUTH PIER
3
マリーナ・ベイ・クルーズ・センター
Marina Bay Cruise Centre
シンガポール海峡
Straits of Singapore
4

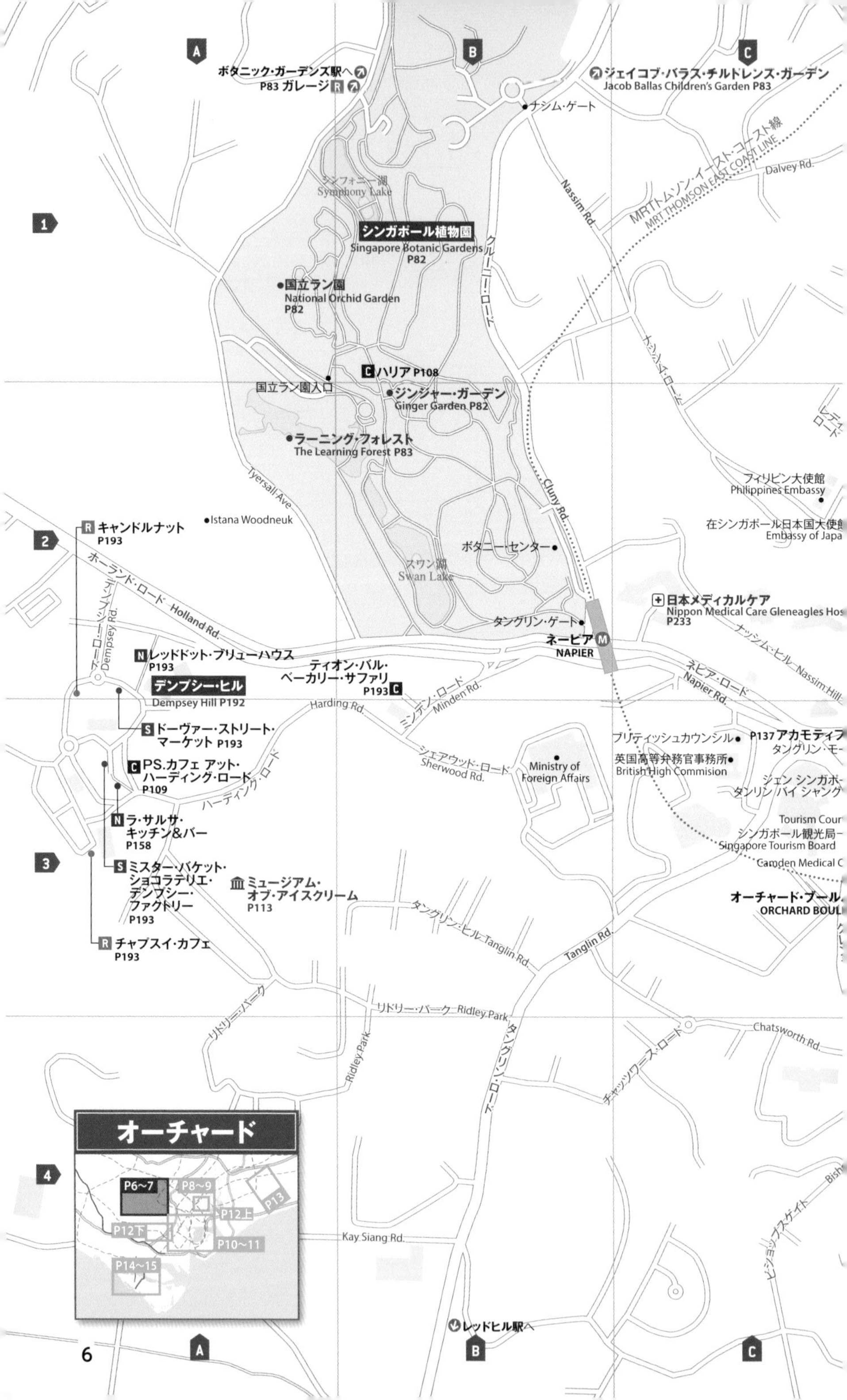
A
B
C
ボタニック・ガーデンズ駅へ
P83 ガレージ
ジェイコブ・バラス・チルドレンズ・ガーデン
Jacob Ballas Children's Garden P83
ナシム・ゲート
MRTトムソン・イースト・コースト線
MRT THOMSON EAST COAST LINE
Dalvey Rd.
シンフォニー湖
Symphony Lake
Nassim Rd.
シンガポール植物園
Singapore Botanic Gardens
P82
クルーニー・ロード
国立ラン園
National Orchid Garden
P82
ナッシム・ロード
ハリア P108
国立ラン園入口
ジンジャー・ガーデン
Ginger Garden P82
ラーニング・フォレスト
The Learning Forest P83
Tyersall Ave.
Cluny Rd.
フィリピン大使館
Philippines Embassy
Istana Woodneuk
キャンドルナット
P193
在シンガポール日本国大使館
Embassy of Japa
ボタニー・センター
スワン湖
Swan Lake
ホーランド・ロード
Holland Rd.
デンプシー・ロード
Dempsey Rd.
日本メディカルケア
Nippon Medical Care Gleneagles Hos
P233
タングリン・ゲート
ネーピア
NAPIER
ナッシム・ヒル
Nassim Hill
レッドドット・ブリューハウス
P193
ティオン・バル・
ベーカリー・サファリ
P193
デンプシー・ヒル
Dempsey Hill P192
ミンデン・ロード
Minden Rd.
ネピア・ロード
Napier Rd.
Harding Rd.
ドーヴァー・ストリート・
マーケット P193
ブリティッシュカウンシル
P137 アカモティフ
タングリン・モー
シェアウッド・ロード
Sherwood Rd.
Ministry of
Foreign Affairs
英国高等弁務官事務所
British High Commision
PS.カフェ アット・
ハーディング・ロード
P109
ハーディング・ロード
ジェン シンガポ
タンリン バイ シャング
ラ・サルサ・
キッチン&バー
P158
Tourism Cour
シンガポール観光局
Singapore Tourism Board
Camden Medical C
ミスター・バケット・
ショコラテリエ・
デンプシー・
ファクトリー
P193
ミュージアム・
オブ・アイスクリーム
P113
オーチャード・ブール
ORCHARD BOUL
タングリン・ヒル Tanglin Rd.
Tanglin Rd.
チャプスイ・カフェ
P193
リドリー・パーク
リドリー・パーク Ridley Park
タングリン・ロード
Chatsworth Rd.
チャッツワース・ロード
Ridley Park
オーチャード
P6〜7
P8〜9
P12上
P13
P12下
P10〜11
P14〜15
Kay Siang Rd.
ビショップスゲイト
Bish
レッドヒル駅へ
1
2
3
4

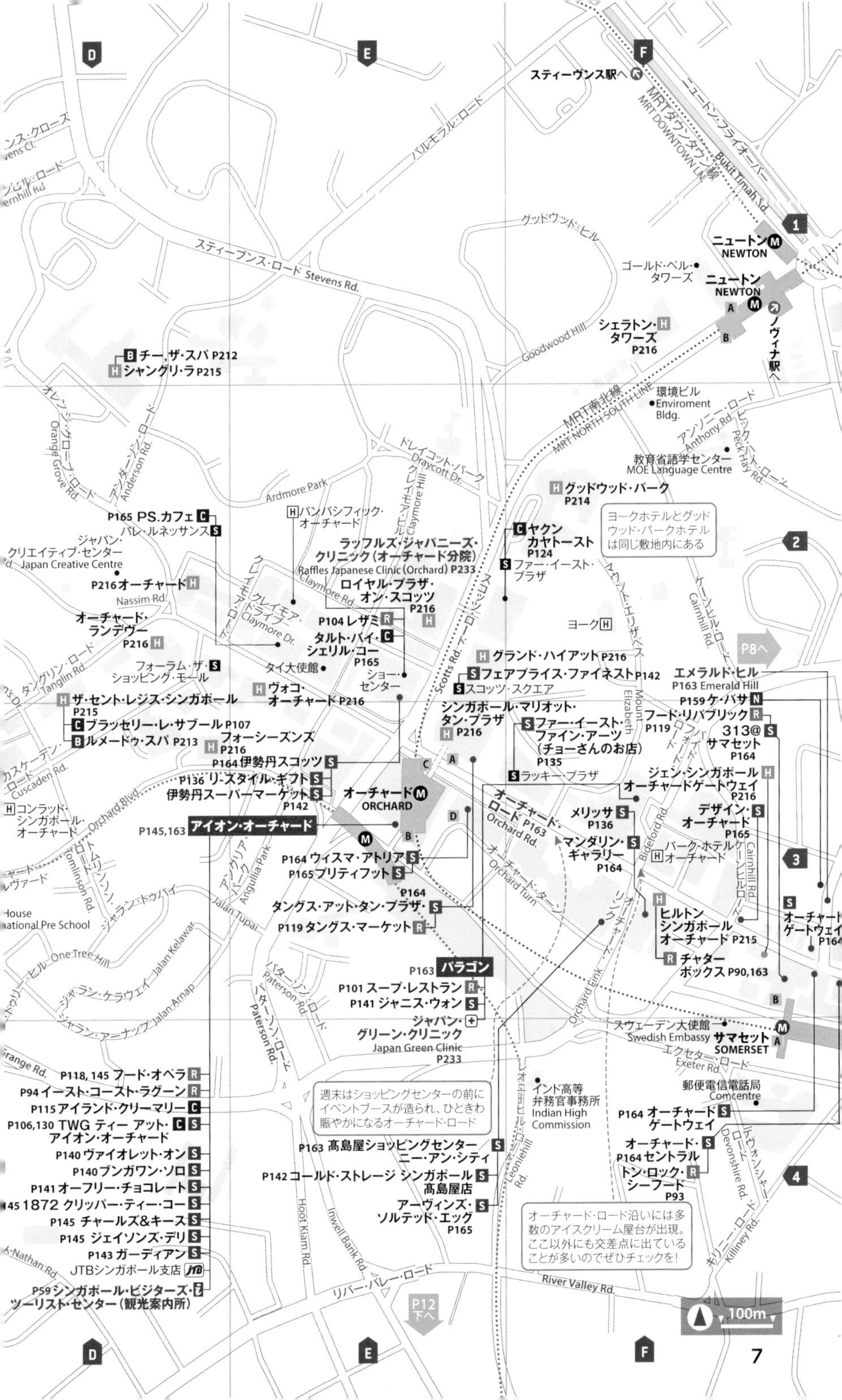
スティーヴンス駅へ
ニュートン・フライオーバー
Bukit Timah Sd.
MRTダウンタウン線
MRT DOWNTOWN LN.
バルモラル・ロード
スティーブンス・ロード Stevens Rd.
グッドウッド・ヒル
Goodwood Hill
ニュートン NEWTON
ゴールド・ベル・タワーズ
シェラトン・タワーズ P216
ノヴィナ駅へ
チー, ザ・スパ P212
シャングリ・ラ P215
MRT南北線
MRT NORTH SOUTH LINE
環境ビル Enviroment Bldg.
アンソニー・ロード Anthony Rd.
ピックハイ・ロード Peck Hay Rd.
教育省語学センター MOE Language Centre
オレンジ・グローブ・ロード Orange Grove Rd.
アンダーソン・ロード Anderson Rd.
ドレイコット・パーク Draycott Dr.
クレイモア・ヒル Claymore Hill
Ardmore Park
グッドウッド・パーク P214
P165 PS.カフェ
パレ・ルネッサンス
パンパシフィック・オーチャード
ヤクン カヤトースト P124
ヨークホテルとグッドウッド・パークホテルは同じ敷地内にある
ジャパン・クリエイティブ・センター Japan Creative Centre
ラッフルズ・ジャパニーズ・クリニック(オーチャード分院) Raffles Japanese Clinic (Orchard) P233
ファー・イースト・プラザ
P216 オーチャード
Nassim Rd.
Claymore Rd.
ロイヤル・プラザ・オン・スコッツ P216
マウント・エリザベス Mount Elizabeth
ケーンヒル・ロード Cairnhill Rd.
オーチャード・ランデヴー P216
P104 レザミ
クレイモア・ドライブ Claymore Dr.
タルト・バイ・シェリル・コー P165
ヨーク
タングリン・ロード Tanglin Rd.
フォーラム・ザ・ショッピング・モール
タイ大使館
ショー・センター
スコッツ・ロード Scotts Rd.
グランド・ハイアット P216
P8へ
フェアプライス・ファイネスト P142
スコッツ・スクエア
エメラルド・ヒル P163 Emerald Hill
ザ・セント・レジス・シンガポール P215
ヴォコ・オーチャード P216
シンガポール・マリオット・タン・プラザ P216
P159 ケ・パサ
フード・リパブリック P119
ブラッセリー・レ・サブール P107
ルメードゥ・スパ P213
ファー・イースト・ファイン・アーツ(チョーさんのお店) P135
313@サマセット P164
フォーシーズンズ P216
P164 伊勢丹スコッツ
カスケーデン・ロード Cuscaden Rd.
ラッキー・プラザ
ジェン・シンガポール オーチャードゲートウェイ P216
P136 リ・スタイル・ギフト
伊勢丹スーパーマーケット P142
オーチャード ORCHARD
オーチャード・ロード Orchard Rd. P163
メリッサ P136
デザイン・オーチャード P165
コンラッド・シンガポール・オーチャード
Orchard Blvd.
P145,163 アイオン・オーチャード
マンダリン・ギャラリー P164
Bideford Rd.
パーク・ホテル オーチャード
トムリンソン・ロード Tomlinson Rd.
アングリア・パーク Angullia Park
P164 ウィスマ・アトリア
P165 プリティフット
オーチャード・ターン Orchard Turn
オーチャード・リンク Orchard Link
オーチャードゲートウェイ P164
ジャラン・トゥパイ Jalan Tupai
タングス・アット・タン・プラザ P164
P119 タングス・マーケット
ヒルトン シンガポール オーチャード P215
International Pre School
One Tree Hill
ジャラン・ケラウェイ Jalan Kelawar
チャター ボックス P90,163
P163 パラゴン
パターソン・ロード Paterson Rd.
P101 スープ・レストラン
P141 ジャニス・ウォン
ジャラン・アーナップ Jalan Arnap
ジャパン・グリーン・クリニック Japan Green Clinic P233
スウェーデン大使館 Swedish Embassy
サマセット SOMERSET
エクセター・ロード Exeter Rd.
Grange Rd.
P118, 145 フード・オペラ
P94 イースト・コースト・ラグーン
P115 アイランド・クリーマリー
P106,130 TWG ティー アット・アイオン・オーチャード
週末はショッピングセンターの前にイベントブースが造られ、ひときわ賑やかになるオーチャード・ロード
インド高等弁務官事務所 Indian High Commission
郵便電信電話局 Comcentre
P164 オーチャード ゲートウェイ
P140 ヴァイオレット・オン
P140 ブンガワン・ソロ
P141 オーフリー・チョコレート
1872 クリッパー・ティー・コー
P145 チャールズ&キース
P145 ジェイソンズ・デリ
P143 ガーディアン
JTBシンガポール支店
P59 シンガポール・ビジターズ・ツーリスト・センター(観光案内所)
P163 髙島屋ショッピングセンター ニー・アン・シティ
P142 コールド・ストレージ シンガポール髙島屋店
アーヴィンズ・ソルテッド・エッグ P165
レオニー・ヒル・ロード Leonie Hill Rd.
オーチャード・セントラル P164
トン・ロック・シーフード P93
デヴォンシャー・ロード Devonshire Rd.
キリニー・ロード Killiney Rd.
オーチャード・ロード沿いには多数のアイスクリーム屋台が出現。ここ以外にも交差点に出ていることが多いのでぜひチェックを!
Hoot Kiam Rd.
Inwell Bank Rd.
リバー・バレー・ロード River Valley Rd.
Nathan Rd.
P12下へ
100m

リトル・インディア〜アラブ・ストリート
P6〜7
P8〜9
P12上
P12下
P13
P10〜11
P14〜15
ケン・リー・ロード
Kampong Java Rd.
Thomson Rd.
セントラルエクスプレスウェイ CTE
Cambridge Rd.
Owen Rd.
Kent
Truro Rd.
ティンカット・ペラマ
Hertford Rd.
Bristol Rd.
Dorset Rd.
Farrer Park Rd.
クレメンソー・アベニュー・ノース Clemenceau Ave. N
Monk's Hill Terrace
Bukit Timah Rd.
ファーラー・パーク運動場
Farrer Park Fields
Hampshire Rd.
ムトゥース・カレー P97
スリ・ヴィラマカリアマン寺院
Sri Veeramakaliamman Temple
P167,168
フォーチョーメソジスト教会
P96 バナナ・リーフ・アポロ
P97 マスタード
陸運局
Land Transport Authority
チャンダー・ロード Chander Rd.
P167 タン・テン・ニア邸
Residence of TanTeng Niah
ケーンヒル・ライズ
Cairnhill Rise
リトル・インディア
LITTLE INDIA
ラグナー・ベア・フット・ダイニング P97,167
ブキ・ティマ・ロード
ローチョー運河
マッケンジー・ロード Mackenzie Rd.
バッファロー・ロード Buffalo Rd.
Bukit Timah Rd.
ビスミラー・ビリヤニ P101
P6へ
Cavenagh Rd.
P117 テッカ・センター・フードコート
P167 インディアン・ヘリテージ・センター
P167,169 リトル・インディア・アーケード
P169 セレブレーション・オブ・アーツ
P169 セルヴィス
エルイー・カフェ・コンフェクショナリー&ペストリー P141
Mount Emily Rd.
ローチョー・カ
Saunders Rd.
ソーンダース・ロード
ケ・パサ P159
P163 エメラルド・ヒル Emerald Hill
ビレッジホテル アルバートコート
パーク・ソヴリン
Short St.
シーク教寺院
Khalsa Dharmak Sabha
ラサール芸術大学
La Salle Arts Collage
フリット・ロード Hullet Rd.
フード・リパブリック P119
313@サマセット P164
オーチャード・ゲートウェイ P164
シンガポール・ツーリスト・ビジターズ・センター（観光案内所）P59
プラナカン・プレイス
Edinburgh Rd.
エディンバラ・ロード
Mackenzie Rd.
MRT 北東線 MRT NORTH EAST LINE
Wilkie Terrace
Niven Rd.
マラヤ・キリスト教会
Church of Christ of Malaya
タミル・メソジスト教会
Tamil Methodist Church
シム・リム・ス Sim Lim
ブリントン・ス Burlington S
スリ・クリシ
Selegie Rd.
IOIプラザ IOI Plaza
トン・ロック・シーフード P92
オーチャード・セントラル P164
コンコルド P216
パークレーン・ショッピング・モール
Parklane Shopping Mall
Prinsep St.
フォーチュン センタ Fortune Cen
サマセット SOMERSET
ペナン・ロード
オーチャード・ロード Orchard Rd.
コピティアム P117
プラザ・シンガプーラ
シンガポール芸術学院
School of the Arts
ベンクーレン・モスク
Bencoolen Mosque
サマセット・ベンクーレン
スカルプチャー・スク Sculpture Squ
MRT南北線 MRT NORTH SOUTH LINE
エクセター・ロード Eber Rd.
キリニー・コピティアム P124
ワルン・エム・ナシール P105
キリニー・ロード Killiney Rd.
ドービー・ゴート DHOBY GHAUT
Penang Rd.
81ベンクーレン
ベンクーレン BENCOOLEN
ストランド
ベイビュー
ランデブー ホテル シンガポール
シンガポール・マネジメント大学
ベンクーレン・ストリート Bencoolen St.
オックスフォード
Waterloo St.
ジョーセ St-Joseph's C
オクスリー・ライズ Oxley Rise
オクスリー・ロード Oxley Rd.
フォート・カンニング・ロード Fort Canning Rd.
ブラス・バサー・ロード Bras Basah Rd.
ブラス・バサー BRAS BASAH
グラン パシフ
シンガポール国立博物館
National Museum of Singapore P177
シンガポール美術館
Singapore Art Museum
スーパーママ・ザ・ミュージアム・ストア@NMS P137
P96 アングロ・インディアン
フォート・カンニング・パーク
Fort Canning Park
リバー・バレー・ロード River Valley Rd.
P10へ
クラーク・キー駅へ
フォート・カニング駅へ
シティ・ホール駅へ

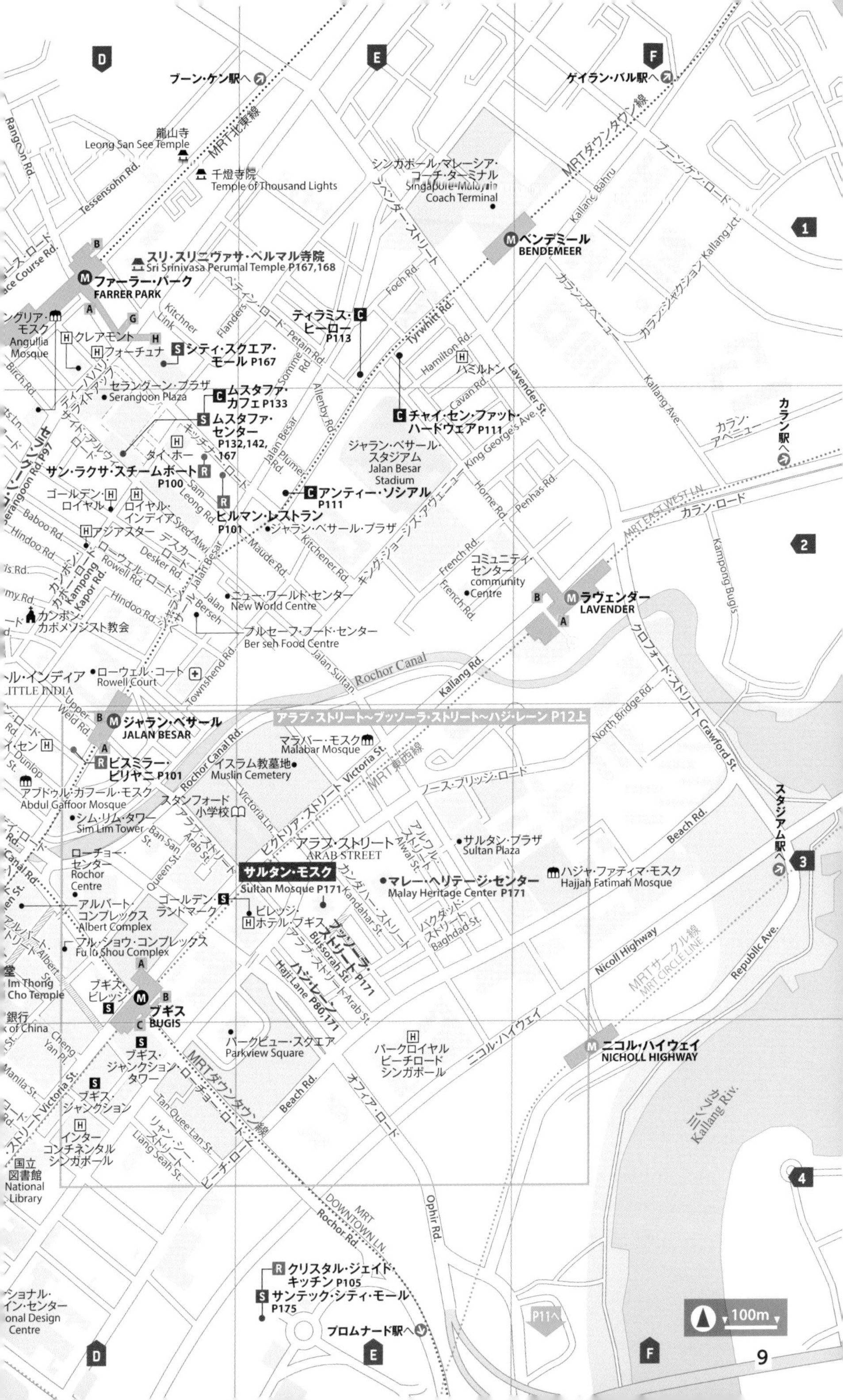
ブーン・ケン駅へ
ゲイラン・バル駅へ
MRT北東線
MRTダウンタウン線
龍山寺
Leong San See Temple
千燈寺院
Temple of Thousand Lights
シンガポール・マレーシア・コーチ・ターミナル
Singapore-Malaysia Coach Terminal
ベンデミール
BENDEMEER
スリ・スリニヴァサ・ペルマル寺院
Sri Srinivasa Perumal Temple P167,168
ファーラー・パーク
FARRER PARK
アングリア・モスク
Angullia Mosque
クレアモント
フォーチュナ
シティ・スクエア・モール P167
ティラミス・ヒーロー P113
セラングーン・プラザ
Serangoon Plaza
ムスタファ・カフェ P133
ムスタファ・センター P132,142,167
チャイ・セン・ファット・ハードウェア P111
ハミルトン
ジャラン・ベサール・スタジアム
Jalan Besar Stadium
タイ・ホー
サン・ラクサ・スチームボート P100
アンティー・ソシアル P111
ゴールデン・ロイヤル
ロイヤル・インディア
ヒルマン・レストラン P101
ジャラン・ベサール・プラザ
アジアスター
カラン駅へ
カラン・ロード
カンポン・カポ・メソジスト教会
ニュー・ワールド・センター
New World Centre
ブルセーフ・フード・センター
Ber seh Food Centre
コミュニティ・センター
community Centre
ラヴェンダー
LAVENDER
リトル・インディア
LITTLE INDIA
ローウェル・コート
Rowell Court
Rochor Canal
アラブ・ストリート～ブッソーラ・ストリート～ハジ・レーン P12上
ジャラン・ベサール
JALAN BESAR
マラバー・モスク
Malabar Mosque
イスラム教墓地
Muslin Cemetery
ビスミラー・ビリヤニ P101
アブドゥル・ガフール・モスク
Abdul Gaffoor Mosque
スタンフォード小学校
シム・リム・タワー
Sim Lim Tower
MRT東西線
ノース・ブリッジ・ロード
アラブ・ストリート
ARAB STREET
サルタン・プラザ
Sultan Plaza
スタジアム駅へ
ローチョー・センター
Rochor Centre
サルタン・モスク
Sultan Mosque P171
マレー・ヘリテージ・センター
Malay Heritage Center P171
ハジャ・ファティマ・モスク
Hajjah Fatimah Mosque
アルバート・コンプレックス
Albert Complex
ゴールデン・ランドマーク
ビレッジ・ホテル・ブギス
ブッソーラ・ストリート P171
ハジ・レーン P80,171
フル・ショウ・コンプレックス
Fu lu Shou Complex
MRTサークル線
MRT CIRCLE LINE
Im Thong Cho Temple
ブギス・ビレッジ
ブギス
BUGIS
パークビュー・スクエア
Parkview Square
パークロイヤル・ビーチロード・シンガポール
ニコル・ハイウェイ
NICHOLL HIGHWAY
ブギス・ジャンクション・タワー
ブギス・ジャンクション
インターコンチネンタル・シンガポール
カラン川
Kallang Riv.
国立図書館
National Library
MRT DOWNTOWN LN
クリスタル・ジェイド・キッチン P105
サンテック・シティ・モール P175
プロムナード駅へ
P11へ
100m

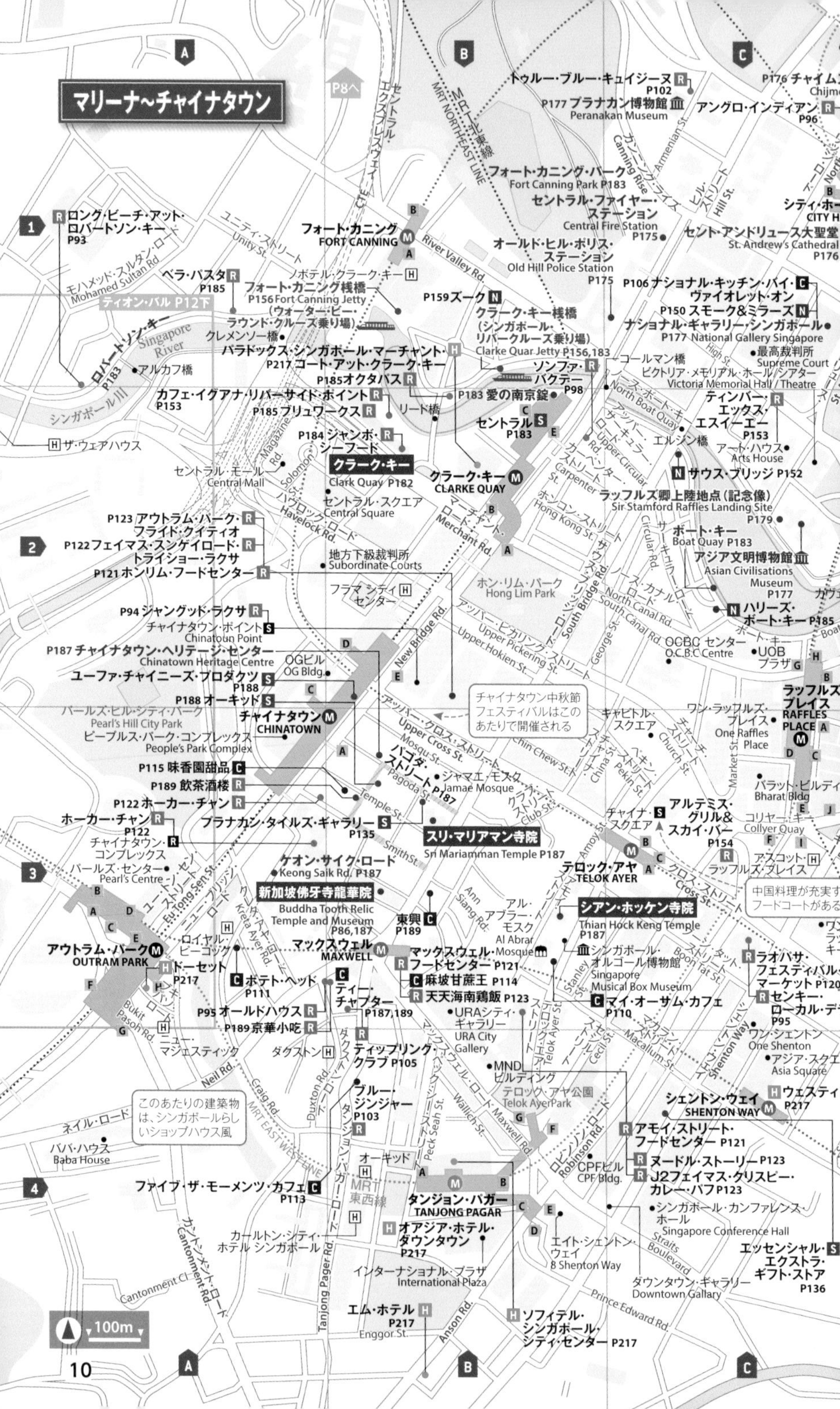

マリーナ〜チャイナタウン
P8へ
セントラル・エクスプレスウェイ
MRTノース・イースト線
MRT NORTHEAST LINE
トゥルー・ブルー・キュイジーヌ P102
P177 プラナカン博物館
Peranakan Museum
P176 チャイムス
Chijmes
アングロ・インディアン P96
フォート・カニング・パーク
Fort Canning Park P183
セントラル・ファイヤー・ステーション
Central Fire Station P175
シティ・ホール
CITY HALL
セント・アンドリュース大聖堂
St. Andrew's Cathedral P176
オールド・ヒル・ポリス・ステーション
Old Hill Police Station P175
キャニング・ライズ
Canning Rise
Armenian St.
ヒル・ストリート
Hill St.
ロング・ビーチ・アット・ロバートソン・キー P93
ユニティ・ストリート
Unity St.
フォート・カニング
FORT CANNING
River Valley Rd.
モハメッド・スルタン・ロード
Mohamed Sultan Rd.
ベラ・パスタ P185
ノボテル・クラーク・キー
フォート・カニング桟橋
P156 Fort Canning Jetty
（ウォーター・ビー・ラウンド・クルーズ乗り場）
P159 ズーク
クラーク・キー桟橋
（シンガポール・リバークルーズ乗り場）
Clarke Quay Jetty P156,183
P106 ナショナル・キッチン・バイ・ヴァイオレット・オン
P150 スモーク&ミラーズ
ナショナル・ギャラリー・シンガポール
P177 National Gallery Singapore
ティオン・バル P12下
クレメンソー橋
パラドックス・シンガポール・マーチャント・コート・アット・クラーク・キー P217
ロバートソン・キー P183
Singapore River
アルカフ橋
シンガポール川
P185 オクタパス
カフェ・イグアナ・リバーサイド・ポイント P153
P185 ブリュワークス
リード橋
P183 愛の南京錠
ソンファ・バクテー P98
コールマン橋
最高裁判所
Supreme Court
ビクトリア・メモリアル・ホール／シアター
Victoria Memorial Hall / Theatre
ノース・ボート・キー
North Boat Quay
ティンバー・エックス・エスイーエー P153
アート・ハウス
Arts House
ザ・ウェアハウス
P184 ジャンボ・シーフード
セントラル P183
エルジン橋
サウス・ブリッジ P152
セントラル・モール
Central Mall
クラーク・キー
Clark Quay P182
クラーク・キー
CLARKE QUAY
ラッフルズ卿上陸地点（記念像）
Sir Stamford Raffles Landing Site P179
セントラル・スクエア
Central Square
ハブロック・ロード
Havelock Rd.
マーチャント・ロード
Merchant Rd.
ホンコン・ストリート
Hong Kong St.
ボート・キー
Boat Quay P183
アジア文明博物館
Asian Civilisations Museum P177
P123 アウトラム・パーク・フライド・クイティオ
P122 フェイマス・スンゲイロード・トライショー・ラクサ
P121 ホンリム・フードセンター
地方下級裁判所
Subordinate Courts
フラマ シティ センター
ホン・リム・パーク
Hong Lim Park
サウス・ブリッジ・ロード
South Bridge Rd.
ノース・カナル・ロード
North Canal Rd.
South Canal Rd.
ハリーズ・ボート・キー P185
P94 ジャングッド・ラクサ
チャイナタウン・ポイント
Chinatoun Point
アッパー・ピカリング・ストリート
Upper Pickering St.
Upper Hokien St.
OCBC センター
O.C.B.C Centre
UOB プラザ
P187 チャイナタウン・ヘリテージ・センター
Chinatown Heritage Centre
OGビル
OG Bldg.
New Bridge Rd.
ユーファ・チャイニーズ・プロダクツ P188
P188 オーキッド
チャイナタウン中秋節フェスティバルはこのあたりで開催される
ラッフルズ・プレイス
RAFFLES PLACE
パールズ・ヒル・シティ・パーク
Pearl's Hill City Park
チャイナタウン
CHINATOWN
アッパー・クロス・ストリート
Upper Cross St.
キャピトル・スクエア
ワン・ラッフルズ・プレイス
One Raffles Place
ピープルズ・パーク・コンプレックス
People's Park Complex
Mosqu St.
Chin Chew St.
China St.
Pekin St.
Church St.
P115 味香園甜品
パゴダ・ストリート
Pagoda St.
ジャマエ・モスク
Jamae Mosque P187
P189 飲茶酒楼
P122 ホーカー・チャン
Temple St.
クラブ・ストリート
Club St.
バラット・ビルディング
Bharat Bldg
ホーカー・チャン P122
プラナカン・タイルズ・ギャラリー P135
アルテミス・グリル&スカイ・バー P154
チャイナ・スクエア
コリヤー・キー
Collyer Quay
チャイナタウン・コンプレックス
スリ・マリアマン寺院
Sri Mariamman Temple P187
Smith St.
アスコット
ラッフルズ・プレイス
パールズ・センター
Pearl's Centre
ユートンセン・ストリート
Eu Tong Sen St.
ケオン・サイク・ロード
Keong Saik Rd. P187
テロック・アヤ
TELOK AYER
クロス・ストリート
Cross St.
中国料理が充実するフードコートがある
新加坡佛牙寺龍華院
Buddha Tooth Relic Temple and Museum P86,187
Ann Siang Rd.
アル・アブラー・モスク
Al Abrar Mosque
シアン・ホッケン寺院
Thian Hock Keng Temple P187
Amoy St.
クレタ・アイヤー・ロード
Kreta Ayer Rd.
ニュー・ブリッジ・ロード
東興 P189
ロイヤル・ピーコック
マックスウェル
MAXWELL
マックスウェル・フードセンター P121
麻坡甘蔗王 P114
天天海南鶏飯 P123
シンガポール・オルゴール博物館
Singapore Musical Box Museum
ブーン・タット・ストリート
Boon Tat St.
ラオパサ・フェスティバル・マーケット P120
センキー・ローカル・デリ P95
アウトラム・パーク
OUTRAM PARK
ドーセット P217
ポテト・ヘッド P111
ティー・チャプター P187,189
マイ・オーサム・カフェ P110
Stanley St.
テロック・アヤ・ストリート
Telok Ayer St.
P95 オールドハウス
P189 京華小吃
URAシティ・ギャラリー
URA City Gallery
Cecil St.
マカラム・ストリート
Macallum St.
ワン・シェントン
One Shenton
ブキ・パソ・ロード
Bukit Pasoh Rd.
ニュー・マジェスティック
ダクストン
ティップリング・クラブ P105
ダクストン・ロード
Duxton Rd.
マックスウェル・ロード
MND ビルディング
テロック・アヤ公園
Telok Ayer Park
シェントン・ウェイ
Shenton Way
アジア・スクエア
Asia Square
Neil Rd.
Craig Rd.
このあたりの建築物は、シンガポールらしいショップハウス風
ブルー・ジンジャー P103
シェントン・ウェイ
SHENTON WAY
ウェスティン P217
ネイル・ロード
Peck Seah St.
Wallich St.
Maxwell Rd.
アモイ・ストリート・フードセンター P121
ヌードル・ストーリー P123
J2フェイマス・クリスピー・カレー・パフ P123
ババ・ハウス
Baba House
MRT EAST WEST LINE
オーキッド
ロビンソン・ロード
Robinson Rd.
CPFビル
CPF Bldg.
タンジョン・パガー・ロード
ファイブ・ザ・モーメンツ・カフェ P113
MRT東西線
タンジョン・パガー
TANJONG PAGAR
シンガポール・カンファレンス・ホール
Singapore Conference Hall
カールトン・シティ・ホテル シンガポール
オアジア・ホテル・ダウンタウン P217
エイト・シェントン・ウェイ
8 Shenton Way
ストレイツ・ブルバード
Straits Boulevard
エッセンシャル・エクストラ・ギフト・ストア P136
カントンメント・ロード
Cantonment Rd.
インターナショナル・プラザ
International Plaza
ダウンタウン・ギャラリー
Downtown Gallary
Cantonment Cl.
Tanjong Pager Rd.
エム・ホテル P217
Enggor St.
Anson Rd.
Prince Edward Rd.
ソフィテル・シンガポール・シティ・センター P217
100m

ラッフルズ・ホテル・シンガポール P66,175,176
グランド・ロビー P67
ティフィン・ルーム P67
ラッフルズ・アーケード
ラッフルズ・ブティック P128
ラッフルズ・スパ P67
ロング・バー P67,160
富の噴水
Fountain of Wealth P86
サンテック・シティ・モール P175
クリスタル・ジェイド・キッチン P105
コンラッド・センテニアル P217
ゴールデン・ピオニー P105
プロムナード
PROMENADE
JWマリオット・シンガポール・サウス・ビーチ P216
エスプラネード
ESPLANADE
ミレニア・ウォーク P178
パン・パシフィック P217
マイバス・シンガポール（JTBパン・パシフィック・ラウンジ内）P107
セント・グレゴリー・スパ P213
るるぶギフトショップ（2F）
パークロイヤル・コレクション・マリーナ・ベイ P217
マリーナ・スクエア
P95ジア・シャン・ミー
マンダリン・オリエンタル P215
リッツ・カールトン・ミレニア・シンガポール P217
コロニー P107
エスプラネード・シアター・オン・ザ・ベイ
Esplanade Theatres on the Bay P85,179
ラッフルズ・アヴェニュー
Raffles Blvd.
Raffles Ave.
マカンスートラ・グラットンズ・ベイ P117,179
マリーナ・プロムナード
Marina Promnade P181
マリーナ・ベイ多目的施設
Marina Bay Multi-Purpose Facility
シンガポール・フライヤー
Singapore Flyer P84
シンガポール・フード・トリート
シンガポール・フライヤー・ギフト
ジュビリー橋
Jubilee Bridge P180
フロート@マリーナ・ベイ
The Float@Marina Bay
マーライオン
Merlion P60,179
P56,181 ヘリックス・ブリッジ
Helix Bridge
MBSベイフロント・ノース桟橋（ウォーター・ビー・ラウンド・クルーズ乗り場）
MBS Bayfront North Jetty P156
マリーナ湾
Marina Bay
マーライオン・パーク
Merlion Park P180
ルイ・ヴィトン P144
アートサイエンス・ミュージアム
ArtScience Museum P50
サンズ・スカイパーク展望デッキ
Sands Skypark Observation Deck P48
インフィニティ・プール
Infinity Pool P54
セ・ラ・ヴィ P49,155
スパーゴ・ダイニングルーム・バイ・ウルフギャング・パック P49
スパーゴ・バー&ラウンジ P49
フラワー・ドーム
Flower Dome P64,85
アライバル・ギフト・ショップ P65
ザ・フラトン・ホテル・シンガポール P214
コートヤード P107
マリーナベイ・サンズ
Marina Bay Sands P46,85
ワン・フラトン
パーム・ビーチ・シーフード P93
イベント・プラザ
スペクトラ P52,179
マリーナベイ・サンズ・カジノ
サンズ・スカイパーク
Sands Sky Park
ドラゴンフライ湖
Dragonfly Lake
マリーナベイ・サンズ P55,85
ワクダ・レストラン&バー P55
ライズ P55
レンク・バー&ラウンジ P55
バンヤン・ツリー・スパ P212
クラウド・フォレスト
Cloud Forest P64
ガーデンズ・バイ・ザ・ベイ
Gardens by the Bay P62
サテー・バイ・ザ・ベイ P63
クリフォード・ピア
Clifford Pier
フラトン・ヘリテージ
Fullerton Heritage P180
フラトン・ベイ P217
ランタン P150,181
ベイフロント
BAYFRONT
ドラゴンフライ・ブリッジ
Dragonfly Bridge
スーパーツリー・グローヴ
Supertree Grove P63
アライバル・ギフト・ショップ P65
OCBCスカイウェイ
OCBC SKYway P63
ガーデン・ラプソディー P65,179
プロモントリー・アット・マリーナ・ベイ
The Promontory@Marina Bay P181
フローラル・ファンタジー
Floral Fantasy P62
マリーナ・ベイ・リンク・モール
ザ・ショップス アット マリーナベイ・サンズ P51,144
レイン・オクルス P51
Rain Oculus
サンパン・ライド
Sampan Ride P51
デジタルライト・キャンバス
Degital Light Canvas P51
ラサプーラ・マスターズ P51,144
TWGティー・ガーデン アット・マリーナベイ・サンズ P144
ジェイソンズ・デリ P144
マリーナ・ベイ・ファイナンシャル・センター
Marina Bay Financial Centre
MRTダウンタウン線
MRT DOWNTOWN LINE
MRTサークル線
MRT CIRCLE LINE
マリーナ・ベイ
MARINA BAY
MRTイースト・コースト線
MRT THOMSON EAST COAST LINE
MRT南北線
MRT NORTH SOUTH LINE
マリーナ・ブールバード
セントラル・ブールバード
マリーナ・モール
Marina Mall
マリーナ・ガーデンズ・ドライブ
マリーナ・パーク
Marina Park
イースト・コースト・パークウェイ
East Coast Pkwy.
ベイフロント・アヴェニュー
P6~7
P8~9
P12上
P12下
P13
P14~15
P10~11

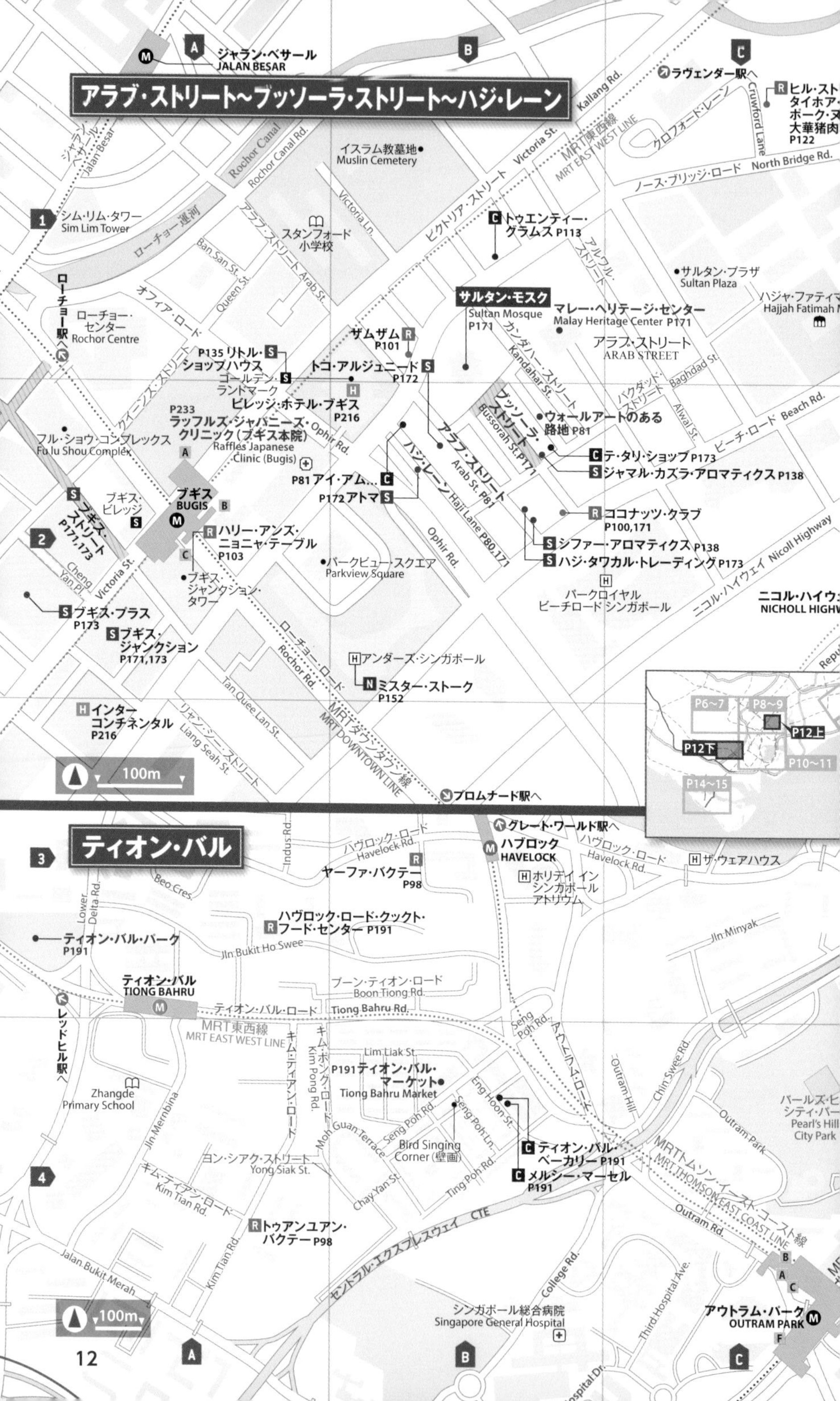

アラブ・ストリート～ブッソーラ・ストリート～ハジ・レーン
ジャラン・ベサール
JALAN BESAR
ラヴェンダー駅へ
シム・リム・タワー
Sim Lim Tower
イスラム教墓地
Muslin Cemetery
スタンフォード小学校
トゥエンティー・グラムス P113
サルタン・プラザ
Sultan Plaza
サルタン・モスク
Sultan Mosque P171
マレー・ヘリテージ・センター
Malay Heritage Center P171
アラブ・ストリート
ARAB STREET
ローチョー・センター
Rochor Centre
ザムザム P101
P135 リトル・ショップハウス
ゴールデン・ランドマーク
トコ・アルジュニード P172
ビレッジ・ホテル・ブギス P216
P233 ラッフルズ・ジャパニーズ・クリニック(ブギス本院)
Raffles Japanese Clinic (Bugis)
フル・ショウ・コンプレックス
Fu lu Shou Complex
ウォールアートのある路地 P81
テ・タリ・ショップ P173
ジャマル・カズラ・アロマティクス P138
P81 アイ・アム...
P172 アトマ
ココナッツ・クラブ P100,171
シファー・アロマティクス P138
ハジ・タワカル・トレーディング P173
ブギス BUGIS
ブギス・ビレッジ
ブギス・ストリート P171,173
ハリー・アンズ・ニョニャ・テーブル P103
パークビュー・スクエア
Parkview Square
パークロイヤル ビーチロード シンガポール
ブギス・ジャンクション・タワー
ブギス・プラス P173
ブギス・ジャンクション P171,173
アンダーズ・シンガポール
ミスター・ストーク P152
インターコンチネンタル P216
プロムナード駅へ
100m
ティオン・バル
グレート・ワールド駅へ
ハブロック HAVELOCK
ヤーファ・バクテー P98
ザ・ウェアハウス
ホリデイ イン シンガポール アトリウム
ハヴロック・ロード・クックト・フード・センター P191
ティオン・バル・パーク P191
ティオン・バル TIONG BAHRU
レッドヒル駅へ
P191 ティオン・バル・マーケット
Tiong Bahru Market
Zhangde Primary School
Bird Singing Corner (壁画)
ティオン・バル・ベーカリー P191
メルシー・マーセル P191
パールズ・ヒル・シティ・パーク
Pearl's Hill City Park
トゥアンユアン・バクテー P98
シンガポール総合病院
Singapore General Hospital
アウトラム・パーク OUTRAM PARK
100m

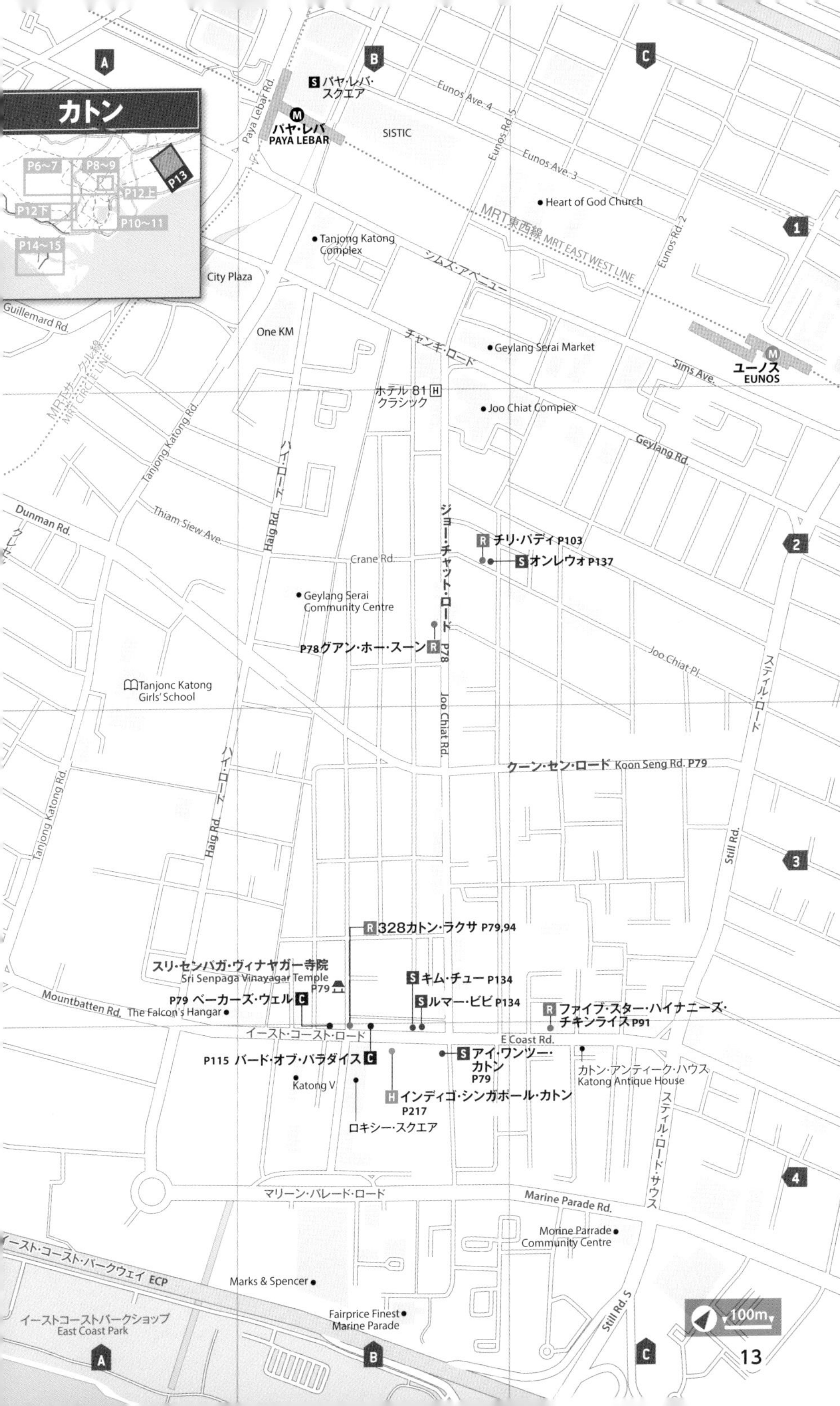

カトン
P6~7
P8~9
P12上
P12下
P10~11
P14~15
P13
A
B
C
パヤ・レバ・スクエア
パヤ・レバ
PAYA LEBAR
SISTIC
Paya Lebar Rd.
Eunos Ave. 4
Eunos Rd. 5
Eunos Ave. 3
Heart of God Church
MRT東西線 MRT EAST WEST LINE
Eunos Rd. 2
Tanjong Katong Complex
シムス・アベニュー
City Plaza
Guillemard Rd.
One KM
チャンギ・ロード
Geylang Serai Market
Sims Ave.
ユーノス
EUNOS
MRTサークル線 MRT CIRCLE LINE
ホテル81 クラシック
Joo Chiat Complex
Geylang Rd.
Tanjong Katong Rd.
ハイ・ロード
Haig Rd.
Dunman Rd.
Thiam Siew Ave.
ジョー・チャット・ロード
チリ・パディ P103
オンレウォ P137
Crane Rd.
Geylang Serai Community Centre
P78 グアン・ホー・スーン P78
Joo Chiat Pl.
Tanjonc Katong Girls' School
Joo Chiat Rd.
スティル・ロード
クーン・セン・ロード Koon Seng Rd. P79
Still Rd.
328カトン・ラクサ P79,94
スリ・センパガ・ヴィナヤガー寺院
Sri Senpaga Vinayagar Temple P79
キム・チュー P134
ルマー・ビビ P134
Mountbatten Rd.
The Falcon's Hangar
P79 ベーカーズ・ウェル
ファイブ・スター・ハイナニーズ・チキンライス P91
イースト・コースト・ロード
E Coast Rd.
P115 バード・オブ・パラダイス
アイ・ワンツー・カトン P79
カトン・アンティーク・ハウス
Katong Antique House
Katong V
インディゴ・シンガポール・カトン P217
ロキシー・スクエア
スティル・ロード・サウス
マリーン・パレード・ロード
Marine Parade Rd.
Morine Parrade Community Centre
イースト・コースト・パークウェイ ECP
Marks & Spencer
イーストコーストパークショップ
East Coast Park
Fairprice Finest Marine Parade
Still Rd. S
100m
1
2
3
4

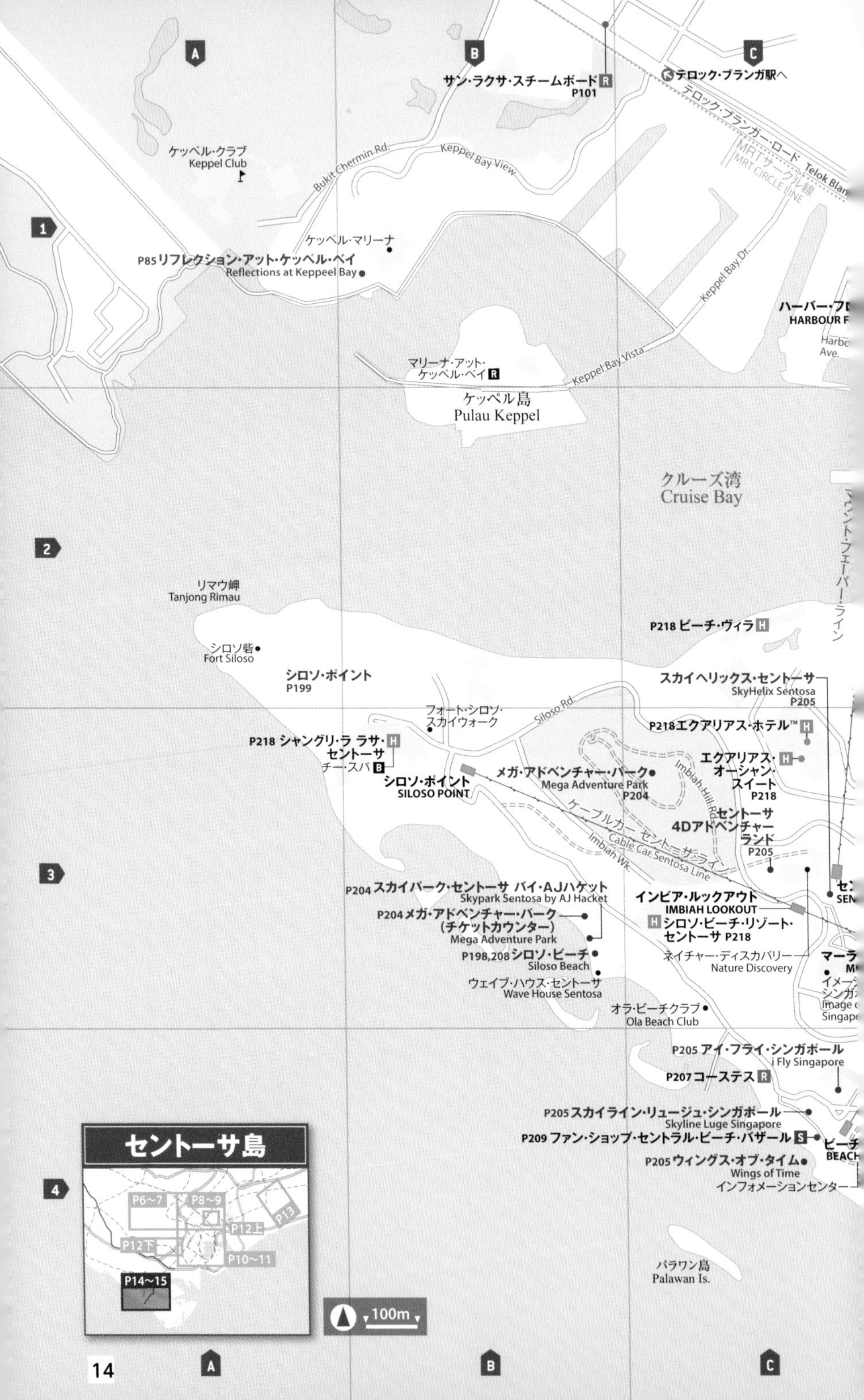

サン・ラクサ・スチームボード P101
テロック・ブランガ駅へ
テロック・ブランガー・ロード
Telok Blan
MRTサークル線
MRT CIRCLE LINE
ケッペル・クラブ
Keppel Club
Bukit Chermin Rd.
Keppel Bay View
ケッペル・マリーナ
P85 リフレクション・アット・ケッペル・ベイ
Reflections at Keppeel Bay
Keppel Bay Dr.
ハーバー・フロ
HARBOUR F
Harbo Ave.
マリーナ・アット・ケッペル・ベイ
Keppel Bay Vista
ケッペル島
Pulau Keppel
クルーズ湾
Cruise Bay
マウント・フェーバー・ライン
リマウ岬
Tanjong Rimau
シロソ砦
Fort Siloso
シロソ・ポイント
P199
P218 ビーチ・ヴィラ
スカイヘリックス・セントーサ
SkyHelix Sentosa
P205
フォート・シロソ・スカイウォーク
Siloso Rd.
P218 エクアリアス・ホテル™
P218 シャングリ・ラ ラサ・セントーサ
チー・スパ
シロソ・ポイント
SILOSO POINT
メガ・アドベンチャー・パーク
Mega Adventure Park
P204
Imbiah Hill Rd.
エクアリアス・オーシャン・スイート
P218
セントーサ 4Dアドベンチャーランド
P205
ケーブルカー セントーサ・ライン
Cable Car Sentosa Line
Imbiah Wk.
P204 スカイパーク・セントーサ バイ・AJハケット
Skypark Sentosa by AJ Hacket
P204 メガ・アドベンチャー・パーク（チケットカウンター）
Mega Adventure Park
インビア・ルックアウト
IMBIAH LOOKOUT
シロソ・ビーチ・リゾート・セントーサ P218
P198,208 シロソ・ビーチ
Siloso Beach
ネイチャー・ディスカバリー
Nature Discovery
ウェイブ・ハウス・セントーサ
Wave House Sentosa
オラ・ビーチクラブ
Ola Beach Club
P205 アイ・フライ・シンガポール
i Fly Singapore
P207 コーステス
P205 スカイライン・リュージュ・シンガポール
Skyline Luge Singapore
P209 ファン・ショップ・セントラル・ビーチ・バザール
P205 ウィングス・オブ・タイム
Wings of Time
インフォメーションセンター
パラワン島
Palawan Is.
セントーサ島
P6〜7
P8〜9
P12上
P12下
P10〜11
P13
P14〜15
100m

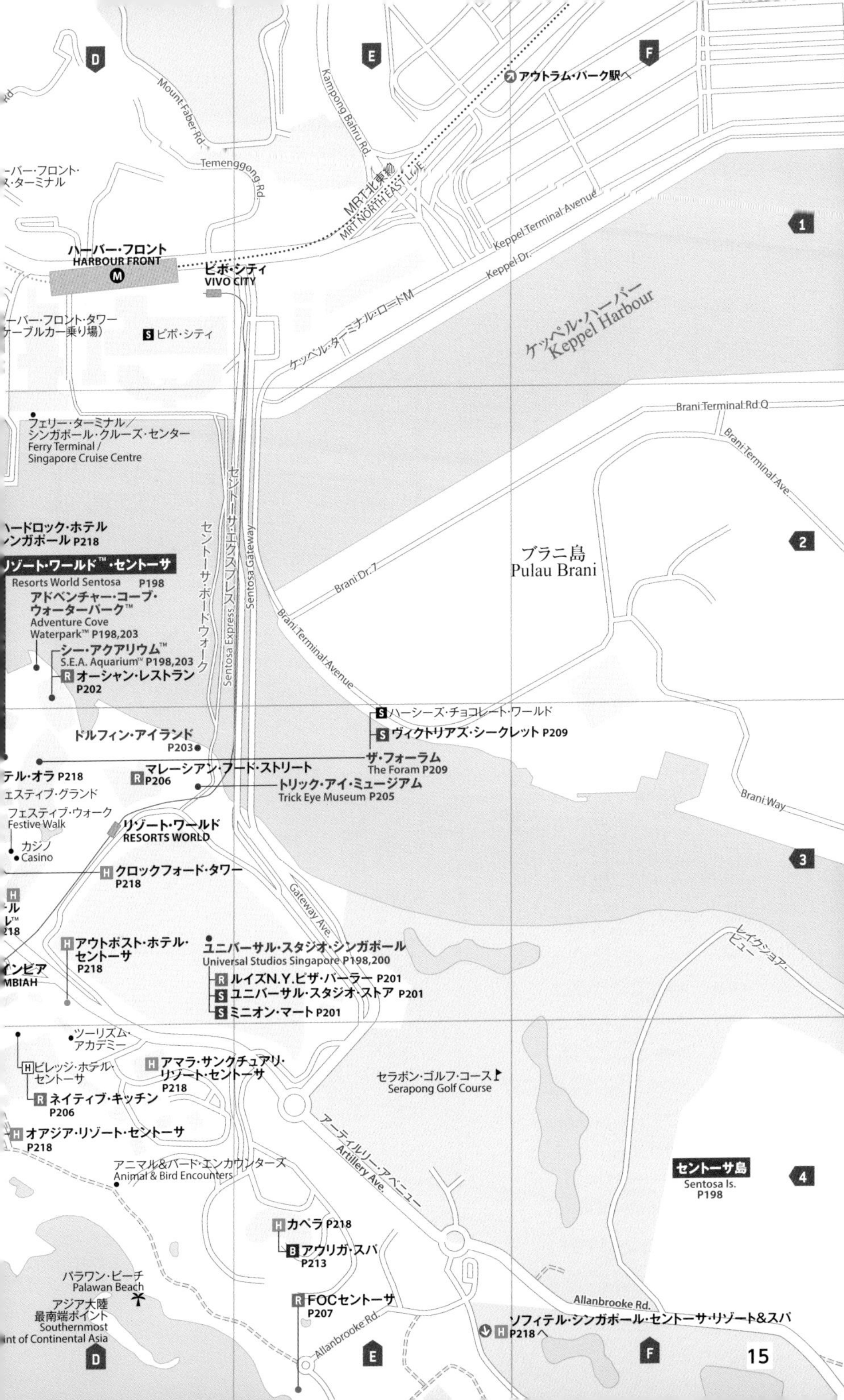

D
E
F
Mount Faber Rd.
Kampong Bahru Rd.
アウトラム・パーク駅へ
Temenggong Rd.
MRT北東線
MRT NORTH EAST LINE
Keppel Terminal Avenue
1
ハーバー・フロント
HARBOUR FRONT
ビボ・シティ
VIVO CITY
Keppel Dr.
ケッペル・ターミナル・ロード
ケッペル・ハーバー
Keppel Harbour
ビボ・シティ
フェリー・ターミナル／
シンガポール・クルーズ・センター
Ferry Terminal /
Singapore Cruise Centre
Brani Terminal Rd.
Brani Terminal Ave.
セントーサ・エクスプレス
Sentosa Gateway
セントーサ・ボードウォーク
Sentosa Express
2
ブラニ島
Pulau Brani
Brani Dr. 7
Brani Terminal Avenue
リゾート・ワールド™・セントーサ
Resorts World Sentosa P198
アドベンチャー・コーブ・
ウォーターパーク™
Adventure Cove
Waterpark™ P198,203
シー・アクアリウム™
S.E.A. Aquarium™ P198,203
オーシャン・レストラン
P202
ハーシーズ・チョコレート・ワールド
ヴィクトリアズ・シークレット P209
ドルフィン・アイランド
P203
ザ・フォーラム
The Foram P209
マレーシアン・フード・ストリート
P206
トリック・アイ・ミュージアム
Trick Eye Museum P205
フェスティブ・ウォーク
Festive Walk
カジノ
Casino
リゾート・ワールド
RESORTS WORLD
Brani Way
3
クロックフォード・タワー
P218
Gateway Ave.
アウトポスト・ホテル・
セントーサ
P218
ユニバーサル・スタジオ・シンガポール
Universal Studios Singapore P198,200
ルイズN.Y.ピザ・パーラー P201
ユニバーサル・スタジオ・ストア P201
ミニオン・マート P201
レイクショア・ビュー
ツーリズム・
アカデミー
ビレッジ・ホテル・
セントーサ
ネイティブ・キッチン
P206
アマラ・サンクチュアリ・
リゾート・セントーサ
P218
セラポン・ゴルフ・コース
Serapong Golf Course
オアジア・リゾート・セントーサ
P218
アーティルリー・アベニュー
Artillery Ave.
アニマル&バード・エンカウンターズ
Animal & Bird Encounters
セントーサ島
Sentosa Is.
P198
4
カペラ P218
アウリガ・スパ
P213
パラワン・ビーチ
Palawan Beach
アジア大陸
最南端ポイント
Southernmost
Point of Continental Asia
FOCセントーサ
P207
Allanbrooke Rd.
ソフィテル・シンガポール・セントーサ・リゾート&スパ
P218へ

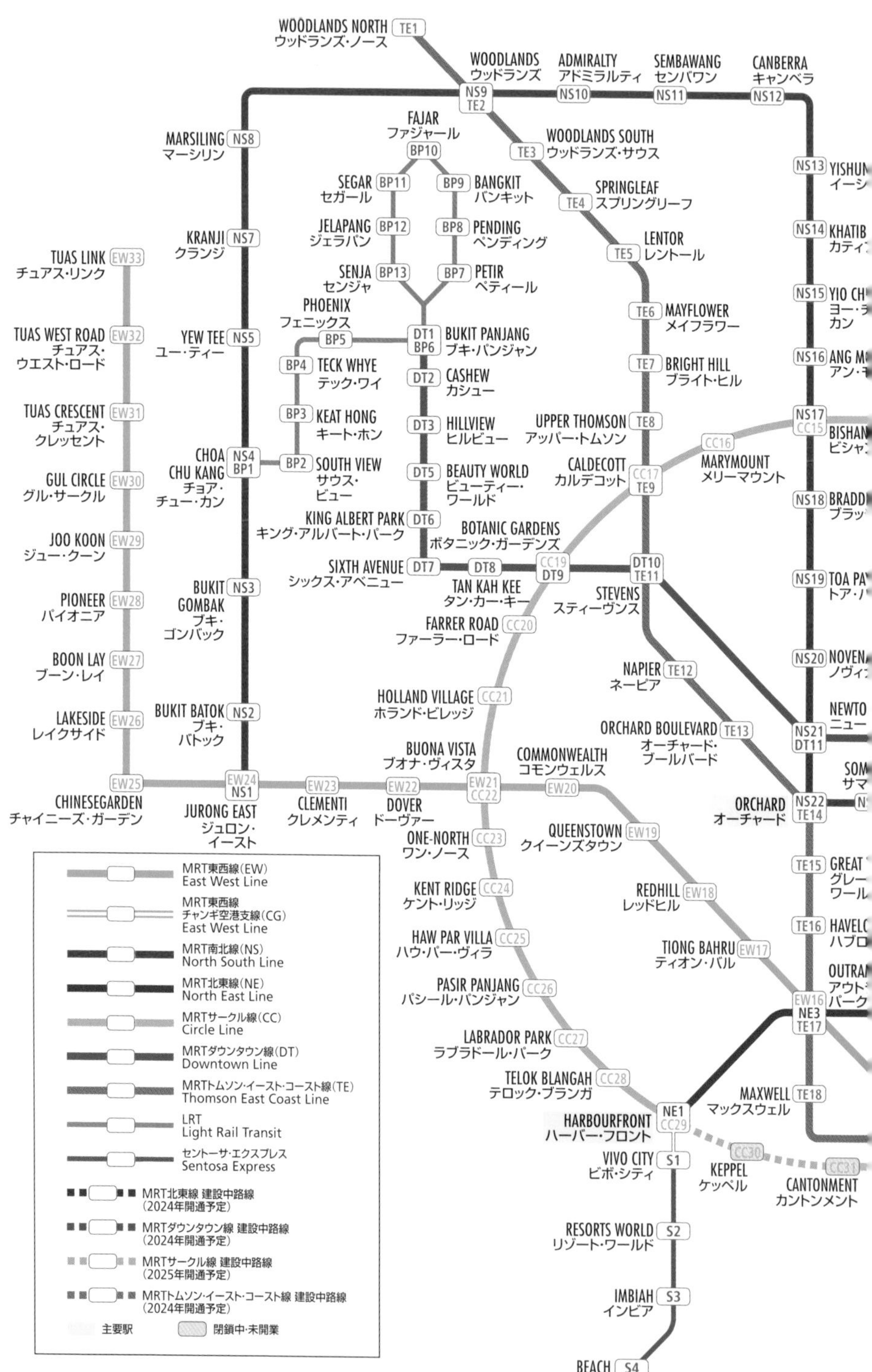

WOODLANDS NORTH ウッドランズ・ノース TE1
WOODLANDS ウッドランズ NS9 TE2
ADMIRALTY アドミラルティ NS10
SEMBAWANG センバワン NS11
CANBERRA キャンベラ NS12
MARSILING マーシリン NS8
FAJAR ファジャール BP10
WOODLANDS SOUTH ウッドランズ・サウス TE3
SEGAR セガール BP11
BANGKIT バンキット BP9
SPRINGLEAF スプリングリーフ TE4
JELAPANG ジェラパン BP12
PENDING ペンディング BP8
KRANJI クランジ NS7
LENTOR レントール TE5
TUAS LINK チュアス・リンク EW33
SENJA センジャ BP13
PETIR ペティール BP7
PHOENIX フェニックス BP5
MAYFLOWER メイフラワー TE6
TUAS WEST ROAD チュアス・ウエスト・ロード EW32
YEW TEE ユー・ティー NS5
BUKIT PANJANG ブキ・パンジャン DT1 BP6
TECK WHYE テック・ワイ BP4
BRIGHT HILL ブライト・ヒル TE7
CASHEW カシュー DT2
TUAS CRESCENT チュアス・クレッセント EW31
KEAT HONG キート・ホン BP3
HILLVIEW ヒルビュー DT3
UPPER THOMSON アッパー・トムソン TE8
CHOA CHU KANG チョア・チュー・カン NS4 BP1
SOUTH VIEW サウス・ビュー BP2
BEAUTY WORLD ビューティー・ワールド DT5
CALDECOTT カルデコット CC17 TE9
MARYMOUNT メリーマウント CC16
GUL CIRCLE グル・サークル EW30
KING ALBERT PARK キング・アルバート・パーク DT6
BOTANIC GARDENS ボタニック・ガーデンズ CC19 DT9
JOO KOON ジュー・クーン EW29
SIXTH AVENUE シックス・アベニュー DT7
DT8
TAN KAH KEE タン・カー・キー
DT10 TE11
STEVENS スティーヴンス
BUKIT GOMBAK ブキ・ゴンバック NS3
PIONEER パイオニア EW28
FARRER ROAD ファーラー・ロード CC20
BOON LAY ブーン・レイ EW27
NAPIER ネーピア TE12
HOLLAND VILLAGE ホランド・ビレッジ CC21
LAKESIDE レイクサイド EW26
BUKIT BATOK ブキ・バトック NS2
ORCHARD BOULEVARD オーチャード・ブールバード TE13
BUONA VISTA ブオナ・ヴィスタ
COMMONWEALTH コモンウェルス EW20
EW25 CHINESEGARDEN チャイニーズ・ガーデン
EW24 NS1 JURONG EAST ジュロン・イースト
EW23 CLEMENTI クレメンティ
EW22 DOVER ドーヴァー
EW21 CC22
ORCHARD オーチャード NS22 TE14
ONE-NORTH ワン・ノース CC23
QUEENSTOWN クイーンズタウン EW19
KENT RIDGE ケント・リッジ CC24
REDHILL レッドヒル EW18
HAW PAR VILLA ハウ・パー・ヴィラ CC25
TIONG BAHRU ティオン・バル EW17
PASIR PANJANG パシール・パンジャン CC26
EW16 NE3 TE17
LABRADOR PARK ラブラドール・パーク CC27
TELOK BLANGAH テロック・ブランガ CC28
MAXWELL マックスウェル TE18
NE1 CC29 HARBOURFRONT ハーバー・フロント
VIVO CITY ビボ・シティ S1
CC30 KEPPEL ケッペル
CC31 CANTONMENT カントンメント
RESORTS WORLD リゾート・ワールド S2
IMBIAH インビア S3
BEACH ビーチ S4
NS13 YISHUN イーシ
NS14 KHATIB カティ
NS15 YIO CH ヨー・ カン
NS16 ANG M アン・
NS17 CC15 BISHAN ビシャン
NS18 BRADD ブラッ
NS19 TOA PA トア・
NS20 NOVEN ノヴィ
NEWTO ニュー NS21 DT11
SOM サマ
TE15 GREAT グレー ワール
TE16 HAVELO ハブロ
OUTRA アウト パーク
MRT東西線(EW) East West Line
MRT東西線 チャンギ空港支線(CG) East West Line
MRT南北線(NS) North South Line
MRT北東線(NE) North East Line
MRTサークル線(CC) Circle Line
MRTダウンタウン線(DT) Downtown Line
MRTトムソン・イースト・コースト線(TE) Thomson East Coast Line
LRT Light Rail Transit
セントーサ・エクスプレス Sentosa Express
MRT北東線 建設中路線 (2024年開通予定)
MRTダウンタウン線 建設中路線 (2024年開通予定)
MRTサークル線 建設中路線 (2025年開通予定)
MRTトムソン・イースト・コースト線 建設中路線 (2024年開通予定)
主要駅
閉鎖中・未開業

MRT路線図

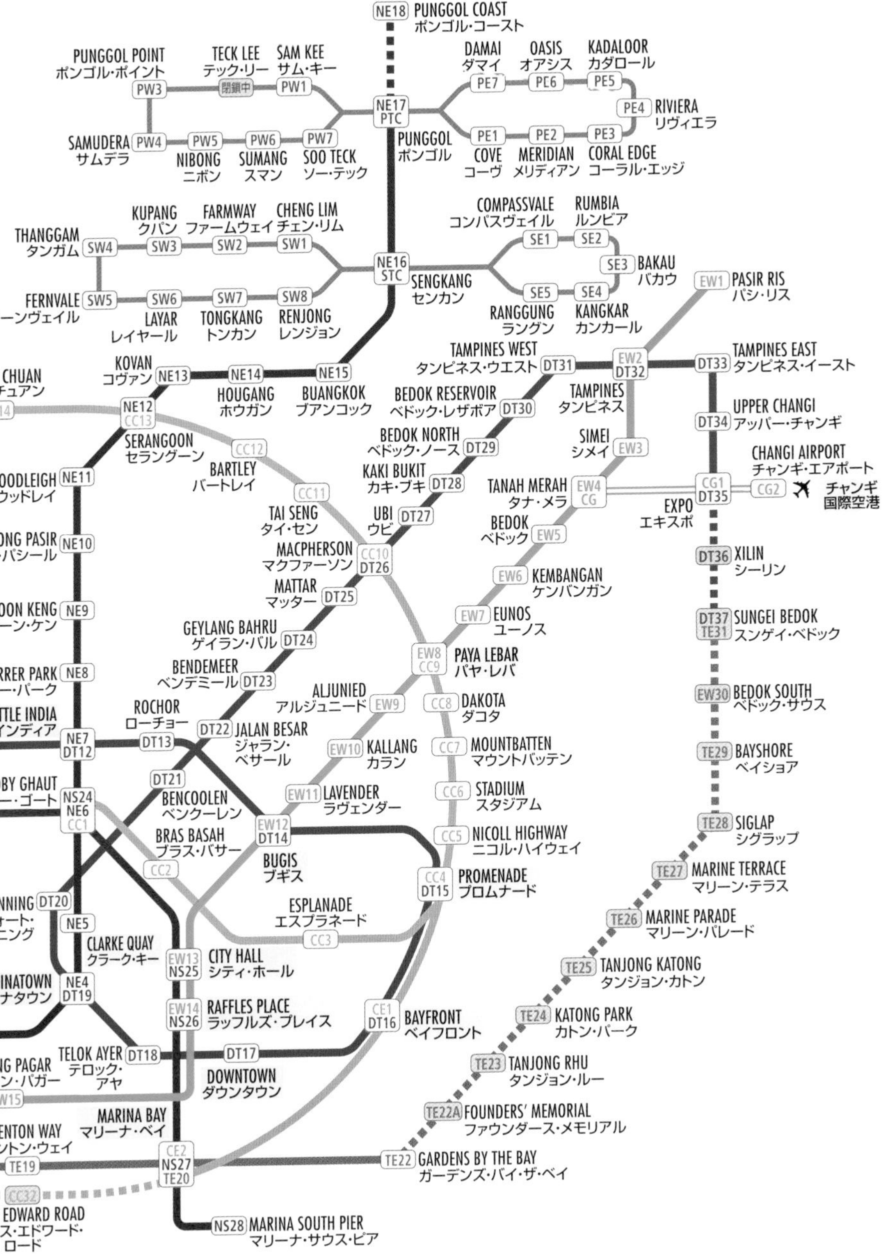

NE18 PUNGGOL COAST
ポンゴル・コースト
PUNGGOL POINT
ポンゴル・ポイント
TECK LEE
テック・リー
SAM KEE
サム・キー
PW3
閉鎖中
PW1
DAMAI
ダマイ
OASIS
オアシス
KADALOOR
カダロール
PE7
PE6
PE5
PE4 RIVIERA
リヴィエラ
NE17
PTC
SAMUDERA
サムデラ
PW4
PW5
PW6
PW7
PE1
PE2
PE3
NIBONG
ニボン
SUMANG
スマン
SOO TECK
ソー・テック
PUNGGOL
ポンゴル
COVE
コーヴ
MERIDIAN
メリディアン
CORAL EDGE
コーラル・エッジ
KUPANG
クパン
FARMWAY
ファームウェイ
CHENG LIM
チェン・リム
COMPASSVALE
コンパスヴェイル
RUMBIA
ルンビア
THANGGAM
タンガム
SW4
SW3
SW2
SW1
SE1
SE2
SE3 BAKAU
バカウ
NE16
STC
SENGKANG
センカン
FERNVALE
ァーンヴェイル
SW5
SW6
SW7
SW8
SE5
SE4
EW1 PASIR RIS
パシ・リス
LAYAR
レイヤール
TONGKANG
トンカン
RENJONG
レンジョン
RANGGUNG
ラングン
KANGKAR
カンカール
TAMPINES WEST
タンピネス・ウエスト
DT31
EW2
DT32
DT33
TAMPINES EAST
タンピネス・イースト
G CHUAN
チュアン
KOVAN
コヴァン
NE13
NE14
NE15
HOUGANG
ホウガン
BUANGKOK
ブアンコック
BEDOK RESERVOIR
ベドック・レザボア
DT30
TAMPINES
タンピネス
CC14
NE12
CC13
UPPER CHANGI
DT34 アッパー・チャンギ
SERANGOON
セラングーン
CC12
BEDOK NORTH
ベドック・ノース
DT29
SIMEI
シメイ
EW3
CHANGI AIRPORT
チャンギ・エアポート
WOODLEIGH
ウッドレイ
NE11
BARTLEY
バートレイ
CC11
KAKI BUKIT
カキ・ブキ
DT28
TANAH MERAH
タナ・メラ
EW4
CG
CG1
DT35
CG2
チャンギ
国際空港
TAI SENG
タイ・セン
UBI
ウビ
DT27
BEDOK
ベドック
EW5
EXPO
エキスポ
TONG PASIR
・パシール
NE10
MACPHERSON
マクファーソン
CC10
DT26
DT36 XILIN
シーリン
EW6 KEMBANGAN
ケンバンガン
MATTAR
マッター
DT25
BOON KENG
ブーン・ケン
NE9
EW7 EUNOS
ユーノス
DT37
TE31
SUNGEI BEDOK
スンゲイ・ベドック
GEYLANG BAHRU
ゲイラン・バル
DT24
EW8
CC9
PAYA LEBAR
パヤ・レバ
BENDEMEER
ベンデミール
DT23
ARRER PARK
ラー・パーク
NE8
EW30 BEDOK SOUTH
ベドック・サウス
ALJUNIED
アルジュニード
EW9
CC8 DAKOTA
ダコタ
LITTLE INDIA
インディア
ROCHOR
ローチョー
DT22 JALAN BESAR
ジャラン・
ベサール
NE7
DT12
DT13
EW10 KALLANG
カラン
CC7 MOUNTBATTEN
マウントバッテン
TE29 BAYSHORE
ベイショア
OBY GHAUT
ビー・ゴート
DT21
NS24
NE6
CC1
BENCOOLEN
ベンクーレン
EW11 LAVENDER
ラヴェンダー
CC6 STADIUM
スタジアム
BRAS BASAH
ブラス・バサー
EW12
DT14
CC5 NICOLL HIGHWAY
ニコル・ハイウェイ
TE28 SIGLAP
シグラップ
CC2
BUGIS
ブギス
CC4
DT15
PROMENADE
プロムナード
TE27 MARINE TERRACE
マリーン・テラス
ANNING
DT20
ォート・
ニング
NE5
ESPLANADE
エスプラネード
TE26 MARINE PARADE
マリーン・パレード
CLARKE QUAY
クラーク・キー
CC3
EW13
NS25
CITY HALL
シティ・ホール
TE25 TANJONG KATONG
タンジョン・カトン
HINATOWN
イナタウン
NE4
DT19
EW14
NS26
RAFFLES PLACE
ラッフルズ・プレイス
CE1
DT16
BAYFRONT
ベイフロント
TE24 KATONG PARK
カトン・パーク
TELOK AYER
テロック・
アヤ
DT18
DT17
ONG PAGAR
ョン・パガー
DOWNTOWN
ダウンタウン
TE23 TANJONG RHU
タンジョン・ルー
EW15
MARINA BAY
マリーナ・ベイ
TE22A FOUNDERS' MEMORIAL
ファウンダース・メモリアル
HENTON WAY
ェントン・ウェイ
TE19
CE2
NS27
TE20
TE22 GARDENS BY THE BAY
ガーデンズ・バイ・ザ・ベイ
CC32
CE EDWARD ROAD
ンス・エドワード・
ロード
NS28 MARINA SOUTH PIER
マリーナ・サウス・ピア

せかたび こんな本！

はじめてシンガポールを訪れる人も、新しい発見をしたいリピーターも
「せかたび」一冊あれば、充実した旅になること間違いなし！

01 □"本当に使える"モデルコース集

➡王道+テーマ別でアレンジ自在

はじめてなら王道コース(→P30)、リピーターならテーマ別コース(→P36)をチェック！

02 □観光スポットは星付きで紹介

➡行くべき観光スポットがすぐわかる！

限られた時間でも、見るべきものは逃したくない！下の★を参考に行き先を検討。

★★★…絶対行くべき
★★…時間があれば行きたい
★…興味があれば行きたい

03 □「定番」「オススメ」をマーク化

➡行くべきところがひと目でわかる

レストランやショップは、人気の定番店はもちろん、特徴ある編集部おすすめ店も。

…シンガポールを代表する有名店

オススメ！…編集部のオススメ店

04 □詳細折りこみイラストマップ付き

➡注目エリアを"見て"楽しむ

表紙裏の折りこみMAPに注目！街のメインストリートから、話題のローカルエリアまで。

05 □「まとめ」インデックスが超便利

➡全掲載スポットを一覧・比較

巻末には本誌掲載スポットをリスト化(→P234)。物件データや地図位置も確認。

06 □電子書籍付き

➡スマホにダウンロードして持ち歩ける

本書の電子書籍版が無料でダウンロードできる！スマホで持ち歩けば街歩きに便利。

ダウンロードの仕方は袋とじをチェック！

〔マークの見方〕

- 図…**交通**　駅や広場など、街歩きの基点となる場所などからのアクセス方法と所要時間の目安
- Ⓜ…**MRT**
- 住…**所在地**
- ☎…**電話番号**　現地の番号を市外局番から掲載
- ⏲…**営業・開館時間**　時期により変更の可能性あり
- 休…**定休日**
- 料…**料金**　大人1名分を表示。ホテルの場合は、1泊1室あたりの室料
  時期や季節により変動あり。
- URL…**ホームページアドレス**　http://は省略
- 日…**日本語メニューあり**
- 予…**予約が必要、または予約することが望ましい**
- カード…**クレジットカードでの支払い不可。**
  カード可表示でも、特定のカード以外は使用できない場合もある
- 👔…**ドレスコードあり**　レストランでフォーマルな服装を義務付けていることを示す。一般に男性はネクタイ着用、女性はそれに準じた服装が望ましいとされているが、店により異なる

●本誌掲載の記事やデータは、特記のない限り2023年4月現在のものです。その後の移転、閉店、料金改定などにより、記載の内容が変更になることや、臨時休業等で利用できない場合があります。
●各種データを含めた掲載内容の正確性には万全を期しておりますが、おでかけの際には電話などで事前に確認・予約されることをおすすめいたします。また、各種料金には別途サービス税などが加算される場合があります。
●本書に掲載された内容による損害等は、弊社では補償致しかねますので、あらかじめご了承くださいますようお願いいたします。
●休みは曜日ごとに決まっている定休日のみを記載しています。年末年始、クリスマス、旧正月などの国の祝祭日は省略しています。クリスマス、旧正月には、飲食店、観光施設の多くが休みとなりますので、ご注意ください。

せかたび

シンガポール

Singapore

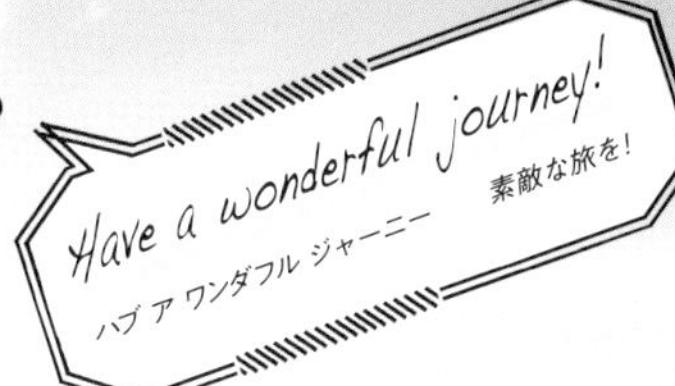

せかたび
シンガポール

Contents

マリーナベイ・サンズ(→P46)と
マーライオン(→P60)は街の2大シンボル

SINGAPORE

おさんぽ

セントーサ島

ホテル

旅のきほん

世界がひろがる!Column

行くべきエリアを

シンガポールは大きく分けると、マリーナ、シティ、
オーチャード、エスニック系タウン。
レジャーの島やナイトスポットが集まる川沿いなど
行きたい場所がいっぱい。

まずは
シンボルを観にいく

マリーナ
● Marina

シンガポールのシンボルとして親しまれるマーライオンやマリーナベイ・サンズ、ガーデンズ・バイ・ザ・ベイなど、必見スポットが集中。

コロニアル
建築を訪ねる

シティ
● City

シンガポールの歴史的な中心地で、摩天楼を成す高層ビルの間に、瀟洒なコロニアル建築が残され、新旧の魅力が共存している。

シンガポールの
"銀座"を歩く

オーチャード
● Orchard

オーチャード・ロードを中心に、大型ショッピングセンターや有名デパートが軒を連ねる一大ショッピング・ゾーン。飲食店も多い。

中国系の雑貨と
グルメの宝庫

チャイナタウン
● Chinatown

華僑の人々が最初に住んだ歴史ある街。中国寺院をはじめ、シノワ雑貨のショップや中国料理店などが並び、今も中国色が色濃く残る。

スパイスの香り漂う
活気あふれる街へ

リトル・インディア
● Little India

19世紀に南インドから渡来したインド人(印僑)によって築かれた街。極彩色のヒンドゥー教寺院や本格インド料理、雑貨探しも楽しい。

色濃く残るイスラム
文化を体現する

アラブ・ストリート／ブギス
● Arab Street

アラブ人やブギス族が移り住んだ街。今もイスラム教徒が多く、モスクを中心にアラブ料理店やオリエンタルなショップ、カフェが点在。

プラナカンの
美しい町を散歩

カトン
● Katong

中心部から東へ約10km。プラナカンの子孫たちが造った街で、現在もパステルカラーのショップハウスが連なる伝統的な街並みを残す。

リバーサイドの
夜は別世界のよう

クラーク・キー
● Clarke Quay

シンガポール川沿岸に広がるリバーサイドエリア。夜になるとひときわ活気づき、川沿いのレストランやバー、クラブが深夜まで賑わう。

ローカル注目の
ニュー・スポットへ

ティオン・バル
● Tiong Bahru

20世紀初頭の古い公団住宅が残るレトロな街に、スタイリッシュなカフェやショップが展開。流行に敏感な若者の注目を集めている。

チェック！

マレーシア
ジョホール水道
マレーシア
シンガポール動物園
ウビン島
チャンギ国際空港
シンガポール
ココ!
ジュロン島
シンガポール海峡
セントーサ島
5km

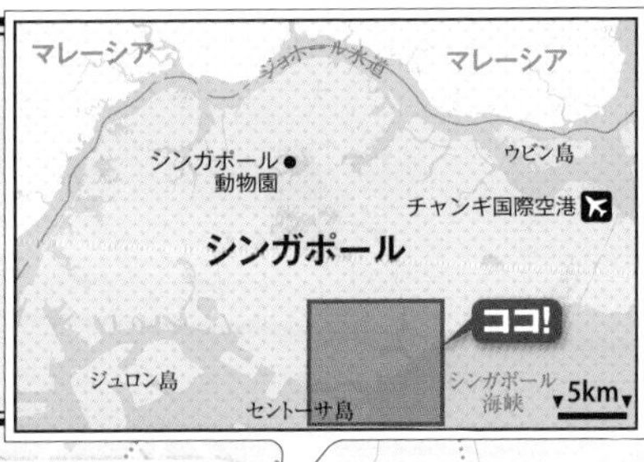

ZOOM UP!

★Singapore Area Map★

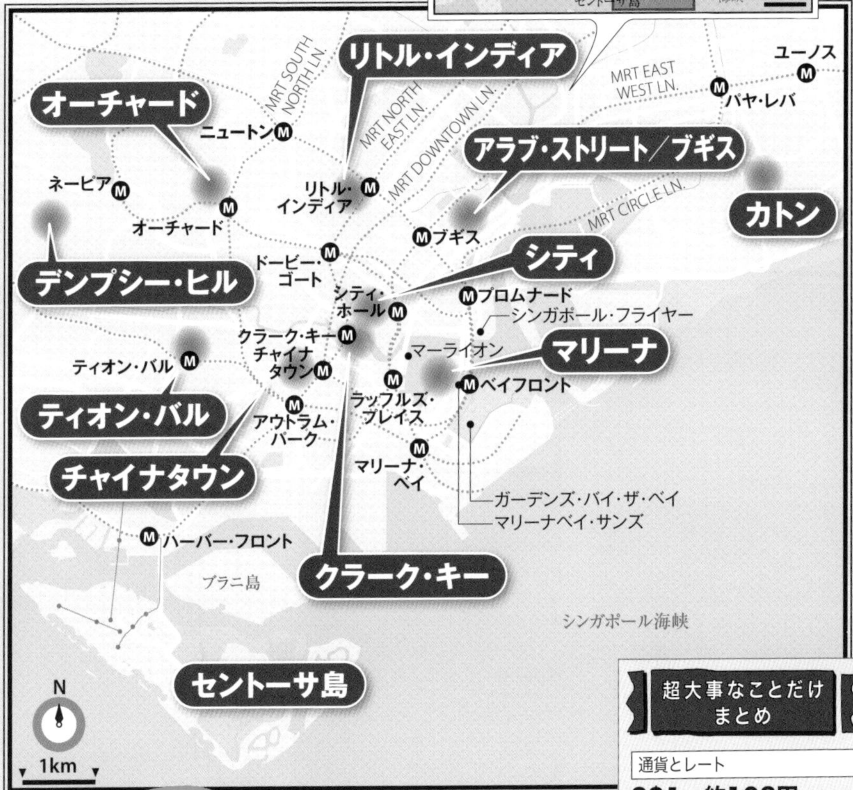
リトル・インディア
オーチャード
MRT SOUTH NORTH LN.
MRT NORTH EAST LN.
MRT DOWNTOWN LN.
MRT EAST WEST LN.
MRT CIRCLE LN.
ユーノス
パヤ・レバ
ニュートン
アラブ・ストリート／ブギス
ネーピア
リトル・インディア
オーチャード
カトン
ブギス
ドービー・ゴート
シティ
デンプシー・ヒル
シティ・ホール
プロムナード
シンガポール・フライヤー
クラーク・キー
チャイナタウン
マーライオン
マリーナ
ティオン・バル
ベイフロント
ラッフルズ・プレイス
アウトラム・パーク
ティオン・バル
チャイナタウン
マリーナ・ベイ
ガーデンズ・バイ・ザ・ベイ
マリーナベイ・サンズ
ハーバー・フロント
ブラニ島
クラーク・キー
シンガポール海峡
セントーサ島
N
1km

緑あふれるハイソな再開発エリア

デンプシー・ヒル
● Dempsey Hill

熱帯の木々が茂る丘陵地で、元英国軍兵舎跡地を再開発。スタイリッシュなレストランやカフェ、ショップが集まる最旬エリアに注目。

DEMPSEY HILL

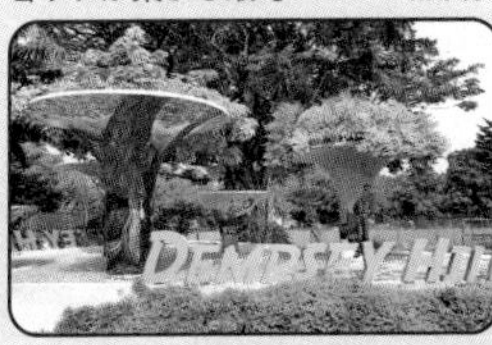

進化を続ける島でリゾート＆レジャー

セントーサ島
● Sentosa Island

本島と橋でつながる島で、レジャー施設が集まる「リゾート・ワールド・セントーサ」を中心に、一大観光地として発展し続けている。

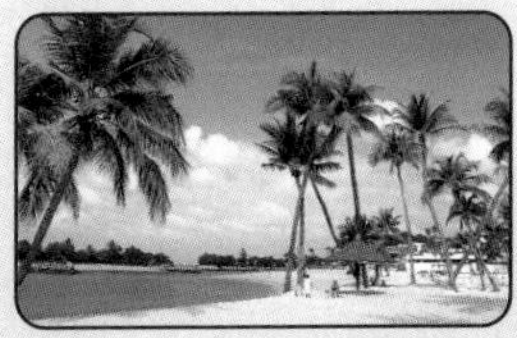

超大事なことだけまとめ

通貨とレート

S$1＝約103円
2023年6月現在

時差

-1時間
日本が正午ならシンガポールは午前11時。
※サマータイムはない

物価の目安

- ミネラルウォーター(500ml) S¢50～
- タクシー初乗り S$3.90～4.30
  ※車種により異なる
- 生ビール S$12～

日本からのフライト

7時間～7時間30分(東京から)

ひと目で確認！

くまなく回って120％満喫！

シンガポールのみどころ＆エンタメ

東洋と西洋の文化が融合するシンガポール。絶対にハズせない名所から
この街でしか体験できないエンタメまで、とことん楽しもう！

マーライオン

→P60

●Merlion

誰もが知るシンガポールのシンボル。周囲はマリーナの眺望スポットとしても有名。

所要：約1時間

サンズ・スカイパーク展望デッキ

→P48

●Sands Skypark Observation Deck

「マリーナベイ・サンズ」(→P46)の屋上に位置。360度パノラマの絶景は感動モノ。

所要：約1時間

ユニバーサル・スタジオ・シンガポール

→P200

●Universal Studios Singapore

東南アジア初の「ユニバーサル・スタジオ」。シンガポール限定アトラクションも！

所要：約8時間

ガーデンズ・バイ・ザ・ベイ

→P62

●Gardens by the Bay

世界の植物を斬新な方法で展示。高さ50mの「スーパーツリー・グローヴ」は必見！

所要：約5時間

スペクトラ

→P52

●Spectra

「マリーナベイ・サンズ」(→P46)で毎晩開催される、音楽、光、水の無料ショー。

所要：約15分

ガーデン・ラプソディー

→P65

●Garden Rhapsody

「ガーデンズ・バイ・ザ・ベイ」(→P62)の美しいライトアップ。幻想的な雰囲気。

所要：約30分

シンガポール・フライヤー

→P84

●Singapore Flyer

世界最大級を誇る巨大な観覧車。最高到達地点165mの高さから絶景を見下ろせる。

所要：約1時間

シー・アクアリウム™

→P202

●Sea Aquarium™

世界最大規模の水族館。約1000種、10万匹の海の生き物を壮大なスケールで展示する。

所要：約3時間

ナイトサファリ

→P71

●Night Safari

1994年に世界で初めて開園した、夜の動物園。夜行性動物が活発に動く様子は必見！

所要：約3時間

シンガポール動物園

→P76

●Singapore Zoo

28万㎡の敷地に約2800頭もの動物が生息。動物を眺めながらの朝食、ショーも楽しみ。

所要：約3時間

リバーワンダー

→P74

●River Wonders

川がテーマの動物園。世界最大級の淡水水族館のほか、人気者のパンダも見られる。

所要：約3時間

ラッフルズ・ホテル・シンガポール

→P66

●Raffles Hotel Singapore

1887年創業の名門クラシック・ホテル。美しい建物は国定建築物で、ショップなども。

所要：約1時間

迷ったらコレBest 3

1 マーライオン

2 サンズ・スカイパーク展望デッキ

3 ナイトサファリ

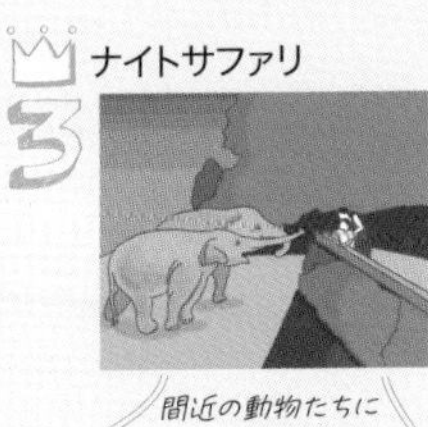

□シンガポール植物園

→P82 ●Singapore Botanic Gardens

2015年認定の国内初の世界遺産に認定。広大な敷地に国立ラン園などが点在する。

所要：約3時間

市民の憩いの場

□カトン

→P78 ●Katong

プラナカンの人々が住む地区で、パステルカラーの建物が並ぶ街並みは写真撮影必須！

所要：約3時間

□ハジ・レーン

→P80 ●Haj Lane

アラブ・ストリートの小道で、色鮮やかなウォールアートで有名。SNS映え100％！

所要：約30分

□リトル・インディア

→P166 ●Little India

インド系の人々が住む地区で、異国情緒満点。本場のグルメや雑貨探しも楽しみ。

所要：約2時間

□アドベンチャー・コーヴ・ウォーターパーク™

→P203 ●Adventure Cove Waterpark™

さまざまな種類のプールとスライダーがある水のテーマパーク。ファミリーに大人気。

所要：約5時間

□サルタン・モスク

→P171 ●Sultan Mosque

アラブ・ストリートにあるシンガポール最大のモスク。エキゾチックな雰囲気が漂う。

所要：約20分

黄金色のドーム

□レイン・ボルテックス

→P68 ●Rain Vortex

空港直結施設にある、世界最大級の屋内人工滝。高さ40mから流れ落ちる様子は圧巻！

所要：約15分

□ティオン・バルの壁画

→P190 ●Wall Arts at Tiong Bahru

昔懐かしいシンガポールの風景を描いた地元アーティストのウォールアートがあちこちに。

所要：約1時間

□セントーサ島のアトラクション

→P204 ●Attractions at Sentosa Island

海と山に囲まれた島内で「メガ・ジップ」やウォータースポーツなどを体験！

所要：約1時間～

ココで！

メガ・アドベンチャー・パーク→P204

□リバー・クルーズ

→P156 ●River Cruise

シンガポール川からマリーナ湾をレトロなボートでひと巡り。きらめく夜景に感動！

所要：約1時間

のんびり船旅

□チャイナタウン

→P186 ●Chinatown

華僑の人々が最初に住んだ街。漢字の看板に囲まれながら、寺院参拝やグルメを。

所要：約3時間

□ホテル・スパ

→P212 ●Hotel Spa

ラグジュアリーな空間で、東西の技を駆使したトリートメントで心身を癒やそう。

所要：約1時間～

ココで！

チー, ザ・スパ→P212

癒やしのひととき♡

ひと目で確認！

ローカルごはんから、エスニック系個性派やスイーツまで

シンガポールのおいしいもの

シンガポールで絶対に食べたいローカルフードの数々。
中華系、マレー系、インド系、アラブ系など……多彩なる食世界の迷宮へ。

□チキンライス ●Chicken Rice/海南鶏飯

鶏ダシで炊いたライスと蒸し鶏、チキンスープのセット。ジューシーな鶏肉が魅力。

ブン・トン・キー（文東記）→P91

□チリクラブ ●Chilli Crab

スリランカ・クラブなどをまるごと茹で、チリソースをかけたピリ辛のシーフード。

レッドハウス・シーフード→P93

□バクテー ●Bak Kut Teh/肉骨茶

豚のスペアリブを長時間煮込んだスープで、各種スパイスや漢方が味のベース。

トゥアンユアン・バクテー→P98

□ラクサ ●Laksa

ココナッツミルクと辛いサンバルを加えたスープに米粉麺という個性的な定番麺料理。

ジャングッド・ラクサ→P94

□フィッシュヘッド・カリー ●Fish Head Curry

大きな白身魚の頭をさまざまなスパイスで煮込んだ、シンガポール独自のカレー。

バナナ・リーフ・アポロ→P96

□カヤ・トースト ●Kaya Toast

ココナッツミルクと砂糖などで作るカヤジャムを食パンに挟んで焼いた朝食の定番。

ヤークン・カヤ・トースト→P124

□ウダン・ニョニャ ●Udang Nyonya

大きなエビ（ウダン）を伝統的な調味料サンバルソースで甘辛く味付けたニョニャ料理。

ココで！
ブルー・ジンジャー→P103

□クエ・パイ・ティ ●Kueh Pai Ti

サクサクのカップに切干し大根やエビが入った、プラナカン料理の定番前菜。

チリ・パディ→P103

□スチームボート ●Steam Boat

野菜や肉、練り物、魚貝などの具を、しゃぶしゃぶ風にスープで煮て食べるご当地鍋。

サン・ラクサ・スチームボート→P100

□アヤム・ブア・クルア ●Ayam Buah Kelua

チキンとブラック・ナッツを煮込んだ、プラナカン料理独特の定番メインディッシュ。

トゥルー・ブルー・キュイジーヌ→P102

□ナシ・レマ ●Nasi Lemak

ココナッツミルクで炊いたごはんに手羽先や魚のフライなどを添えたマレー系料理。

ココナッツ・クラブ→P100

□バクチョー・ミー ●Bak Chor Mee/肉脞面

スパイスで味付けされた豚挽肉を中華麺にかけて食べるドライ麺。庶民に愛される味。

ヒル・ストリートタイホア・ポーク・ヌードル→P122

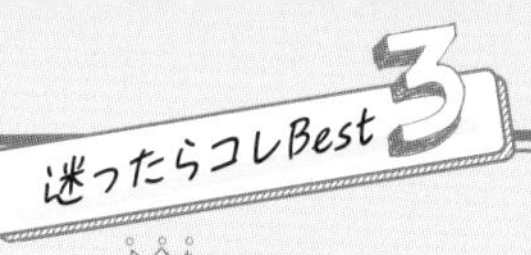

❏プラウン・ミー ●Prawn Mee/蝦面

エビのダシが利いた醤油スープに太めのイエロー麺、大きなエビがのる贅沢ヌードル。

ココで！ イースト・コースト・ラグーン→P95

❏アフタヌーンティー ●Afternoon Tea

イギリス統治時代から受け継がれている本格派。特製のスイーツや軽食を紅茶と一緒に。

ココで！ TWG ティー アット・アイオン・オーチャード→P106

❏ホッケン・ミー ●Hokkien Mee/炒福建面

海鮮ダシで炒める焼きそば。福建料理がベースでシンガポールで進化し、定番料理に。

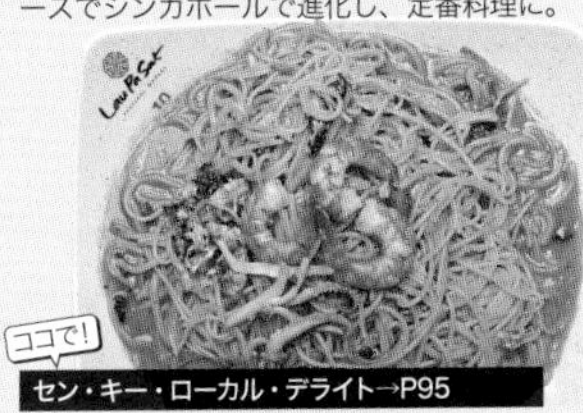

ココで！ セン・キー・ローカル・デライト→P95

❏ビリヤニ ●Biryani

スパイスと一緒に炊いたビリヤニ・ライスにカレーを添えたインド風。チキンが定番。

ココで！ ビスミラー・ビリヤニ→P101

❏ムルタバ ●Murtabak

アラブ風ピザ。薄い生地に、鶏や牛肉などをのせて焼き、カレーをつけて食べる。

ココで！ ザムザム→P101

❏スノー・アイス ●Snow Ice

中国風のかき氷。マンゴーなどの果汁と牛乳を凍らせた氷を削り、ふわふわの食感。

ココで！ 味香園甜品→P115

❏クレイポット・ライス ●Claypot Rice/瓦堡飯

具材をのせて炊き込む、シンガポール風土鍋ごはん。具はチキン、ソーセージなど。

ココで！ タングス・マーケット→P119

❏オイスター・オムレツ ●Oyster Omelette

カキを卵で炒めたお好み焼き的な潮州風軽食で、海鮮系屋台の人気メニュー。

ココで！ マカンスートラ・グラットンズ・ベイ→P117

❏サテー ●Satay

鶏や羊肉、エビなどを串に刺して、甘めのピーナッツソースで焼くマレー系焼き鳥。

ココで！ マカンスートラ・グラットンズ・ベイ→P117

❏アイスクリーム ●Ice Cream

常夏のシンガポールでは、アイスクリームも、フルーツ系やナッツ系など多彩に揃う。

ココで！ バード・オブ・パラダイス→P115

❏カレーパフ ●Curry Puff

カレー味の具をパイ生地で包んで揚げた、ストリートフード。おやつにピッタリ。

ココで！ J2 フェイマス・クリスピー・カレーパフ→P123

❏コピ ●Kopi

シンガポールのミルクコーヒー。練乳入りで甘い。甘さ控えめのコピ・オーもある。

ココで！ キリニー・コピティアム→P124

ひと目で確認！

食品も雑貨もファッションも！

シンガポールのおかいもの

イギリス統治の影響を受けたお茶や食品をはじめ、カラフルなプラナカン雑貨など、ここでしかゲットできないものばかり！

□TWG ティー

シンガポール発の高級茶葉ブランド。オシャレな缶のお茶約800銘柄が勢揃い。

ココで！ TWG ティー→P130、144

□ラッフルズ・ホテル・グッズ

世界を代表するホテルのグッズは定番みやげ。優雅なホテルロゴが入った食品や雑貨が充実。

ココで！ ラッフルズ・ブティック→P128

□シンガポール・ブランド

新進気鋭の地元デザイナーのファッションアイテムは要チェック！　靴などが人気。

ココで！ チャールズ&キース→P145

□プラナカン雑貨

歴史と伝統に彩られた色鮮やかなアイテム。刺繍製品や陶器が定番で、デザインも多彩。

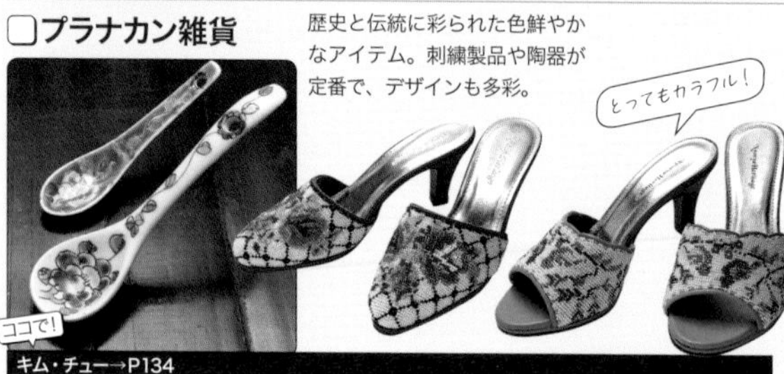

ココで！ キム・チュー→P134

□マーライオン・グッズ

シンガポールの人気者が、ぬいぐるみやインテリア雑貨など、さまざまなアイテムに！

ココで！ メリッサ→P136

□テーマパーク・グッズ

「ナイトサファリ」や「リバーワンダー」などのショップで思い出のひと品を探そう。

ココで！ ギフト・ショップ→P73

□テーブルウェア

食器やコースターなど種類豊富。シンガポールの建物や花をモチーフにしたものも。

ココで！ リ-スタイル・ギフト→P136

□インテリア雑貨

クッションカバーなどが人気。プラナカンの模様などをデザインしたものが狙い目！

ココで！ オンレウォ→P137

□アクセサリー

南国のシンガポールらしい、エキゾチック&カラフルなデザインがいっぱい。

ココで！ エッセンシャル・エクストラ・ギフト・ストア→P136

□バティック

インドネシアなど周辺各国から上質なものが集まる。ストールなどは1枚あると便利。

ココで！ アカモティフ→P137

□ノンアルコール香水

イスラム教徒が使う自然派香水をアラブ・ストリートで。オリジナルの香りも調合できる。

ココで！ ジャマル・カズラ・アロマティクス→P138

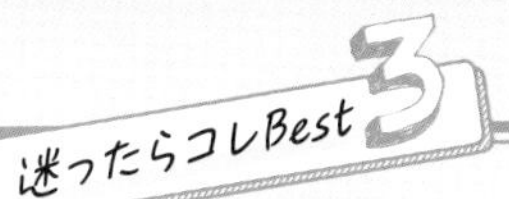

1 TWGティー

こだわりの味と香りに癒やされる

2 ラッフルズ・ホテル・グッズ

名門ホテルのロゴがまぶしい

3 レトルト食材

おチごろ&本場の味でバラマキみやげにも◎

□アーユルヴェーダ商品

日本では高額な本場インド製の石鹸やスキンケア用品は、まとめ買い必至！

まとめ買い必至！

ココで！ ムスタファ・センター→P132

□エスニック雑貨

エキゾチックなデザインの日用雑貨や食器、ファッション雑貨などは、比較的お手ごろ。

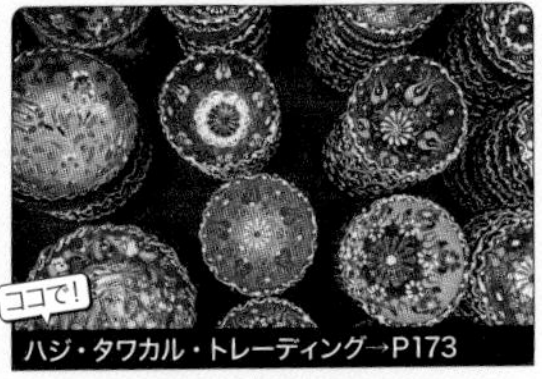

ココで！ ハジ・タワカル・トレーディング→P173

□中国雑貨

チャイナタウンには、オリエンタルな雰囲気の食器や衣類、アクセサリーなどがいっぱい。

ココで！ オーキッド→P189

□ザ・ショップス アット マリーナベイ・サンズ

シンガポール最大級のショッピングモール。ファッション、雑貨、食品などが大集結。

ココで！ ザ・ショップス アット マリーナベイ・サンズ→P144

□アイオン・オーチャード

賑やかな大通りに立つ国内最大級のモール。ファッションから食品まで何でも揃う。

1度は行きたい！

ココで！ アイオン・オーチャード→P145

□クッキー

南国フルーツやスパイスなどを使ったものが多く、ひと味違うおみやげにぴったり。

ココで！ ヴァイオレット・オン→P140

□チョコレート

街にはチョコレート専門店も点在。アジアン・フレーバーのチョコは絶対ゲット！

ココで！ ジャニス・ウォン→P141

□スナック菓子

プチプラみやげといえばコレ。ラクサなど珍しいシンガポール・テイストが狙い目。

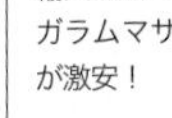

ココで！ コールド・ストレージ シンガポール高島屋店→P142

□スパイス

リトル・インディアでは、インド直輸入のカレー粉やガラムマサラなどが激安！

ココで！ ムスタファ・センター→P132

□レトルト食材

ラクサやシンガポール風カレーなど、本場の味を自宅で気軽に楽しめて、失敗ナシ！

ココで！ コールド・ストレージ シンガポール高島屋店→P142

□調味料

ネギしょうがソースやXO醤、サンバルソースなど、エスニック調味料はどれもお手ごろ。

ココで！ コールド・ストレージ シンガポール高島屋店→P142

□カヤ・ジャム

シンガポールの朝食に欠かせないココナッツ風味のジャム。種類もさまざま揃っている。

ココで！ コールド・ストレージ シンガポール高島屋店→P142

3泊5日

モデルコース

Day 1

マリーナでキラキラの夜景を堪能！

日本を午前中に出発する便の場合、シンガポール到着は夕方前。ホテルにチェックインして、荷物を置いたら、この時間からでも楽しめるスポットへGO！ マリーナ湾周辺の夜景と無料のナイトショー、名物チリクラブのディナーで、初日からシンガポールをがっつり楽しもう！

ガーデンズ・バイ・ザ・ベイの夜のショーは必見！

甘辛チリソースでカニのうまみが倍増♪

マリーナ湾のキラキラな夜景にうっとり

昼も夜も絶景が広がるマリーナ →P178

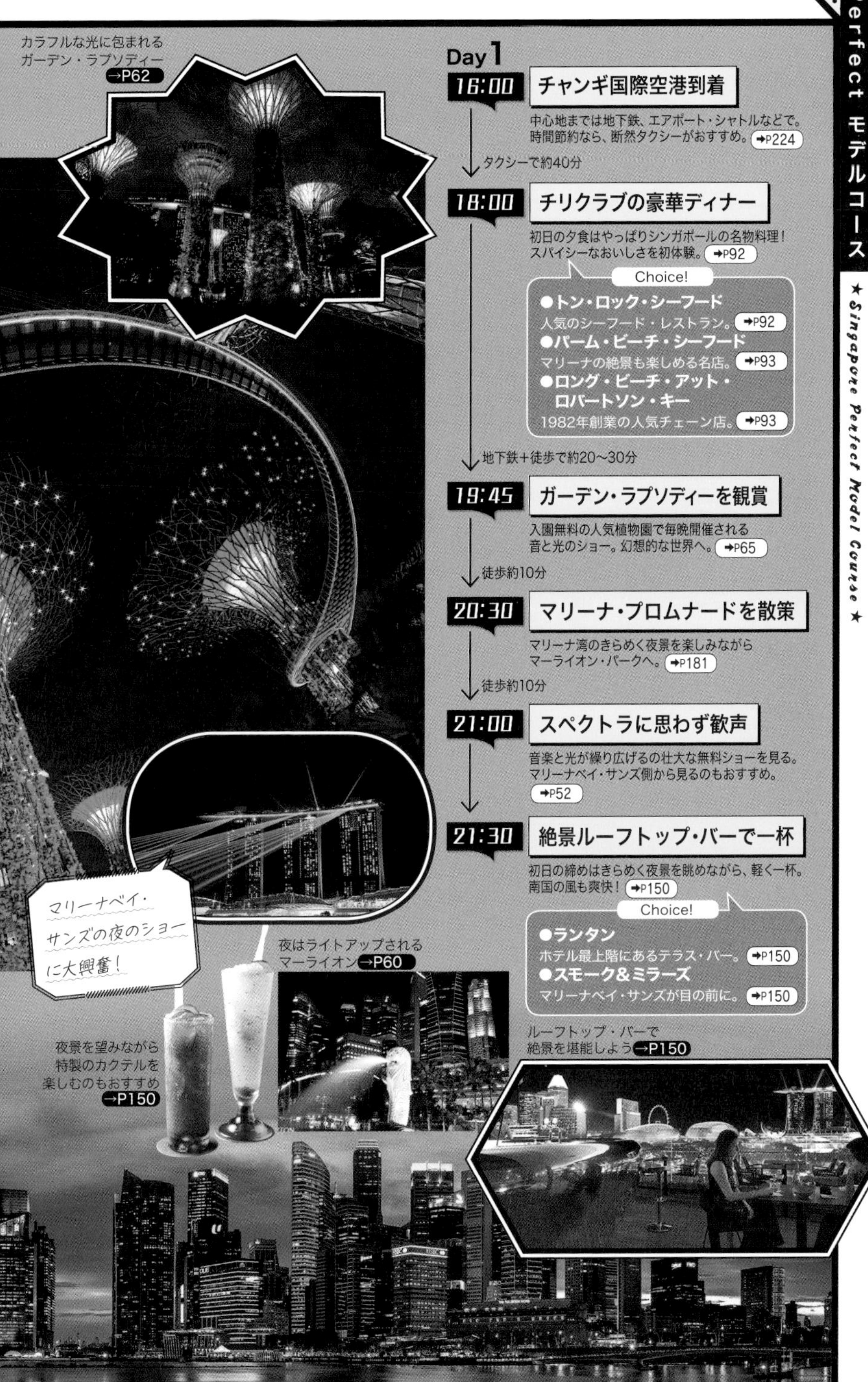

カラフルな光に包まれるガーデン・ラプソディー →P62

夜はライトアップされるマーライオン→P60

夜景を望みながら特製のカクテルを楽しむのもおすすめ →P150

ルーフトップ・バーで絶景を堪能しよう→P150

Day1

16:00 チャンギ国際空港到着

中心地までは地下鉄、エアポート・シャトルなどで。時間節約なら、断然タクシーがおすすめ。→P224

↓タクシーで約40分

18:00 チリクラブの豪華ディナー

初日の夕食はやっぱりシンガポールの名物料理！スパイシーなおいしさを初体験。→P92

Choice!
- **●トン・ロック・シーフード**
  人気のシーフード・レストラン。→P92
- **●パーム・ビーチ・シーフード**
  マリーナの絶景も楽しめる名店。→P93
- **●ロング・ビーチ・アット・ロバートソン・キー**
  1982年創業の人気チェーン店。→P93

↓地下鉄+徒歩で約20〜30分

19:45 ガーデン・ラプソディーを観賞

入園無料の人気植物園で毎晩開催される音と光のショー。幻想的な世界へ。→P65

↓徒歩約10分

20:30 マリーナ・プロムナードを散策

マリーナ湾のきらめく夜景を楽しみながらマーライオン・パークへ。→P181

↓徒歩約10分

21:00 スペクトラに思わず歓声

音楽と光が繰り広げるの壮大な無料ショーを見る。マリーナベイ・サンズ側から見るのもおすすめ。→P52

21:30 絶景ルーフトップ・バーで一杯

初日の締めはきらめく夜景を眺めながら、軽く一杯。南国の風も爽快！→P150

Choice!
- **●ランタン**
  ホテル最上階にあるテラス・バー。→P150
- **●スモーク&ミラーズ**
  マリーナベイ・サンズが目の前に。→P150

Day 2

マリーナ～シティ～郊外の必訪観光名所を制覇！

一日をたっぷり使える2日目は、カヤ・トーストの朝食から始まり、シンガポールで絶対ハズせない王道スポットを一気に観光。途中で地元グルメやショッピングもしっかり楽しんだら、夜は郊外のナイトサファリへ。日本ではなかなか体験できない、ドキドキの時間が待っている！

朝食に絶対トライしたいカヤ・トースト→P124

シンガポール発の茶葉の名店、TWGティー→P144

チャターボックスのチキンライスのセット→P90

白亜の建物が美しいラッフルズ・ホテル・シンガポール→P66

人気のザ・ショップス アット マリーナベイ・サンズ→P144

Day2

08:00 昔ながらのカフェで朝食

シンガポールの朝食の定番「カヤ・トースト」でエネルギーチャージ！ ➜P124

Choice!
- **●ヤクンカヤトースト** 1944年創業のカヤ・トースト専門店。➜P124
- **●キリニー・コピティアム** 1919年創業のローカルカフェ兼食堂。➜P124

↓ 地下鉄+徒歩で約30分

09:00 マーライオンと記念撮影

なにはともあれ、まずはココへ。像の周囲からマリーナベイ・サンズの全景も望める。➜P60

↓ 地下鉄+徒歩で約25分

10:00 ガーデンズ・バイ・ザ・ベイを散策

日が高くならないうちに入園して、斬新な方法で展示された世界の花々や植物を見学。➜P62

↓ 徒歩約10分

12:00 サンズ・スカイパーク展望デッキの絶景に感激！

地上約200mから望む大パノラマは息をのむほど。宿泊者以外も入場できる。➜P48

↓ 徒歩0分

13:00 ザ・ショップス アット マリーナベイ・サンズでショッピング

展望デッキからそのまま下階へ。紅茶専門店や地元ブランド、スーパーなどを回ろう。➜P144

↓ 地下鉄+徒歩で約30分

14:30 本場のチキンライスに舌鼓

あちこちに名店が点在。しっとりやわらかな鶏肉は感動モノ！ ➜P90

Choice!
- **●チャターボックス** 美しく盛り付けられたチキンライス。➜P90
- **●ブン・トン・キー** 3大名店といわれる中の一軒。➜P91
- **●天天海南鶏飯** 長い行列を作るホーカースの一軒。➜P123

↓ 地下鉄+徒歩で約15〜30分

15:30 ラッフルズ・ホテル・シンガポールでティータイム&お買い物

シンガポールが誇る名門ホテルへ。優雅にお茶を楽しんだら、ホテルグッズをゲットしよう。➜P66

Choice!
- **●グランド・ロビー** 優雅な空間で伝統のティーセットを。➜P67
- **●ラッフルズ・ブティック** ホテルロゴ入りの商品が充実。➜P128

↓ 地下鉄+バスで約1時間30分

19:00 ナイトサファリでサバンナ体験

徒歩やトラムで園内をひと巡り。夜行性動物たちの自然のままの姿を間近で見て大興奮！ ➜P71

3泊5日

Day 3

かわいいキャラクターに会えるのも楽しみ!

セントーサ島～オーチャード
エンタメ&ショッピング三昧

朝一番でセントーサ島へ向かい、島内のエンタメをたっぷり楽しむ一日。2つの人気テーマパークをハシゴした後は、中心地に戻ってオーチャード・ロードをのんびり歩きながら、ショッピングセンターやスーパーでおみやげをまとめてゲット。ディナーのプラナカン料理も楽しみ♪

マレーシアン・フード・ストリートで世界の味に挑戦! →P206

マレー風焼きそばでサクッとランチを楽しもう →P206

Day3

10:00 ユニバサール・スタジオ・シンガポールでアトラクション・ライド

世界初やシンガポール限定のアトラクションを優先に回るのがおすすめ。 →P200

↓ 徒歩5分

14:00 各国料理のランチ

フードコートから高級ホテルのレストランまで世界各国の味をお好みで。 →P202、206

Choice!

- **オーシャン・レストラン**
  魚が泳ぐ海底レストラン。 →P202
- **マレーシアン・フード・ストリート**
  マレーシア料理が揃う人気フードコート。 →P206
- **ネイティブ・キッチン**
  南国をイメージした多国籍レストラン。 →P206

巨大水槽を泳ぐマンタとの出合いは感動モノ!

↓ 徒歩5～10分

15:00 シー・アクアリウム™で海の世界へ

世界最大級の巨大水槽やトンネル水槽、数多くの海洋生物の群れは圧巻! →P202

↓ 地下鉄+徒歩で約45分

18:00 オーチャードでおみやげハンティング

街一番の目抜き通りにある大型モールや個性派ショップ、スーパーでまとめ買い。 →P162

Choice!

- **TWG ティー**
  シンガポール発のお茶ブランド。 →P130
- **ブンガワン・ソロ**
  1979年創業の伝統菓子の人気店。 →P140
- **コールド・ストレージ シンガポール高島屋店**
  調味料やお菓子などが充実。 →P142
- **アイオン・オーチャード**
  何でも揃う国内屈指のモール。 →P145

TWG ティーで好みの茶葉をおみやげに →P130

ブンガワン・ソロには伝統菓子が集合 →P140

↓ 地下鉄+徒歩で約30分

20:00 伝統のプラナカン・ディナー

一度は味わいたい伝統料理の数々。店内の装飾も楽しみがら、ゆっくりと。 →P102

Choice!

- **トゥルー・ブルー・キュイジーヌ**
  優雅な邸宅を利用した名店。 →P102
- **ティンカット・ペラマカン**
  選べる定食スタイルが人気。 →P102

ハーブ&スパイス使いが独特のプラナカン料理 →P102

Day 4 カトン～リトル・インディア～アラブ・ストリートで異国情緒に浸る

滞在最終日となるこの日は、ひと味違う個性派タウンを散策。エキゾチックな雰囲気のなかグルメやショッピングを楽しんだら、帰国の空港に向かう前に、近隣のホーカースでシンガポール最後のディナー。時間があれば、空港直結の複合施設「ジュエル」(→P68)に寄るのもおすすめ。

カトンの街並みはおとぎ話に出てくるよう!

スプーンで食べる短い麺が特徴→P94

ay4

0:00 カトン名物のラクサで朝ごはん

カトンに到着したら、散策の前に定番のラクサで腹ごしらえ。

Choice!
- ●328カトン・ラクサ
  絶品スープのラクサ専門店。→P94

徒歩10分

1:00 カラフルなカトンの街を散歩

パステルカラーのショップハウスが並ぶ通りはSNS映え120%!→P78

タクシー+地下鉄と徒歩で約1時間

13:30 リトル・インディアでエスニックランチ

インド系住民が多く暮らす街で、本場のカレーを。「ムスタファ・センター」でのショッピングもマスト。→P132、168

Choice!
- ●バナナ・リーフ・アポロ
  南インド料理の名店で、カレーが豊富。→P96
- ●ラグーナ・ベア・フット・ダイニング
  洗練された味わいの南北インド料理。→P97
- ●ムトゥース・カリー
  フィッシュヘッド・カリー発祥の店。→P97

地下鉄+徒歩で約45分

16:00 異国情緒満点のアラブ・ストリートへ

サルタン・モスクやハジ・レーンは必訪。
まるで違う国に来たような雰囲気を味わって。→P170

地下鉄+徒歩15分

18:00 フードコート or ホーカースでサクっと夕食

最後のシンガポール料理を近場で。ご飯ものや麺類のほか、軽食も揃うので、おなかの具合で選ぼう。→P118～123

Choice!
- ●フード・オペラ
  地下鉄駅直結のオシャレなフードコート。→P118
- ●ラオパサ・フェスティバル・マーケット
  観光客も多いモダンなホーカース。→P120
- ●マックスウェル・フードセンター
  行列店が数多く入るホーカース。→P121

地下鉄、エアポート・シャトル、タクシーなどで約1時間

21:00 チャンギ国際空港に到着

夕食後、ホテルで荷物をピックアップしたら空港へ。
夜便で帰国する場合、日本到着は翌朝となる。→P224

色とりどりの美しいプラナカン雑貨もゲット→P134

ヒンドゥー教の寺院も見逃せない!!

一度は味わいたい名物のフィッシュヘッド・カリー→P96

サルタン・モスクは内部の華麗な装飾も必見→P171

テーマ別 …… Short Short

モデルコース

シンガポールをもっと満喫するなら、
テーマ別に回ってみてはいかが？
気になるコースを組み合わせて
自分だけの一日を作るのもおすすめ！

←シンガポールといえば、やはりマーライオン！

↑シー・アクアリウム™の海底トンネルで、サメやエイとご対面！

ド定番名所早巡りコース

マーライオンを筆頭に、シンガポールで真っ先に訪れたい観光スポットをギュッと凝縮！ 夜は光きらめく2つの無料ショーもしっかり観賞しよう。

TIME 9時間

Start

13:00 Ⓜラッフルズ・プレイス駅

▼ 徒歩８分

13:10 ❶マーライオン

シンガポールのシンボルにご挨拶。マリーナ湾の絶景も楽しもう。(→P60)

▼ 徒歩約15分

14:00 ❷マリーナベイ・サンズ

展望デッキ（→P48）は必訪。ショッピングモール（→P144）もチェック！(→P46)

▼ 徒歩15分

16:00 ❸シンガポール・フライヤー

世界最大級の観覧車。地上165mから望む絶景は感動モノ！(→P84)

▼ 徒歩15分

17:00 ❹ガーデンズ・バイ・ザ・ベイ

巨大な未来型植物園は、涼しい夕方から入場するのがおすすめ。(→P62)

▼ 徒歩0分

19:45 ❺ガーデン・ラプソディー

「ガーデンズ・バイ・ザ・ベイ」でそのまま無料のナイトショーを観賞。(→P65)

▼ 徒歩10分

21:00 ❻スペクトラ

連絡橋を渡って「マリーナベイ・サンズ」で開催される無料ショーを見る。マーライオン・パーク側から見るのも◎。(→P52)

Goal

↑絶景を望めるシンガポール・フライヤー

↑幻想的な雰囲気に包まれるナイトショー

←街の象徴、マリーナベイ・サンズ

セントーサ島で遊び尽くすコース

レジャー・アイランドとして人気のセントーサ島で、テーマパークやアトラクションを満喫。モノレールやケーブルカーなどに乗る島内の移動も楽しい。

TIME 7時間

Start

9:35 Ⓜハーバー・フロント駅

▼ 徒歩約2分

9:40 ❶セントーサ・エクスプレス

ビボ・シティ駅から出発するモノレールで、セントーサ島のリゾート・ワールド駅へ。(→P199)

▼ 徒歩約3分

10:00 ❷ユニバーサル・スタジオ・シンガポール

日本でも人気のテーマパーク。シンガポール限定のアトラクションを楽しもう。(→P200)

▼ 徒歩約2分

12:30 ❸マレーシアン・フード・ストリート

昼食は、モダンなホーカースのようなアジアグルメが味わえるフードコートで。(→P206)

▼ 徒歩約5分

13:30 ❹シー・アクアリウム™

世界最大級の水族館で壮大なスケールの展示に感動。まるで海の中にいるみたい！(→P202)

▼ 徒歩＋セントーサ・エクスプレスで約15分

16:00 ❺ケーブルカー

インビア駅前にあるマーライオン駅からセントーサラインに乗って空中散歩。(→P199)

▼ ケーブルカー＋徒歩約15分

16:15 ❻シロソ・ビーチ

シロソ・ポイント駅で降りて、白砂のビーチへ。多くのアトラクションもある。(→P204、208)

Goal

→メガ・アドベンチャー・パークのメガ・ジップ

←涼しくなる朝や夕方の散歩が楽しいシンガポール植物園

豊かな自然とふれあうコース

摩天楼のイメージがあるシンガポールだが、郊外は自然豊かな動植物の楽園。3大動物園も一挙に回って、夜の動物園やパンダとの出合いを楽しんで。

TIME 12時間

9:00 Ⓜボタニック・ガーデンズ駅

Start

▼ 徒歩約1分

9:05 ❶ シンガポール植物園

世界最大規模の国立ラン園をはじめ、ボードウォークを歩きながら熱帯雨林の植物を見学。(➡ P82)

▼ タクシーで約30分

12:00 ❷ リバーワンダー

3大動物園のうち、まずは赤ちゃんパンダの誕生が話題のココへ。アマゾン・リバー・クエストやマナティが泳ぐ大水槽も。(➡ P74)

▼ 徒歩約1分

15:00 ❸ シンガポール動物園

トラムに乗ってホワイトタイガーやオランウータンたちとご対面。ショーや餌やりも楽しみ。(➡ P76)

▼ 徒歩約3分

18:00 ❹ ウルウル・サファリ

ナイトサファリ入園前に入口のレストランで夕食。チキンライスなどの地元グルメを。(➡ P73)

▼ 徒歩約1分

19:15 ❺ ナイトサファリ

開園時間と同時に入園し、トラム乗車&ナイトショー観賞。体力と時間があれば、トレイルを歩こう。(➡ P71)

Goal

➡珍しいマレーバクやマレートラにも出合える

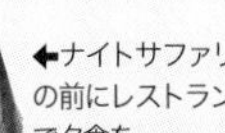

⬅ナイトサファリの前にレストランで夕食を

⬆ウォールアートで飾られるハジ・レーンの建物

エスニックタウン散策コース

多民族国家であるシンガポールには、アラブ人やインド人、華僑たちが集まる街が点在。エキゾチックな街並みやグルメ、ショッピングを満喫しよう。

TIME 5時間

10:00 Ⓜブギス駅

Start

▼ 徒歩約3分

10:05 ❶ ハジ・レーン

ウォールアートで飾られた街並みが魅力のファッション街。壁画を見て歩くだけでも楽しい。(➡ P80)

⬇多くの信者が訪れるサルタン・モスク

▼ 徒歩約3分

10:45 ❷ サルタン・モスク

アラブ人街の象徴で、イスラム教徒が礼拝に訪れる。華麗に飾られた堂内は必見。(➡ P171)

▼ 地下鉄+徒歩で約15分

11:30 ❸ テッカ・センター・フードコート

リトル・インディアに移動して、インドのビリヤニ、イスラムのムルタバなどでランチ。(➡P117)

▼ 徒歩約3分

12:30 ❹ リトル・インディア・アーケード

インド雑貨やサリーなどの小さなショップが集まる。安カワみやげをゲット!(➡ P169)

▼ 徒歩約3分

13:30 ❺ スリ・ヴィラマカリアマン寺院

歴史のあるヒンドゥー教寺院で、2大主神のシヴァとヴィシュヌ、多くの神々に参拝。(➡ P168)

▼ 地下鉄+徒歩で約20分

14:30 ❻ パゴダ・ストリート

赤いランタンが吊るされた中華街の歩行者天国。シノワ雑貨や中国茶、工芸品のショップをチェック。(➡ P187)

Goal

⬅ヒンドゥー教寺院は多くの神々の像で飾られる

テーマ別

←絶対にハズせないのは、チキンライス！

→繊細なビーズ刺繍のシューズにうっとり♡

←カラフルなプラナカン陶器は人気のおみやげ

ローカルフード食べまくりコース

シンガポールは多国籍グルメを楽しめる"美食の都"。プラナカン料理をはじめ、中華系、アラブ系、インド系、伝統デザートまで食い倒れたい！

TIME 13時間

Start

9:00 Ⓜオーチャード駅

▼ 徒歩約3分

9:05 ❶ヤクンカヤトースト

地元の朝食、カヤ・トーストで一日をスタート。サクサクのパンが美味！→P124

▼ 徒歩約5分

10:15 ❷イースト・コースト・ラグーン

欲張って朝食をハシゴ！ プラナカン系の正統派ラクサに大満足。→P94

▼ 徒歩約10分

13:00 ❸チャターボックス

周辺を散策後、シンガポール名物のチキンライスをオーチャードの名店で。→P90

▼ 地下鉄＋徒歩で約20分

15:00 ❹味香園甜品

散策中のひと休みに、シンガポールならではのかき氷でクールダウン。→P115

▼ 徒歩約5分

19:45 ❺ホーカー・チャン

夕食ひと皿目！ 世界的グルメガイドに掲載された店の「油鶏面」に舌鼓。→P122

▼ 地下鉄＋徒歩で約20分

21:00 ❻ヤーファ・バクテー

夜のメインディッシュはバクテー。滋養のあるスープでパワーチャージ！→P98

Goal

→日本ではなかなか味わえないバクテー

←シンガポール版チキンラーメン「油鶏面」

プラナカン文化にふれるコース

中国＋マレーの文化が融合した「プラナカン」の世界を歩く半日。朝一番でパステルカラーの街並みが残るカトン地区を訪れた後、グルメ＆博物館へ。

TIME 6時間

Start

9:00 Ⓜパヤ・レバ駅

▼ タクシーで約10分

9:10 ❶328カトン・ラクサ

カトン地区はラクサの本拠地。なかでも人気のこの店で朝食の一杯。→P94

▼ 徒歩約1分

10:00 ❷ルマー・ビビ

事前に予約をして訪店。プラナカン雑貨の名店でカラフルなアイテムをゲット。→P134

▼ 徒歩約0分

10:30 ❸キム・チュー

「ルマー・ビビ」のすぐ隣にあるショップへ。プラナカン伝統菓子も買える。→P134

▼ 徒歩約10分

11:00 ❹クーン・セン・ロード

カトンのなかでもひときわ美しい街並みが残る通りで、カラフルな建物と記念撮影。→P79

▼ 地下鉄＋徒歩で約40分

12:30 ❺トゥルー・ブルー・キュイジーヌ

伝統プラナカン料理の名店でランチ。優雅なプラナカン様式の店内も素敵。→P102

▼ 徒歩約1分

14:00 ❻プラナカン博物館

すぐ隣にある博物館で、美しい食器やビーズ刺繍の伝統服などを見学。→P177

Goal

→クーン・セン・ロードはSNS映え満点！

↑200軒以上が集まるアイオン・オーチャード

↑優雅な雰囲気のラッフルズ・ブティック

とっておきの逸品爆買いコース

人気ショップやショッピングセンターをハシゴして、とっておきのアイテムを探そう。スーパーとインド系デパートでは激安の食品などをまとめ買い！

TIME 7時間

9:00 Ⓜシティ・ホール駅

Start

▼ 徒歩約5分

9:05 **1 ラッフルズ・ブティック**

名門ホテルのショップは混雑の少ない朝一番に。ホテルのロゴ入り商品を狙おう。→P128

▼ 徒歩約15分

11:00 **2 ジャマル・カズラ・アロマティクス**

アラブ人街でノンルコール香水をゲット。色とりどりの香水瓶にも悩みそう！→P138

▼ 地下鉄＋徒歩で約30分

12:00 **3 アイオン・オーチャード**

国内屈指のショッピングモールで、ブランドやお茶、お菓子などを一気買い。→P145

▼ 徒歩約5分

13:05 **4 コールド・ストレージ シンガポール髙島屋店**

地元スーパーはプチプラ商品の宝庫。お菓子、スナック、調味料などをおみやげに。→P142

▼ 徒歩約3分

14:00 **5 メリッサ**

日本人オーナーがデザインしたキュートなシンガポール雑貨に目移りしそう！→P136

▼ 地下鉄＋徒歩で約30分

15:00 **6 ムスタファ・センター**

巨大なインド系デパート。格安のスパイスやアーユルヴェーダ商品などを買い込もう。→P132

Goal

→種類豊富な香辛料や食品にテンションMAX！

↑壁画を探して歩くのも楽しいティオン・バル

ハイセンス・タウン散策コース

中心地から少し離れて点在する、最旬エリアへ。オシャレなベーカリーやカフェ、チョコレートショップなどをのぞきながらトレンドをキャッチ！

TIME 6時間

9:00 Ⓜティオン・バル駅

Start

▼ 徒歩約15分

9:10 **1 ティオン・バル・ベーカリー**

人気のベーカリーカフェで朝食。焼きたてサクサクのクロワッサンは注文マスト。→P191

▼ 徒歩約3分

10:00 **2 ティオン・バル・マーケット**

市民御用達のマーケットを散策。生鮮食品売場や地元グルメの屋台が賑やか。→P191

▼ タクシーで約15分

10:30 **3 ミスター・バケット・ショコラテリエ・デンプシー・ファクトリー**

デンプシー・ヒルの工房で手作りチョコを購入。→P193

▼ 徒歩約3分

11:00 **4 ドーヴァー・ストリート・マーケット**

パリ発のファッションブランドで、スタイリッシュな最新アイテムをチェック。→P193

▼ 地下鉄＋徒歩で約40分

12:30 **5 PS.カフェ アット・ハーディング・ロード**

緑に囲まれた人気のガーデンカフェでランチ。洗練されたカフェフードとデザートを。→P109

▼ タクシーで約10分

14:00 **6 2am:デザートバー**

ホーランド・ヴィレッジで午後からオープンするデザート専門バー。美しいひと皿でほっとひと息。→P194

Goal

→PS.カフェ アット・ハーディング・ロードでひと休み

パッキング上手で
楽しい旅を♪

★荷物のすべて★

スーツケースサイズ

1日10ℓを目安に考えると、3泊4日なら40ℓ。5泊するなら50ℓは必要。航空会社の個数、サイズ＆重量制限(→P220)なども考慮して。

快適なシンガポール旅行にするために、何を持って行く？
帰りのパッキングにはコツがある！？
そんなお悩みを解決。

行きのパッキング

行きの荷物はなるべく少なく。ただし必需品は忘れずにチェック。たためるバッグをひとつ入れておくと、帰りに荷物を分けて手荷物にできる。

★衣類

春 3〜5月
3月は雨期の終わりに当たるため、スコールがあることも。簡単にかぶれるポンチョ風の雨具は重宝する。

夏 6〜8月
乾季(4〜9月)で暑さが厳しくなる。着て涼しく感じる機能性のある半袖やタンクトップなどで暑さ対策を。

秋 9〜11月
10月からは雨季(モンスーン)で、暑さは和らぐがスコールが多くなる。かなり激しく降るので、傘に加え、レインコートと雨用靴カバーを携帯。

冬 12〜2月
雨季の最中で、激しいスコールに見舞われることも。冷房がきいている施設では肌寒く感じることも多く、薄い上着やカーディガンは必需品。

＋ **オールシーズンあると便利**

パーカー
飛行機の機内や一年中冷房を使用するシンガポールでは必要。携帯できる薄手のものが◎

サングラス
常夏のシンガポールは、日本の夏のように日差しが厳しい。紫外線対策としても有効。

帽子
紫外線と熱中症、両方の対策グッズとして重宝する。折りたためる携帯用タイプが便利。

★コスメ

一年中、日差しが強い国なので、紫外線と汗対策は万全に。機内持ち込みには制限がある(→P220)。

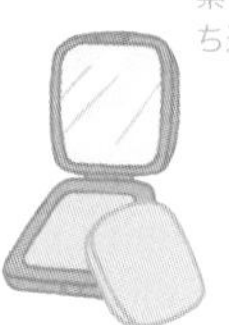

ファンデーションは衝撃で割れることも。日焼け止めはSPF／PAが高いものを。

スティックタイプ(固形)のリップクリームや口紅は、機内持ち込みOK。

★シューズ

シューズはかさばるので必要最低限にしたいが、目的に合わせて。街歩きには履き慣れた靴が一番。

シンガポールの道はきれいなので、履き慣れたものであれば革靴でも大丈夫。

セントーサ島のビーチだけでなく、ホーカースなど庶民的な場所でも活躍。

意外と気づかない！あると便利なもの

□ウェットティッシュ	ホーカースなどの座席取りにも重宝する
□筆記用具	ちょっとしたメモや筆談に便利
□歯ブラシ・歯磨き粉	ホテルのアメニティに含まれていないことも多い
□ジッパー付き保存袋	買物、機内でのちょっとしたモノ入れに
□延長コード	ホテルのコンセントの数が少ない場合あり
□輪ゴム	何かとまとめたり留めたりするのに便利
□マスク	機内の乾燥対策に。帰りの分を忘れずに
□雨具	日本のように急に雨が降ることも

帰りのパッキング

機内に預ける荷物は大きさだけでなく重さ制限もあるので注意。ビン類は衣類で包んで下へ。箱物は中身を出して隙間に詰め、箱は折りたたもう。

★スーツケースに入れる食品

ドリンクなどの液体類はもちろん、ジャムやハチミツ、ヨーグルト、漬物などは、手荷物では機内へ持ち込めない。搭乗前に没収されてしまうので、必ずスーツケースへ。

機内で膨張するため、カヤ・ジャム(→143)など瓶詰類もジッパー付き保存袋に入れて。

ダークソースなどの液体調味料や缶類は、未開封をジッパー付き保存袋に。

★パックなどコスメグッズもスーツケースへ

化粧水やシャンプーなどの液体は基本的に預け入れ荷物に。固形のリップ類は機内に持ち込める。

100mlを超える化粧水など液体やジェルなどは機内に預け入れるスーツケースに。

★おみやげに麺を買うならインスタント麺！

ラクサやチリ味など手軽にシンガポールの味を楽しみたい時は、インスタント麺がおすすめ。カップのものより袋麺がかさばらない。

写真のような袋入りインスタント麺なら、たくさん買って、ばらまきみやげにも

★手荷物のこと

手荷物で機内に持ち込めるもの一覧。機内で快適に過ごすために必ずチェック！

◎マスト　○あると便利　△必要ならば

◎	パスポート
◎	航空券(または引換券)
◎	旅行関連書類(日程表、予約関連書類など)
◎	お金(日本円、シンガポールドル)
◎	クレジットカード
◎	海外旅行保険の控え
◎	スマートフォン、充電器
○	カメラ(予備バッテリー、記録用SDカードなど)
○	筆記用具
○	ガイドブック
○	上着
○	マスク
○	耳栓
○	ポケットWi-Fi(またはSIMカード)
○	歯ブラシ、歯磨き粉
△	ハンドクリーム
△	化粧水
△	コンタクトケース、保存液
△	パソコン

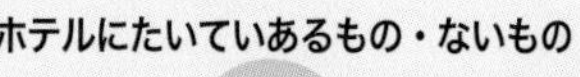

ホテルにたいていあるもの・ないもの

ある
- ❏バスタオル
- ❏シャンプー、石けん
- ❏スリッパ
- ❏ドライヤー

ない
- ❏寝巻き
- ❏歯ブラシ
- ❏歯磨き粉
- ❏変圧器

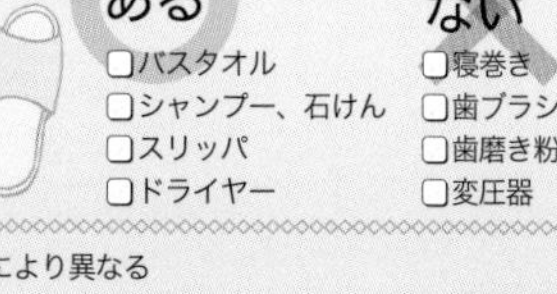

※ホテルにより異なる

写真提供：エース株式会社

★シーズンカレンダー★

多国籍民族国家のシンガポールは、祝日やイベントも彩り豊かだ。
店は祝日オープンが多いが、旧正月は休みや、ラマダンには時間変更なども。

旅の目的となるBIGイベント

ディーパヴァリ

ヒンドゥー教徒の新年で光の祭典。クリシュナ神が邪悪なナラカスラを倒したことを祈念し、闇(悪)に対する光（善)の勝利として祝う。リトルインディアが約1カ月に渡ってイルミネーションで飾られ、ライトアップされる。

チンゲイ・パレード

シンガポール最大規模のパレード。チャイニーズ・ニューイヤーの祭りに由来し、台湾のアクロバットから、ブラジルのサルサダンサーまでが参加する国際的なイベントへと発展。会場となる通りはカーニバルの活気にあふれる。

観光のベストシーズンは4～9月

常夏のシンガポールでは、一年の平均気温はあまり変わらず、暑さ対策をすれば、雨の少ない乾季(4～9月)がベストシーズンとなる。

雨季でも晴れ間は多い

雨季(10～3月)は雨が多く、ぐずついた天気が続く。激しいスコールに遭うこともあるが、たいてい1～2時間程度であがり、晴れ間も見られる。

買い物はセール期間を狙え！

毎年、6～8月ごろに約1カ月間行われるグレート・シンガポールセール(GSS)は、国を挙げて開催される年に一度のバーゲンセール。この時期は、大きなショッピングモールから小さなショップまで、バーゲン一色。20%～30%OFFは当たり前、50%や70%といった脅威の値引き率も。

日焼け&熱中症対策は万全に！

日本の真夏ほどの暑さはない……ともいわれるシンガポールの晴天時。ただ、日本が冬や春秋の時季に訪れると、暑さに負けそうになるときも。暑さ対策の紫外線防御と水分補給に気を配ろう。

スコール対策に優れたものとは？

シンガポールのスコールはかなり激しい。雨季はもちろん乾季でも突然の雨はある。折り畳み傘だけでは濡れる。携帯できる大きめのポンチョか脚まで隠れるレインコートが◎。濡れたものを入れられるビニール袋も用意しておこう。

フルーツには旬がある

南国のトロピカルフルーツは、年中食べられるイメージだが、マンゴスチンは4～7月、ドリアンやランブータンは6～8月、ロンガンは6～11が旬で、安価でおいしい。マンゴーは年中あるが旬は6月。

月	祝日・イベント	平均気温(℃) シンガポール	平均気温(℃) 東京	平均降水量(mm) シンガポール	平均降水量(mm) 東京	日の出	日の入り
1月	●1月1日 元旦(祝日) 大晦日の深夜からカウントダウンの催しあり。	26.8℃	5.4℃	221.0mm	59.7mm	出 7:06	入 19:09
2月	●2月10～11日 旧正月(祝日)※ チャイニーズ・ニューイヤー(春節)。12日(月)が振替え休日で3連休になる。ほぼ1カ月間に渡って春節を祝う催しやライトアップが行われる。	27.3℃	6.1℃	104.9mm	56.5mm	出 7:16	入 19:19
3月	●3月29日 グッド・フライデー(祝日)※ キリストが十字架にかけられた聖金曜日。3日後の日曜日がイースター(復活祭)。	27.9℃	9.4℃	151.1mm	116.0mm	出 7:14	入 19:19
4月	●4月10日 ハリラヤプアサ(祝日)※ 1カ月に及ぶ断食(ラマダン)明けを祝うイスラム教の祝日	28.2℃	14.3℃	164.0mm	133.7mm	出 7:04	入 19:12
5月	●5月1日 レイバー・デー(祝日) 世界的に「メーデー」として知られる労働者の祝日 ●5月22日 ベサック・デー(祝日)※ お釈迦さま(仏陀)の生誕日	28.6℃	18.8℃	164.3mm	139.7mm	出 6:56	入 19:06
6月	●6月17日 ハリラヤハジ(祝日)※ 「犠牲祭」とも呼ばれ、メッカ巡礼を祝うイスラム教の祝日	28.5℃	21.9℃	136.5mm	167.8mm	出 6:56	入 19:08
7月	●6～8月 グレート・シンガポール・セール	28.2℃	25.7℃	144.9mm	156.2mm	出 7:02	入 19:14
8月	●8月9日 ナショナル・デー(祝日) 1965年にマレーシアから正式に独立した「建国記念日」。パレードや航空ショー、花火などが催される。	28.1℃	26.9℃	148.8mm	154.7mm	出 7:05	入 19:16
9月	●9月15～17日 シンガポールF1グランプリ マリーナ地区に特設された市街地コースを走るナイトレースを開催 ●9月29日 中秋節※ 旧暦の8月15日(十五夜)に豊作を願う秋の風物詩。月餅とランタン飾りで祝う	28.0℃	23.3℃	133.4mm	224.9mm	出 7:00	入 19:08
10月		27.9℃	18.0℃	166.5mm	234.8mm	出 6:51	入 18:57
11月	●11月12日 ディーパバリ(祝日)※ ヒンドゥー教の祝日	27.2℃	12.5℃	254.2mm	96.3mm	出 6:46	入 18:50
12月	●12月25日 クリスマス(祝日) イエス・キリストの生誕日。12月になると、街はクリスマス飾りであふれ、華やかなイルミネーションに包まれる	26.8℃	7.7℃	333.1mm	57.9mm	出 6:51	入 18:54

祝日・イベントの日程は2023年8月～2024年7月のもの。※＝年により変動
祝日が日曜の場合、翌月曜が振替休日
平均気温・平均降水量は1991～2020年の平年値(『理科年表』による)

SINGAPORE

マリーナベイ・サンズ

Marina Bay Sands

Contents

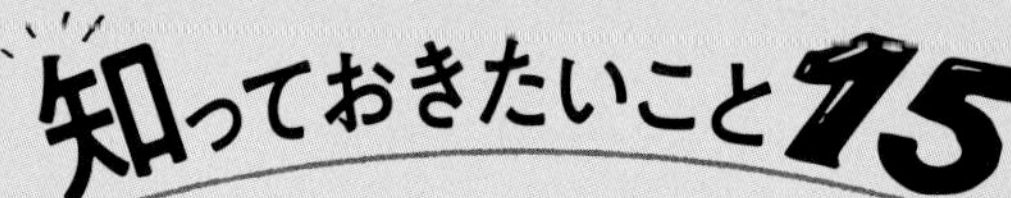

知っておきたいこと15

#マリーナベイ・サンズ

シンガポールの一大シンボルになっている「マリーナベイ・サンズ」。
15のポイントを知って、観光もグルメもショッピングも丸ごと楽しもう！

01 耳より

巨大なマリーナベイ・サンズを効率的に回るモデルコース

「マリーナベイ・サンズ」はホテル、レストラン、ショッピングセンター、ミュージアムなどが集まる一大複合施設。各施設おすすめの時間帯を考えながら攻略しよう！

11:00 サンズ・スカイパーク展望デッキ (→P48)
混雑必至の人気スポットは朝一番に行くのがおすすめ。空気も澄んでいる。

↓

12:00 ザ・ショップス アット マリーナベイ・サンズ(→P51)
下階のショッピングモールに移動して、ランチ＆ショッピング。「レイン・オクルス」なども合わせて楽しむ。

↓

15:00 アートサイエンスミュージアム (→P50)
ハスの花のような外観がユニーク。「teamLab」が手がける作品展は必見！

↓

18:30 話題の店でディナー (→P55)
ホテルのレストランで夕食。各国料理のブッフェやモダンな和食などお好みで。

↓

21:00 スペクトラ (→P52)
絶対ハズせない夜の無料ショー。混雑必至なので、少し早めに会場に到着して観賞場所を確保しよう。

↓

21:30 夜景を眺めて締めの一杯 (→P49)
地上200mから絶景を見下ろしながら、カクテルなどを。テラス席がおすすめ。

※宿泊者なら、朝か夕方にインフィニティ・プール(→P54)をプラス。

02 耳より

館内施設の入場は事前のチケット購入がスムーズ

サンズ・スカイパーク展望デッキ(→P48)やアートサイエンスミュージアム(→P50)へ行くなら、事前に時間指定チケットを買っておくと、入場がスムーズでおすすめ。マリーナベイ・サンズの日本語公式サイトから予約できる。

03 

展望デッキにこれらは持ち込めません！

ドローン、スーツケースなどの大きな荷物、椅子、ピクニックシート、三脚、大きなストロボなどは持ち込み禁止。また、傘は持ち込めるが、屋上は風が強く、傘の利用は推奨されていない。100均などの雨カッパなどを携帯しておくと安心。

04 耳より

地上200m上空で絶景朝ヨガ体験はいかが!?

展望デッキでは、早朝のヨガセッションを開催している。朝日に照らされる景色を見ながらのヨガは感動モノ！
🕐木〜日曜7時(約45分) ㊎S$30
URL jp.marinabaysands.com/offers/attractions/virgin-active-yoga.html
(要予約)

←天空で朝日を浴びて爽快！

05 耳より

世界に名だたるセレブリティシェフが大集結

アメリカのダニエル・ブールー、スコットランドのゴードン・ラムゼイ、日本の和久田哲也など、世界に知られる有名シェフのレストランが集まるのも、マリーナベイ・サンズならでは。ちょっぴりおめかしして逸品を味わってみては？

↑日本では味わえない味も楽しめる

06 耳より

深夜におなかがすいたらカジノへGo！

24時間営業のカジノ内には、深夜・早朝でも営業しているレストランやカフェがあり、変則的な時間の食事も心配不要。深夜2時まで営業の中国料理、朝6時まで営業の火鍋＆アジア料理など、どれも本格的。旅行客はカジノ入場は無料(21歳未満は入場不可)。

↑ホテルのカジノ内だから深夜でも安心

07 得

会員プログラムは入会しておいてソンはなし！

入会無料の会員プログラム「サンズ・ライフスタイル」に加入すると、宿泊、食事、買物で最大20%のリゾートドルを獲得でき、館内の次の支払いですぐ使えてお得！　展望デッキやミュージアムなど各種入場料の割引もある。館内のカウンターで即時入会OK。

⬆到着したらまず入会するのがおすすめ

08 耳より

買い物で困ったときはコンシェルジュカウンターへ

約270軒の店舗が集まる「ザ・ショップス アット マリーナベイ・サンズ」(→P51、144)には、専用コンシェルジュが常駐。コンシェルジュカウンターでショップの指南のほか、タクシー予約、傘の貸出など、さまざまな要望に対応してくれるので、困ったら訪ねてみよう。

⬆巨大な館内はまるで迷路のよう！

09 耳より

客室の眺めはチョイスOK。眺望重視なら19階以上がおすすめ

ホテル客室からの眺めは、ガーデンズ・バイ・ザ・ベイ・ビュー(12～39階)、シティ・ビュー(19～39階)、ハーバー・ビュー(40階以上)、スカイ・ビュー(40階以上)の4つ。客室により異なるが、予約時に選べるのでリクエストしてみよう。

⬆客室からの絶景もサンズ宿泊の楽しみ

10 得

ホテルに早く着いても展望デッキやプールに入場OK

ホテルのチェックイン時間は15時。早く着いた場合、チェックイン手続きを済ませば、臨時のアクセスカードで宿泊客限定のプールやフィットネスクラブ、展望デッキを先に利用できる！　荷物も預かってくれるので、さっそく楽しもう。

11 耳より

地上200mのプールサイドで優雅に朝食を

宿泊者限定のインフィニティ・プール(→P54)には「プールサイド・ダイニング」のメニューがあり、食事やドリンクを楽しめる。特におすすめなのは朝食。バターミルク・パンケーキS$14などを。
🕗8～20時(朝食は～11時30分) ㊡なし

12 耳より

無料ショー「スペクトラ」を上空から観賞しよう

毎晩開催される「スペクトラ」は地上から見るのが定番だけれど、もちろんサンズ・スカイパーク展望デッキからも一望できる！　ただし、この時間帯は混雑必至。公式サイトから事前のチケット購入＋時間帯予約が必要なので、お早めに。

13 耳より

2施設を結ぶ空中遊歩道は実は隠れた絶景スポット！

マリーナベイ・サンズからガーデンズ・バイ・ザ・ベイを結ぶ連絡遊歩道「ドラゴンフライ・ブリッジ」(→Ｐ53)は、絶好の撮影スポット。サンズの3棟を東側、つまり、通常見る建物の裏側から間近に見上げることができ、その姿は迫力満点！

14 耳より

覚えておくと便利なギフトショップ

タワー2のロビー階に「マリーナベイ・サンズ・ギフト・ショップス」がある。日焼け止めといった日用品、お菓子などのほか、絵ハガキやホテルロゴ入りのオリジナル商品なども扱っているので、のぞいてみよう。 🕗8～22時 ㊡なし

15 耳より

マリーナベイ・サンズの全景撮影ベストスポット

施設全景を撮影するなら、マーライオン・パーク(→P180)とその周辺の遊歩道一択！　昼景も夜景も建物正面から美しく撮れる。マリーナ・プロムナード(→P181)からも、少し斜めのアングルにはなるが、全景を撮影できる。

⬆午前中は逆光なので、午後がおすすめ

【編集MEMO】

コレだけはいいたい！

絶景のインフィニティ・プールはやはり圧巻。予算の関係もあるけれど、プールだけで1泊でも宿泊する価値アリです！

タワー1、2、3の3棟があり、その屋上をつなぐ「サンズ・スカイパーク」にプールと展望デッキ。まずこれを頭に。

タワー1ロビーフロアのビュッフェダイニング「ライズ」(→P55)はおすすめ。朝昼晩、世界の味を一度に楽しめて大満足！

編集M

天空に浮かぶシンガポールのシンボル

マリーナベイ・サンズを遊び尽くす！

Read me!

マリーナ湾に臨む巨大な複合施設で、2010年の開業以来、シンガポールのランドマークに。街を一望する展望デッキ、CMで有名になったプールなど必訪スポットがいっぱい！

遊・買・食・観が一堂に！

マリーナベイ・サンズ

●Marina Bay Sands ★★★

57階建てのタワー3棟と、その上に広がる屋上庭園、ショッピングモール、ミュージアム、ホテルなどが一堂に。船が空中に浮かぶようなデザインは、建築家モシェ・サフディによる設計。マーライオン(→P60)周辺などから全景を望むのも忘れずに！

マリーナ MAP:P11E2

図Ⓜベイフロント駅から徒歩すぐ
住10 Bayfront Ave.
☎6688-8868(総合窓口)

⬇マーライオン・パーク(→P180)から望む美しい全景も必見！

Tower Area

タワー・エリア
3つの高層タワーから成るエリア。ホテルのほか、3棟の屋上には展望デッキを有する「サンズ・スカイパーク」がある。

サンズ・スカイパーク ➡P48
3棟のタワーの屋上に渡る空中庭園。地上からの高さは200m、全長は340m！

Ⓗマリーナベイ・サンズ ➡P55
57階建ての3棟の高層タワーに位置する5つ星ホテル。窓から望む絶景も人気。

Shopping Area

ショッピング・エリア
巨大ショッピングモール「ザ・ショップス アット マリーナベイ・サンズ」がある。カジノやシアターも併設。

ザ・ショップス アット マリーナベイ・サンズ
シンガポール最大級のショッピングモール。約270軒の店舗が一堂に集まる。 ➡P51、144

イベント・プラザ(スペクトラ) ➡P52
屋外スペース。無料のナイトショー「スペクトラ」がこの目の前で開催される。

マリーナベイ・サンズ・カジノ
広さ1万5000㎡、4フロアに、テーブルゲーム約600台、スロット約2300台を設置。

Promenade Area

プロムナード・エリア
マリーナ湾に面する開放的なエリア。白い外観が印象的な「アートサイエンスミュージアム」などがある。

アートサイエンスミュージアム ➡P50
斬新なアートが人気の博物館。ハスの花をイメージしたという個性的な外観が目印。

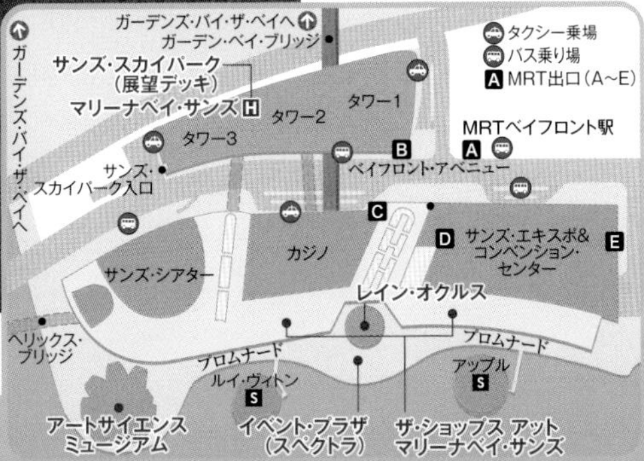

ガーデンズ・バイ・ザ・ベイへ
ガーデン・ベイ・ブリッジ
サンズ・スカイパーク（展望デッキ）
マリーナベイ・サンズ Ⓗ
タワー1
タワー2
タワー3
サンズ・スカイパーク入口
ガーデンズ・バイ・ザ・ベイへ
タクシー乗場
バス乗り場
A MRT出口（A〜E）
MRTベイフロント駅
ベイフロント・アベニュー
カジノ
サンズ・エキスポ&コンベンション・センター
サンズ・シアター
レイン・オクルス
ヘリックス・ブリッジ
プロムナード
ルイ・ヴィトン
アップル
アートサイエンスミュージアム
イベント・プラザ（スペクトラ）
ザ・ショップス アット マリーナベイ・サンズ

Marina Bay Sands

Marina Bay Sands

サンズ・スカイパーク展望デッキから絶景を一望！

シンガポールで真っ先に訪れたいのがこの展望デッキ。まるで空中に浮かぶ船のようなスペースから望む大パノラマは感動モノ！

East

東方面

隣接する「ガーデンズ・バイ・ザ・ベイ」を一望。緑に覆われた園内の広さや近未来的な建物の様子もよくわかる。

地上200mから見下ろす絶景

サンズ・スカイパーク展望デッキ

●Sands Skypark Observation Deck ★★★

3つのホテル棟の屋上をつなぐ空中庭園「サンズ・スカイパーク」（下記）の北側に位置する展望スポット。西側はマリーナ湾、北側はシンガポール・フライヤーなどを一望でき、その景色は圧巻！宿泊者以外でも入場できる。

マリーナ MAP:P11E3

住マリーナベイ・サンズ(→P46) Tower 3, 56-57F ☎6688-8826

⏲11～21時(最終入場20時30分)

※17時以降は時間帯予約制。入場にはチケット購入後、時間帯指定の予約が必要。

休なし　料S$32(宿泊者は無料)

North

サンズ・スカイパークって？

3つのホテル棟の屋上に渡る空中庭園で、地上からの高さは200m、全長は340m！宿泊者以外も入場できる展望デッキやレストランのほか、宿泊者専用のインフィニティ・プールがある。Ⓜベイフロント駅B出口を出て、タワー3入口横に専用エントランスがあり、チケット売り場は地下1階。

夜景も必見！

↓まさに宝石箱のようにきらめく夜景に感動！

北方面

大観覧車「シンガポール・フライヤー」がひときわ目立つ。その周辺にはマンションや住宅街が広がっている。

西方面

マーライオンの向こうに、高層ビルが林立するシティの絶景を望める。夜景がもっとも美しいのもこの方面。

West

サンズ・スカイパーク展望デッキ

Plus! 絶景レストラン&バー

「サンズ・スカイパーク」には地上200mからの景色を望みながら料理やカクテルを楽しめるスポットも。展望デッキと合わせて楽しもう。

セ・ラ・ヴィ ●CÉ LA VI

世界各国の素材と料理法をミックスする、モダン・アジアン料理店。スカイ・バー、クラブ・ラウンジも併設し、どの席からも絶景を望める。

マリーナ MAP:P11E3

住 Tower 3, 57F サンズ・スカイパーク内 ☎6508-2188 ⏲レストラン17時30分〜23時（土・日曜は12〜15時も営業）、スカイ・バー16時〜翌1時（水〜土曜は〜翌2時）、クラブ・ラウンジ18時〜翌1時（木曜は〜翌3時、水・金・土曜は〜翌4時）

↑夕暮れ時もおすすめ
→ラウンジやバーはドリンク1杯から利用OK

スパーゴ・ダイニングルーム・バイ・ウルフギャング・パック

●SPAGO Dining Room by Wolfgang Puck

ビバリーヒルズの名店の海外第1号店。旬の食材を厳選し、各国のテイストを融合したオリジナリティあふれる創作カリフォルニア料理を、絶景とともに楽しめる。

マリーナ MAP:P11E3

住 Tower 2, 57F サンズ・スカイパーク内 ☎6688-9955 ⏲12〜14時、18時〜21時30分（金・土曜は〜22時） 休なし

←緑あふれる店内は「天空の庭」をイメージ
→東西をミックスした特製メニューが揃う

スパーゴ・バー&ラウンジ

●SPAGO Bar & Lounge

「スパーゴ・ダイニングルーム・バイ・ウルフギャング・パック」（左記）に併設されたバー＆ラウンジ。上空から街並みを眺めながら、オリジナルのカクテルや軽食などを。

マリーナ MAP:P11E3

住 Tower 2, 57F サンズ・スカイパーク内 ☎6688-9955 ⏲7時〜10時15分、12〜14時、14時30分〜23時（金・土曜、祝前日、祝日は〜23時30分） 休なし

↑プールを一望するテラス席もおすすめ →定番のカクテルはS$27

ミュージアム＆ショッピングセンターで遊ぶ！

デジタルアートが作る不思議空間

アートサイエンスミュージアム

●ArtScience Museum ★★★

3フロアに21のギャラリーを有する博物館。最大の見ものは、日本のテクノロジー集団「teamLab」とコラボした体験型常設展「FUTURE WORLD：アートとサイエンスが出会う場所」展。ほかに企画展なども随時開催されるので要チェック！

マリーナ MAP:P11E2

6 Bayfront Ave.
6688-8888(代)
10～19時(最終入館18時)
休 なし
料 常設展「FUTURE WORLD：アートとサイエンスが出会う場所」S$30

↑ハスの花を模した外観はマリーナ湾でもひときわ目立つ

必見！

「FUTURE WORLD：アートとサイエンスが出会う場所」展

Future World:Where Art Meets Science

日本のアート集団「teamLab」が協力した作品展。「ガーデン・シティ」ゾーンと「新開地ゾーン」の2つからなる空間は、最新技術を駆使した近未来的な世界。そこにいる鑑賞者の存在にも影響を受けるため、永遠に変化し続けるデジタルワールドが広がる。入場は10～18時の15分おき。

「ガーデン・シティ」ゾーン

City in A Garden

展示の最初にあるゾーンで、イメージはシンガポールの街。滝と花畑を抜けると、都会らしい風景が広がる。

増殖する無量の生命
Proliferating Immense Life-A Whole Year per Year
コンピュータプログラムによって描かれ続けている花々。録画映像ではなく、鑑賞者の動きに影響を受けながら、永遠に変化し続ける。

スケッチ・アクアリウム
Sketch Aquarium
紙に自由に魚の絵を描いてスキャンすると、魚が海で泳ぎ始めるから不思議！ 魚にふれたり、エサをあげたりすることもできる。

スケッチピストン-音楽の演奏
Sketch Piston Playing Music
スライド上に投影される遊び心たっぷりのカラフルなインタラクティブアート。指の動きに合わせて音が鳴り響く。みんなで協力し合って楽しい音楽を作ろう。

「新開地体験」ゾーン

Exploring New Frontiers

自然との調和・共存を表現した「ガーデン・シティ」の先に続くゾーン。テクノロジーと想像力を手に入れた人々が夢見る、空やその先の世界が広がっている。

クリスタル・ユニバース Crystal Universe
光の点の集合で宇宙を表現した幻想的な作品。鑑賞者が自分のスマートフォンから宇宙の構成要素を投げ込むことで、その様子が刻々と変化する。

「マリーナベイ・サンズ」では併設のミュージアムとショッピング施設も人気。
日本では体験できない最旬のアートやグルメを思いっきり楽しんで！

買い物もグルメも楽しめる巨大モール

ザ・ショップス アット マリーナベイ・サンズ

●The Shoppes at Marina Bay Sands ★★★

シンガポール最大級のショッピングモール。L1「Bay Level」、B1Fの「Galleria Level」、B2Fの「Canal Level」の3フロア・約7万㎡の館内に約270軒のショップやレストラン、シアターなどが集結。ホテル棟やカジノとも直結している。

マリーナ MAP:P11E3

㊓2 Bayfront Ave.
☎㋲店舗により異なる ㊡なし

ショップ紹介はP144をCHECK！

←館内は広いので、まずは案内所で館内図をもらおう

Entertainment

B2F レイン・オクルス

●Rain Oculus

国際的な芸術家、ネッド・カーン氏による、水を使ったアート。L1にある直径22mのアクリル製ボウルから毎分2万2000ℓを超える水がB2Fの運河に流れ落ち、迫力満点！

㋲毎日10時、13時、15時、17時、20時15分、21時30分、23時(各15分間)
㊡なし ㊕なし

B2F サンパン・ライド

●Sampan Rides

館内に流れる運河を巡る人気アトラクション。かつて東南アジアで交通手段に使われていた小舟(サンパン)に乗って、水上をのんびりと進む時間を楽しもう。

㋲11〜21時(チケット最終販売20時30分)
㊡なし ㊕1人S$13(B2Fのコンシェルジュカウンターでチケットを購入)

B2F デジタルライト・キャンバス

●Digital Light Canvas by teamLab

日本の国際的アート集団「teamLab」によるアートワークが、自然をベースにした新しい冒険へと進化。動植物の生態系の中を探索しながら、さまざまな生き物に息を吹き込もう。足元などの楽しい仕掛けに驚き！

㋲11〜21時(チケット最終販売20時)
㊡なし㊕S$15（B2Fのコンシェルジュカウンターでチケットを購入）※アートサイエンスミュージアム(→P50)の「FUTURE WORLD」の入場者はS$10

Gourmet

B2F ラサプーラ・マスターズ

●Rasapura Masters

セルフ式でアジア名物を楽しめるフードコート。ローカルフードのほか、韓国、タイ、日本料理など約25軒。

㋲10〜23時（曜日によりバクテー、タイ料理、点心の店などが24時間営業）㊡なし

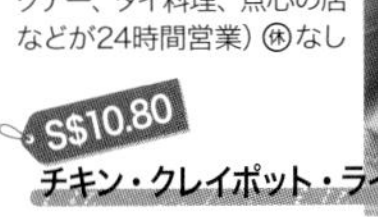

チキン・クレイポット・ライス

↑866席を有する店内は1日中賑やか

※レストランのフード料金は、変更になる場合があります。

水と光のナイトショー「スペクトラ」

マリーナ湾で毎晩開催される無料ショーは、街の名物のひとつ。夜空に浮かぶ水と光に合わせて、きらめく夜景も満喫しよう。

↓多文化国家のシンガポールが現在の国際都市に成長するまでの変遷を、4部構成で表現している

光と水が織りなす幻想的な世界

スペクトラ ●Spectra ★★★

「マリーナベイ・サンズ」(→P46)で毎晩開催される無料ショー。最先端のレーザー装置とジェット噴水、プロジェクターを駆使し、音、水、光の壮大なシンフォニーを演出する。多文化国家であるシンガポールが現在の世界都市へと変遷の遂げるまでの過程を4幕で描き、必見！

マリーナ **MAP:P11E3**

住マリーナベイ・サンズ(→P48)イベント・プラザ前
☎6688-8868(代) 毎日20時～、21時～(金・土曜は20時～、21時～、22時～) 所要：約15分 休なし 料なし

マリーナベイ・サンズ側から見る！

宝石のようにきらめくシティの高層ビルの夜景をバックに、音楽に合わせて変化する水のスクリーンが目の前に。前列は水しぶきも飛んでくる！

《 観賞のポイント 》

メインとなる観賞スポットはマリーナベイ・サンズの「イベント・プラザ」前。湾に面した階段状のウッドデッキに座って見られる。水に光を投影させる演出が多く、端のほうだと見えづらいので、なるべく早めに到着して正面を確保しよう。前列は柵があって見えにくいので、中～後列がおすすめ。

色鮮やかな
ビジュアルアートが
幻想的！

マーライオン・パーク側から見る!

対岸のマーライオン・パーク(→P180)からも観賞可能。マリーナベイ・サンズの建物からレーザー光線が飛び出し、さまざまな色に変化する建物群を見られる。

観賞のポイント

建物のライトアップは見られるが、水に光を投影する演出は遠くてほとんど見えないので注意。湾全体の夜景を楽しむ感覚で観賞を。

Plus! ブリッジを渡って「ガーデンズ・バイ・ザ・ベイ」へ

「マリーナベイ・サンズ」のホテル棟1と2の間にあるドラゴンフライ・ブリッジは、「ガーデンズ・バイ・ザ・ベイ」へアクセスできる空中遊歩道。夜の無料ショー「ガーデン・ラプソディー」(→P65)をハシゴするのに便利！

↑ボードウォークが爽快。MAP:P11F3

Marina Bay Sands

宿泊者限定！天空のプールへ

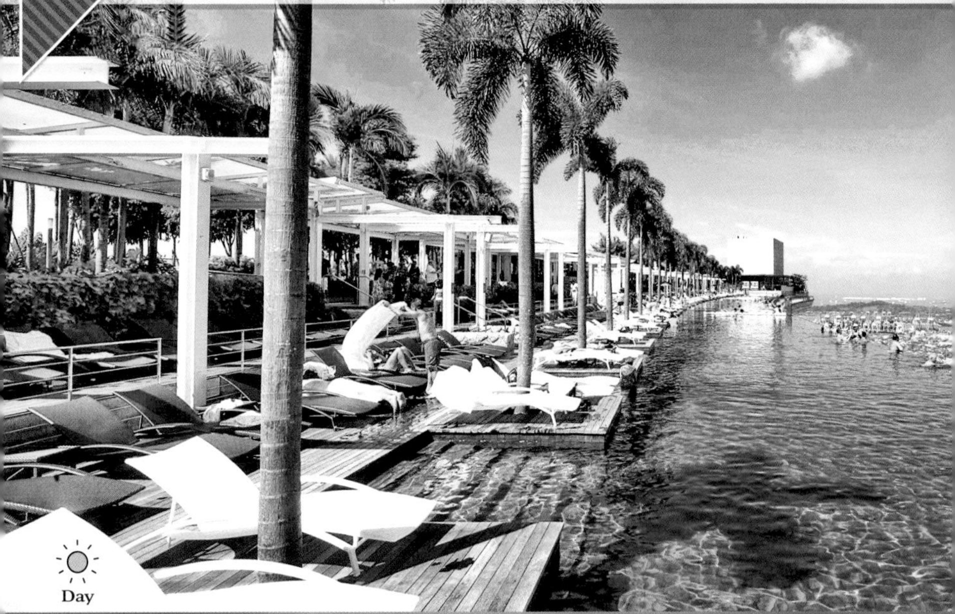

Day

地上200mに浮かぶ天空のプール

インフィニティ・プール

●Infinity Pool ★★★

建物屋上の「サンズ・スカイパーク」(→P48)にある宿泊者専用プール。世界最長級の全長約150mを誇り、地上200mの高さから水が流れ落ちるような様子は圧巻！ シンガポールの絶景を一望でき、早朝から夜まで刻々と変わる景色の美しさは見逃せない。

マリーナ **MAP:P11E3**

住マリーナベイ・サンズ(→P46) Tower 1〜3, 57F
☎6688-8868(総合窓口)
時6〜23時 休なし ※宿泊者専用

「マリーナベイ・サンズ」の名物といえば、地上200mに位置するプール。
CMでも話題になり、入場できるのはホテル宿泊者のみ！

↑まるで天空に浮かびながら泳ぐような、異次元の気分を味わえる

↓最も美しいのは、高層ビルに明かりが灯る夕暮れの時間

プールの利用法

❶ 早朝＆夜が狙い目
日中と夕方以降が混み合う。この時間帯は、デッキチェアは満席になり、プールも大混雑。朝9時ごろまでと、21時以降が比較的人が少なく、ゆっくり過ごせる。

❷ タオルは無料レンタルOK
ビーチタオルはプール・エリアの「タオルコンシェルジュ」で無料で借りられる。無料の飲料水も用意されている。

❸ 意外と涼しいので注意
地上200mの屋外は、1日中風が強く肌寒い。プールの水温もそれほど高くない。水着の上に羽織れるものを持っていくと安心だ。

プールを楽しむなら宿泊が必須！

絶景と宿泊者特典が魅力
H マリーナベイ・サンズ
●Hotel Marina Bay Sands ★★★

57階建ての3棟の高層タワーに位置する5つ星ホテル。大きな窓を備えた客室からの眺望は、市街一望のシティビュー、緑を望むガーデンビューなど部屋タイプは多彩。宿泊者はプールのほか、展望デッキ(→P48)も無料で入場できる。

マリーナ MAP:P11E3
10 Bayfront Ave.
☎6688-8868(総合窓口)
ホテルの料金、施設に関しては下記HPから
URL jp.marinabaysands.com/

→街を望むデラックスシティビュー。眺望重視なら19階以上がおすすめ

↑吹き抜けのロビーは圧巻！レストランやショップなども並んでいる

名店揃い！ホテル直営レストラン＆カフェ

ロビー階
日替わりで楽しむブッフェ
ライズ ●Rise

地元食材を使った各国料理を味わえるブッフェ・レストラン。シンガポール、タイ、ベトナム、マレーシアの名物料理、シェフの調理コーナーなどが登場するディナーが特に人気。

マリーナ MAP:P11E3
LF, Hotel Tower 1 ☎6688-5525
朝食：6時30分～10時15分、ランチ：12時～13時45分、14時15分～15時30分の二部制、ディナー17時30分～22時15分 休なし

↑ブッフェ料金は朝S$52、昼S$56～、夜S$105～ →ガラス張りで開放的

ロビー階
五感で楽しむ新しい日本料理
ワクダ レストラン&バー
●Wakuda Restaurant & Bar

日本人シェフの和久田哲也氏が手がけるモダンな高級ダイニング。世界各地の食材をアレンジし、伝統や文化を巧みに融合した現代日本料理の味わいには驚くばかり。

マリーナ MAP:P11E3
LF, Hotel Tower 2 ☎6688-8885
12～14時、17時～21時30分(金・土曜は～22時30分)
休なし（土・日曜の昼は休み）

↑そばに白トリュフなどを合わせた「Cold Soba」S$72
→日本のお酒も揃う

ロビー階
落ち着いて1杯を楽しむなら
レンク・バー&ラウンジ ●Renku Bar Lounge

オーク材を基調としたシック＆モダンな空間で、ゆっくりドリンクなどを楽しめる。1杯のお供にはバーガーやケバブ、サテ、ラクサなどのバーフードを。

マリーナ MAP:P11E3
LF, Hotel Tower 1 ☎6688-5568
11～24時 休なし

↓ピアニストが奏でる柔らかな音色に包まれる落ち着いた空間

世界がひろがる!

Column

マリーナ散歩なら
歩行者専用道がおすすめ

ヘリックス・ブリッジを歩こう

マリーナベイ・サンズから、マリーナ地区を結び、
シンガポール・フライヤーへのアクセスに便利なのが、
螺旋状のユニークな外観、歩行者専用橋ヘリックス・ブリッジ。
マリーナベイ・サンズ〜マリーナ・プロムナード〜ジュビリー橋〜マーライオンと
マリーナ湾沿いに歩くコースは、車の通らない歩行者専用歩道が続く、
シンガポールのメイン観光スポットを巡るおすすめお散歩コース。

ライトアップも素敵

ヘリックス・ブレッジ

●The Helix Bridge

DNAをテーマにしたという、２重螺旋状のスチール歩行者専用橋。約280メートルの橋の途中には、展望プラットフォームも設けられ、シンガポールのランドマークが並ぶマリーナ湾の風景が楽しめる。夜はライトアップされ、違った雰囲気に。

マリーナ MAP:P11E2 ⇨P181

歩行者専用橋なので
マリーナ湾の
展望を楽しみながら
のんびり歩こう

SINGAPORE

ぜったい観たい!

Sightseeing

Contents

知っておきたいこと12

#ぜったい観たい！

初めてでもリピーターでも、知っておくとシンガポールの街歩きがもっと楽しくなる、お役立ち＆お得な情報を伝授！

01 耳より

移動は地下鉄が断然便利！

中心地の主要スポットを効率的に回るなら、移動手段は地下鉄(MRT)をメインに。頻繁に運行していて、乗り降りは観光客にもわかりやすく、渋滞がないのが最大のメリット。地下鉄駅から離れたスポットに行くときは、タクシーをプラスして。

⬆どの路線も清潔で治安良好。最近は新しい路線や駅も開通して、さらに便利に

02 耳より

写真撮影のベストタイムを確認しよう

美しい写真を撮りたいなら、地図を確認しながら、逆光にならない時間をチェック。マーライオン(→P60)は正面が東を向いているので、午前中に訪れて撮影すれば、逆光にならずに撮れる。逆に西を向いている建物は、午後に撮影すると◎。

⬆世界中から観光客が訪れるマーライオン。比較的空いている朝もおすすめ

03 得 耳より

入園券は事前のネット購入で時間節約

ガーデンズ・バイ・ザ・ベイ(→P62)や3大動物園(→P70)などでは公式WEBサイトでチケットを販売している。事前に購入すれば、当日窓口で並んだり、満員で入場できないこともなく、時短に。支払いにはクレジットカードなどが使える。

⬆セット料金が多数あるスポットも。事前WEB購入ならゆっくり吟味できる

04 耳より

屋外スポットは午前中か夕方が吉

高温多湿のシンガポールでは日中の気温が30度を超えることもしばしば。屋外の観光スポットへは、比較的涼しい午前中か夕方以降に訪れるのがおすすめ。サングラスや帽子のほか、屋内は冷房がきついので薄手の羽織りものも忘れずに。

⬆慣れない土地での熱中症対策は十分に。ペットボトルの水も携帯しよう

05 得 耳より

オプショナルツアーを上手に活用

観光名所を効率よく回りたいときや、3大動物園などの郊外を訪れるときは、オプショナルツアーを利用するのも手。日本語OKで、移動や入場券購入の心配もなく安心して楽しめる。

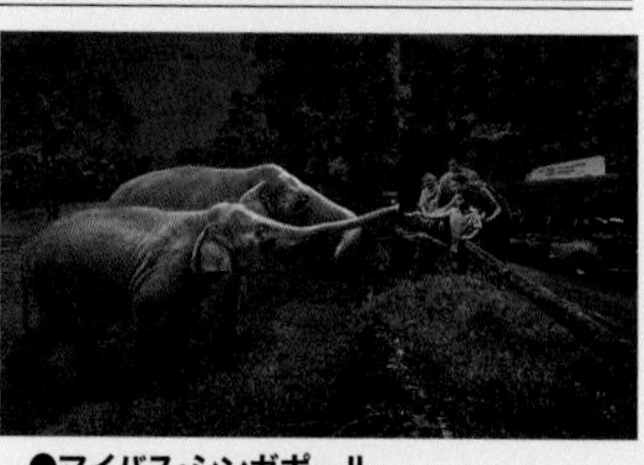

●マイバス・シンガポール
URL www.mybus-ap.com/country/singapore

06 

各宗教の寺院の参拝では服装に注意

ヒンドゥー教やイスラム教の寺院では、ノースリーブ、ひざが見える短パンやスカートなど露出の多い服装では内部に入れない。ストールなどを持参するのがおすすめだ。また、信者の参拝のじゃまにならないように静かに見学しよう。

⬆モスクや寺院は信者にとっては神聖な場所。会話は控えめに

07

多民族国家ならではの祝日に注意

中国系の旧正月、インド系の「ディーパヴァリ」(ヒンドゥー教の祭り)、イスラム系の「ハリ・ラヤ・プアサ(断食明けの祝い)」などがある(→P42)。この時季は各エリアで店の休業、通常とは異なる装飾や人出が予想されるので注意。

⬆「ディーパヴァリ」の期間、リトル・インディアは光の装飾で彩られる

08

観光案内所で情報をゲット!

各所に観光案内所があり、地図の配布、ツアー予約の受け付けなど行っている。

●オーチャード・ゲートウェイ隣接
MAP:P8A3 ⏲10〜19時 ㊡なし

●アイオン・オーチャード L1
MAP:P7E3 ⏲10時30分〜22時 ㊡なし

09

主要植物園は入園無料

ガーデンズ・バイ・ザ・ベイ(→P62)やシンガポール植物園(→P82)は、入園自体は無料で市民や観光客に開放されている。観光名所としてだけでなく、ジョギングやピクニックなどもOKの憩いの場なので、地元の人に混じって緑の中で楽しむのもおすすめ!

⬆「ガーデン・シティ」とも呼ばれるシンガポール。あちこちに緑地がある

11
NEW 耳より

人気急上昇中のストリート・アート

実はシンガポールはアートの街。博物館なども点在するが、いま話題なのが各エリアで見られるウォール・アートの数々。ハジ・レーン(→P80)のほか、チャイナタウン(→P186)、ティオン・バル(→P190)などに多く、SMS映えも満点!

⬆地元アーティスト、Yip Yew Chong氏の作品は特に人気(→P190)

10

到着&帰国時に大活躍!空港隣の「ジュエル」

空港直結の複合施設「ジュエル」(→P68)は、滞在中にわざわざ行くより、シンガポール到着・帰国時に立ち寄るのが正解。地元料理の飲食店のほか、品数充実のスーパーなどもあるので、帰国前の駆け込みグルメ&おみやげ探しにも便利!

⬆「レイン・ボルテックス」も必見!夜には音と光のショーもある

12

これをすると罰金です!“うっかり”には要注意

➡ゴミは歩道のゴミ箱へ。観光客でも容赦なく罰金を取られる

●チューインガムを持込む・食べる
罰金額 最高S$1万
ガムは所持するだけで罰金が科せられ、1年の禁固刑が科される可能性もある。医療用のみOKなので、十分注意を。

●横断歩道以外での横断
罰金額 最高S$5000
横断歩道や歩道橋、地下道から50m以内で道路を横断するのは法律違反。初犯の罰金はS$50、再犯はS$1000、違反回数が増えるごとに上がる。

●道でのポイ捨て
初犯の罰金額 最高S$1000
あらゆる物のポイ捨ては禁止。再犯は最高S$2000、3回目以降は最高S$5000の罰金が科せられる。ツバや痰を吐くのも厳禁。

●喫煙所以外での喫煙
罰金額 最高S$1000
喫煙所以外の喫煙はもちろん、吸い殻をポイ捨てしただけでも罰金S$300に。未申告でのタバコの持込みも罰金の対象。日本製のタバコ(電子タバコ、紙タバコ含む)の持ち込みは禁止されている。

●公共交通機関での飲食
罰金額 最高S$500
車内や駅構内での飲食は禁止。ペットボトル入りの飲み物やキャンディなども対象となる。タクシー内も同様。

●公共の場での飲酒
初犯の罰金額 最高S$1000
飲食店など特別な許可を得た場所以外での飲酒は禁止。コンビニなどでの酒類販売は22時30分〜翌7時まで禁止。

【編集MEMO】

コレだけはいいたい!

「がっかりスポット」ともいわれがちなマーライオンだけど、周辺の絶景を含めたその像は、やっぱり見ごたえ十分!

ラッフルズ・ホテル・シンガポールは、宿泊せずとも一度は訪れたい! 美しい白亜の外観やラウンジはため息モノ。

シンガポールの治安は日本と同じくらい良好。でも、地下鉄や観光名所など人が多い場所ではスリなどに注意して!

編集T

Merlion

シンガポールの永遠のシンボル

マーライオンに会いに行く！

Read me!

マリーナ湾を一望できる観光スポット「マーライオン・パーク」に立つ像で、シンガポールの象徴的存在。像の周辺からはマリーナ湾全景を一望でき、記念撮影はマストだ。

シンガポールきっての人気名所

マーライオン ●Merlion ★★★

頭部がライオン、下部の魚の尾が海を表す、高さ8.6mの像。2009年、落雷でたてがみや耳の一部が破損したが、現在は修復され元の姿に。楽しいSNS映え写真の撮影や夜のマーライオン観賞も忘れずに。

マリーナ MAP：P11D2

図Ⓜラッフルズ・プレイス駅から徒歩8分
㊟One Fullerton ☎なし ⏰24時間開放 ㊡なし ㊕なし

SNS映え写真を撮ろう！

マーライオンの水を飲む

マーライオンから発射する水を口でキャッチ！口を大きく開けて、水の位置を合わせるのがポイント。

マーライオンで吸水

ペットボトルを使った面白写真。ボトルにはあらかじめ水を少し残しておくと、吸水している雰囲気満点。

かわいいマーライオンとラブラブショット！片腕をしっかり首に回して抱きつくポーズにすれば完璧！

マーライオンにチュー♡

マーライオンの斜め左後ろからカメラを構えると、マリーナベイ・サンズとのきらめくコラボ写真が完成！

マーライオンの夜景

マーライオンの伝説

11世紀、マレー国の王が新しい国を作るため、航海に出発。大荒れの海に自身の冠を投げ入れて嵐を沈めた。その後、目的地に着いた時、目の前にライオンのような動物が現れ、その土地の開拓を許されたという。マーライオンの魚のような尾はその土地の古代名「テマセック」(ジャワ語で「海」)を、頭部はこのライオンを表しており、国の守り神として祭ったといわれている。

Plus! 4体の公認マーライオンをコンプリート！

メインのマーライオンを含め、シンガポールには4体の公認マーライオンがあるので、要チェック！

マーライオンパークの2頭

左記のマーライオン像(写真1)のすぐ後方にミニ・マーライオン(写真2)がいる！ 高さ約2m、重さ約3t。

1
2

マウント・フェーバーのマーライオン

シンガポール島南部に位置する小高い山の頂上にある。高さ約3m。MAP：P4B3

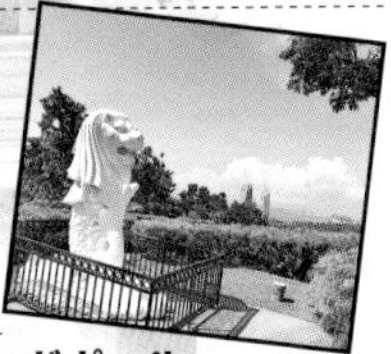

3

シンガポール観光局のマーライオン

4

なんと観光局の敷地内にもマーライオンが！ 高さ約3mで大きな口が特徴。MAP：P6C3

Gardens by the Bay

最新技術を駆使した未来型植物園

ガーデンズ・バイ・ザ・ベイを散策

Read me!

マリーナベイ・サンズ(→P46)の東側に位置する、新感覚の大型植物園。海に面した開放的な園内は、一部の施設を除いて入場無料なので、気軽に散策できるのも人気だ。

シルバー・ガーデン Silver Garden
フラワー・ドーム Flower Dome
チケットセンター
クラウド・フォレスト Cloud Forest
ドラゴンフライ・レイク Dragonfly Lake
インディアン・ガーデン Indian Garden
チャノピー The Canopy
チャイニーズ・ガーデン Chinese Garden
サテー・バイ・ザ・ベイへ
OCBCスカイウェイ入口
マリーナベイ・サンズ Marina Bay Sands
イースト・コースト・パークウェイ EAST COAST PARKWAY(ECP)
マレー・ガーデン Malay Garden
シークレット・ライフ・オブ・ツリーズ Secret Life of Trees
ゴールデン・ガーデン Golden Garden
ドラゴンフライ・ブリッジ Dragonfly Bridge
スーパーツリー・グローヴ Supertree Grove
MRTベイフロント駅 BAYFRONT
フローラル・ファンタジー Floral Fantasy
ワールド・オブ・パームズ World of Palms
コロニアル・ガーデン Colonial Garden
アンダーストレイ Understorey
トイレ
バス停
駐車場
タクシー乗り場
ギフトショップ
ビジター・センター
ウェブ・オブ・ライフ Web of Life
メインゲート
MRTガーデンズ・バイ・ザ・ベイ駅へ
フルーツ・アンド・フラワーズ Fruits and flowers
ディスカバリー Discovery
マリーナ・ガーデンズ・ドライブ MARINA GARDENS DRIVE

植物と建築デザインを融合

ガーデンズ・バイ・ザ・ベイ

●Gardens by the Bay ★★★

101haもの広大な敷地に大小の植物園や庭園、池などが点在し、世界各国の植物観察を楽しめる。タワーやドームなどを使った斬新な展示は必見だ。毎晩開催される幻想的な光のショー(→P65)も見逃せない。

マリーナ MAP:P11F3

図Ⓜベイフロント駅、ガーデンズ・バイ・ザ・ベイ駅から徒歩5分
住18 Marina Gardens Dr.
☎6420-6848
時5時～翌2時(一部の有料施設を除く)
休なし(施設により異なる)
料なし(一部有料エリアあり)

2019年にオープンした「フローラル・ファンタジー」はSNS映え満点!

2019年、園内西側にお目見えした新ゾーンが話題! アートやテクノロジーと一体化した展示がユニークな花の庭園で、「ダンス」「ワルツ」など4ゾーンのほか、4Dシアターも必見!

↑天井から吊り下げられた花々が躍るような「ダンス」ゾーン

←小川や雨の森、洞窟を散策しているような空間も

フローラル・ファンタジー

●Floral Fantasy

マリーナ MAP:P11E3

時10～19時(土・日曜、祝日は～20時)。チケット最終販売・最終入場(各30分前)
休月1回不定休 料S$20

クラウド・フォレスト →P64
スーパーツリー・グローヴ →P63
フラワー・ドーム →P64

↑最新技術を駆使したドーム形の植物園などが点在している

「スーパーツリー・グローヴ」で空中散歩

巨大な人工ツリーが立ち並ぶ、園内一の人気ゾーン。その光景はまるでSFの世界のよう！

ツリーの高さは16階前後の建物に相当。下から見ても上に上っても幻想的

ツリーの間を歩いてみよう！

高さ50mの巨大ツリーが圧巻！

スーパーツリー・グローヴ

●Supertree Grove

巨木をイメージした高さ25〜50mのタワー「スーパーツリー」が12本並ぶエリア。鉄骨製の幹の周りには約200種・約16万2900株の植物が植栽され、異次元の空間を造り出している。ツリーを結ぶ空中遊歩道「OCBCスカイウェイ」(料金別途)も必訪！

マリーナ MAP:P11F3

⏲5時〜翌2時 ㊡なし ㊕なし

⬆地上22mから高さを実感！ツリーのデザインや覆っている植物もすぐ間近に見られる

➡ツリーの合間にある小さなブースがチケット売り場。入場はツリーの幹の下にある入口からエレベーターで

⬅マリーナベイ・サンズのほか、シンガポール・フライヤーなども一望

OCBCスカイウェイ

●OCBC Skyway

「スーパーツリー・グローヴ」の間に架けられた全長128mの空中遊歩道。高さ22mの地点はスリル満点だ。ツリーと同じ目線から、園内や市街も一望できる。神秘的な風景が広がる夜もおすすめ。

⏲9〜21時(最終入場20時30分)
㊡月1回不定(その他イベントや天候により休業あり) ㊕S$12

ツリーはこうなっている！

ソーラーパネル
12本のツリーの最上部に設置。ライトアップやドーム内の冷却などに電力を供給している。

LEDライト
鋼鉄製の枝に付いていて、夜になるとソーラーパネルの電力で美しく光り輝く。

プラントパネル
植栽されており、年月の経過と共に植物が幹を覆い、巨木に見えるように設計。

Plus! ツリーの近くでランチ&ディナー

サテー・バイ・ザ・ベイ

●Satay by the Bay

1日中、気軽に利用できるホーカース。開放的な雰囲気のなか、サテーなどシンガポールのローカル料理のほか、アルコールも楽しめる。

☎店舗により異なる
⏲9〜23時(料理は11〜22時。店舗により一部異なる) ㊡なし

➡「City Satay」のサテー1本S$0.85(注文は10本〜)など

Gardens by the Bay

「クラウド・フォレスト」で滝を見学

熱帯山地に見られる低温多湿な雲霧林を再現したドームで、落差約35mの滝が見もの。

低温多湿な雲霧林を再現したドーム

クラウド・フォレスト

●Cloud Forest

世界各国の海抜1000〜3500mの高地から約1900種・約5万株もの植物が集結。落差約35mの滝のほか、空中を散歩できる遊歩道やガーデンなども有し、さまざまな希少な植物を観察できる。

マリーナ MAP:P11F3

9〜21時(チケット最終販売・最終入場20時) 休 月1回不定(要確認) 料 S$53(フラワー・ドームと共通)

L5

ウォーターフォール・ビュー A

●Waterfall View

流れ落ちる滝を裏側から見られるスポット。L7の「クラウド・ウォーク」の着生植物を観察しながら下っていった終点にある。間近で感じる水音や落差は迫力満点だ。

➡園内と滝が落ちて行く様子を見下ろせる

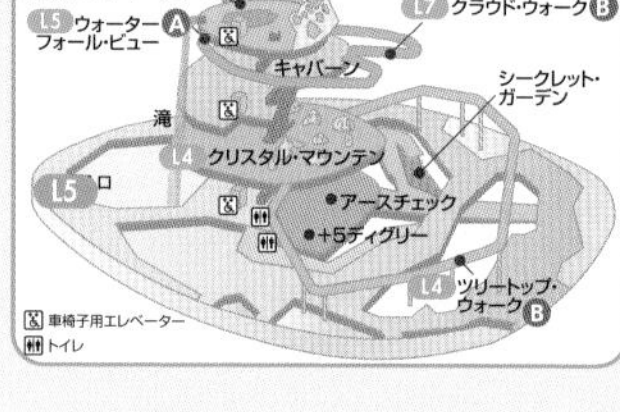

L7 & L4

クラウド・ウォーク&ツリートップ・ウォーク B

●Cloud Walk & Treetop Walk

滝が落ちる山から突き出た2つの空中遊歩道。L7が「クラウド・ウォーク」、L4が「ツリートップ・ウォーク」で、土を必要としない着生植物のランやシダなどを間近で見られる。

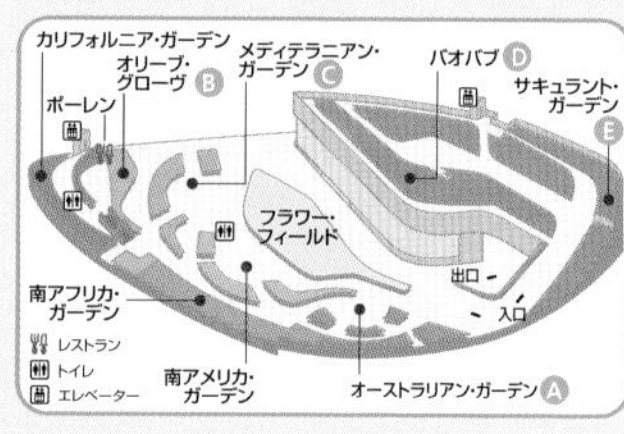

➡高さ約40mの山から突き出た遊歩道からは場内を一望

⬆高山を散策している気分を体感できる

「フラワー・ドーム」で世界を一周

高さ35mのドームが目を引く屋内庭園。9ゾーンに世界の花や植物が集まっている。

⬇色とりどりの花々が咲き誇る「フラワー・フィールド」

カリフォルニア・ガーデン
オリーブ・グローヴ B
メディテラニアン・ガーデン C
バオバブ D
サキュラント・ガーデン E
ボーレン
フラワー・フィールド
出口
入口
南アフリカ・ガーデン
南アメリカ・ガーデン
オーストラリアン・ガーデン A
レストラン
トイレ
エレベーター

珍しい花と植物がいっぱい！

フラワー・ドーム

●Flower Dome

気温23〜25℃に保たれた園内に地中海などをテーマとした9エリアが点在し、約780種・約2万8000株以上の植物を展示。地中海性気候と半砂漠地帯の植物を一度に見られるのは希少だ。

マリーナ MAP:P11F2

9〜21時(チケット最終販売・最終入場20時30分) 休 月1回不定(要確認) 料 S$53(クラウド・フォレストと共通)

エリアごとのレアな植物！

A カンガルー・ポー

名前は「カンガルーの足」の意味。ふわふわの毛がまさに足のよう

B オリーブ・グローヴ

樹齢1000年を越える古代オリーブの木。大きく広がる枝が見事

C モンキー・パズル・ツリー

枝や葉がギザギザでサルが登れないことが名前の由来

D バオバブ

展示の中で一番大きいものはアフリカ産で、重さ32tにも！

E ウーリー・カクタス

羊毛のようなふかふかの毛が特徴のサボテン

きらめくナイトショー「ガーデン・ラプソディー」

毎晩開催される「ガーデンズ・バイ・ザ・ベイ」の名物ショーも必見！

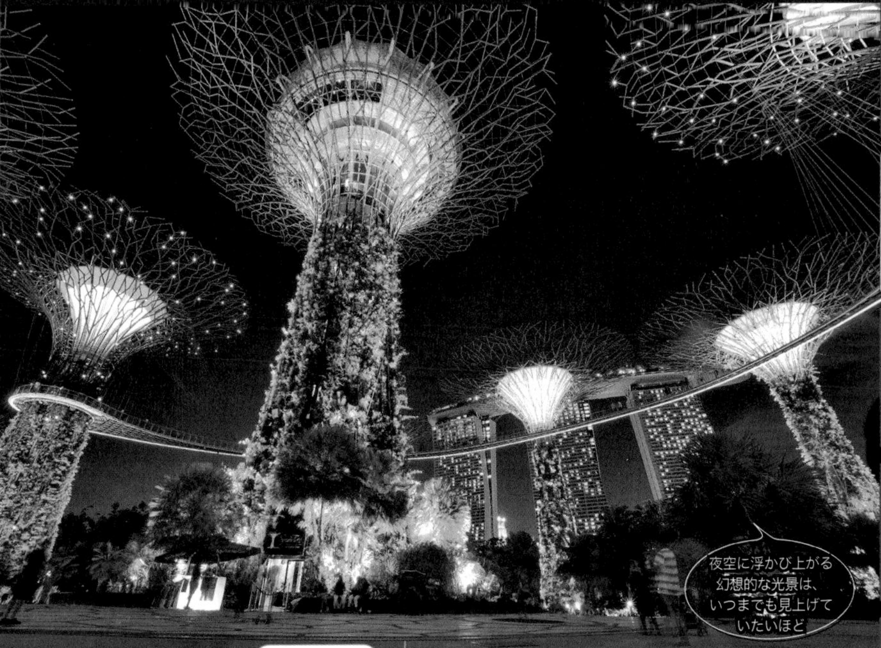

夜空に浮かび上がる幻想的な光景は、いつまでも見上げていたいほど

夜空に光り輝く巨大なツリー群

ガーデン・ラプソディー

●Garden Rhapsody

空に向かって花びらを広げたように立つ「スーパーツリー・グローヴ」(→P63)がライトアップされ、音楽に合わせてさまざまな色に変化する。色とりどりに染まる幻想的な空間を楽しもう。

マリーナ MAP:P11F3

19時45分～、20時45分～

休なし 料なし 所要:約10分

オレンジや緑、青などカラフルな光がツリーを包む

スーパーツリー・グローヴ北側の芝生に寝転んで見上げるのもおすすめ

「OCBCスカイウェイ」(→P63)に上って見るのも人気

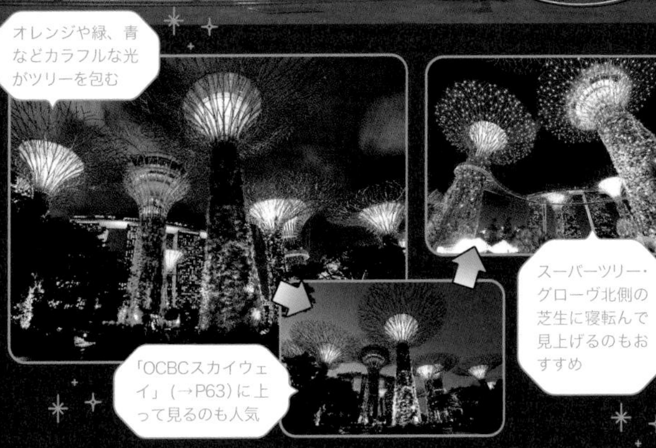

Plus! 園内のショップ

園内には3軒のギフトショップが点在。来園の思い出にオリジナルグッズをゲットしよう。

散策の思い出を持ち帰ろう

アライバル・ギフト・ショップ

●Arrival Gift Shop

メイン・エントランスのすぐそばにあるギフトショップで、到着時＆帰る際に立ち寄るのに便利。ロゴや植物などをあしらったグッズが揃い、おみやげにぴったり。

9～21時 休なし

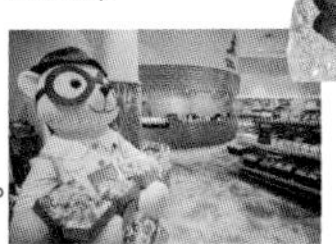

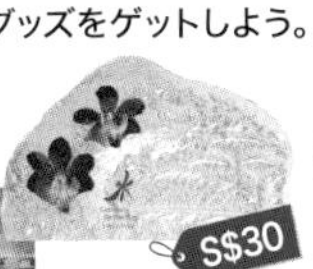

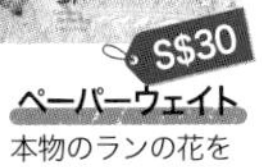

S$30

ペーパーウェイト

本物のランの花を閉じ込めている

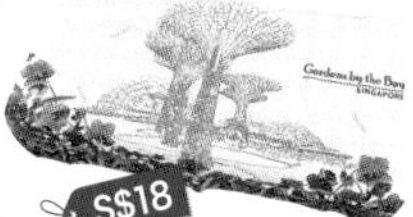

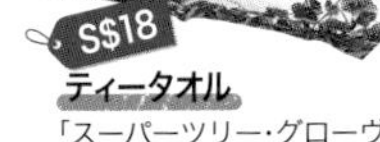

S$18

ティータオル

「スーパーツリー・グローヴ」の絵柄入り

2019年にリニューアルオープン！

名門ホテル、ラッフルズへ

Read me!

1887年に開業し、「東洋の真珠」と称されるホテルが営業再開！ 優雅なコロニアル調の白亜の建物のほか、各国レストランやスパ、アーケードなどの施設もハイレベルだ。

➡美しいロビーは開放的な吹き抜け

エレガントな歴史的ホテル

ラッフルズ・ホテル・シンガポール

●Raffles Hotel Singapore ★★★

シンガポール随一の格式を誇る名門ホテル。2年の改装工事を経て、2019年8月に新たな歴史を歩み始めた。最新設備が導入された3種のスイートルームが新設されたほか、シンガポール初出店のレストランなども要チェック。

シティ MAP:P11D1

交シティ・ホール駅、エスプラネード駅から徒歩5分
住1 Beach Rd.
☎6337-1886(代) 料コートヤード・スイートS$1039〜
客室数 115室 URL www.raffles.jp/singapore/

➡各国ブランドや飲食店が集まるアーケードも併設

⬇現存する19世紀創業のホテルとしては世界でも希少

⬅ゲストを迎えるターバン姿のドアマンはホテルの象徴のひとつ

⬆客室は全室ラグジュアリーなスイートルーム。最新技術も投入された

⬅美しい中庭は散策にぴったり。レストランやスパが点在している

ラッフルズの歴史

1887年、アルメニア出身のサーキーズ兄弟により開業。当初は10室だけのバンガロー風の建物だった。喜劇俳優のチャップリンをはじめ、定宿として愛した各国VIPも多く、その12名がスイートルームの名前として残されている。

⬅エレガントな建物は、1987年に国の歴史的建造物に指定されている

宿泊しなくても訪れたい5スポット

【アフタヌーンティー】

グランド・ロビー
●The Grand Lobby

由緒正しい空間で伝統の味を
ロビーに隣接するラウンジで、優雅な雰囲気はシンガポール随一。アフタヌーンティーは、19世紀の英国統治時代から親しまれた伝統スタイルの名物だ。

本館 ロビー階 ☎6337-1886
朝食：月〜金曜の7時〜10時30分、アフタヌーンティー：月〜日曜の12〜18時 休なし

➡壮麗な柱に囲まれた、エレガントなヴィクトリア様式

⬆月〜日曜の12〜18時のラッフルズ・アフタヌーンティーS$88(1名分)。特製スコーンや「マリアージュ・フレール」の紅茶などが並ぶ

【モダン中国料理】

藝(イー)・バイ・ジェレーム・レオン
● Yi by Jereme Leung

新旧を融合した新中国料理を
モダン中国料理の雄、ジェレーム・レオンがシンガポールに凱旋オープン。中国各州の伝統的手法と最新の調理技術、旬の食材を駆使した、五感に響く新しい中国料理を。

#03-02, Raffles Arcade
☎6337-1886
11時30分〜14時15分、18時〜21時30分 休なし

➡芸術的なアレンジで知られるジェレーム氏

➡百輪きゅうりと貝の煮物　S$30〜

【北インド料理】

ティフィン・ルーム
●Tiffin Room

北インド伝統の味をモダンに
1892年から続く、ラッフルズ伝統の北インド料理店。インドのランチボックス「ティフィン」に盛り付けた本格的な郷土料理を、テーブル脇でシェフがお客に紹介しながら提供する。挽きたてのスパイスが香り高い。

本館 ロビー階 ☎6337-1886
12〜14時、18時30分〜21時30分 休なし

⬆木の床などを復元し、1900年代初頭の内装を再現

⬅レンズ豆や野菜のカレーなどのほか、一品料理も

⬆1915年に誕生したジン・ベースのシンガポール・スリングS$39

【バー】

ロング・バー
●Long Bar

「シンガポール・スリング」発祥の地
シンガポールを代表するカクテル「シンガポール・スリング」が誕生した伝説的バー。無料のピーナッツは、殻を床に落としながら味わうのがこの店流だ。

02-01 Raffles Arcade
☎6337-1886
12時〜22時30分 休なし

⬅かつては農場経営者や名士たちが集った社交場

【スパ】

ラッフルズ・スパ
●Raffles Spa

国内屈指のラグジュアリー・スパ
グレーや黄金の色調でまとめられた店内は優雅な雰囲気。「ラッフルズ・シグニチャー・ジェムストーン・マッサージ」S$390(90分)をはじめ、アジアの健康哲学に基づいたトリートメントが揃う。

#01-35, Raffles Arcade ☎6412-1377
10〜19時 休なし

⬆アロマが香るスチームルームやバイタリティプールなども利用できる

⬅スタンダード・スイート・トリートメントルームは全6室

ホテルグッズが勢揃いする「ラッフルズ・ブティック」(→P128)も必訪！

2019年にオープン！

空港敷地内の巨大施設「ジュエル」

Read me!

2019年4月、チャンギ国際空港に隣接して巨大な複合施設が開業。多ジャンルのショップ、レストラン&カフェ、エンタメ施設などが集結し、新しいトレンドの発信地。

世界最大級の屋内の滝は必見スポット

周辺はマイナスイオンに包まれ、すがすがしさ満点

➡空港ターミナル1に直結し、ターミナル2・3とは専用通路で接続されている。

シンガポールの新スポット

ジュエル・チャンギ・エアポート

●Jewel Changi Airport ★★★

館内は7フロアに分かれ、80軒以上の飲食店や世界各国のショップなどが並ぶ。巨大な滝や屋内アトラクションのほか、アーリーチェックインなどのコーナーもあり、旅行者にも便利。

空港周辺 MAP:P3F2

交 Ⓜ東西線、ダウンタウン線チャンギ・エアポート駅から徒歩5分 住78 Airport Blvd. ☎6956-9898
⏲10～22時(一部店舗により異なる) 休なし

エンタメスポット

屋内にある世界最大級の滝！

B2F~L5 レイン・ボルテックス

●Rain Vortex

館内の中央に配された大きな滝で、施設のシンボル的存在。高さ40mから7フロアを貫いて流れ落ちる様子は圧巻だ。周囲は緑に囲まれ、屋内にいるとは思えないほど開放的。

⏲11～22時(金～日曜、祝前日は10時～) 休なし
料無料

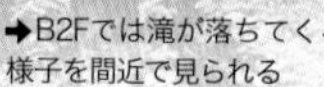

➡B2Fでは滝が落ちてくる様子を間近で見られる

⬅毎日19時30分と20時30分の2回(金～日曜、祝前日、祝日は21時30分もあり)に開催される音と光のショーも必見

体験型の新しい庭園

L1 資生堂フォレスト・バレー

●Shiseido Forest Valley

4階分の吹き抜け空間にあるシンガポール最大級の庭園。約2万2000㎡の緑の敷地に視覚(眺め)、嗅覚(香り)、聴覚(音)、触覚(触れ心地)に訴えるアートインスタレーションを配し、自由に散策できる。

⏲24時間 休なし
料なし

⬆900本以上の高木やヤシの木と、約6万本の低木が茂る

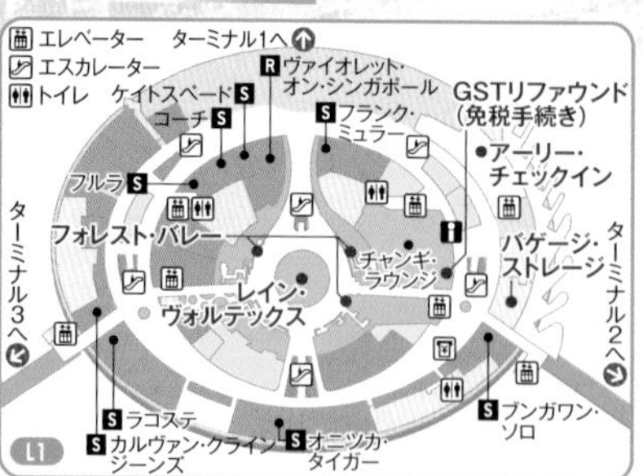

最上階の屋内エンタメ・パーク

L5 キャノピー・パーク

●Canopy Park

1万4000㎡の敷地に、散歩道やアトラクションが点在。入場料には、滑り台やフォギー・ボウル(霧が出る広場)、ペタル・ガーデン、トピアリー・ウォーク(遊歩道)が含まれ、屋外にいるような散策気分を楽しめる。

⏲10～22時(金・土曜、祝日、祝前日は～23時 ※一部アトラクションは異なる)
休なし 料入場料S$8。キャノピー・ブリッジS$13.90(入場料含む)など

⬆地上23mの高さにある全長50mの「キャノピー・ブリッジ」。床はガラス張り

⬅世界の花々が咲く庭園「ペタル・ガーデン」

ショップ&レストラン

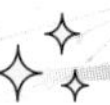

世界の味が揃うフードコート

B2F フード・リパブリック
●Food Republic

シンガポール料理をはじめ、中国、インドネシアなどアジア各国の料理を楽しめる。シンガポール到着や帰国の際にサクッと食事したいときにもぴったり。

☎6214-3764
⏲10〜22時 ㊡なし

←広々としたフロアに多くの店が並ぶ

↓「Huat Huat BBQ Chicken Wing」のロジャック。野菜や練り物を甘辛のタレで。

S$6

S$4
↑「Haig Road Putu Piring」のヤシ砂糖を使った伝統菓子、プトゥ・ピリン。

S$10
↑「Shen Xi Imperial Soup」の魚の浮袋と豚モツのチキンスープ。滋養たっぷり!

S$8
←豚バラ肉を柔らかく煮た卤扣肉

シンガポール名物!

S$7
↑名物メニューの排骨肉骨茶

有名バクテーの味を空港近くでも!

B2F ソンファ・バクテー
●Song Fa Bak Kut The/松發肉骨茶

骨付きのスペアリブをニンニクと各種香草のスープで煮込んだ「肉骨茶(バクテー)」は、シンガポールを代表する料理。市内に多くの支店がある中、空港近隣でもこの味を楽しめるのがうれしい。

☎6214-9368
⏲11時30分〜21時30分 ㊡なし

→行列もしばしば

↓遊び心満載の店内

カラフル&ポップなカフェ

L4 エーシー・カフェ
●AC Kafē

さまざまなキャラクターのフィギュアを販売する「Action City」がプロデュース。ポップなフィギュアが配された店内でランチやお茶を。2023年7月に改装オープン予定。

☎8410-4984 ⏲10〜22時 ㊡なし

Plus! **L1の旅行者コーナーを活用!**

空港の敷地内にある施設だけあり、旅行者向けサービスも充実している。

L1 アーリー・チェックイン
●Early Check-In

館内には無人のアーリー・チェックイン機があり、出発3時間前までの手荷物の預け入れとチェックインが可能。利用できる航空会社は要確認。

L1 バゲージ・ストレージ
●Baggage Storage

荷物を預けられるカウンター。帰国前のラストスパートの買い物や食事が身軽にできるのでオススメ。料金は10kgまでの荷物でS$10〜。

L1 GST リファンド
(免税手続き) ●GST Refund

GST(消費税)の払い戻し手続きも、館内の無人カウンターでできるので便利! 空港で長い列に並んで行うよりこちらの方がスムーズな場合も。

3 Major Zoos in Singapore

3大動物園を遊び尽す

夜だけオープンするナイトサファリ、世界の川をテーマにしたリバーワンダー、そしてシンガポール動物園。3つの個性豊かな動物園が集まる楽園へ出かけよう。

\ 夜、活発に動く動物たち //

ナイトサファリ
Night Safari

➡P71

世界でも珍しい夜だけ開園する動物園。トラムに乗って、さらにトレイルを歩いて夜のジャングルを探検。夜行性動物たちの活発な姿を観察できる。ショーも楽しみ。

\ 川の生物とパンダに会える //

リバーワンダー
River Wonders

➡P74

川をテーマにした動物園で、マナティなど珍しい淡水生物が見られる。ジャイアントパンダに会えるのもここ。ボートに乗って陸上の動物を見られるライドも楽しめる。

\ 世界的評価の高い動物園 //

シンガポール動物園
Singapore Zoo

➡P76

世界有数の動物園で、檻や柵がない自然に近い姿で動物を見られる。ホワイトタイガーなどの人気動物のほか、動物たちと一緒に朝食を楽しめるプログラムやショーも人気。

アクセス

中心部からは離れたシンガポール北部に位置する動物園エリア。主な交通手段はタクシーとシャトルバスの2つ。

タクシー

マリーナ・エリアから約30分、S$30～40程度。ピークシーズンは帰りのタクシーがつかまりにくい場合も。ホテルで往復タクシーを手配してもらうことも可能。往復で約S$60～80が目安。

シャトルバス

マンダイ・シャトルがMRTのカティブ駅～マンダイ・ワイルドライフ・リザーブの間を毎日運行。所要約15分。土・日曜、祝日、学校の休暇期間中のみ「マンダイ・エクスプレス Mandai Express」も運行。

マンダイ・シャトル ●Mandai Shuttle

片道S$1、3歳以下無料。カティブ駅からは8時～23時40分、シンガポール動物園からは8時20分～24時の間、10分～20分間隔で運行。支払いはイージーリンク・カード（→P.226）、タッチ決済機能付きクレジットカードのみ。現金不可。

チケット

チケットは事前に公式Webサイトから購入。複数のパークを訪れたい場合は、パークホッパーとよばれる共通チケットの利用がお得。

URL www.mandai.com/ja/homepage

A **ナイトサファリ** 大人S$55 子どもS$38
B **リバーワンダー** 大人S$42 子どもS$30
C **シンガポール動物園** 大人S$48 子どもS$33

パークホッパー（共通チケット）

A+B 大人S$96 子どもS$66
A+C 大人S$96 子どもS$66
B+C 大人S$88 子どもS$60

モデルコース

9:00 シンガポール動物園 ➡P76
動物たちと一緒に朝食を楽しめる「ブレックファスト・イン・ザ・ワイルド」（9時～）など、動物が行動的な午前中がおすすめ。

14:00 リバーワンダー ➡P74
次に隣にあるリバーワンダーへ。スコールが降りやすい夕方近くも通路に屋根があるので、安心して見学できる。川下りも楽しみ。

18:30 ナイトサファリ ➡P71
早めの夕食を食べてナイトサファリへ。開園（19時15分～）前に、余裕をもって食事などを済ませておきたい。

夜だけ開く動物園で感動!

ナイトサファリで夜の動物ウォッチング

Read me!

1994年に世界で初めてオープンした、夜だけ開くサファリパーク。夜のジャングルに迷い込んだようなパーク内をトラムや徒歩で巡り、ナイトショーを鑑賞できる。

夜になると活発に動く動物たち

NIGHT SAFARI

トラムやトレイルで夜のジャングル探検

ナイトサファリ

●Night Safari ★★★

夜のジャングルに出かけるには、まずトラムに乗って車中から、夜行動する動物たちの姿を眺める。続いて人気のショーを見て、4つあるトレイルを歩いて園内を一周すると完璧だ。

北部郊外 MAP:P2C2

図P70参照 住80 Mandai Lake Rd. ☎6269-3411 ⏲19時15分〜24時(レストランやショップは18時30分〜。最終チケット販売は23時15分) 休なし 料大人S$55、子ども(3〜12歳)S$38 ※チケットは公式Webサイトから事前に購入。URL www.mandai.com/ja/homepage/night-safari

入場前にしておこう

日本語マップを用意しておこう

日本語マップはスマートフォンからダウンロードできるので、事前に行きたい場所などをしっかり確認しておこう(園内での紙のMAPの配布はなし)。

こうやって予定を組もう!

チケット入手は、公式Webサイトから行う(現地での販売はなし)。エントランスにあるレストランで食事を済ませておくと時間に余裕ができる。通常トラム(右記)で園内を一周する。

トレイルを歩いてみよう

徒歩で巡れる4つのトレイルも間近で動物に会えるので、訪れたいところすべて巡るのが難しければ、フィッシングキャット・トレイルとタスマニアデビル・トレイルなどは歩いてみたい。

トラムを利用する

通常トラム(英語)

園内を約30分かけて一周するトラムを利用すれば、効率的に見て回ることができる。入口近くに乗り場があり(P72のMAP参照)、予約なしで乗車できる、英語解説が流れる通常のトラムが便利。⏲19時15分〜、10分間隔で運行(予約不要)料 無料

夜の森にマレートラが出現

こんなことに気をつけて

- 園内でのフラッシュ撮影は厳禁(ショー含む)。
- トラム乗車中は手足を車両の外に出さないよう注意。
- トレイルでは夢中になりすぎて、ほかの歩行者やトラムと衝突しないように。
- ヘビやサソリなどに遭遇した場合は、スタッフに連絡を。
- 虫よけ用のスプレーやクリームを用意しておこう。
- 園内は暗いので、子どもから目を離さないようにしたい。
- 落とし物をしないように気をつけよう。夜間で見つかりにくい。

Night Safari

ナイトサファリ 3つの楽しみ

回り方アドバイス

事前の準備を済ませたら、入場時間に合わせて園内へ。まず、2つのショーの時間を確認しよう。そして、トラムに乗車する。余った時間はトレイルを歩く。4つあるトレイルのうち、2つくらいは歩いてみたい。

1 トラムに乗る！

ナイトサファリのハイライトであるトラムに乗って、動物が自由に動く様子を車中から見学する。トラムには窓ガラスがなく、動物たちの鳴き声や熱気を体感。夜闇にうごめく動物たちとの姿に目を凝らそう。

こんなに近くで！

こんな動物に出会える

ブチハイエナ
Spotted Hyena
↗頑強なアゴをもち、体長約130cm、体重60～70kgで、ハイエナの中では最も大型

インドサイ
Indian Rhinoceros
←絶滅が危惧されている希少なサイで、鎧を着たような身体と1本角が特徴

アジアライオン
Asiatic Lion
↑1日20時間も眠るというライオン。活発に動くのが日没後で、歩く姿が見られることも

マレーバク
Malayan Tapir
←頭部から肩や足が黒く、胴体中央部が白い独特な体は、いろんな動物の姿を混ぜ込んだよう

アジアゾウ
Asian Elephant
→1日ほとんど寝ずに過ごすという働き者。5tもの巨体で夜も動き回り、その迫力に驚く

グルンと270度首が回るんだよ

フクロウたちの飛行や愛らしい姿も見られる

2 ナイトショーを観る！

必見なのが、「クリーチャー・オブ・ザ・ナイト・プレゼンテーション」。さまざまな動物たちが本来持つ才能を、スタッフが教えてくれる。最新の「トワイライト・パフォーマンス」にも注目。

芸達者な動物たちにビックリ！

クリーチャー・オブ・ザ・ナイト・プレゼンテーション

●Creatures of the Night Presentation

屋根付きの全天候型ドームの会場で行われるアニマル・ショー。カワウソやビントロング(ジャコウネコ科)の才能の豊かさなどが披露される。

円形劇場 19時30分、21時 休なし 料無料

※ショー開始の2時間前からナイトサファリの公式Webサイトで予約が可能(自由席)※最新情報は公式Webサイトから確認を。

↑華やかなダンスと光の帯で会場が盛り上がる

LEDパフォーマーによるニューショー

トワイライト・パフォーマンス

●TwiLIGHT Performance

エントランス・プラザで行われるLEDパフォーマンス。予約は不要、5分程度の短いショーなので、気軽に観覧できる。パフォーマーが織りなすLEDのショーは必見。

エントランス・プラザ 20時25分、21時45分 休なし 料無料

※ショーの内容は変更になる場合もあります。最新情報は公式Webサイトから確認を。

3 トレイルを歩く

歩いて夜のジャングルを散策するのもナイトサファリの醍醐味。トレイルは全部で4コース。おすすめはマレートラやボンゴなど必見動物が集まるイーストロッジ・トレイル。※時間内散策自由。

マレートラやボンゴが観られる

イーストロッジ・トレイル

●East Lodge Trail

トラム用の道路にほぼ並行し、マレートラやボンゴなど豪華な動物が勢揃い。より近くでじっくり見られる。

小動物たちの楽園

フィッシング・キャット・トレイル

●Fishing Cat Trail

フィッシング・キャットとよばれる人気者のネコや小動物たちがいる。魚をとる様子が見られれば幸運！

所要約30分

メイン動物が目白押し

レオパード・トレイル

●Leopard Trail

ヒョウにちなんで名付けられたトレイル。暗闇から突如として現れるウンピョウやセンザンコウなどは必見。

所要約20分

"悪魔"に会える!?

タスマニアデビル・トレイル

●Tasmanian Devil Trail

入口付近にあるオーストラリアの雰囲気を再現したトレイル。珍獣のタスマニアデビルを近くで観察できる。

+Plus! レストラン&ショップ

エントランスにあるレストランやショップは開園前にオープン(18時30分～)しているので、先に食事を済ませ、おみやげのチェックをしておくといい。

ローカルフードを手軽に

ウルウル・サファリ

●Ulu Ulu Safari Restaurant

サテーなどのローカルフード・メニューが豊富。屋外席ではアルコール類を飲みながら食事も可能。アラカルト：18時30分～23時。

↑小菜やスープなどが付いたチキンライス・セットS$18.90

おみやげは最後でも間に合う

ギフト・ショップ

●Gift Shop

ナイトサファリの入口近くにあり、観光が終わった後、お気に入りのおみやげを手に入れるのに便利。人気はオリジナルのぬいぐるみやTシャツ、マグカップなど。18時30分～24時 休なし

←人気者のマレータイガーのぬいぐるみS$18

River Wonders

世界の大河がテーマの水族園。パンダとも出会える

リバーワンダーで世界の大河を発見！

Read me!

世界の大河に棲む魚を中心に、淡水生物や陸生動物、約260種が暮らす、川をテーマとした珍しい動物園。さらにジャイアントパンダにも会える。「アマゾン・リバー・クエスト」も楽しみ。

RIVER WONDERS

巨大水槽で水中体験！

↓パンダは中国四川省の竹林帯に生息する

世界の珍しい魚たちをウォッチング

リバーワンダー ●River Wonders ★★★

自然の景観を生かした周遊式の水族園で、世界の7つの大河をテーマとしている。それぞれの大河やその周辺に生息する260種類、約1万1000もの動物、魚、淡水生物を観察できる。人気者のパンダもここにいる。 北部郊外 MAP:P2C2

図P70参照 住☎P71と同様 ⏲10～19時（最終入場は18時30分。アマゾン・リバー・クエストの最終乗船は18時）
休なし 料大人S$42、子どもS$30 ※チケットは公式Webサイトから事前に購入
URL www.mandai.com/ja/homepage/river-wonders.html

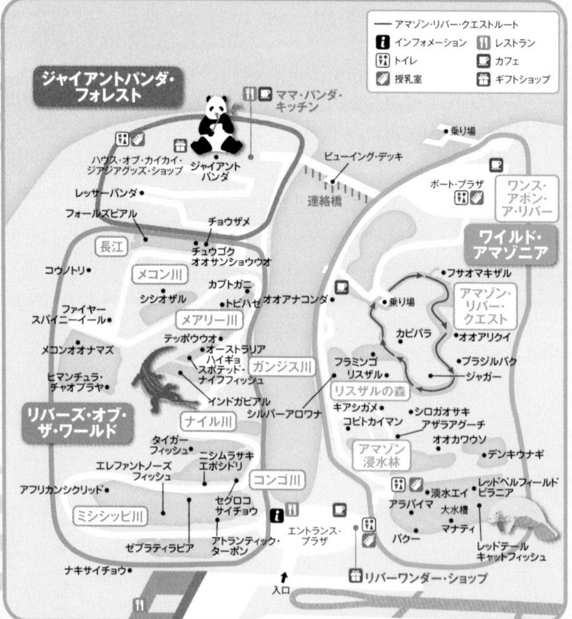

レストラン&ショップ

パンダをモチーフにしたオリジナルメニューがある「ママ・パンダ・キッチン」でひと休み。エントランスにはギフトショップもある。

名物パンダメニューでひと休み

ママ・パンダ・キッチン
●Mama Panda Kitchen

ジャイアントパンダ・フォレストの建物を出たところにあるレストラン&カフェ。パンダをモチーフにしたインテリアが評判。麺類やご飯物のほか、パンダにちなんだオリジナルメニューもある。住ジャイアントパンダ・フォレスト ⏲10時30分～18時30分 休なし

➜パンダの肉まんやカプチーノが人気

パンダやマナティなどのグッズが揃う

リバーワンダー・ショップ
●River Wonder Shop

人気のパンダグッズを中心に、ほかではあまり見かけない淡水魚をモチーフにした、ぬいぐるみやTシャツ、キーホルダーなどオリジナルグッズを販売する。住エントランス・プラザ ⏲10時30分～19時 休なし

➜電子レンジにも使えるパンダ柄のエコ缶

4つの楽しみ

回り方アドバイス
園内は入江を隔てて3エリアがある。おすすめ順路はリバーズ・オブ・ザ・ワールド側から右回りに進むルート。ジャイアントパンダを見て橋を渡り、アマゾン・リバー・クエストを楽しみ、最後にマナティのいる大水槽へ。

➡淡水の魚を大水槽で見られる

➡インド南西部に生息するシシオザル。ライオンのような尾が名前の由来

1 世界の6大河を歩いて観賞！

世界の淡水生物が大集合
リバーズ・オブ・ザ・ワールド
●Rivers of the World

遊歩道沿いに、ミシシッピー川、コンゴ川、ナイル川、ガンジス川、メアリー川、長江の６大河の水槽が並ぶ。珍しいアリゲーターガーやインドガビアル、シシオザルなどの姿を、歩きながら観察できる。

2 ジャイアントパンダに会う！

⬇シンガポールで初めて誕生したパンダ

誕生！Lele（ルァルァ）

かわいいパンダの親子が暮らす
ジャイアントパンダ・フォレスト
●Giant Panda Forest

オスのカイカイ（凱凱）とメスのジアジア（喜喜）という２頭のジャイアントパンダの間に2021年、赤ちゃん（ルァルァ）が誕生。そのカワイイ姿が人気を呼んでいる。パンダ専門グッズのショップもある。

⬆別名「赤パンダ」とも呼ばれるレッサーパンダ

3 ボートで川下りを楽しむ！

人工のアマゾン川をクルーズ
アマゾン・リバー・クエスト
●Amazon River Quest

自動で進むボートに乗って川岸の植物や動物を観察する。屋根なしの船からはジャガーやオオアリクイ、リスザルなどの動物たちを間近で見られる。㊎ワイルド・アマゾニア ⏲11～18時 ㊡なし ㊊S$5

⬇川岸の棲む動物や鳥を観察できる

⬅建物の中から乗り込んで出発！

⬆人魚のモデルともいわれるマナティ

⬅大水槽に群れるのはマナティやピラクル

4 マナティが群れる大水槽へ

古代魚ピラクルやマナティが棲む
ワイルド・アマゾニア
●Wild Amazonia

南米大陸を流れる、流域面積世界一を誇るアマゾン河をテーマにしたエリア。特に「アマゾン浸水林」は、樹木が水没した雨季のアマゾン川を再現した大水槽。愛くるしい姿が人気のマナティや淡水ピラルクがのんびり泳ぐ。

⬆アマゾンの密林に棲むリスザル

＋Plus! 人気者のカピバラが登場するショー

川の物語を知る
ワンス・アポン・ア・リバー
●Once Upon a River

川にまつわる物語をテーマとしたショーで、世界最大のネズミとして知られるカピバラが登場。愛くるしい姿と芸達者ぶりが人気を呼んでいる。㊎ボート・プラザ ⏲11時30分、14時30分、16時30分 ㊡なし ㊊無料

⬆人気者のカピバラと間近で写真を撮るチャンスも

Singapore Zoo

自然に近い「オープン・ズー」の先駆け

シンガポール動物園で人気動物とふれあう

Read me!

世界的に有名な動物園で、檻や柵を廃した自然に近い状況で動物を観察できる。ショーやエサやり、記念撮影など、動物たちと触れ合える機会が多いのも特徴。

↑高地の森に生息するアカアシドゥクラングール

←コモドドラゴン。体長2m、体重70kgの巨体

池での水浴びが大好きなんだ

SINGAPORE ZOO

トラムを利用しながら園内を巡る

シンガポール動物園

●Singapore Zoo ★★★

28万㎡という広大な敷地に約2800頭もの動物が生息する。人気の動物たちとの朝食や楽しいショー、餌やりなどのイベントで、動物たちとふれあえる。園内を巡るトラムなどを利用して、広い園内を巡りたい。

北部郊外 **MAP:P2C2**

図P70参照 住☎P71と同様 営8時30分～18時(最終入場は17時) 休なし 料S$48、子どもS$33。(トラムは無料)※チケットは公式Webサイトから事前に購入。 URL www.mandai.com/ja/homepage/singapore-zoo.html

➡離れたエリアへ行くには無料トラムが便利

トラムに乗る

広い園内の散策路を周遊するガイド付きトラムは、左周りの一方通行で、停留所は4カ所。乗り降りは自由で無料。

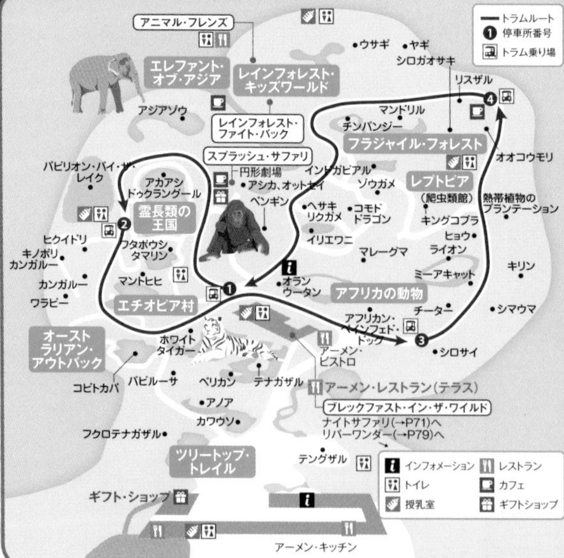

レストラン&ショップ

エントランス手前にセルフサービスのフードコートがある。

チキンライスなどローカルの味満載

アーメン・レストラン

●Ah Meng Restaurant

「ブレックファスト・イン・ザ・ワイルド」(→P77)の会場(テラス席)で、朝から夕方まで営業。ナシレマやチキンライスなど、ローカルの味が手軽に味わえる。営10時30分～16時(土・日曜、祝日は10時～16時30分) 休なし

動物のぬいぐみが大集合

ギフト・ショップ

●Gift Shop

入口横のショップが品揃え豊富。熱帯雨林を再現したような店内には、動物のぬいぐるみを中心に、Tシャツやおもちゃなどが並ぶ。営9～19時(土・日曜は8時30分～) 休なし

⬇ホワイトタイガーのぬいぐるみS$24.90

⬅オランウータンのぬいぐるみS$15.90

4つの楽しみ

＼回り方アドバイス／
入園したら公式Webで、ショーとエサやりなどの時間を確認。朝の「ブレックファスト・イン・ザ・ワイルド」に参加して、3大ショーを午前中に、エサやりや園内散策を午後にすると効率的。ショーの会場は円形劇場付近に集中し、効率よく回れる。ショーやエサやりの時間は随時変わるので、必ず当日の確認を。

➡テラス席の近くまで動物たちがやって来る

⬆愛情豊かなオランウータンの親子のすがたも

1 オランウータンなど動物と一緒に朝食!

ブッフェスタイルで気軽に。記念撮影も
ブレックファスト・イン・ザ・ワイルド ●Breakfast In The Wild

アーメン・レストラン（→P76）のテラスにオランウータンの親子など、動物たち（日によって異なる）がやって来る（9時30分～10時）。彼らがフルーツを食べる姿を見ながら食事ができ、記念写真も撮れる。⏲9時～10時30分 休なし 料S$35（子どもS$25）

2 動物ショーを観る!

お茶目なアシカの芸達者ぶりは必見
スプラッシュ・サファリ
●Splash Safari

芸達者なアシカが主役のショーは大人気なので、早めの入場がおすすめ。最前列でアシカたちがはね上げる水を思いっきりかぶるのもよい思い出になる。館円形劇場 ⏲10時30分、17時（所要約20分）料無料

⬅アシカは芸達者でおちゃめ。ショーの人気者

⬇ほとんど木の上で生活するテナガザル

鳥や猿など
いろんな動物が次々に
レインフォレスト・ファイト・バック
●Rainforest Fights Back

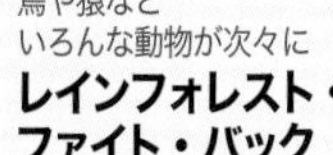

ボルネオの密林に迷い込んだ現代人が森林伐採を画策する。それに立ち向かうボルネオの住民と動物たちの姿を、数々のアクションを交えながら表現するショー。館円形劇場 ⏲12時30分、14時30分（所要約20分）料無料

3 パーク内を自由に散策!

⬇人工の森の水辺で暮らすホワイトタイガー

環境に配慮した広い園内をトラムと徒歩で散策する。世界的にも珍しいホワイトタイガーや「森の人」として親しまれているオランウータンなど、自然な姿が印象的。

⬆お父さんの肩車より高いキリンにビックリ

4 動物と間近にふれあうチャンス!

エサやりを体験する人気プログラム
アニマル・フィーディング
●Animal Feeding

キリンやシロサイなどに飼育員がエサをやる様子を見たり、自分で直接エサをあげたりできるプログラム。エサはオンラインで事前購入（数に限りがあるので注意）。館⏲休日や動物より異なる。

⬇餌やりは人気なので、入園時にチェック

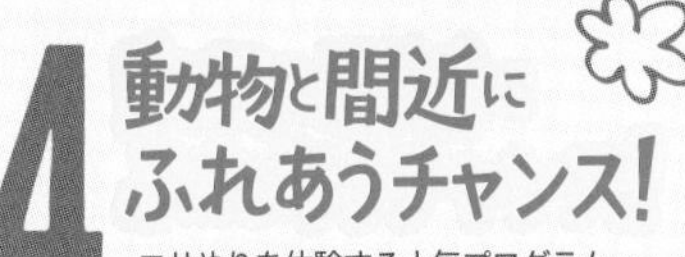

⬅大きなサイのエサやりにドキドキする!

+Plus! 子どもたちに人気のショー

⬇小動物たちの得意芸がいっぱい見られる

小動物が得意芸を披露
アニマル・フレンズ
●Animal Friends

保護された犬や猫、オウムなどの小動物が専用トレーナーの合図に合わせて、縄跳びやフリスビーなどを披露する。ショーの後はかわいい動物たちと一緒に記念撮影もできる。館レインフォレスト・キッズワールド 休13時30分と16時（所要約20分）料無料

レトロモダンが息づく「映える」街

カトンでプラナカン・カルチャー散歩

Read me!

パステルカラーのショップハウスの街並みが、撮影スポットとして人気のカトン。色彩やかな壁や透かし彫りの扉など撮影スポットが多く、そぞろ歩きが楽しい。

ショップハウスの美しい建物

パヤ・レバ駅
徒歩15分

1

カトンのメイン・ストリート

ジョー・チャット・ロード

●Joo Chiat Rd.

カトンの町を南北に貫く目抜き通りで、1階が商店で2階が住居になっている、典型的なショップハウスが並んでいる。プラナカン料理のレストランやカフェなども通り沿いにある。

カトン MAP:P13B2

図Ⓜパヤ・レバ駅から徒歩15分

ランチ

S$15.80
ニョニャ・チャップ・チェ
キャベツやキクラゲと春雨を炒めた伝統料理

S$19.80
アヤム・ブア・クルアック
ブラックナッツと鶏肉を煮込んだ人気の一皿

2

プラナカン料理でランチ

グアン・ホー・スーン

●Guan Hoe Soon Restaurant

カトンの家庭に伝わるプラナカン料理が味わえるレストラン。プラナカン風前菜のクエ・パイ・ティやココナッツミルクで牛肉を煮込んだビーフ・レンダンなど、伝統の定番メニューが味わえる。

カトン MAP:P13B2

図Ⓜパヤ・レバ駅から車で5分
住200 Joo Chiat Rd. #01-01 ☎6344-2761
営11～15時、17時30分～21時
休なし

↑食堂のような雰囲気。スイーツS$4.80～も

カトンの歩き方

アクセス

最寄駅はイースト・ウエスト線とサークル線のⓂパヤ・レバ駅で、街の中心部まではタクシー利用で約5～10分。マリーナなど中心部からタクシーの場合は、アイ・ワンツー・カトン(→P79)を目印に、料金は約S$15。

歩き方のポイント

まずはカトンの目抜き通りジョー・チャット・ロードを歩いて、プラナカン料理のランチへ。食後にカトンの象徴であるショップハウスが並ぶクーン・セン・ロードへ。その後は、ショッピングセンターやショップハウスのウィンドーを覗いて、おみやげ物探しを。ヒンドゥー教寺院にも訪れたい。所要約5時間。

パステルカラーの家並み
3 クーン・セン・ロード ●Koon Seng Road ★★★

➡統一された窓枠のデザインもステキだ

プラナカンの伝統住宅であるショップハウスの美しい街並みが人気の通り。その多くは一般住居で、パステルカラーで彩られた壁面や窓のレリーフ、タイル装飾などが美しく、絵本の中に迷い込んだみたい。

カトン MAP:P13C3 図Ⓜパヤ・レバ駅から車で6分

まるでおとぎの国を歩いているような感じ

カトン散策の起点に
4 アイ・ワンツー・カトン
●I12 Katon

カトンを代表するショッピングセンター。タクシースタンドがあり、散策の起点になる。空調の利いた館内でひと休みするのにもいい。

カトン MAP:P13B4
図Ⓜパヤ・レバ駅から車で8分 住112 East Coast Rd.
☎6306-3272 ⏲10～22時(店により異なる)
休なし(店により異なる)

⬆反射ガラスが壁面を覆う近代的な建物

S$7.50
ムール貝入りラクサ
ムール貝やイカなど海鮮がたっぷり入っている

短い麺をスプーンで
5 328カトン・ラクサ
●328 Katong Laksa／加東叻沙

カトンの名物グルメといえば、その発祥の地といわれるラクサ。海鮮とココナッツミルクがベースのスープが特徴で、丸い米粉麺を短く切ってスプーンで食べるスタイルが伝統的。カトンラクサの名店でその醍醐味を味わおう。

カトン MAP:P13B4 DATA➡P94

パイナップル・タルトをおみやげに
6 ベーカーズ・ウェル
●Baker's Well

⬇奥にはイートインのスペースもある

カトンで人気のベーカリー＆ケーキショップ。ハンドメイドのカップケーキやタルト、焼きたてのパンも評判。なかでも缶入りのパイナップル・タルトはおみやげに最適。店内にイート・イン・スペースもある。

カトン MAP:P13B4
図Ⓜパヤ・レバ駅から車で10分
住35 East Coast Rd.
☎6348-6864 ⏲8～21時
休なし カード

S$2.40(1個)
各種マフィン
ブルーベリーやチョコなどマフィンも人気

S$29.90～
ジューシー・パイナップル・タルト
パイナップルのジャムがのるオリジナル

踊るシヴァの像もこの華やかさ

踊る神々のレリーフがある
7 スリ・センバガ・ヴィナヤガー寺院
●Sri Senpaga Vinayagar Temple

黄色いゴープラム(高門)や壁面を飾る極彩色のレリーフなどが美しいヒンドゥー教寺院。堂内を飾るリンガ(シヴァ神の象徴)や天井壁画も見ごたえがある。

カトン MAP:P13B3
図Ⓜパヤ・レバ駅から車で8分
住19 Ceylon Rd. ☎6345-8176
⏲6時30分～12時、18時30分～21時
休なし 料なし ※礼拝堂に入る際には靴と靴下を脱ぐ

⬅内部にも極彩色のヒンドゥー世界が広がる

Goal

壁画で彩られた街をそぞろ歩く

ハジ・レーンでアート散歩

Read me!

アラブ・ストリートと並行する歩行者天国のハジ・レーンとその周辺はモダンなウォールアートが街を彩る人気のスポットだ。そぞろ歩いてお気に入りの壁画を見つけたい。

ポップなモダンアートな作品にも出合える

↑通りの西側入口を飾る戦隊ヒーローたち

ショップハウスにウォールアートが美しい

ハジ・レーン

●Haji Lane ★★★

ウォールアートで飾られた、歩行者天国の名物通りで、ショップハウスが軒を連ねるショッピング・ストリート。アクセサリーショップやモダンなカフェ&バーもあり、街歩きが楽しい、注目のエリアになっている。

ブギス MAP:P12B2

交Ⓜブギス駅から徒歩5分
住Haji Lane

↓ウルトラマンの壁画は、2024年3月ごろまでの予定

↑通りの中程にあるアメリカンポップな壁画

➡バーのテラスもアート空間

ハジ・レーンの歩き方

最寄り駅はブギス

Ⓜブギス駅のB出口からノース・ブリッジ・ロードを北へ100mほど歩き、オファイア・ロードを右折(東へ)して100mほど歩くと、有名なリイバ－の壁画が見えてくる。その1本北側の細い通りがハジ・レーン。

壁画は路地にもあり

ウォールアート・スポットとして人気のハジ・レーンだが、通りの左右の路地やブッソーラ・ストリート(→P171)と移行する脇道など多くの場所に壁画が描かれ、町全体がアート空間となっている。

カフェでまったり

ハジ・レーン散歩の楽しみのひとつが、人気スイーツのあるカフェでのひと休み。下記で紹介したアイ・アム...のレインボーケーキは、7色のスポンジが美しく、アートの街のスーイーツとして評判。

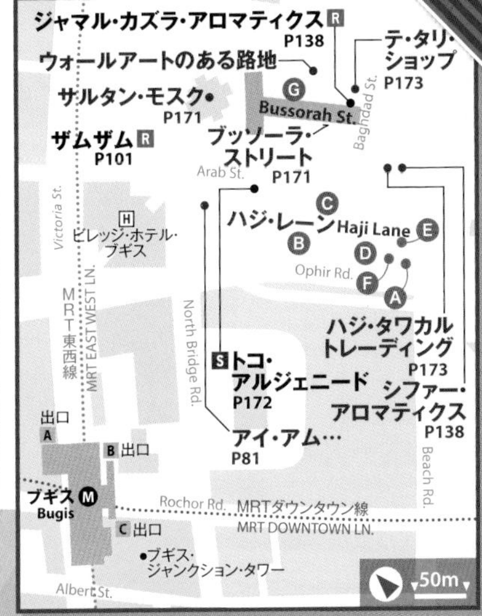

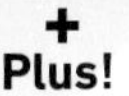

CAFE

⬆ランチで人気のオリジナル・ハンバーガー

➡毎日手作りされる話題のレインボーケーキ

レインボーケーキが人気

アイ・アム...

●I am...

ハジ・レーンの北角にあるスタイリッシュなカフェ。人気となっている色鮮やかなレインボー・ケーキは、オーナーの母親が毎日手作りする自慢の味。

アラブ・ストリート MAP:P12B2

🅧Ⓜブギス駅から徒歩5分 🏠674 North Bridge Rd. #01-01, off Haji Lane ☎6295-5509 🕐11～22時(金・土曜は～23時30分、日曜は～21時) 🅗なし

⬆通りの東側入口にあって、ひと休みに最適

Plus! ウォールアートのある路地

ハジ・レーンはウォールアートの街(通り)として有名だが、アラブ・ストリートの周辺には、見逃せないアートスポットがまだまだある。たとえば、ブッソーラ・ストリートのすぐ東側にある路地。通りというより通用口のような小道の両側建物の壁一面が、アートで飾られている。車も通らず、人通りも少なく、アート空間を独り占めする、まさに穴場だ。

アラブ・ストリート MAP:P12B2

⬆モスクの尖塔がミスマッチ(?)して、作品の個性を際立たせている

⬅ウォールアートの上にアーティストの作品が額装されて飾られている

Ⓔ ⬇メキシカン・バーのマヤ風の壁画も

Ⓕ ⬇整列したヒーローたちと一緒に記念写真を

Singapore Botanic Gardens

シンガポール初の世界遺産

シンガポール植物園でリラックス

Read me!

1859年に開園し、市民の憩いの場として親しまれている植物園で、2015年に国内初の世界遺産に登録。広大な園内に点在する希少な花々や古木を見ながら、のんびり散策しよう。

緑に囲まれた都会のオアシス

シンガポール植物園

●Singapore Botanic Gardens ★★★

約82万㎡の敷地に約1万種もの植物が植えられる、シンガポール最大の植物園。1800年代後半のゴム生産の研究や、希少な植物の生息などが評価され、世界遺産に登録された。園内には「国立ラン園」をはじめとする各種植物園が点在。

オーチャード西 MAP:P6B1

図ボタニック・ガーデンズ駅、ネーピア駅から徒歩1分 住1 Cluny Rd.
☎1800-471-7300 時5～24時（施設により一部異なる）休なし（施設により一部異なる）料なし（施設により一部有料）

⬇ガーデン内は大きな木々に囲まれ、森林浴も楽しめる

主なエリアはこの4つ

世界各地のショウガが集合

⬆季節ごとに美しいランの花々を見られる

こんな珍しいランが見られる！

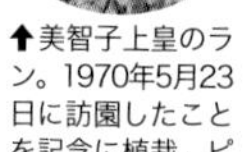

⬆美智子上皇のラン。1970年5月23日に訪園したことを記念に植栽。ピンクと白が可憐

⬆英国のダイアナ元妃のランで、1997年9月に命名。純白で清らかな雰囲気が元妃を思わせる

⬆イタリアのテノール歌手、アンドレア・ボッチェリのラン。花は気品あふれる紫色

A 国立ラン園

●National Orchid Garden

1928年、のちにシンガポールの主要産業へと発展するランの交配と栽培が始まったことに由来する歴史的施設。1000種以上の原種と2000種以上の交配種の洋ラン約6万株が栽培されている。

時8時30分～19時（最終入園18時）休なし 料S$15

⬆珍種や希少種のランも見られる

B ジンジャー・ガーデン

●Ginger Garden

東南アジアや中南米の熱帯雨林に分布する数百種のショウガを集めた、珍しいガーデン。真っ赤なつぼみを探しながら歩いてみよう。

時5～24時 休なし 料なし

⬅散策路を一周して15～20分ほど

⬇赤いつぼみの上に白い花が咲く

⬆観賞用に育てられることも多いレッド・ジンジャー

1.園内の移動は徒歩のみ。歩きやすい靴や帽子、サングラスを用意しよう 2.シンガポールのS$5札に描かれている木「テンブス」なども見られる 3.1930年代建設のガゼボ。当時は周辺の最高地点で展望台だった

↑インドのバンヤン・ツリーで作られたツリー・ハウス ➡園名は慈善家の名前に由来している

Ⓒ
ジェイコブ・バラス・チルドレンズ・ガーデン

●Jacob Ballas Children's Garden

ツリー・ハウスや迷路などが点在するアジア最大の子供向け植物園。自然や植物に親しみながら遊び、学ぶことができ、いつも元気な声で賑やか。

⏱8～19時(最終入園18時30分)
㊡月曜(祝日の場合開園)
㊎なし

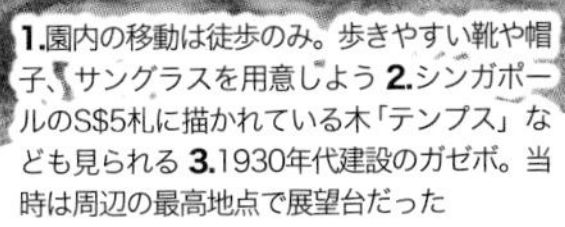

➡木々の合間から顔をのぞかせるリスを発見！

Ⓓ
ラーニング・フォレスト

●The Learning Forest

森に巡らされたボードウォークを歩きながら、高低さまざまな目線から熱帯雨林の植生を見学できる。リスなどの小さな動物たちや南国の鳥類に出合えることも。

⏱5～24時(一部7～19時) ㊡なし ㊎なし

➡湖では白鳥や黒鳥などの鳥たちも、羽をのばしている

+Plus! **緑の中でランチ&ディナー**

園内には、緑に囲まれたふれるレストランも点在。散策の合間のひと休みやランチなどにぴったり。

ガレージ ●Garage Ⓔ

アールデコ調のレストラン。1階に軽食からカクテルまでカジュアルに楽しめるカフェ「ビーズ・ニーズ」、2階にヨーロッパとアジアのテイストを融合したレストラン＆バー「ボタニコ」の2店舗が入っている。

オーチャード西 MAP：P4B1

⬅1920年代に建設された歴史的建造物を利用している

ビーズ・ニーズ ●Bee's Knees

1Fに入っているセルフスタイルのカフェ。サンドイッチやピザ、パスタなどを楽しめる。朝食もおすすめ。

☎9815-3213
⏱8～22時 ㊡なし

↑パンダンの葉を使ったパンダン・パンケーキS$15

ボタニコ ●Botanico

2Fにあり、テラス席も設けたモダンなビストロ。バナナの葉やショウガなどを合わせた独創的な料理を味わえる。

☎9831-1106
⏱18時～22時30分(金曜は12～15時、18時～22時30分、土・日曜は11～15時、18～22時30分)
㊡月曜

↑バナナの葉の上でスズキをグリルした「アッサム・ペダス レッド・バス」S$30

Modern Architecture

近未来風のフォルムがカッコいい

現代建築ウォッチング

Read me!

“近未来シティ”と称されるシンガポールは、地震や台風のない国で、著名建築家による斬新な建築物が続々と出現している。その奇抜で近未来的なフォルムを楽しみたい。

見晴らしサイコー 気持ちいい〜

Check!

全面ガラス張りで円柱形のゴンドラは28人乗りの大きさ。直径が150mで、世界最大級。

設計 黒川紀章&DPアーキテクト

建築年 2008年

空中遊覧する世界最大級の観覧車

シンガポール・フライヤー

●Singapore Flyer ★★★

世界最大規模を誇る大観覧車で、マリーナの名所のひとつ。設計は日本とシンガポールの建築家による合作で、全面ガラス張りのゴンドラからは、街の絶景が望める。特に夜景は感動的だ。

マリーナ **MAP:P11F2**

図Ⓜプロムナード駅から徒歩5分
住30 Raffles Ave.
☎6333-3311
⏲14〜22時
(最終入場21時30分)
休なし 料S$33〜

⬆観覧車から観る夜景もロマンチック

⬅ガラス張りのキャビンは広く開放感あり

Check!

全長274mで、緩やかに波打つウッドデッキ仕様。途中3か所に休憩スペースがある。

設計 RSPアーキテクト&アイ・ジェー・ピー 建築年 2008年

⬇自然の森の中にモダンな遊歩道が延びている

天空の遊歩道かを歩く快感！

ヘンダーソン・ウェーブ

●Henderson Waves ★

緑豊かな丘陵地に架かるモダンな遊歩道で、うねる波のようなデザインが特徴的。地上36mの高さからの見晴らしも良く、まるで天空の散歩道のよう。3つの公園をつなぎ、多くの人が利用する。

ヘンダーソン **MAP:P4B3**

図Ⓜテロック・ブランガ駅から車で10分
住Henderson Rd. ⏲休料見学自由

⬅ウッドデッキが自然にマッチして歩きやすい

Check!
高さは約200m。緩やかにカーブするタワーが4棟、不揃いに並び建つ。スカイブリッジは展望台を兼ねる。
設計 ダニエル・リベスキンド
建築年 2013年

クール&ビューティーな高層住宅
リフレクション・アット・ケッペル・ベイ
●Reflections at Kepper Bay ★

セントーサ島を望むウォーター・フロントに出現した高層建築で、シルバーに輝くメタリックな外壁がカーブしながら空を突き刺す独特のフォルムが美しい。

ウオーター・フロント MAP:P14B1
図Ⓜテロック・ブランガ駅から徒歩8分
住Kepper Bay View ※タワー内への入場不可

←空中廊下でタワーを行き来できる構造

超モダンな芸術的建築
ビシャン公立図書館
●Bishan Public Library ★

本棚から本を引き出したような突起が印象的なファサード（建物正面）。それが青や黄の色ガラスで、よく見ると子供たちが座って本を読んだりしている。誰でも利用できるので、内部見学も可能。

Check!
色付きガラスが飛び出す本棚のような外観が印象的。館内の階段部の吹き抜けも美しい。
設計 ルック・アーキテクツ
建築年 2006年

ビシャン MAP:P3D2
図Ⓜビシャン駅から徒歩3分
住5 Bishan Place #01-01
☎6332-3255 ⏲10〜21時
休祝日 料なし

➜ガラス張りの壁面で出窓もブックスタイル

←読書空間もスタイリッシュで、長居してしまう

Plus! こちらも名現代建築

ツーリストに人気のシンガポール名所にも斬新な現代建築が多く、訪れる人の目を楽しませてくれる。

マリーナベイ・サンズ
●Marina Bay Sands

シンガポール現代建築の代表ともいえるホテル&一大複合施設。高層ビルに船をのせたような姿でおなじみ。
設計 モシェ・サフディ 建築年 2010年
マリーナ MAP:P11E3 ➜P46

エスプラネード・シアター・オン・ザ・ベイ
●Esplanade Theatres on the Bay

マリーナにあって、ドリアン形の外観で親しまれている劇場。ショッピングモールが付設する。
設計 DP アーキテクト&マイケル・ウィルフィールド&パートナーズ
建築年 2002年
マリーナ
MAP:P11D2
➜P179

フラワー・ドーム
●Flower Dome

世界最大級の流線型の温室で、9つのガーデンがあり、世界中の珍しい植物を見ることができる。
設計 グラント・アソシエイツ+ウィルキンソン・エア
建築年 2011年
マリーナ
MAP:P11F2
➜P64

世界がひろがる！ Column

観光しながら運気もUP！

パワースポットでハッピーチャージ

シンガポールには風水などに基づくパワースポットがたくさんある。
なかでも最強といわれる３カ所を巡れば、思わぬ幸運や不思議な力を手にできるかも？

黄金の仏像や聖遺物を参拝

新加坡佛牙寺龍華院

ブッダ・トゥース・レリック・テンプル・アンド・ミュージアム

Buddha Tooth Relic Temple and Museum

ブッダの聖遺物である仏牙を保存する寺院で、風水的にも"気"が集まるパワースポットとして有名。豪華な本堂や聖遺物を納めた博物館へ、ご利益を願って参拝しよう。

チャイナタウン MAP：P10B3

DATA⇨P187

由緒あるお寺で幸運祈願

観音堂

クワン・イン・トン・フッド・チョー・テンプル

Kwan Im Thong Hood Cho Temple

1895年に創建され、国家遺産に認定されている由緒ある仏教寺院。地元の人から篤く信仰される観音様に祈願する人が絶えない。おみくじが当たるという評判もある。

ブギス MAP：P9D3

図[3]ブギス駅から徒歩5分
住178 Waterloo St. ☎なし
時7時〜18時30分
休なし 料無料

風水を基に設計された

富の噴水

Fountain of Wealth

ファウンテン・オブ・ウェルス

風水を駆使して建設されたという５つのビルの中庭に設置された世界最大級の噴水。右手で噴水に触れながら３周すると願いが叶うと言われている。

シティ MAP：P11E1

図Ⓜプロムナード駅から徒歩3分
住3 Temasec Blvd. ☎6337-3803
時噴水に触れられる時間10〜12時、14〜16時、18〜19時
休なし

SINGAPORE

Contents

知っておきたいこと12

#おいしいもの

"グルメの王国"といわれるシンガポール。多民族、共働きで、外食中心という食事情もあり、料理の多彩さ、食べる場所の多さも魅力だ。

01
多彩で本格的なアジア料理が味わえる

シンガポールの食の魅力は、多彩なるアジア料理の宝庫であること。さらにその味が、価格に見合い、おおむね上質で、より本格的なこと。さらに、高級レストランからホーカースまで、専門店が多く、世界的グルメガイドなどで発信されるグルメ情報も多いため、店選びも楽しい。

⬆シンガポールならではのプラナカン料理も楽しみ

02
まずはシンガポール名物5を！

多彩なアジア料理が融合して、独自の進化を遂げた、シンガポールならではの名物料理も数多くある。なかでも、ベスト5といわれるのが、チキンライス(→P90)、チリクラブ(→P92)、ラクサ(→P94)、バクテー(→P98)、プラナカン料理(→P102)で、まずは、その魅力的な味を楽しみたい。

⬆チキンのジューシーさや、つけダレの味加減も絶妙

03
本場の味めぐりができる中国料理

住民の約70%を占める中国系の人々の影響もあり、広東、北京、上海、四川の四大中国料理をはじめ、福建、潮州、客家などの地方料理も多種多様に揃っている。朝食の粥や手軽な飲茶(広東・潮州)、各地のご当地麺(福建麺や雲呑麺)、スチームボート(火鍋)など、独自に進化した中国フードを食べ歩くのも楽しい。

⬆空調の利いたレストランでのシンガポール鍋、スチーム・ボートもおすすめ

04
ココナッツミルクで味わいアップのマレー系料理

中華系の次に多い住民のマレー系料理。ココナッツミルクを味のベースとした料理が特徴で、ミルクで炊いたご飯に、チキンなどの具材をトッピングしたナシレマ(→P100)や甘い焼き鳥のサテー(→P116)、牛肉のミルク煮ビーフ・レンダンなどが代表的。

⬆甘めの味が好みならココナッツミルク風味のマレー系の料理にハマるかも

05
味の競演で独自進化のプラナカン料理

プラナカンの人々(→P146)の間では、中華系とマレー系が融合して独自に進化したプラナカン料理(ニョニャ料理)が受け継がれている。その独特な味わいは他に類がないもので、アヤム・ブア・クルア(→P102)やウダン・ニョニャ(→P103)など、ここでしか味わえないご当地フードとなっている。

⬆味わい深く、他に類のない珍しい料理がいっぱい

06

本場とはやや異なる!? 魅惑のインド系料理

中華系の人々がおいしいと感じる、本場のインドよりも食べやすくされたインド系料理が味わえる。移り住んだインド人の多くがタミール系で、エビやイカなどの海鮮や野菜を多く使う、南インド料理が主流となったのが一因とも。なかでも、フィッシュ・ヘッドカリー(→P96)はシンガポール名物になっている。

➡この迫力！おいしい魚スープがカレーに溶ける

07

人気レストランは予約が必須

世界的グルメガイドに掲載されている有名レストランだけでなく、人気の飲食店も予約をして行くのが一般的だ。現在は多くの店が、SNSやホームページから予約可能。言葉が心配な場合はホテルのフロントやコンシェルジュにお願いしよう。

08

イスラムの人々が食べるアラブ料理

イスラム教徒も多く暮らすシンガポールでは、モスクのあるアラブ・ストリートを中心に、ハラルフード(イスラムの教えにのっとって処理された食品で調理された料理)を提供する店がある。ムルタバ(→P101)やインド系ではないアラブ風ビリヤニなどが代表的。

⬆インド系のビリヤニとの違いを試してみたい

09

庶民派のホーカースでローカルフード三昧

露店商(食べ物を売る屋台を含む)という意味を持つhawker(ホーカー)が集まるホーカース(ホーカー・センター／→P120)は、シンガポールの人々が日常的に手軽に食事をする場所で、ツーリストも気軽に利用できる。チャイナタウンやリトル・インディアなどエリアごとに特色があり、ローカル・フードの宝庫。世界的グルメガイドで紹介される人気屋台(→P122)もある。

⬆ツーリストも多く利用するラオパサ・フェスティバル・マーケット

10

メニューにある++って何？

シンガポールではレストランやカフェでの飲食にともない「GST」と表記される消費税8%(2024年1月からは9%)がかかる。さらに、これに加え、サービス料(SC／通常10%)がプラスされる事が多い。メニューなどに「++」の表記があれば、この両方が飲食金額に加算されて請求される。なので、チップは基本的に支払う必要はない。

➡決められた消費税(GST)だけで、サービス料を取らない飲食店も多い

11

清潔で手軽なフード・コートはひとりご飯の味方

デパートやショッピングセンターには、空調が効いて清潔なフードコート(→P118)があり、買物客やツーリストで賑わっている。最近は、名店や人気店が出店するケースも多く、シンガポール・グルメに欠かせない場所になっている。利用法は日本とほぼ同じで、食べた後の食器は回収棚に返却する。

⬆とても清潔でモダンなフードコートがどんどん増えている

12

スイーツもドリンクもレトロ&ニュー

豆などをのせた昔ながらのかき氷「アイス・カチャン」のほか、ベリーやナッツを使ったアイスクリームなど、伝統的なメニューをモダンにアレンジしたスイーツが人気。ドリンクも伝統的なコーヒー「コピ」やミルクティーの「テ・タレ」などがあるほか、南国フルーツを組み合わせた冷たいジュースなど、よりどりみどり。

➡インスタ映えもあり、かき氷系のスイーツが進化中

【編集MEMO】

コレだけはいいたい！

チキンライスに添えられるダークソース。これがメチャメチャ旨い！ 白飯にかければこれだけで何杯でもいける。

インド系料理のビリヤニ。添えられるチキンやナッツなどをライスに混ぜ込み、カレーをかけて食べる。旨過ぎ！

ラーメン丼からはみ出るエビ！ オールドハウスのダイナソー・プラウン・ミー(→P94)。驚愕美味なり！

編集M

鶏のおいしさとジューシーさを味わう

チキンライスにハマる！

Read me!

中国の海南島が発祥とされる料理で、東アジア各地にあるが、シンガポールが一番おいしいともいわれる。ジューシーでやわらかな鶏肉とベストマッチのタレにハマる！

チキン	フレッシュな鶏肉を独自製法で調理したもの
タレ	チリソース、ジンジャーピュレ、ダークソースの3種
ライス	鶏ガラスープで炊いたジャスミンライス

ヘリテージ・セット・ミール ⊙S$45
Heritage Set Meal
メインのマンダリン・チキンライスに3種の日替わりの前菜、デザートのシグネチャー・ココナッツ・アイスクリームのセット
※料理の内容は随時変わる

チャターボックスズ・ココナッツ・シェイク ⊙S$9
Chatterbox's Coconut Shake
ホーローカップのココナッツシェイクの下には、小豆、生のココナッツ、ショウガのゼリーが入っている

最高級のチキンライスを5つ星ホテルで

チャターボックス

●Chatterbox

Ⓗヒルトン シンガポール オーチャード5階にある、1971年創業のチキンライスの老舗。シグネチャーディッシュのマンダリン・チキンライスは、フレッシュな鶏肉を独自製法で調理したもので、しっとりとやわらかで味わい深い。

オーチャード MAP:P7F3

㊋Ⓜサマセット駅から徒歩5分 ㊟Ⓗヒルトン シンガポール オーチャード（→P215）L5 ☎6831-6291 ⏲11時30分～16時30分、17時30分～22時30分（金・土・日曜、祝前日と祝日は～23時）㊡なし ㊄推奨

↓グループ席も用意されている

➡スタイリッシュなダイニングには テーブル席のほか、バーコーナーも

Plus! **チキンライスのおいしい食べ方**

チキンとライス、スープ、3種のつけダレが基本セットになっているチキンライス。タレ使いにおいしく食べるヒントがある。

チキンにタレを付ける

定番の甘いダークソース（黒醤油）に、お好みでジンジャーとチリを足して、好みの味に調整して食べる

ご飯にダークソースをかける

鶏のダシと鶏油が利いたご飯はそのままでもいいが、ダークソースをかけて食べるとよりおいしい

部位によって味わいが違う

さっぱりしたムネ肉とジューシーなモモ肉が定番で、どちらか選べる場合が多い。香ばしいローストも

菜園地鶏のこだわりの5つ星

ファイブ・スター・ハイナニーズ・チキンライス

●Five Star Hainanese Chicken Rice Restaurant / 五星海南鶏飯

自ら「5ツ星」と称する、カトンにあるチキンライスの名店。平飼いの菜園地鶏を使ったチキンは、脂がさっぱりしていて、地鶏ならではの引き締まった旨みがある。セットにはライスと選べる小皿が付く。

カトン MAP:P13C4

交Ⓜパヤ・レバ駅またはユーノス駅から車で5分 住191 East Coast Rd.
☎6344-5911 営10時～翌2時 休なし

↑観光名所のカトンにあって、地元で愛される人気店

マンゴー・タピオカ
Mango Sago
S$4.50
フレッシュ・マンゴーがたっぷりのった人気デザート。タピオカ(サゴ)のプチプチも楽しい

ファイブ・スター・シグニチャー・セット S$12.90～14.90
The FiveStar signature set
チキンライスに選べる小鉢が付いたセット。チキンはお好みで鶏ムネ肉、鶏モモ肉、または鶏手羽を選ぶことができる(部位によって料金が異なる)※平日11～16時の提供。写真は鶏モモ肉で単品の場合はS$7.50。

チキン	さっぱりとしたムネ肉かしっとりしたモモ肉が選べる
タレ	ジンジャーソースを多めに。サッパリした味がおすすめ
ライス	揚げた玉ネギがアクセントに。ダークソースが合う

ジューシー地鶏の旨みたっぷり

ブン・トン・キー

●Boon Tong Kee / 文東記

屋台からスタートして一躍人気チェーンとなった海南チキンライスの名店。ゼラチン質が豊富な地鶏を秘伝の調理法でジューシーな味わいに仕上げる。ライスS$1は別売り。

グレート・ワールド MAP:P4C2

交Ⓜグレート・ワールド駅から徒歩 10 分
住425 River Valley Rd. ☎6736-3213
営11時30分～15時30分、16時30分～21時30分 休なし

←庶民的な店構えだが、味はおいしいと評判が高い

ボイルド・チキン+ライス S$10(1人前)+S$1
滑らかでジューシーな鶏肉に、自家製のダークソースがマッチ。架けられた鶏油も美味

チキン	契約農家から毎日送られてくる新鮮な地鶏を使う。ムネ肉とモモ肉が選べる
タレ	市販もされている自家製ダークソースにファンも多い
ライス	チキンスープで炊いたライスと普通の白飯が選べる。別売りS$1

スパイシーなソースでカニのうま味UP！

名物のチリクラブで贅沢グルメ

Read me!

活きた巨大なカニを丸ごとチリソースで炒め煮にしたシンガポールの名物料理。カニのおいしさを引き立てる、ピリ辛ソースが店ごとに工夫されており、好みの味が探せる。

カニ	活きたスリランカクラブを使う。ツメの大きさが特徴
ソース	隠し味にオレンジジュースなどを使った甘さが評判

チリクラブ Chilli Crab
時価（S$9.80/100g）
フルーティーな爽やかさが特徴で女性のファンが多い。揚げパンとの相性もよい

オレンジが香るソースの爽やかな味

トン・ロック・シーフード

●TungLok Seafood

オーチャードにある人気のシーフード・レストラン。辛さの中に広がるフルーティーな甘味が特徴のチリクラブが名物。ホワイトペッパー・クラブやカリーラクサ・クラブなどもあって、食べ比べが楽しい。

オーチャード **MAP：P8A3**

図サマセット駅から徒歩3分 住オーチャード・セントラル（→P164）#11-05 ☎6834-4888 時11時30分～15時（日曜は10時～）、18時～22時30分 休なし 予推奨

↑オーチャードの町並みが見渡せる明るく開放的なダイニング

↑こちらも人気のホワイトペッパー・クラブ（時価：S$10.80/100g）

Plus! **チリクラブをおいしく食べよう**

テーブルにはエプロンやカニ割りハサミ、カニスプーン、ビニール手袋などが用意されている。

ハサミで殻を割る

殻の真ん中にカニ割りバサミを入れ、勢いよく割る。残った殻を丁寧に手で外すのがポイント。

身をスプーンで取り出す

殻が取れたら、カニの身をカニスプーンでお皿に掻き出し、チリソースをよく絡めて食べる。

パンにソースを絡めて食べる

一口サイズの揚げパンにチリソースをつけて食べる。ソースとカニの旨みを堪能できる。

生簀からカニを選んで、辛さも好みで

ロング・ビーチ・アット・ロバートソン・キー

●Long Beach @ Robertson Quay

1982年創業のシンガポールを代表する海鮮シーフード・チェーンの最新店。看板メニューはマイルド系のチリクラブだが、ブラックペッパー・クラブ発祥の店でもある。店内に生簀があり、生きたカニや魚介と調理法を選んで調理してもらえる。

クラーク・キー MAP:P10A1

図Ⓜクラーク・キー駅またはⓂフォート・カニング駅から徒歩10分 住60 Robertson Quay #01-14 The Quayside ☎6336-3636 ⏲11～23時(金・土曜は～23時30分) 休なし 予推奨

➡おしゃれな店内には生簀が設置されている。テラス席もある

ブラック・ペッパー・クラブ
Black Pepper Crab

時価(S$108/1kg)

黒コショウの風味は利いている、思いのほか辛くなく、カニの甘みがより強く感じられる

活きXLマッド・クラブ・チリソース Famous Chili Live XL Mud Crab

時価(S$108/1kg)

アラスカ産キングクラブやダンジネス・クラブなどを選ぶこともできる。玉子入りソースが◎

カニ	オーストラリア産など生きたまま空輸されたカニを使う
ソース	トマトの酸味と甘さ辛さのバランスがよい。辛さは調節可

チリクラブ Chilli Crab

時価(S$118/1kg)

カニは1.6kgで2～3人前。生簀から選ぶこともできる。揚げパンは別注文でS$4(8個)

カニ	マッドクラブは堅い殻にぎっしり身が詰まっている
ソース	創業以来の秘伝のソースはフルーティーな甘さが特徴

⬆ハチミツ&レモン風味の揚げ魚ハニー・タンギー時価(S$118～/1kg)

⬆マリーナに面した絶好のロケーション。食後の散歩も楽しい

マリーナの絶景も楽しめる

パーム・ビーチ・シーフード

●Parm Beach Seafood Restaurant

マリーナの絶景を望みながら新鮮なシーフードが楽しめる、1956年創業の名店。数々の賞に輝く多くのシーフード料理のなかでも、専用の生簀で生きた大きなマッドクラブを使ったチリクラブが名物になっている。

マリーナ MAP:P11D2

図Ⓜラッフルズ・プレイス駅から徒歩5分 住1 Fullerton Rd., #01-09 One Fullerton ☎6336-8118 ⏲12時～14時30分、17時30分～22時30分 休なし 予推奨

甘辛の濃厚ソースにファン多し

レッド・ハウス・シーフード

●Red House Seafood / 小紅楼

1976年にイースト・コーストで開業した老舗チェーン。ホテル内にあるグランド・コプソーン店は、シックでおしゃれな雰囲気が魅力。特にチリクラブが有名だが、ノスタルジックなシンガポール中華が味わえる店でもある。

ティオン・バル MAP:P4C2

図Ⓜハブロック駅から徒歩5分 住392 Havelock Rd. Grand Copthorne Level 2 ☎6735-7666 ⏲12時～14時30分、17時30分～22時 休なし 予推奨

レッド・ハウス・チリクラブ
Red House Chilli Crab

時価(S$98～/1kg)

生きたマッド・クラブのほかに、アラスカ・クラブなども選べる。濃厚ソースとの相性も抜群

カニ	生簀に数種類のカニが用意されており、好みで選べる
ソース	深みのある甘辛さで、その個性的な味にハマるファンも

⬅モダンなデザインで広々とした明るく開放的な店内

➡20種類以上のスパイスを使ったスパイシー・シーフードS$38～

Singapore style noodles

シンガポール名物のラクサやプラウンミーetc.

激ウマ麺スター

シンガポールはアジアンヌードルの王国で、中華系からマレー系やインド系まで多種多彩。特にココナッツミルクのピリ辛麺ラクサやエビ麺のプラウン・ミーは必食！

ラクサ

ココナッツミルクを使ったマレー系ヌードルで、プラナカン料理の代表格。麺の短いカトン系や辛みの強いペナン系など種類も多い。

プラウン・ミー

シンガポールで人気のご当地麺で、新鮮で大きなエビを具とする。醤油ベースのスープにもエビの旨みがとけ込んでいる

Ⓐ プラウン・ヌードル(大エビ)

Prawn Noodle (King Prawn)

S$8.50

スープ	エビと鶏のダシが利いた醤油味のスープ。甘みがある
麺	丸い断面の太い卵麺が定番。ビーフンなども選べる
具材	大エビが2本。かまぼこの他に葉物野菜などがのる

Ⓑ ジャングット・ラクサ

Janggut Laksa

S$5.90(R)

スープ	生のココナッツミルクに鶏ひき肉などを加えたカトン風
麺	短くカットした丸太のビーフンが特徴。レンゲで食べる
具材	小エビとかまぼこ、しじみ漬けが味のアクセントに

Ⓒ ムール貝入りラクサ

Laksa Mussels

S$7.50

スープ	濃厚で辛いカレースープでココナッツミルクの風味も
麺	短くカットしたカトン風。ツルンとした食感もいい
具材	ムール貝と小エビがメインで、かまぼこもたっぷり

Ⓓ ダイナソー・プラウン・ミー

Singapore Dinosauer Prawn Noodle

S$15

スープ	エビや魚介と豚骨を煮込んだスープは旨みたっぷり
麺	中太ストレートの卵麺が定番で、米粉麺も選べる
具材	「ダイナソー」とは、20cmを超えるタイガープラウン

Ⓐ 駅直結のフードコートで人気のブース

イースト・コースト・ラグーン

●East Coast Lagoon

Ⓜオーチャード駅と直結の「フード・オペラ」にある、ラクサとプラウン・ミーの専門店。プラナカン伝統の甘辛い秘伝スープと大きさが選べるエビが特徴。麺は中華麺など4種類から選べる。

オーチャード

MAP:P7E3

図Ⓜオーチャード駅直結
住フード・オペラ(→P118)内
☎6509-9198(フード・オペラ)
時10時～21時30分 休なし

Ⓑ カトンラクサの正統を受け継ぐ

ジャングッド・ラクサ

オススメ！

●Janggut Laksa

1950年創業のオリジナル・カトン・ラクサがカジュアル・レストラン・チェーンを展開。伝統のレシピや味はそのまま、よりグレードアップさせて時代にマッチ。若者や家族連れの人気店に。

チャイナタウン

MAP:P10B2

図Ⓜチャイナタウン駅から徒歩2分
住133 New Bridge Rd., チャイナタウン・ポイント(→P188) #B1-49A ☎9658-6133
時9時30分～20時30分 休なし カード

Ⓒ 海鮮の旨みたっぷり！ピリ辛スープ

328カトン・ラクサ

●328 Katong Laksa/加東叻沙

カトンの趣あるショップハウスに開くラクサ専門店で、セルフサービス。ココナッツミルクと辛いサンバルソースに、魚介類の旨みたっぷりのスープがマッチ。蒸し餃子などもある。

カトン

MAP:P13B4

定番

図Ⓜパヤ・レバ駅から車で12分
住51 East Coast Rd.
☎9732-8163
時9時30分～21時30分 休なし カード

Ⓐ ニョニャ・ラクサ(大エビ)
Nyonya Laksa(Big Prawn)
S$9.50

スープ	濃厚で甘辛なココナッツミルクベースのカレースープ
麺	丸い断面の太い米粉麺「ティック・ビーフン」が定番
具材	大エビがメインで、魚のすり身かまぼこ、揚げなど

ホッケン・ミー

中国の福建省が発祥の麺料理で、スープ入りタイプと焼きそば風に炒めたタイプの2種類がある。ホーカースなど屋台メニューの定番。

Ⓔ フライド・ホッケン・ミー
Fried Hokkien Mee
S$6～

スープ	魚介ダシのスープは少量で、麺に味をしみこませる
麺	堅ゆでの中細ストレート米粉麺と軟らかな卵麺を混合
具材	エビやイカ、モヤシなど。スダチを絞って食べる

コロ・ミー

いわゆるスープのないドライ・ヌードル(和え麺)で、ゆでた麺に具をのせ、タレをかけて食べる。中華系の「撈麺」が進化したもので、シンガポールでもファンの多い麺料理だ。

スープ	小碗に注がれたスープが別添えにされる
麺	細くちぢれた中華麺で、タレがよく絡む
具材	アワビやエビ、ワンタン、焼豚など豪華版

Ⓕ ジア・シャン・コロ・ミー
Jia Xiang Kolo Mee/家香面
S$10.90

カレー・ミー

インド系のヌードルで、スパイスが利いて香り豊か。特にドライタイプが定番で、カレー味のチキンやジャガイモを一緒に味わえる

Ⓕ カレー・チキン・ミー(ドライ)
Curry Chicken Mee
S$8.60

スープ	ドライタイプで、魚介ダシのスープが別添えされる
麺	ちぢれた細めの卵麺で、特製カレーソースがよく絡む
具材	カレーで味付けされた骨付きのチキンとジャガイモ

Ⓓ
"恐竜サイズ"の大エビが名物

オールドハウス

●Old House/老屋

チャイナタウンで創業30年以上という庶民的な中国料理店。特に、20㎝超えの巨大なエビがのる、「ダイナソー・プラウン・ミー」が名物になっている。エビは大きさを選べる。

チャイナタウン
MAP:P10B3

図Ⓜチャイナタウン駅から徒歩3分
住25 Neil Rd.
☎6223-1633
営17時～翌3時 休なし

Ⓔ
ホーカーで味わうローカルの味

セン・キー・ローカル・デライト

●Seng Kee Local Delight

シンガポールのホーカー・フード(屋台料理)として定番のホッケン・ミーやチャー・クイ・ティオなどが味わえる。行列ができる人気ストール(屋台)で、ラクサなども人気。

マリーナ
MAP:P10C3

図Ⓜテロック・アヤ駅から徒歩3分
住ラオパサ・フェスティバル・マーケット(→P120)内 ☎6223-1633
営18時～翌4時30分 休なし

Ⓕ
和え麺を極める話題の専門店

ジア・シャン・ミー

●Jia Xiang Sarawak Kching Kolo Mee / 家香

マレーシアのクチン地方のご当地麺である、ドライタイプの麺料理(和え麺)が味わえるチェーン店。具だくさんでピリ辛なタレとちぢれ麺が人気を呼ぶ。シンガポール内に6店ある。

マリーナ
MAP:P11D1

図Ⓜプロムナード駅から徒歩5分
住Marina Square #02-220A
☎6339-4409 営10時30分～21時30分
休なし

定番のフィッシュヘッド・カレーからバターチキンまで

名店の名物カレー食べ比べ

Read me!

リトル・インディア発祥というフィッシュヘッド・カリーをはじめ、ココナッツ・カレーやバターチキンなど、スパイス香る本格カレーが名物人気になっている。

辛さ	★★☆
味	20種類以上のスパイスを調合。魚のダシが効いている
具材	フエダイなど巨大な白身魚の頭がメイン。野菜なども

フィッシュヘッド・カリー
Fish Head Curry
S$30〜
巨大魚の頭を独自配合のスパイスに漬け込みカレーに。辛みと酸味が絶妙

大きさと旨みにビックリ！

バナナ・リーフ・アポロ

●The Banana Leaf Apolo

1974年創業の南インド料理の名店で、地元紙の「ベスト・アジアン・レストラン」にも選出。人気のフィッシュヘッド・カリーは魚の巨大さと絶妙なスパイス使いで、グルメ推奨の味。

↑ヒンドゥーの神々の絵が飾られたインドモダンな店内

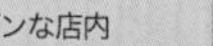

リトル・インディア MAP:P8C2

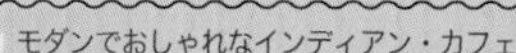

交Ⓜリトル・インディア駅から徒歩3分 住54 Race Course Rd.
☎6293-8682 時10時30分〜22時30分 休なし

モダンでおしゃれなインディアン・カフェ

アングロ・インディアン

●Anglo Indian Café & Bar

有名グルメガイドに何度も登場している料理店。カジュアル＆モダンな雰囲気で、気軽に刺激的な本格インド料理が味わえる。

↑シティの中心街にあって落ち着いた雰囲気のレストラン

シティ MAP:P10C1

交Ⓜシティ・ホール駅から徒歩3分
住30 Victoria St.Chijmes #01-13
☎6873-2750 時12〜23時(土・日曜〜23時30分) 休なし

バターチキン S$24
Butter Chicken
チキンをトマト、バター、クリームで煮た日本でも人気のカレー

辛さ	★☆☆
味	滑らかなバターとヨーグルトがベースで、やさしい味
具材	一口大にカットされたチキンとジャガイモがゴロゴロ

↑鶏肉をハーブとバスマティライスと一緒に土鍋で焼いたチキン・ドゥム・ビリヤニS$24

+Plus! ライスだけじゃないカレーの供

カレーにはライスが付きものだが、本場インドでは、ナンやチャパティーなども。バラエティー豊か

ナンにはいろいろある
ナンはインド式にタンドリーで焼いたパンで、プレーンの他に、チーズ入りやニンニク＆ハーブ入りなど種類豊富。

カリッと軽いチャパティやロティも
おせんべいのようなカリッとしたチャパティーや朝食に欠かせない薄焼きのロティもカレーにマッチ。

ビリヤニでがっちり食べる
インド風の炊き込みご飯「ビリヤニ」にもカレーソースをかけて食べるのが定番。白飯よりも味わい豊か。

スパイスが絶妙な北インド料理

マスタード

●Mustard

オススメ！

北インドのパンジャーブとベンガル地方の料理を提供。スパイスはすべてオリジナル・ブレンドで自然由来のものしか使わない。ココナッツの実を器に使った、エビカレーが名物になっている。

リトル・インディア

MAP：P8C2

図Ⓜリトル・インディア駅から徒歩2分 住32 Race Cours Rd. ☎6297-8422 ⏲11時30分～15時(土曜は～16時)、18時～22時45分 休なし 予推奨

↑カジュアル＆モダンな店内で本格インド料理が味わえる

チングリ・マハ・マライ・カレー
Chingri Maach Malai Curry
S$22.90

ココナッツの実が器になっている。新鮮なエビやホタテが入り、オリジナルのカレーと絶妙にマッチ

辛さ	★☆☆
味	フレッシュなココナッツミルクたっぷりで甘さもある
具材	新鮮なエビとホタテなど。ココナッツの白い実も具材

→インド風餃子のサモサS$8.20は前菜にピッタリ

伝統的なインド名菜を現代風に

ラグナー・ベア・フット・ダイニング

●Lagnaa Bare Foot Dining

南北インド料理をハイセンスに提供するレストラン。定番人気の各種カレーのほか、鶏肉をスパイスに4時間漬け込んで、500℃のタンドール窯で焼いた、チキン・ティッカS$8なども名物。

リトル・インディア MAP：P8C2

図Ⓜリトル・インディア駅から徒歩5分 住6 Upper Dickson Rd. ☎6296-1215 ⏲11時30分～22時30分 休月曜

↑2階には板間があり、靴を脱いでくつろいで食事ができる

辛さ	★★☆
味	ペースト状のほうれん草のほろ苦さとカレーの辛さ
具材	インドのカッテージ・チーズ「パニール」がたっぷり

パラク・パニール
Palak Paneer
S$14

伝統的なカレーのひとつ、ほうれん草とチーズのカレーは、さっぱりとして食べやすい

フィッシュヘッド・カリー S$32
Fish Head Curry 先代のレシピそのまま。いくつものスパイスを独自配合。パイナップルの酸味が隠し味になっている

辛さ	★☆☆
味	多種類のスパイスとフルーツの酸味＆甘みのバランスが絶妙
具材	ジャガイモやパイナップルなど具だくさん

↑バターチキンカレーなど定番メニューもおいしいと好評

元祖の味がここにあり！

ムトゥース・カリー

●Muthu's Curry

1969年創業の南インド料理の老舗で、フィッシュヘッド・カリー元祖の店として有名。店内中央にタンドール窯が置かれた厨房があり、ショーケースに並ぶ料理を指差しオーダーできる。洗練されたインテリアも評判だ。

リトル・インディア MAP：P8C2

図Ⓜファーラー・パーク駅から徒歩4分 住138 Race Course Rd. ☎6392-1722 ⏲10時30分～22時30分 休なし

スープとやわらか豚肉が身体に沁みる

バクテーでエネルギーチャージ!

Read me!

豚のスペアリブを長時間煮込んだスープで、中国系シンガポール人の朝食の定番。漢字で「肉骨茶」と書く。揚げパン(油條)やライス(白飯)と一緒に食べるのもGood。

スープ	豚骨を煮込みながら脂を取り除いた舌触りの良いスープ
具	骨付きのバラ肉。サッパリとした塩味でやわらかい

プレミアム・スペアリブ・スープ(排骨湯) S$14(油條S$2.50、白飯S$1)

3工程に分けて煮込んだスープ。脂が完全に除去されてさっぱり。やわらかい豚肉が絶品

映画の舞台にもなった人気の専門店

トゥアンユアン・バクテー

●Tuan Yuan Pork Ribs Soup/団縁肉骨茶

映画『家族のレシピ(ラーメン・テー)』の舞台にもなったバクテー専門店。豚骨ダシから脂を取り除いたクリアなスープと、やわらかく豚肉の旨みが感じられるスペアリブが絶品。清潔で空調の利いた店内は快適。

ティオン・バル MAP:P12A4

図Ⓜティオン・バル駅から徒歩10分 住127 Kim Tian Rd. ☎6684-0123 ⏲11〜15時、17〜22時 休月曜

↑広々とした店内はいつも満席状態の人気店だが、回転は早い

←豚煮込みライスS$8など、ローカルに人気のメニューも豊富

↑土鍋で甘辛の醤油を加えて炒めてあるドライ・バクテーS$18。スープは別添え

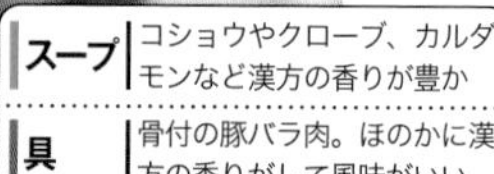

スープ	コショウやクローブ、カルダモンなど漢方の香りが豊か
具	骨付の豚バラ肉。ほのかに漢方の香りがして風味がいい

バクテー(Big Ribs) S$14.30

大きなスペアリブ入りで、クリアなスープには豚肉のコクと薬膳の風味が溶け込んでいる。スモールはS$10.50

各界のVIPも訪れる薬膳スープ

ヤーファ・バクテー

●Ya Hua Bak Kut Teh/亞華肉骨茶

1973年の創業時からスパイスや漢方を加えて豚骨を煮込んだ潮州風薬膳バクテーの専門店。大ぶりなスペアリブ入りのスープは栄養満点で、とろけるほどやわらかな豚肉と添えられたニンニクが美味。

ティオン・バル MAP:P12B3

図Ⓜハブロック駅から徒歩3分 住593 Havelock Rd.#01-01/02 Isetan Office Building ☎6235-7716 ⏲11〜22時(金・土曜は〜23時) 休月曜

↑気取りのいらない庶民的なレストランだが味は本物

地元客で賑わう人気チェーン

ソンファ・バクテー

●Song Fa Bak Kut Teh／松發肉骨茶

1969年に屋台からスタートし、2023年5月現在、シンガポール内に13店舗を展開するバクテーの名店。コショウとニンニクが利いたスープはおかわり自由で、ご飯や揚げパンと一緒に食べるのが定番。

クラーク・キー MAP:P10B2

図Ⓜクラーク・キー駅から徒歩3分
住11 New Bridge Rd. #01-01
☎なし ⏰10時30分～21時30分
休なし

↑クラーク・キーにある本店の建物は歴史的建造物

スープ	コショウが利いた潮州風で、豚骨の旨みも感じられる
具	骨付の豚バラ肉。骨から肉がほろっとはずれる

バクテー／排骨肉骨茶

S$10.21

正統派潮州風バクテーで、スパイシーなコショウの香りが特徴。小菜類も充実している

スープ	白コショウが利いてすっきりとしたピリ辛な味
具	骨がスッと外れるほどで、ダークソースが合う

スパイシーで揚げパンとの相性◎

ンアーシオ・バクテー

●Ng Ah Sio Pork Ribs Soup Eating House／黃亞細肉骨茶餐室

1950年代に創業した老舗で、白コショウが利いたスパイシーな潮州風の肉骨茶で有名。スープはおかわり自由で、油条(揚げパン)を浸して食べるとベストマッチ。潮州式のお茶S$2.80～もぜひ。

ファーラー・パーク MAP:P5D1

図Ⓜファーラー・パーク駅から徒歩8分
住208 Rangoon Rd, Hong Building
☎6291-4537 ⏰9～21時 休なし

バクテー／肉骨茶

S$7.80～10.80(油條S$2.80、白飯S$1.5)

等級によって3種類ある。脂を取り除き、じっくり煮込まれた肉とスープはさっぱりとした味

+Plus! **バクテーはこう食べる!**

スープ料理として知られるバクテーは、主菜にご飯や揚げパンを添え、タレを加えて食べるのがオススメ。

揚げパン(油條)とライスは必ず注文

バクテーのスープには揚げパンを浸して食べ、〆にはご飯を入れてお茶づけ式にして味わう。

茎菜の甘酢漬けがマッチ

バクテーの箸請けに最適なのが、甘酢でセロリなど茎菜を漬けた咸菜。酸味が豚肉に合う。

お肉にダークソースをつけて

チキンライスのタレとして知られるダークソースはバクテーの豚肉はもちろん白飯にも合う。

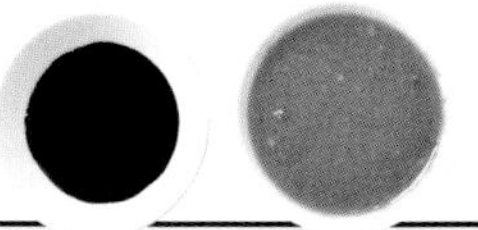

Local Gourmet

これを食べずには帰れない

やっぱり気になるローカルグルメ

Read me!

多民族国家のシンガポールでは、マレー、中国、インドなどの食文化がミックスした個性的な名物料理が多彩に揃う。ほかでは味わえないローカルグルメを事前に要チェック！

ナシレマ Nasi Lemak

マレー系の国民食ともいえるのが、ナシ(ご飯)レマ(ココナッツミルク)で、ココナッツミルクで炊いたご飯におかずをのせた料理。

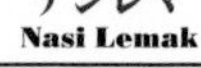

レモングラスの香り豊かなチキンがのる

ナシレマ・アヤム・ゴレン・ブルンパ 辛さ

S$21

ココナッツ・ライスとフライドチキン、目玉焼き、ピーナッツなどワンプレートで大満足の組み合わせ

⬇自家製のオタS$17。マレーの郷土食で甘辛いカマボコのよう

モダンに進化した国民食・ナシレマ

ココナッツ・クラブ ●The Coconut Crub

若者に人気のナシレマ専門店。産地直送のヤシの実から摘出したフレッシュなココナッツミルクでお米を炊く。チキンなどの具材も厳選された食材を使う。デザートの手作りチェンドルS$8もおすすめ。

アラブ・ストリート MAP:P12B2

図Ⓜブギス駅から徒歩5分 ⌂269 Beach Rd. ☎8725-3315 ⏲11時～22時30分(木曜は11～15時、18時～22時30分) 休月曜

⬆2階はモダンなカフェのよう。1階にはカウンター席もある

スチーム ボート Steamboat

ダシの利いたスープで、肉や野菜を煮ながら食べる中国風の火鍋。日本のしゃぶしゃぶにも似ているが、ラクサスープが流行っている。

スチームボート 辛さ

エビ S$10、牛肉 S$13、野菜盛り S$7など

新鮮なエビやホタテ、餃子、団子、肉類、野菜など、具材が豊富。タレは無料で自由に追加できる。〆には麺かライスを

2種類のスープで食べ飽きない

⬆ラクサチリ・ソースやジンジャーなど10種類のソースからお好みで選ぶ

シンガポール風しゃぶしゃぶが味わえる

サン・ラクサ・スチームボート ●San Laksa Steamboat

ココナッツミルクベースのラクサ味のスープで食べる、新感覚のスチームボートで有名な店。スープは他にチキンとマッシュルームがあり、2種類を1つの鍋で味わえる。具材は約50種。10種類以上あるタレはセルフサービス。

リトル・インディア MAP:P9D2

図Ⓜファーラー・パーク駅から徒歩3分 ⌂147 Kitchener Rd. ☎6275-7069 ⏲11時～14時20分、16時30分～23時 休なし

➡地元では知られた穴場的人気のレストラン

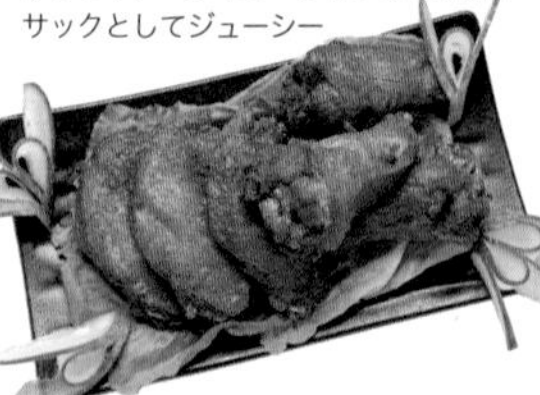

⬇フライド・チキン・ウィングS$10。サックとしてジューシー

インド式炊き込みご飯が食べられる

ビスミラー・ビリヤニ

●Bismiillah Biryani

インド式ビリヤニの専門食堂。カレースープにチキンを入れて炊き上げたライスはスパイシーで、ヨーグルトソースをかけて食べる。セルフサービスなので、注文はカウンターで。

リトル・インディア MAP:P8C2

図Ⓜローチョー駅から徒歩1分 住50 Dunlop Tt. ☎6935-1326 ⏲11時30分～21時(20時45分LO) 休なし

←小ぢんまりとした店だが回転は早く、相席になることもある人気店

細長く香り高いバスマティ米を使用

ビリヤニ Beryani

インドやアラブ地域で食べられているピラフ(炊き込みご飯)で、スパイスと一緒に米を炊き、カレーやヨーグルトソースを添えた料理。

チキン・ビリヤニ 辛さ

S$12.50(レギュラー)

カレースパイスの風味豊かなビリヤニ。インド式はヨーグルトソースが添えられる

→濃厚でフルーティーなマンゴーラッシーS$6が定番のドリンク

ペーパー・チキン

5個 S$12.50 (1個S$2.5で追加可能)

ジューシーな鶏モモ肉と甘辛い味の自家製ダレが絶品。紙袋に残った肉汁もおいしい

香ばしい匂いが食欲をそそる

ペーパー・チキン Paper Bag Chicken

甘めの醤油ダレに漬け込んだ鶏肉をペーパーに包んで揚げる、技巧が光る中国系の料理。中からジューシーな鶏肉の旨みがあふれ出る。

ペーパーチキンといえばここ!

ヒルマン・レストラン

●Hillman Restaurant/嘉臨門大飯店

味付けされた鶏肉を紙に包んで揚げたペーパー・チキンが名物。紙の袋が肉の旨みを閉じ込めており、肉汁もたっぷり。熱々の状態で出され、袋を破ると湯気が立ち上る。

リトル・インディア MAP:P9D2

図Ⓜファーラー・パーク駅から徒歩5分 住135 Kitchener Rd. ☎6221-5073 ⏲11時45分～14時、17時45分～22時 休なし 予推奨

↑昼も夜も常に満席状態なので予約は必須

店頭の厨房で生地から手作り

ムルタバ・チキン 辛さ

S$10(Lサイズ)

チキンと野菜が生地に包まれ、表面がカリッとして中はしっとり。カレーソースがマッチ

中国・山水地方の郷土の味が揃う

スープ・レストラン

●Soup Restaurant

シンガポールに移住した中国広東省三水地方の郷土料理のレシピを再現したレストラン。名物のジンジャー・チキンの他、薬膳スープや自家製揚げ豆腐など名物料理が多く揃う。

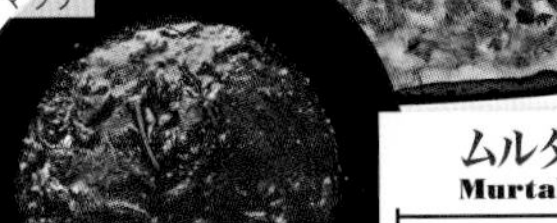

↑カジュアルで居心地のいい店内。観光客にも人気

オーチャード MAP:P7F3

図Ⓜオーチャード駅から徒歩5分 住パラゴン(→P163) #B1-07 ☎6333-6228 ⏲11時30分～22時(21時30分LO) 休なし 予

ジンジャー・チキン S$25.90

「三水姜茸鶏」といい、お正月の祝い料理として食べられていたもの

ジンジャー・チキン Ginger Chicken

中国風チキン料理の逸品で、しっとりジューシーな鶏肉に、爽やかなショウガのタレがベストマッチ。きれいに並べられた姿も美しい。

トロッとした鶏肉にショウガが合う

ムルタバ Murtabak

「アラブ風お好み焼き」や「アラブ風ピザ」といわれるムルタバ。具材はチキンや牛肉、羊肉などで辛めのカレーソースを付けて食べる。

アラビア風お好み焼きを体験

ザムザム

●Zam Zam Restaurant

サルタン・モスク(→P171)の裏手にあるアラブ料理の老舗で、店頭で手作りされているムルタバが名物。ビリヤニやアラブ風カレーも評判。ランチ時には混雑するが座席の多い2階へ。

アラブ・ストリート MAP:P12B1

図Ⓜブギス駅から徒歩10分 住697-699 North Bridge Rd. ☎6298-7011 ⏲7～23時(ラマダン期間は9時～) 休なし

↑1階は主に調理場。2階には広いテーブル席がある

Peranakan Cuisine

シンガポール伝統の個性派料理

プラナカン料理に挑戦！

Read me!

プラナカン(→P146)の伝統から生まれた、中華料理とマレー料理が混合した独特な食文化。独特のスパイスやココナッツミルクなどによる濃厚な味の煮込み料理が多い。

アヤム・クレオ・シグニチャー・セット S$13.20

チキンのスパイス煮込み。肉はやわらかく、味はマイルド。コリアンダーなどの香りが◎

オムレツなど副菜も充実

ニョニャ料理定食を手軽に

ティンカット・ペラマカン

●Tingkat PeraMakan

ニョニャ(プラナカンの女性)による家庭的なプラナカン料理を、定食のスタイルで味わえる。ビーフ・レンダンやニョニャ・ポークリブなど、独特なスパイスやココナッツミルクを使った名物料理が揃う。

リトル・インディア MAP:P8C1

図Ⓜファーラー・パーク駅から徒歩3分
住460 Alexandra Rd., #01-18 Alexandra Retail Centre ☎6250-3050 ⏲11時30分～20時(19時25分LO) 休なし カード 予推奨

↑ニョニャ料理の名店で、伝統の味をモダンスタイルで提供する

注文の仕方

❶10種類ほど用意されているメインディッシュから1つ選ぶ
❷サイドディッシュを2つ選ぶ。ニョニャ風のオムレツなど
❸ソフトドリンク1種とチェンドルなどのニョニャ風デザートを1つ

独特な辛みや酸味で風味豊か

アヤム・ブア・クルア S$30

チキンのブラック・ナッツ煮込み。プラナカンを代表する料理で、香ばしく独特な味

↑デザートには伝統的なスイーツ、チェンドルが味わえる

プラナカンの邸宅で伝統の味

トゥルー・ブルー・キュイジーヌ

●True Blue Cuisine

プラナカン博物館のすぐ近くにある老舗のブティック・レストラン。オーナーの母親(ニョニャ)のレシピを基本とした、上品な味わいのプラナカン料理が揃う。豚肉とラード(牛脂)は使わず、ヘルシー。

シティ MAP:P10C1

図Ⓜシティ・ホール駅から徒歩5分
住47/49 Armenian St. ☎6440-0449
⏲17時30分～21時30分 休なし 予推奨

➡バナナの花のサラダ、ジャントン・ピサンS$20。さわやかな酸味が特徴

↑エビとダオンの葉揚げ、ウダン・ゴレン・ドーンS$50。ピリ辛で食がすすむ

←伝統的なプラナカン住宅をダイニングに使用

ウダン・ニョニャ
S$32～
プラナカン風のエビチリ。サンバルソースの辛さがほどよく、エビはプリップリ

おしゃれに味わう伝統料理

ブルー・ジンジャー

●The Blue Ginger Restaurant

ショップハウスを改装したレストランで、シックなインテリアも素敵。料理は伝統的なプラナカンの名菜で、前菜のクエ・パイ・ティやメインのビーフ・レンダン、デザートのチェンドルなどが人気。

チャイナタウン MAP:P10B4

図Ⓜタンジョン・パガー駅から徒歩5分
住97 Tanjong Pagar Rd.
☎6222-3928 ⏲12時～14時15分(LO)、18時30分～21時45分(LO) 休なし

⬆プラナカンのインテリアで統一された素敵なダイニング

⬅甘辛いエビスープが特長のニョニャ・ラクサS$9.50。揚げ豆腐にも味が染みて美味

手でつまんで食べるのもユニーク

クエ・パイ・ティ(6個)
S$10.80
サクサク生地のカップにエビや切干し大根などが入った、プラナカン風前菜の定番

大きなジャガイモもおいしい

ニョニャ・カレー・チキン
S$10.80
ココナッツミルクとサンバルが利いたニョニャ風のカレー。ブルーライス添え

庶民的なニョニャ料理の名店

チリ・パディ

●Chilli Padi

カトンにあって、国内で数々の賞を受賞している実力店だが、リーズナブルに伝統的なニョニャ料理が味わえる。店のオリジナルというニョニャ風のチャーハンやキャベツ・ロールなどもおすすめ。

カトン MAP:P13B2

図Ⓜパヤ・レバ駅から車で6分
住No.11 Joo Chiat Pl.,#01-03
☎6275-1002 ⏲11時30分～14時30分、17時30分～21時30分 休なし

⬆鶏の手羽元のブラック・ナッツ煮。アヤム・ブア・クルアS$16.80。刺激的な味

⬆カラフルなインテリアもプラナカン風

カジュアルにテラスでランチ

ハリー・アンズ・ニョニャ・テーブル

●Harri Anns Nonya Table

ニョニャ風の軽食とスイーツを提供するチェーン。ブギス・ジャンクション店は、BHG側入口前の屋外通路にセルフサービスのテラスカフェを展開。ショッピングの途中で気軽に食べられると人気。

ブギス MAP:P12A2

図Ⓜブギス駅直結
住ブギス・ジャンクション(→P173)#01-01A
☎9792-3523 ⏲8時～18時30分(土・日曜は8時30分～19時) 休なし

⬆席は自由に選べる

Plus! ニョニャ料理とプラナカン文化

プラナカン料理はニョニャ料理と呼ばれることも多い。「ニョニャ」とはプラナカンの女性の意味で男性は「ババ」。

ニョニャ料理は家庭の味

ニョニャ料理はプラナカンの女性によって代々受け継がれてきた伝統の味で、家庭によって異なる。ベースはマレーの家庭料理と中華料理で、独特のスパイス使いが斬新。男性が作ると「ババ料理」となる。

名物料理がいっぱい!

ニョニャ料理でおなじみなのが、ニョニャ・ラクサ。ココナッツミルクとサンバルソースのピリ辛スープが特徴。そのほか、魚のすり身をバナナの葉でくるんで焼いた「オタオタ」や、エビの発酵調味料を混ぜて焼いた卵焼き「チンチャロッ・オムレツ」、チキンの肉じゃが「アヤム・ポンテ」など種類も豊富だ。

コスモポリスならではの食のバリエーション

洗練インターナショナル料理

Read me!

国際都市にして美食の都と名高いシンガポールでは、グルメをも魅了する各国グルメのレストランが人気。できれば、コースメニューを予約して、特別な体験をしてみたい。

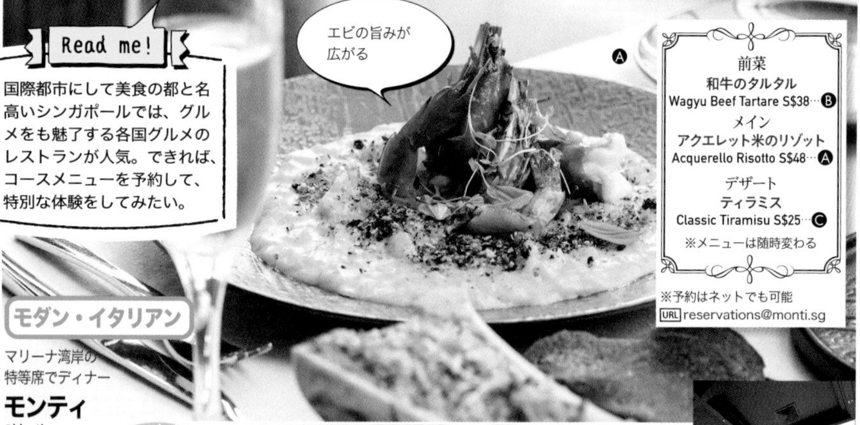

エビの旨みが広がる

Ⓐ

前菜
和牛のタルタル
Wagyu Beef Tartare S$38…Ⓑ
メイン
アクエレット米のリゾット
Acquerello Risotto S$48…Ⓐ
デザート
ティラミス
Classic Tiramisu S$25…Ⓒ
※メニューは随時変わる

※予約はネットでも可能
URL reservations@monti.sg

モダン・イタリアン

マリーナ湾岸の特等席でディナー

モンティ

●Monti

ガラス張りの大きな窓から湾を一望しながら、イタリア・トスカーナ出身のエマニュエル・ファッジ氏によるモダン・イタリアンが味わえる。特に、日本など各国から仕入れたシーフードがおすすめ。

マリーナ MAP:P11D3

図Ⓜラッフルズ・プレイス駅から徒歩5分
住82 Collyer Quay, The Fullerton Pavillion ☎9111-5529(予約)
⏱11時～23時59分(土・日曜は10時～)
休なし 予

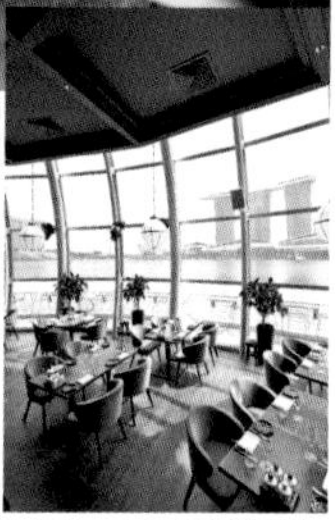

Ⓑ

Ⓒ

↑マリーナベイの絶景が見渡せるダイニング

ロブスターは新鮮そのもの

創作フレンチ

シンガポール最高の3つ星フレンチ

レザミ

●Les Amis

有名グルメガイドで3ツ星に輝く、シンガポールを代表するレストラン。スター・シェフのセバスチャン・レピノイ氏が創作する料理は、世界中のグルメが絶賛する。早めの予約が必要。

オーチャード MAP:P7E2

図Ⓜオーチャード駅から徒歩2分
住 1 Scotts Rd. #01-16 Shaw Centre ☎6733-2225
⏱12時～13時30分(LO)、19時～20時30分(LO) 休なし 予

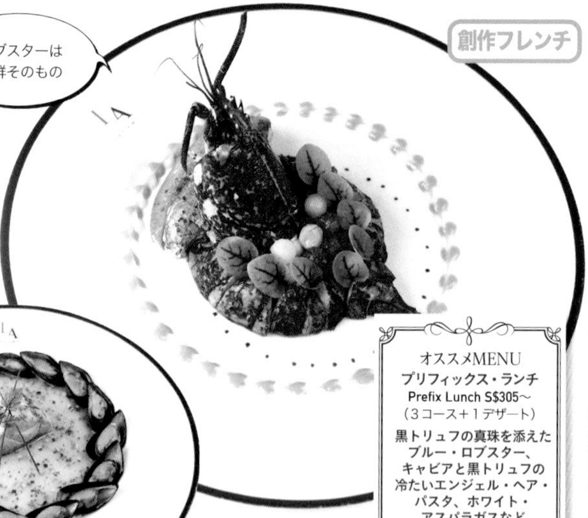

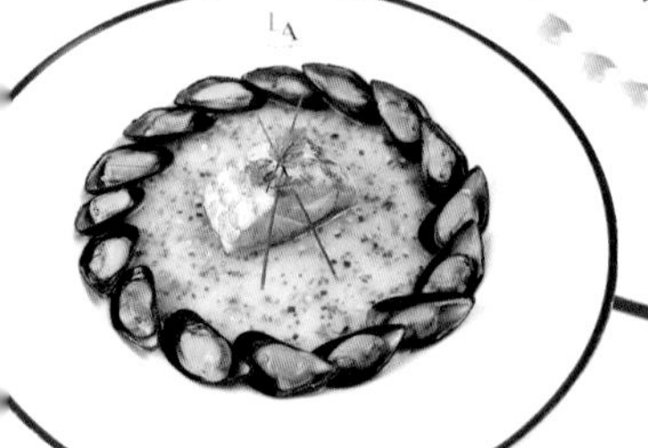

オススメMENU
プリフィックス・ランチ
Prefix Lunch S$305～
(3コース+1デザート)
黒トリュフの真珠を添えたブルー・ロブスター、キャビアと黒トリュフの冷たいエンジェル・ヘア・パスタ、ホワイト・アスパラガスなど
※写真の料理は一例で随時変わる

↑シックで高級感のあるインテリアも評判

モダン・チャイニーズ

賞に輝くヌーベル・カントニーズ

ゴールデン・ピオニー

●Golden Peony

香港人シェフによる洗練された最新の広東料理が味わえる高級レストラン。干し貝柱や干しエビなどで丹念にダシを取った上湯(上質なスープ)ベースの洗練された味や、美しい盛り付けに定評がある。

マリーナ MAP:P11E1

図Ⓜプロムナード駅から徒歩5分
住Ⓗコンラッド・センテニアル(→P217)3F
☎6432-7482 ⏲11時30分～14時30分(日曜は10時30分～)、18時30分～22時30分 休なし 予祝日・週末は予約が望ましい

←洗練された空間とサービスで優雅な食事を

[オススメMENU]
※アラカルトから

カボチャの器の海鮮スープ
「金瓜盅炖海鮮湯春麻巻」
S$38(要予約)…Ⓐ

北京ダック
「傳統摩摩皮北京鴨」
S$88…Ⓑ

腸詰め入り土鍋ご飯
「臘味砂鍋飯」
S$38

上湯のおいしさを実感できる

器や盛り付けも斬新だ

[オススメMENU]
ランチコース
Lunch Menu S$110
ディナーコース
Dinner Menu S$285
シェフオリジナルの
クリームスープ…Ⓐ、
ホタテのヌードル…Ⓑ、
オリジナルカクテル…Ⓒなど、
斬新な料理の数々。
※料理内容については予約時など事前に確認を
※メニューは随時変わる

創作多国籍料理

素材の味を遊び心で追求する!?

ティップリング・クラブ

●Tippling Club

オーナーシェフのライアン・クリフト氏による料理は、楽しく、遊び心たっぷりで、まるで劇場のような興奮を吹き込む。斬新で創作性に優れる。オリジナルのカクテルS$25と料理を合わせたペアリングも評判。

チャイナタウン MAP:P10B3

図Ⓜマックスウェル駅から徒歩5分
住38 Tanjong Pagar Rd. ☎6475-2217
⏲12～15時(13時30分LO)、18～22時(20時LO) 休金曜の昼、水・日曜 予

↑カジュアル・モダンなインテリアで居心地がよい

+Plus! カジュアル・レストランにもチェック!

各国料理レストランには、地元の若者や家族連れに人気のカジュアル系も多く、ツーリストも気軽に利用できる。

パダン料理

ワルン・エム・ナシール

●Warung M. Nasir

インドネシア・パダン出身のオーナーが郷土の味を提供する人気食堂。注文は、人数を告げて入口のショーケースに並ぶ料理を3～6品ほど選べばOK。

オーチャード MAP:P8A4

図Ⓜサマセット駅から徒歩5分
住69 Killiney Rd. ☎6734-6228
⏲10時～21時30分
休なし(イスラムの祝日は休み)
カード

↑ワンプレートに盛られた一人用セットS$8～15

↓ケースに並んだ料理を好みでいくつか選ぶ

香港料理

クリスタル・ジェイド・キッチン

●Crystal Jade Hong Kong Kitchen/翡翠小厨

シンガポール発祥で、アジア各国に100店舗以上を展開する「クリスタル・ジェイド(翡翠)」のカジュアル・レストラン。手軽に香港風料理を味わえる。

シティ MAP:P11D1

図Ⓜプロムナード駅から徒歩4分、またはⓂエスプラネード駅から徒歩3分
住サンテック・シティ・モール(→175)#B1-112
☎6884-5172 ⏲11～22時(土・日曜、祝日は10時30分～) 休なし 予推奨

↑ロースト・ダックS$19.80～。香ばしく焼かれた皮もおいしい

↘眺めのよい窓側の席がおすすめ

Afternoon Tea

喧騒を逃れてゆったりティータイム

アフタヌーンティーで優雅な午後を

Read me!

イギリス統治の歴史をもつシンガポールだからこそ楽しめるのが、本格的なアフタヌーンティー。ラグジュアリーな空間で、特製のスイーツや軽食、おいしい紅茶をどうぞ。

➡おみやげでも人気のティー・マカロンは3種を選べる

フォーチュン
Fortune
料金 S$55(1セット)
時間 14～18時

⬆マカロンやスコーンのほか、トリュフ・クロック(ムッシュ)などをセット。お茶は選べる

茶葉専門店で優雅にお茶を

TWG ティー アット・アイオン・オーチャード

●TWG Tea at ION Orchard

シンガポール発の老舗茶葉専門店「TWG ティー」(→P130)に併設のティー・サロンで楽しめるアフタヌーンティー。お茶を使ったマカロンなどはもちろん、お茶のプロがいれる紅茶もさすがの味わい。

オーチャード MAP:P7E3

図Ⓜオーチャード駅から徒歩1分 住アイオン・オーチャード(→P145) #02-21(2F)
☎6735-1837
⏲10時～21時30分 休なし

➡洗練された空間で楽しめる

⬅スコーンは特製のティー・ジェリーとホイップクリーム付き。ケーキに変更もできる

➡サンドイッチにはサンバル風味の牛肉やエビの調味料をサンド

特製ラクサ・ソースで和えたドライ・ラクサもセットに！スパイシー&上品な味わいで、エビ、さつま揚げなどがのっている

シンガポール・ハイ・ティー
Singapore High Tea
料金 S$59(2名分)
時間 15～17時

⬆一般的なカフェにはあまりないプラナカンのお菓子などが並ぶ

プラナカン式のお茶時間

ナショナル・キッチン・バイ・ヴァイオレット・オン

●National Kitchen by Violet Oon

人気料理研究家ヴァイオレット・オンさんのモダンな地元料理レストラン。人気のハイ・ティーでもプラナカン伝統のスイーツや軽食が並び、シンガポールならではの味を楽しめる。

シティ MAP:P10C1

図Ⓜシティ・ホール駅から徒歩6分
住ナショナル・ギャラリー・シンガポール(→P177) #02-01(2F) ☎9834-9935
⏲12～17時、18時～22時30分 休なし
予推奨

⬆マラッカの黒いヤシ黒糖「グラ・メラカ」を使ったカップケーキ

⬅プラナカン様式のタイルで飾られた美しい店内には昔の写真も

名門ラウンジで極上タイム

Hザ・フラトン・ホテル・シンガポール(→P214)

コートヤード

●The Courtyard

8フロアの吹き抜けが開放的なアトリウム・ラウンジ。アフタヌーンティーは英国の伝統的なスタイルで、小さくカットしたサンドイッチや繊細な味わいのケーキ類が並ぶ。

マリーナ **MAP:P11D2**

図Ⓜラッフルズ・プレイス駅から徒歩5分 住Hザ・フラトン・ホテル・シンガポール(→P214) GF ☎3129-8167 ⏲10時30分～18時 休なし 予推奨

アフタヌーンティー
Afternoon Tea
料金 S$55(1セット)
※土・日曜、祝日はS$56
時間 15時～17時30分
※土・日曜、祝日は12時～14時30分、15時30分～18時の2部制

↑モダンな3段トレーにケーキなどが並ぶ

ジャーニー The Journey
料金 S$65(1名分)
時間 月～土曜15時30分～17時30分

↑1段ごとに異なる内容で開けるのが楽しみ

↓各国の味を楽しめるレストラン

↑特製のパン、ケーキ、チョコレートなどを買える「コロニー・ベーカリー」併設。⏲7～22時

スイーツは好きなだけ！

Hザ・リッツ・カールトン・ミレニア・シンガポール(→P217)

コロニー

●Colony

アフタヌーンティーは5段の陶磁器に、サンドイッチやカナッペなどの軽食が入ったスタイル。特製スイーツは食べ放題で好きなだけ提供され、シャンパンまたはカクテル1杯も付いてオトク！

マリーナ **MAP:P11E1**

図Ⓜプロムナード駅から徒歩5分
住Hザ・リッツ・カールトン・ミレニア・シンガポール(→P217) L3
☎6434-5288
⏲6時30分～10時30分、12時～14時30分(日曜は～15時30分)、15時30分～17時30分(日曜は休み)、18時30分～22時30分 休なし 予推奨

エレガントな正統派サロン

Hザ・セント・レジス・シンガポール(→P215)

ブラッセリー・レ・サブール

●Brasserie Les Saveurs

専属ピアニストが奏でる演奏と共に楽しめるアフタヌーンティーが人気。3段トレイに並ぶクラシックなサンドイッチのほか、スコーンやクレープ、手作りのワッフルなども運ばれる。

オーチャード **MAP:P7D2**

図Ⓜオーチャード・ブールバード駅から徒歩7分
住Hザ・セント・レジス・シンガポール(→P215) L1
☎6506-6860 ⏲12時～14時30分、15時～17時30分、18時30分～22時30分 休なし 予推奨

アフタヌーンティー・エクスペリエンス
Afernoon Tea Experience
料金 S$59(1名分。シャンパン1杯付きS$88) ※土・日曜はS$66(シャンパン1杯付きS$95)
時間 15～17時
※日曜は16～18時

←チェコ製のシャンデリアが輝き、ゴージャスな雰囲気

Plus! アフタヌーンティーの楽しみ方

予約
予約必須の店は少ないが、行ける時間が決まっている場合は、予約しておくと安心。特に週末は混み合う場合も。予約不可の店もあるので注意。

服装
おしゃれする必要はないが、優雅な雰囲気の店が多いので、スマートカジュアルがおすすめ。ビーチサンダルや短パンなどは避けよう。

注文のコツ
1名分でもかなりボリュームが多いので、1セットを注文して数人でシェアしてもOK。その場合、必ず人数分のドリンクを別注文すること。

Garden Cafe

緑の中でのんびりリラックス

癒やしのガーデン・カフェへ

Read me!

街じゅうが緑にあふれ、別名"ガーデン・シティ"とも呼ばれるシンガポールには、自然豊かなカフェがあちこちに点在。SNS映えも満点なので、ゆっくりカフェタイムを過ごそう。

レモングラス&ジンジャー・プラウン・サラダ
S$17
エビ、マンゴー、トマト、松の実などをジンジャー・フラワー・ドレッシングで

チリ・クラブ・スパゲッティーニ
S$26
地元名物をハリア風に。酸味のある甘辛ソースが決め手

Garden Point
生い茂る熱帯植物がすぐ目の前に広がる、オープンエアのテラス席が特等席！

植物園の中にある自然派カフェ

ハリア
●The Halia

世界遺産のシンガポール植物園(→P82)内に位置する人気カフェ。店名はマレー語で「ショウガ」の意味。高く生い茂る植物に囲まれたテラス席は風通しがよく、自然の中にいる気分を満喫できる。

↑植物園の入園は無料。園内を散策しながら向かおう

オーチャード西 MAP:P6B1
交Ⓜネーピア駅から徒歩14分
住シンガポール植物園(→P82)内 ☎8444-1148
時11～16時、17時～20時30分(LO)。土・日曜、祝日は10時～20時30分(LO) 休なし

Garden Point
緑とコロニアル調の建物の調和を楽しんで。2Fのテラス席で風を感じながらすごすのも◎

緑の囲まれた一軒家のスタバ

↓「STARBUCKS」のロゴとの写真撮影はマスト

→オープンエアの2Fバルコニー席も人気

スターバックス・コーヒー・ロチェスター・パーク
●Starbucks Coffee Rochester Park

イギリス植民地時代の邸宅を改築した、世界でも珍しいスタバ。白いコロニアル調の一軒家に合わせたシックなインテリアも要チェック。特別ブランド「スターバックスリザーブ」のメニューも楽しめる。

ブオナ・ヴィスタ MAP:P4A2
交Ⓜブオナ・ヴィスタ駅から徒歩4分
住37 Rochester Dr. ☎6910-1165
時7時30分～22時 休なし

Garden Point
テラス席、店内のどこに座ってもすがすがしいガーデン感たっぷり！静かな夜もまたおすすめ

↑まさに森の中にいるようなすがすがしいロケーション

↑週末は混むので予約がベター

シンガポール随一のガーデンカフェ

PS.カフェ アット・ハーディング・ロード

●PS.Cafe at Harding Road

都会にいながら、森の中にいるようなリラックス感が人気。テラス席のほか、ガラス張りの店内からも緑を一望できる。西洋とアジアを合わせた料理はどれもボリューム満点だ。

デンプシー・ヒル **MAP:P6A3**

交Ⓜネーピア駅から徒歩16分
住28b Harding Rd. ☎6635-2999 ⏲8〜23時(金・土曜、祝前日は〜23時30分) 休なし 予推奨

クラッシュド・フルーツ・ソーダ
S$9.90
数種あり、写真はすっきりしたライチ&ライム

PS.クラブ
S$28
ベーコン、チキン、卵など具だくさんのサンドイッチ

Garden Point
テラス席に座ると頭上や周囲も緑でいっぱい。涼しくてさわやかな午前中が特におすすめ

自然豊かな朝カフェを楽しむなら

キャノピー・ガーデン・ダイニング

●Canopy Garden Dining

緑あふれるビシャン・アン・モ・キオ・パーク内にあるカフェレストラン。16時まで注文できるブランチとディナーのメニューに分かれ、朝食に訪れるのもおすすめ。テラス席奥のバーも要チェック。

アン・モ・キオ **MAP:P3D2**

交Ⓜアン・モ・キオ駅から徒歩12分 住1382 Ang Mo Kio Ave. 1 Bishan Park 2
☎9113-4666 ⏲9〜24時(土・日曜、祝日は8時〜) 休なし 予週末は推奨

→ブランチのメニューにはエッグ・ベネディクトなどが揃う

Hottest Cafe

絶対行きたい最旬カフェ

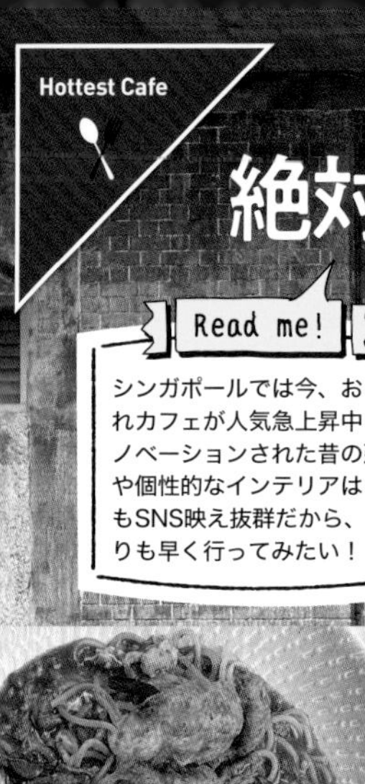

Read me!

シンガポールでは今、おしゃれカフェが人気急上昇中！ リノベーションされた昔の建物や個性的なインテリアはどれもSNS映え抜群だから、誰よりも早く行ってみたい！

ココが旬！
外の青いドアはフォトスポットとして大人気。置いてある自転車と一緒に撮影したい！

チリクラブ・パスタ
S$20
特製のチリクラブソースにソフトシェルクラブ入り

自転車×カフェの組み合わせ

ウィラーズ・ヤード

●Wheeler's Yard

自転車ショップとカフェを併せ持った倉庫で、ビンテージ感漂う店内が人気。カフェでは、テーブル上の自転車のディスプレイを眺めながら、コーヒーや軽食を楽しめる。

ノヴィナ MAP:P5D1

図Ⓜノヴィナ駅から車で10分 住28 Lorong Ampas
☎6254-9128 ⏲8時30分～17時（祝日は日により異なる） 休月曜

↑自転車以外にもヘルメットやナンバープレートで装飾

ココが旬！
打ちっぱなしのコンクリートに、英字ロゴや赤い中国風インテリアがオシャレ！

パイナップル・アップサイド・ダウン・ケーキ S$6
ドリンカブル・アイデア S$9.50

ケーキは甘酸っぱく素朴な味わい。電球形容器に入っているものはクコの実入りココナッツウォーター

↑外壁には「中華醫院」の文字が残り、カフェには見えないほど

↑薬の棚などもそのまま残っている

元病院のレトロ＆モダン空間

マイ・オーサム・カフェ

●My Awesome Cafe

1952年に建てられたの病院の建物をそのまま利用。フランス人オーナーが考案するフレンチテイストの料理と、中国の伝統的な雰囲気が融合した空間が楽しい。夜はバーとして利用するのもおすすめ。

チャイナタウン MAP:P10B3

図Ⓜテロック・アヤ駅、マックスウェル駅から徒歩3分
住202 Telok Ayer St.
☎8798-1783
⏲11～24時（月曜は～21時、土曜・祝日は10時30分～24時、日曜は10時30分～21時） 休なし

ココが旬！
以前はオンライン販売のみだったお茶の人気店がカフェをオープン。白を基調とした店内も素敵！

↑専用の茶器で丁寧に煎れてくれる中国茶を、ゆっくりと味わいたい

ライチ烏龍 S$8
ブラックセサミ ケーキ S$8.80
ライチの爽やかな香りのお茶と、濃厚な黒ゴマケーキは相性抜群

オリジナルのブレンドティーが人気

アンティー・ソシアル
●Antea Social

↑おしゃれなパッケージのお茶の4缶セットはS$39

ティーマスターが厳選したオリジナルブレンドのお茶を楽しめるカフェ。ライチやマンゴーなどさまざまなフレーバーから選べる烏龍茶が人気。茶葉を使った手作りのケーキや塩昆布などの「Onigiri」もおすすめ！

リトル・インディア MAP：P9E2
図Ⓜジャラン・ベサール駅、ファーラー・パーク駅から徒歩7分
住9 Tyrwhitt Rd. ☎6493-0120
⏲11時30分〜19時（土曜は〜22時）休月曜

↑リトル・インディアの喧騒を離れた静かな通りに位置する

ハニー アールグレー&ヘーゼルナッツ S$8.80
ヘーゼルナッツと茶葉によるやさしい甘さのケーキ

アートな店内がSNSスポットに

ポテト・ヘッド
●Potato Head

バリに本店がある「ビーチクラブ」のシンガポール店。白亜の建物は1939年建造のコーヒーショップを改築したもので、2階はハンバーガーショップ、3階と屋上の4階はバーに。

チャイナタウン
MAP：P10A3
図Ⓜアウトラム・パーク駅から徒歩4分
住36 Keong Saik
☎6327-1939
⏲12〜24時 休なし

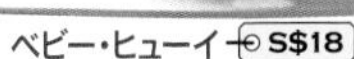

ベビー・ヒューイ S$18
ジューシーなハンバーガー。ミニサイズのフライドポテトは+S$3

ピナトゥボ S$25
ラム、ココナッツリキュール、パイナップルなどのカクテル

ココが旬！
蝶や鳥のイラストが描かれた不思議な壁にくぎ付け！置物などもあちこちに

➡通りの分岐点にある建物はインパクト大

ココが旬！
新旧が融合した雰囲気がスタイリッシュ！窓のオシャレなデコレーションにも注目

➡バリスタが1杯ずつハンドドリップで淹れてくれる

グラ・メラカ・ソルテッド・カラメル・ケーキ S$7
黒糖のようなグラ・メラカ（ヤシ砂糖）を使った南国らしいケーキ

ホワイト・コールド・ブリュー S$8.50
ボトル入りのコーヒー。クセがなくスッキリした味わい

元工場をリノベーション

チャイ・セン・ファット・ハードウェア
●Chye Seng Huat Hardware

ハードウェアの工場を改装して誕生。併設のロースタリーで焙煎した豆を使った本格コーヒーを味わえる。入口は建物左の工事現場のような場所にあるので見逃さないように！

リトル・インディア
MAP：P9E1
図Ⓜラヴェンダー駅、ベンデミール駅、ファーラー・パーク駅から徒歩10分
住150 Tyrwhitt Rd.
☎6299-4321 ⏲9〜22時
休毎月第1月曜

どこから撮ってもかわいさ全開！

キュートな見た目に♥ “映え”スイーツ

Read me!

シンガポールのカフェには、SNS映え満点のスイーツがいっぱい。カラフル＆キュートなスイーツを味わいながら、誰よりも早くアップして「いいね！」をもらっちゃおう！

#イタリアンジェラート
#カラフルトッピング

A
フレーキー・オーバー・ザ・トップ・コーン・ジェラート
S$12.90（ダブル）
ジェラートは約20種からチョイス。チョコスプレーなどのトッピングも無料で選べる

#パステルカラーがかわいい
#カラフルな虹色

A
レインボー・ヨーグルトケーキ
S$8.90
水色、ピンク、黄色などカラフルな層がインパクト大！見た目と異なり、甘さはさっぱり控えめ

#焼きたてワッフル
#選べるアイス

B
バター・ミルク・ワッフル（3種類のジェラート）
S$20～
バター・ミルク風味のワッフルに、好みで選べる3種類のホームメイド・アイスをトッピング

#キュートなクマちゃん
#季節のフルーツ

B
ライオネル・ベア・タルト
S$8.90
イチゴなど季節のフルーツを盛り付けたタルトに、ホワイトチョコのベアをオン！

Ⓐ
カラフルな特製スイーツ
ファイブ・ザ・モーメンツ・カフェ
●5 The Moments Cafe

築70年のショップハウスを利用した店内はヴィンテージ感いっぱい。焼きたてワッフルやイタリアの伝統レシピで作るジェラートを、豆を自家焙煎して淹れるコーヒーとどうぞ。

チャイナタウン MAP:P10B4
図Ⓜタンジョン・パガー駅から徒歩5分
住73 Tanjong Pagar Rd. ☎6222-5336
時12～23時(金・土曜は～23時30分)
休なし

Ⓑ
常に新しいデザートを発信
トゥエンティー・グラムス
●Twenty Grammes

特製ケーキと焼きたてワッフルが人気のデザート・ブティック。ワッフルは生地やトッピングを選んでカスタマイズOK！ 約15種の自家製アイスも、散策途中のひと休みにぴったり。

アラブ・ストリート MAP:P12B1
図Ⓜブギス駅から徒歩7分
住753 North Bridge Rd.
☎9447-2020 時12～22時(金・土曜は～翌1時) 休なし

#熱くて冷たい
#甘くてほろ苦
#ティラミスの専門店
#かわいいジャー入り
#チョコが濃厚
#グラスもオシャレ

Ⓓ オリジナル・ティラミス(手前) S$9
アールグレイ・ラテ(左奥) S$6.50
手前はエスプレッソリキュールが利いた定番味。紫芋のティラミスS$9なども

Ⓒ デス・バイ・チョコレート S$15
チョコ・ソルベとブラウニーが入ったグラスに、苦みのあるエスプレッソをかけて

Ⓒ クラシック・ホワイト S$13
マダガスカル産バニラビーンジェラートにパラマウント・エスプレッソを注いで

Ⓒ
オシャレなアッフォガート専門店
アッフォガート・バー
●Affogato Bar

ジェラートにエスプレッソをかけたイタリアのデザート「アッフォガート」がテーマ。エスプレッソはアイスに合わせて4種の豆を使い分け。甘・苦&冷・温が絶妙な大人のデザートだ。

オーチャード西 MAP:P4B1
図Ⓜボタニック・ガーデンズ駅から徒歩5分
住 501 Bukit Timah Rd., #01-04B Cluny Court
☎9238-9005 時8～22時(水・木曜は～18時) 休なし

Ⓓ
ガラス瓶入りの特製ティラミス
ティラミス・ヒーロー
●The Tiramisu Hero

猫のオリジナルキャラ「アントニオ」が迎える人気カフェで、約20種のティラミスが有名。マスカルポーネチーズとイタリア産ビスケットを使い、「カヤ」などこの地ならではの味も。

リトル・インディア MAP:P9E1
図Ⓜファーラー・パーク駅、ベンデミール駅、ラヴェンダー駅から徒歩5分
住121 Tyrwhitt Rd. ☎6292-5271
時12～21時(金曜は～23時、土曜は10～23時、日曜は10～21時) 休毎月第3水曜

+Plus! ニュースポット
"映え"を狙うなら、新しくオープンしたスイーツの個性派スポットも見逃せない！ ピンク色の服を着て出かけてみては？

アイスであふれるミュージアム
ミュージアム・オブ・アイスクリーム
●Museum of Ice Cream Singapore

「アイスクリーム」をテーマにした、アメリカの激映えスポットが、2021年8月に初の海外進出としてシンガポールに上陸！パステルカラーの空間に、アクティブに楽しめるマルチ感覚の14スポットが点在する。途中、アイスが何度も振る舞われるのも楽しみ！

デンプシー・ヒル MAP:P6A3
図Ⓜネーピア駅から車で4分 住100 Loewen Rd. ☎なし 時10～20時(月・水曜は～18時) 休火曜 料$36(土・日曜、祝前日、祝日はS$42)＋チケット発券代S$4 ※チケットは公式サイトでのオンライン販売のみ

↑マグネットで文字を並べて記念写真を

←「スプリンクル・プール」で大ジャンプの瞬間を撮ろう

←子どもが楽しめる仕掛けがいっぱいの「マーブル・ラン」

Ice Dessert

常夏の国でクールに食べたい！

ひんやりアイス・デザート

スノー・アイス

Read me!

南国のシンガポールには、日本にはない冷たいデザートがいっぱい！　ふわふわの「スノー・アイス」や個性派フレーバーのアイスは、散策中のクールダウンにぴったり。

スノー・アイスって何!?

台湾風のかき氷で、シンガポールではチャイナタウンなどで人気。果汁やミルクを凍らせた味付きの氷を薄く削ってあり、ふわっと口の中で溶ける。

Ⓐ **ストロベリー・スノー・アイス**

S$6.50

イチゴ果汁で作った氷＋イチゴのソース。ゼリーとイチゴもトッピング

Ⓐ **マンゴー&ストロベリー・スノー・アイス**

S$7.50

マンゴーの果汁とイチゴの果汁を凍らせた氷を削り、食感ふわふわ

Ⓐ **グリーンティー・スノー・アイス**

S$6.50

台湾産グリーンティーと牛乳を凍らせた氷をかき氷に。小豆もたっぷり

アイス

Ⓒ **プルット・ヒタム&チェンドル**
S$7(ダブル)
地元デザートを再現！ プルット・ヒタムはココナッツ＋黒餅米、チェンドルは小豆やゼリー入り

Ⓑ **ホワイト・クリサンテマム&マンゴー・ソルベ(左)**
アールグレイ・レモングラス&ストロベリー・バジル(右)
各S$9(ダブル／カップ)
左は清々しい香りの白菊の花とマンゴー、右はハーブとのハーモニーが新鮮な味わい

Ⓒ **テ・タリ&MSWドリアン** S$7(ダブル)
テ・タリはマレー風ミルクティーのこと。ドリアンは独特の風味がヤミツキに！

Ⓑ **ライチ・ラズベリー**
S$6.80(シングル／コーン)
ライチとラズベリーの酸味にバラの香りをプラス。店内で焼くワッフルコーンは＋S$1

Ⓑ **ピスタチオ**
S$5.50(シングル／カップ)＋S$1
ローストしたピスタチオが香ばしい。ピスタチオは1スクープにつき＋S$1となる

Ⓐ オリジナルかき氷の有名店
味香園甜品
メイ・ヒョン・ユェン・デザート
●Mei Heong Yuen Dessert

中国風おしるこなど昔ながらのデザートの専門店。看板メニューの「スノー・アイス」は南国フルーツの果汁とミルクなどを固めた氷を削り、ふわふわ食感。

定番

チャイナタウン MAP：P10B3
図Ⓜチャイナタウン駅から徒歩2分
住No.63-67 Temple St. ☎6221-1156
⏲12時〜21時30分 休月曜 カード

Ⓑ ハーブやスパイスが香る自然派
バード・オブ・パラダイス
●Bird of Paradise

カメラメ！

パンダンリーフなど地元のハーブや植物、スパイスを使った国内初の"ボタニカル・ジェラート"で有名。全て無添加の手作りで、ワッフルコーンも店内で手焼き。

カトン MAP：P13B4
図Ⓜパヤ・レバ駅から車で5分
住63 East Coast Rd. #01-05
☎9678-6092 ⏲12〜22時 休なし
※支払いは現金不可。クレジットカードなどで。

Ⓒ シンガポール味のアイス
アイランド・クリーマリー
●Island Creamery

地元の人に愛されるアイスクリーム専門店。コピ(コーヒー)、トロピカルフルーツをはじめ、シンガポールならではの楽しく珍しいフレーバーが充実している。

オーチャード MAP：P7E3
図Ⓜオーチャード駅から徒歩1分
住アイオン・オーチャード(→P89) #B3-K1(B3F) ☎6509-5098
⏲11〜21時 休月曜 カード

+Plus! **旬のフレッシュジュースでひと休み**

シンガポールでは、さまざまなフルーツのジュースが格安！ 自然な甘さで、日本にはない味も多い。ホーカース(→P120)などで見つかる。

マンゴー 約S$2
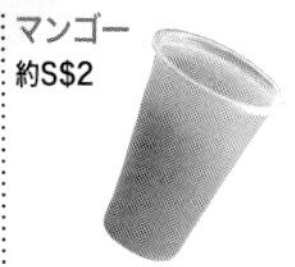
フレッシュな完熟マンゴーをその場で切ってミキサーに。濃厚な甘味

サワーソップ&ドラゴン 約S$3

南国フルーツのサワーソップ＋ドラゴンフルーツ。梨にも似た味わい

カラマンシー 約S$1.50

南国の柑橘類で、シークワーサーのような味。さっぱりした酸味

パパイヤ 約S$1.50

完熟パパイヤの果肉をそのままジュースに。爽やかで甘さスッキリ

スイカ 約S$1.50

みずみずしく甘さ控えめで、ゴクゴク飲める。水分補給におすすめ

Local food

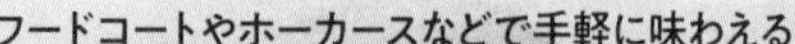

フードコートやホーカースなどで手軽に味わえる

ローカルフード これも食べたい！

Read me!

気取らない日常食として親しまれているローカルフード。マレー系やインド系などバリエーションが豊富で、ホーカースなどでは気軽にその味と出合うことができる。

B

サテー・セット
Satay Set
S$10
マレー風串焼きの盛合せ。炭火で焼いた焼き鳥やエビなど。甘辛い濃いめの味で、ココナッツミルクとスパイスの風味が特徴(Syifa'Satay)

C ロティ・プラタ S$4～(2枚)
Roti Prata
南インド式のクレープで、朝食やおやつにピッタリ。チーズ入り玉子入りなど各種ある(#01-248 Ar Rahman Royal Prata)

A

ソイソース・チキンライス
Soya Sauce Chicken Rice
S$6.80
醤油ベースの甘塩っぱいソースが、チキンやライスによく絡んで、なじみやすい味。ローストされたチキンの皮が香ばしい(Hawker Chan)

B

オイスター・オムレツ
Oyster Omelette
S$8.50
カキを卵で炒めたお好み焼き風の軽食。海鮮系屋台の人気メニュー(Do Rae Mee)

A

マーラー・ホットポット
Mala Hotpot
S$10～(1枚)
辛いもの好きにはたまらない「麻辛醤」を使った海鮮炒め。山椒のしびれる辛さが癖になる。エビやイカ、青菜、キクラゲなど具材は選べる(Mala Hotpot)

C

チキン・ビリヤニ S$5
Chicken Briyani
骨付き鶏モモ肉入りインド風ピラフ。カレーソースをかけて食べる(#01-229 Allauddin's Briyani)

Ⓒ
インディアン・ロジャック S$4〜6(3〜4種)
Indian Rojak
エビのフリッターやゆで卵、揚げ豆腐などの素材を自由に選んで、カレーソースをかけて食べる(#01-254 Haji Johan)

Ⓒ
ミー・ゴレン S$5
Mee Goreng
エスニック風の焼きそばで、インド系のものはカレー風味のピリ辛味が特徴(#01-285 Ajimer Sherif)

Ⓑ
バーベキュー・サンバル・スティングレー
BBQ Sambal Stingray
S$16
甘めの醤油タレで味付けされたエイを炭火焼きにした人気メニュー
(BBKia Stingray)

Ⓒ
ダック・ライス S$4
Duck Rice (鴨飯)
鴨肉を甘い醤油ダレで煮たシンガポール中華の定番。(#01-335 興記鵝・鴨飯)

Ⓒ
バナナ・チョコレート・プラタ
Banana Chocolate Prata
S$2.50
デザートタイプのインド風クレープ。輪切りのバナナとチョコレートのベストコンビ
(#01-248 Ar Rahman Royal Prata)

Ⓐ
便利に利用できるフードコート
コピティアム
●Kopitiam
Ⓜドービー・ゴート駅直結のプラザ・シンガポール内にあり、グルメに人気の「ホーカー・チャン」(→P122)なども出店。ランチタイムは混むので、空席を見つけたらティッシュなどを置いて席の確保を。

オーチャード MAP:P8B4
交Ⓜドービー・ゴート駅直結
住68 Orchard Road, #06-15 Plaza Singapura
☎6380-5851
営8〜22時 休なし

Ⓑ
地元グルメ誌プロデュースの名店揃い
マカンスートラ・グラットンズ・ベイ
●Makansutra Gluttons Bay
シンガポールで有名な飲食店評価本『マカンスートラ』がプロデュースした話題のホーカース。

マリーナ MAP:P11D2
交Ⓜエスプラネード駅から徒歩8分
住8 Raffles Ave.,Esplanade Mall #01-15
☎6438-4038
営16〜23時(金・土曜は〜23時30分)ラストオーダーは閉店30分前 休月曜 カード
(店舗により異なる)

Ⓒ
インド系フードが勢揃いする
テッカ・センター・フードコート
●Tekka Centre Food Court
Ⓜリトル・インディア駅とつながっているホーカースで、インド料理がメイン。カレーはもちろん、インド風クレープのプラタなどが人気。

リトル・インディア MAP:P8C2
交Ⓜリトル・インディア駅から徒歩1分
住665 Buffalo Rd., corner Serangoon Rd.
☎営休店舗により異なる カード

※( )内欧文はストール名とストール番号

エアコンで快適！ローカルフードを手軽に

誰にでもおすすめフードコート

Read me!

買物の合間などに便利なのが、ショッピングセンターや大型デパートなどにあるフードコート。サクッとローカル名物の味を楽しめ、ひとりランチや時短ご飯派にもおすすめ。

フードコートはこうして利用する

フードコートは中央部などに広いテーブル席スペースがあり、それを囲むようにブース状になっているストール(店)が連なる。セルフサービス式で、利用法を紹介する。

❶ストールを選び料理を注文

館内にストールが並んでいるので、食べたい料理を探して、レジの前で注文する。持ち帰る時は「テイク・アウェイ」と伝える。

❷支払いをする

注文時に店頭で支払いをするのが一般的。店にもよるが現金のほか、クレジットカードやアリペイなどの電子決済も可能。その場で料理の出来上がりを待つ。

❸受け取って席で食べる

料理は自分で運ぶ。トレイに箸やスプーンをのせ、各店に備えられている調味料を小皿に取る。席は自由に選んで食べることができる。

❹食べ終わったら片づける

フードコートでも食後の後片づけが義務化されている。皿や箸、ゴミなどをトレーにのせ、回収棚(ブース)まで運ぶ。違反すると罰金の対象になるので注意。

ローカル度	★☆☆
混雑度	★★★

名店が揃う人気のフードコート

フード・オペラ

●Food Opera

Ⓜオーチャード駅直結の人気フードコート。1900年代の英国統治時代をイメージした店内に整然と人気ストールが並ぶ。チキンライスやラクサなどシンガポール名物が多いのもうれしい。

オーチャード MAP:P7E3

図Ⓜオーチャード駅直結 住アイオン・オーチャード(→P145)#B4-03/04
☎6509-9198 ⏰10〜22時(金・土曜、祝前日は〜23時) 休なし

キャピトル・バクチョー・ミーのミンチポーク・ヌードル(ドライ)

S$9

シンガポールで人気ご当地ヌードルのひとつで、豚挽肉と具材を混ぜて食べる和え麺(Capitol Bak Chor Mee)

ソン・ファ・クウェイ・チャップのクウェイ・チャップ・セット

S$7.90

マレー系の「豚モツ煮込み定食」。幅広の米粉麺と一緒に食べる。醤油ベースのあっさり味(Song Fa Kway Chap)

サージェント・チキンライスのプレミアム・デュオスタイル・チキンライス

S$9.50

ローストとボイルの2種類のチキンが盛られている。ショウガとチリソースをかけて食べる(Sergeant Chicken Rice)

※(　)内欧文はストール名

シティ散策のフードスポットに便利

フード・プレイス

カススメ!

●Food Place

「ラッフルズ・シティ」にあるモダンなフードコートで、アジアンフードの個性派ストールが揃う。テーブル席が集まる中央エリアと、明るい窓際のソファー席があり、カフェとしても利用できる。

シティ MAP:P11D1

㊛Ⓜシティ・ホール駅直結 ㊓ラッフルズ・シティ(→P175) #03-15/16/17 ☎6338-8055
⏲10～22時 ㊡なし ※2024年改修予定あり

チャイズ・フィッシュ・スープのスペシャル・フィッシュ・スープ
S$8.50
隠れた名物で、ローカルに人気の魚介ダシが利いた海鮮スープ。野菜もたっぷり(Chai's Fish Soup)

アヤム・ペニエットのクリスピー・チキン
S$7
インドネシア風のフライドチキンで、骨付きモモ肉を一本丸ごとカリッと揚げた逸品(Ayam Penyet)

ハンドメイド・ヌードルズのプラウン・バンミー(板面加蝦)
S$6.30
「エビのせシンガポール風きしめん」で、サッパリとしたクリアスープと平らな米粉麺が特徴(Handmade Noodles)

スタイリッシュで人気ストール揃い

フード・リパブリック

●Food Republic

ローカル度	★☆☆
混雑度	★★☆

約1000人を収容する広々としたフロアに、ホッケンミーやプラウンミーなどローカルの味を扱う人気のストールが並ぶ。窓側からオーチャード周辺の景色を一望できるのも高ポイント。

オーチャード MAP:P8A3

㊛Ⓜサマセット駅直結
㊓313@サマセット(→P164) #05-01/02/03
☎6509-6643
⏲10～22時 ㊡なし

アイスショップのチェンドル
S$3
人気のかき氷で、緑色のパンダンリーフというハーブの甘い寒天と小豆が入るのを「チェンドル」という(Ice Shop)

バンコック・ジェムのパイナップル・フライド・ライス
S$7.80
東南アジアで定番のパイナップルの器に盛られた炒飯。生のパイナップル入りで甘酸っぱい(Bangkok Gem)

レトロモダンなおしゃれ空間も◎

タングス・マーケット

●TANGS Market

ローカル度	★★★
混雑度	★★☆

高級デパートの地下にあって、シンガポールとマレーシアの伝統的な料理を手軽に味わえる。レトロなキッチン用品が配されたインテリアにも注目したい。

オーチャード MAP:P7E3

㊛Ⓜオーチャード駅から徒歩1分
㊓タングス・アット・タン・プラザ(→P164) #B1
☎なし ⏲10時30分～21時30分(日曜は11時～21時) ㊡なし

ハイナニーズ・カレーライスの海南風カレーライス
S$6.50
ココナッツ風味のカレーで優しい味わい。種類は5つ。(Hainanese Curry Rice)

クレイポット・ライスの土鍋チキンご飯
S$6
ご飯と鶏肉、ソーセージなどを土鍋で炊く。おこげもおいしい。付け合せの唐辛子などを入れ、まぜて食べる。(Claypot Rice)

安くておいしい名物あり！

ローカルグルメの宝庫！ ホーカース

Read me!

屋台(ストール)を、屋根付きの施設に集めたホーカース。日常的に市民が利用する食事処で、安くて美味しい庶民派グルメの宝庫。多国籍なローカル食が集結している。

ホーカースはこうして利用する

ホーカースはセルフサービス。基本的に料金先払いで、料理も自分で運ぶ。混雑時には、まず席の確保から。席はどこでもかまわない。少人数なら合席も。

ストール(屋台)はこうなっている

ストール(屋台)番号
規則的に振られ、この番号※を頼りに店探しを
※店番号がないホーカースもある

衛生評価
公的に評価されるもので、Aが最高評価の証
(店名)英語と民族語で書かれ、料理名を併記する店も

調味料箸
店ごとに違う調味料があり、小皿の用意も

メニュー
写真と番号付きなので、指さしオーダーも可

トレー
たいていトレーも自分で持って配膳口に並ぶ

おすすめ料理
店の自慢料理やお得なセットなどが写真付きで

麺の種類
ヌードル屋台では自分が食べたい麺を選ぶ

レンゲや箸
セルフサービスなので自分でピックアップ

キャッシャー
前払いが基本で、料理を注文後に支払う

① 席をキープする
食事時は混雑するので、まずはテーブルにティッシュなどを置いて席をキープ。ただし貴重品は置かないこと。

② 注文する
食べたい料理を屋台で直接オーダー。人気店には行列も。持ち帰る時は「テイク・アウェイ」と伝える。

③ 支払いをする
注文後に店頭で支払うのが一般的。店によっては料理を運んでもらった際に支払う場合も。小銭があるとスムーズ。

④ 受け取って席へ
出来た料理は自分で席まで運ぶ。トレーに箸やスプーンをのせ、各店に置いてある調味料を小皿に取る。

⑤ 後片づけ
食後は、トレー、食器、食べ残しを片づけることが義務化されている。違反者は罰金対象なので、回収ブースに持っていこう。

ランチもいいが盛り上がるのは夜

ラオパサ・フェスティバル・マーケット

●Lau Pa Sat Festival Market

ストール数	約60
ローカル度	★☆☆
混雑度	★★☆

マリーナのビジネス街にあって、会社員やツーリストに人気のホーカース。しかし、一番賑わうのは夜だ。テラスや路上にサテーを焼く屋台が出て、仕事帰りの人たちで満席に。煙の中の宴会場となる。

マリーナ MAP:P10C3

図Ⓜテロック・アヤ駅から徒歩5分
住18 Raffles Quay. ☎㊐㊡店により異なる カード

←この「8」の看板を目指して人が集まってくる

人気ストールの一番人気メニュー

ベストサテー8のサテー盛合せ S$10～

18時ごろから付近の路地(Boon Tat St.など)にサテーの屋台が並び、炭火で焼く鶏やエビの串焼きが味わえる(Best Saty 8 #Stall7&8, Boon Tat st. ㊐19時～翌1時。※土・日曜は17時30分～翌1時30分 ㊡なし)

※(　)内欧文はストール名とストール番号

行列ストールが多く地元で人気

ホンリム・フードセンター

●Hong Lim Food Centre

チャイナタウン・ポイントに隣接する駐車場の1～2階にあるホーカースで、世界的グルメガイドに紹介される人気ストールも多く、地元では行列店が多い事で有名。店ごとに営業時間が異なるので注意。

ストール数	約120
ローカル度	★★★
混雑度	★★☆

チャイナタウン MAP:P10B2

図Ⓜチャイナタウン駅から徒歩3分
㊔531A Upper Cross Rd.
☎⏲㊡店により異なる カード

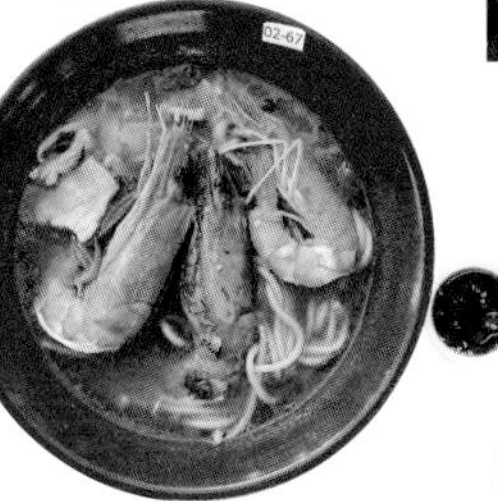

オールド・ストールのビッグ・プラウン・ミー S$10

大きなエビ入りでお得感あり。スープも美味(The Old Stall/老档 #02-67 ⏲8時30分～14時 ㊡月・木曜)

大華のミンチ・ポーク・ヌードル(肉脞麺) S$10(L)

独特の黒酢タレで和えた、豚の挽肉入り麺。肉団子入りのスープ付(Tai Wah #02-16 ⏲7時～売り切れ次第 ㊡不定休)

亞王のカレー・チキン・ビーフン(咖喱鸡米粉面) S$6～8

スパイシーなカレーヌードルで、米粉麺を使用。(Ah Heng # 02-58/59 ⏲7～21時 ㊡なし)

ストール数	約100
ローカル度	★★☆
混雑度	★★☆

中華系ローカル名物がいっぱい

マックスウェル・フードセンター

●Maxwell Food Centre

チャイナタウンを代表するホーカースで、行列が絶えない「天天海南鶏飯」(→P123)や餃子専門の「同心居」など、中華系の名店が多い。バナナ・フリッターが人気の「林記」などデザート店にも注目。

チャイナタウン MAP:P10B3

図Ⓜマックスウェル駅から徒歩1分 ㊔1 Kadayanallur St.
☎⏲㊡店により異なる

福順錦記のロースト・ダック・ヌードル(叉鴨面) S$4.50

窯焼きされた鴨肉が中華麺にのる名物(Fu Shun Jin Ji #01-71 ⏲11～20時 ㊡不定休)

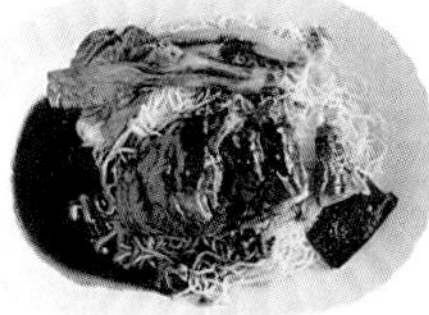

ロジャック・ポピア&コッケルのポピア(薄餅) S$2.80(2本)

福建省が発祥の春巻で、大根の千切りや玉子焼きなどを包んだもの(Rojak Popia & Cockle #01-56 ⏲12～22時 ㊡月曜)

ストール数	約130
ローカル度	★★★
混雑度	★★★

地元で大人気の穴場ホーカース

アモイ・ストリート・フードセンター

●Amoy Street Food Centre

Ⓜタンジョン・パガー駅近くにある庶民派ホーカース。世界的グルメガイドでも紹介される人気ストール(→P123)が多く、周辺の住人やビジネスマンたちでいつも混雑している。通りに面して開放感がある。

タンジョン・パガー MAP:P10B3

図Ⓜタンジョン・パガー駅から徒歩2分 ㊔7 Maxwell Rd.
☎⏲㊡店により異なる カード

蛮姐美食のチョーファン(腸粉) S$1.80

中華系の朝食として人気の中華風クレープ。モチモチ食感が魅力(#01-30 ⏲6時～13時30分 ㊡不定休)

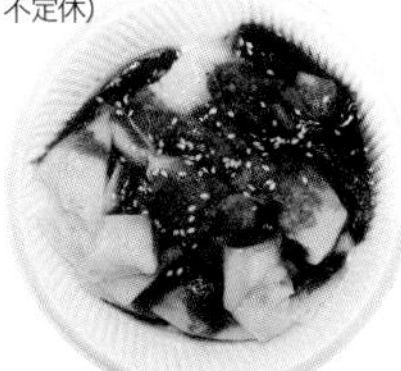

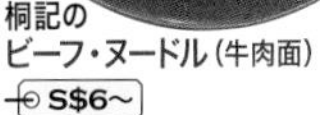

桐記のビーフ・ヌードル(牛肉面) S$6～

透明なスープが特徴で、やわらかな赤身牛肉がのる(Hong Kee #01-42 ⏲10時～14時30分 ※土・日曜は9時～ ㊡不定休)

Michelin-starred Stalls

究極の安うまグルメここにあり！

世界のグルメも賞賛の屋台フード

甘めのタレを麺に絡めて！

Read me!

世界中のグルメが注目するシンガポールの「食」。その視線はレストランやカフェなどにとどまらず、ホーカースの屋台にも注がれている。グルメが賞賛する絶品屋台フードを紹介。

世界一安く星付きグルメが味わえる!?

ホーカー・チャン

●Hawker Chan/了凡
（チャイナタウン・コンプレックス）

このストール（屋台）の前にできるひときわ長い行列。世界中から来る食の専門家たちもその味を認めた事から、一躍、超人気屋台となった。名物は香港式のチキンのせヌードル。

チャイナタウン MAP：P10A3

図Ⓜチャイナタウン駅から徒歩5分 住335 Smith St., Chinatown Complex Food Centre #02-126 ☎6635-2999 ⏲10時30分～15時 休日曜

ソイソース・チキン・ヌードル（油鸡面）
Soya sauce Chicken Noodle
S$3.50～
黒醤油で味つけたBBQチキンを中華麺にのせ、甘辛のタレで食べる。チキンの香ばしさと固ゆでの細麺が合う

路面店がニューOPEN!
ホーカー・チャン（了凡）が、近くに支店をオープン。空調の利いたカフェ風の店内で、あまり並ばずに極上のチキン・ヌードル「油鸡面」S$4.80が味わえる。
図Ⓜチャイナタウン駅から徒歩3分 住278 Smith St. ☎6221-1668 ⏲10～20時 休水曜
MAP：P10A3

スープ（汁そば）とドライ（和えそば）がある

バクチョー・ミー（肉脞麺）
Bak Chor Mee
S$8(R)
カリカリの干しガレイやややわらかい豚レバー、肉団子や挽肉など豚肉がのった名物麺。酸っぱくて辛いタレが特徴

絶品バクチョン・ミーが星獲得

ヒル・ストリート・タイホア・ポーク・ヌードル

●Hill Street Tai Hwa Pork Noodle/大華猪肉粿條面
（466 クロフォード・レーン）

1930年代頃創業の老舗ポーク・ヌードル専門店で、繁華街から少し離れた住宅街のストリート・ホーカースにある。世界的グルメサイトでも賞賛が絶えない。店舗はここのみで、行列に並ぶ覚悟を。

アラブ・ストリート周辺 MAP：P12C1

図Ⓜラヴェンダー駅から徒歩5分 住Block 466 Crawford Lane, #01-12 ⏲9時30分～21時 休月曜

濃厚魚介ダシのスープがうまっ！

フェイマス・スンゲイ・ロード・トライショー・ラクサ

●Famous Sungei Road Trishaw Laksa/馳名結霜橋三輪車叻沙
（ホンリム・フードセンター）

開店前から行列が伸びる人気のストール（屋台）。珍しいセミエビがのる魚介＆フルーツジューススープ・ラクサが名物となっている。ランチタイムのみの営業で閉店時間前に売り切れることが多い。

チャイナタウン MAP：P10B2

図Ⓜチャイナタウン駅から徒歩2分 住ホンリム・フードセンター（→P121）# 02-66 ☎9750-8326 ⏲11時30分～16時30分※売り切れ次第終了 休日曜

アジア・デライト・ラクサ
Asia Delight Laksa
S$6～（セミエビ入りS$11）
エビやホタテ貝柱、干しカキなどの具がたっぷり入って食べ応えあり。甘辛いラクサ・スープに深いコクがある

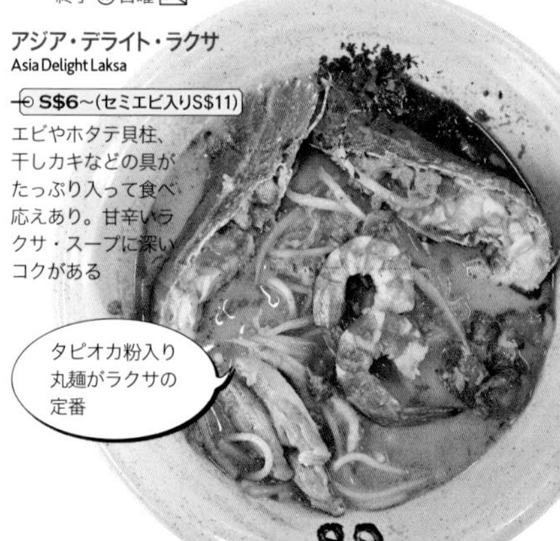

タピオカ粉入り丸麺がラクサの定番

ダークソースの魔力さく裂

アウトラム・パーク・フライド・クエイティオ

●Outram Park Fried Kway Teow/欧南園炒粿條面
（ホンリム・フードセンター）

秘伝のダークソース（黒醤油ベースのタレ）で炒めたクェイティオ（幅広米粉麺）の専門屋台。行列ストールの多いホンリム・フードセンターの中でも人気が高く、テイクアウトする人も多い。

チャイナタウン MAP:P10B2

図Ⓜチャイナタウン駅から徒歩2分 住ホンリム・フードセンター（→P121）#02-17 ☎非公開 ⏲6～15時※売り切れ次第終了 休日曜、祝日 カード

フライド・クェイティオ（炒粿條面）S$4.50～
Fried Kway Tear
モチモチとした麺の食感と甘くしょっぱい独特の味わいがクセになる。地元の多くのファンから愛されている

モモやムネ、手羽などの部位で味が違う

チキン・ライス（鸡飯）
Chicken Rice
S$4～
海外にもその名を知られている名物屋台のチキン・ライス。しっとりとしたチキンはSサイズでは物足りない

行列の長さが安さと味を物語る

天天海南鶏飯

●Tian Tian Hainanese Chicken Rice/ティアンティアン・ハイナニーズ・チキンライス
（マックスウェル・フードセンター）

チキンライス王国のシンガポールにあって、庶民派のストール（屋台）で人気No.1がココ。いつ行っても行列で、その長さは50mを超えることも。クオーター（1/4羽）やハーフ（1/2羽）の注文続出。

チャイナタウン MAP:P10B3

図Ⓜマックスウェル駅から徒歩1分 住マックスウェル・フードセンター（→P121）#01-10/11 ☎非公開 ⏲10時30分～20時※売切れ次第終了 休月曜 カード

モダンな創作ラーメン屋台登場！

ヌードル・ストーリー

●A Noodle Story/超好面
（アモイ・ストリート・フードセンター）

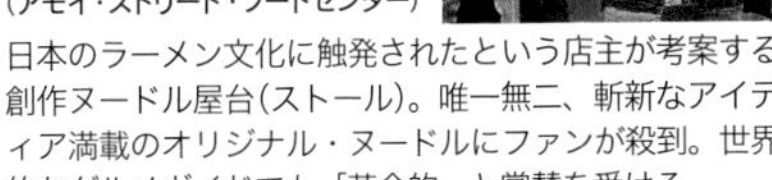

日本のラーメン文化に触発されたという店主が考案する創作ヌードル屋台（ストール）。唯一無二、斬新なアイディア満載のオリジナル・ヌードルにファンが殺到。世界的なグルメガイドでも「革命的」と賞賛を受ける。

タンジョン・パガー MAP:P10B3

図Ⓜタンジョン・パガー駅から徒歩3分 住アモイ・ストリート・フード・センター（→P121）#01-39 ☎非公開 ⏲11時30分～14時、17時30分～19時（土曜は10時30分～13時30分）休日曜 カード

スペシャル・ヌードル（特製面）
Special Noodle
S$11
エビフライや角煮チャーシュー、煮卵、シューマイなどがのった豪華版。スープは別添えなので、お好みで

クリスピー・カレー・チキン・パフ（香脆咖喱鶏肉卜）
Crispy Curry Chicken Puff
S$1.80（1個）
甘辛いカレーでダイス状の鶏肉と野菜を味付けてある。パイ生地はサクサクで、ホロホロとこぼれる。具は3種類。イワシを使ったサーディン・パフS$1.80もある

カレーパン？
カレーお菓子？

J2 フェイマス・クリスピー・カレーパフ

●J2 Famous Crispy Curry Puff/馳名香脆咖喱卜
（アモイ・ストリート・フードセンター）

インドのストリート・フードとして人気のスナックで、カレー味の具をパイ生地で包んで揚げてある。日本のカレーパンにも似ているが、どちらかといえばお菓子感覚で、おやつにピッタリ。

タンジョン・パガー MAP:P10B3

図Ⓜタンジョン・パガー駅から徒歩3分 住アモイ・ストリート・フードセンター（→P121）#01-21 ☎非公開 ⏲8～15時 休土・日曜、祝日 カード

地元の人に混じっていただきます!

「コピティアム」でカヤ・トーストを!

「コピティアム」とは、シンガポールの伝統的なコーヒーショップのこと。
この地の名物「カヤ・トースト」のほか、ローカルフードが揃い、朝食にもおすすめ。

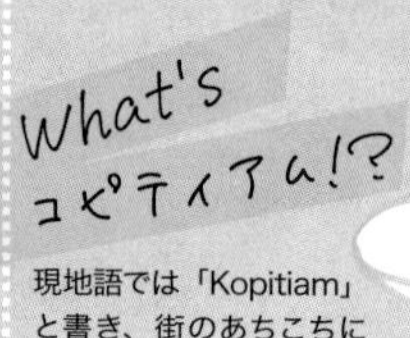

What's コピティアム!?

現地語では「Kopitiam」と書き、街のあちこちに点在。「Kopi」とはマレー語で「コーヒー」の意味。シンガポールの朝食の定番「カヤ・トースト」のほか、シンガポール風ドリンク、ご飯ものや麺類などの軽食もあり、1人でも気軽に利用できる。早朝から営業している店も多い。

「カヤ・トースト」の定番セットはコレ!

「カヤ・トースト」は、ココナッツミルク、卵、砂糖を混ぜた「カヤ・ジャム」と厚切りバターを挟んだ甘いトースト。半熟卵、ドリンクと一緒に注文する人が多く、カヤ・トーストは、なんと半熟卵につけながら食べるのが現地流!

「コピ」はコーヒー、「テ」は紅茶

「コピティアム」のドリンク図鑑

コピ Kopi
S$2
コーヒーにコンデンスミルク
Ⓐ

コピ・オー Kopi O
S$1.80
コーヒーに砂糖入り
Ⓑ

コピ・シー Kopi C
S$2.20
コーヒーに無糖練乳+砂糖
Ⓑ

テ Teh
S$2
紅茶にコンデンスミルク
Ⓐ

テ・オー Teh O
S$1.80
紅茶に砂糖入り
Ⓑ

テ・シー Teh C
S$2.20
紅茶に無糖練乳+砂糖
Ⓑ

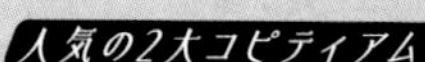

人気の2大コピティアム

Ⓐ1919年創業の老舗コピティアム

キリニー・コピティアム

●Killiney Kopitiam

レトロな雰囲気が人気。パンは昔ながらの炭火で焼き、手作りのカヤ・ジャムはあっさり上品な味。「ブレッド・トースト」(カヤ・トースト)S$1.70、卵S$1.10。コーヒーはアジアや南米産の豆を使う。

↑持ち帰れる瓶入りのカヤ・ジャムS$5.70

オーチャード MAP:P8A4

Ⓜサマセット駅から徒歩3分
67 Killiney Rd.
☎6734-3910 6〜18時 休なし

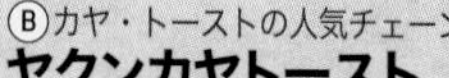

Ⓑカヤ・トーストの人気チェーン

ヤクンカヤトースト

●Ya Kun Kaya Toast

国内に70店以上をもつカヤ・トースト専門店。着色料や保存料不使用のカヤ・ジャムは、1944年の創業以来、変わらぬレシピで作る特製。カヤ・バター・トースト・セットS$5.60。

↑瓶入りのカヤ・ジャム S$6.30をおみやげに!

オーチャード MAP:P7F2

Ⓜオーチャード駅から徒歩2分
14 Scotts Rd., Far East Plaza #01-16 (1F) ☎6341-9554 8〜18時 休なし

SINGAPORE

おかいもの
Shopping

Contents

知っておきたいこと13

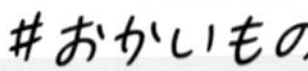

NEW

耳より

ホテルグッズに紅茶、アジア雑貨、食品まで、シンガポールはショッピング天国。13のアドバイスで、より効率的におトクにゲット！

01

まずは営業時間をチェック

個人店は10〜20時ごろ、ショッピングモールは10〜22時ごろが一般的。週末や祝前日はもう少し遅い時間まで営業しているところも多い。閉店時間ぎりぎりに店に駆け込んでも、時間どおりに閉められてしまう場合が多いので、余裕をもって入店しよう。

02

シンガポール独特の店舗表記を覚えよう

ショッピングモールや複合施設、ビルに入っている店舗の住所は「＃04-112」というように表記する。これは「4F」の「店番号112番」という意味。店番号は各店の入口上などに記されているので、この数字を頼りに店を探そう。

←階数は「F」（フロア）でなく、「L」（レベル）と表す施設も多い

03

レジ袋は有料！エコバッグの携帯を

スーパーやコンビニなどでは、2023年7月上旬からレジ袋が有料に。1枚5〜20S¢程度になるので、ショッピングの際はエコバッグを持参するのがおすすめ。ビニールのレジ袋がほしい場合は「Plastic bag, please.」と伝えよう。

04

広いモールはフロアマップを見てから動く

シンガポールのショッピングモールは、どこも巨大。むやみに歩くと疲れてしまうので、お目当ての店がある場合は館内の掲示を確認してから向かおう。たいていエスカレーター付近などにあり、タッチパネル式のものも多い。

↑店名やフロアから検索できるタッチパネル式も多く設置されている

05 得

免税OKの店では条件の確認と必要書類の受け取りを忘れずに！

シンガポールで物品を購入すると一律8%（2024年1月1日からは9%）の消費税（GST＝Goods and Services Tax）が課されるが、一定条件を満たした旅行者なら、購入した物品を海外に持ち出す際、消費税から払い戻し手数料を差し引いた金額が還付される。eTRS（電子認証システムによる旅行者還付制度）の導入により、手続きもより簡単に！

SHOP TAX FREE Global Blue

TOUREGO 途鵝

●還付の条件

・シンガポール国民、または永住者ではない。
・商品購入時の年齢が16歳以上である。
・シンガポール国内で未使用である。
・シンガポールから出国する航空機の乗務員ではない。
・チャンギ国際空港もしくはセレター空港経由でシンガポールから出国する。
・購入日および購入日前の3カ月間、就労ビザ、配偶者ビザ、長期滞在ビザ、学生ビザを所持していない。
・商品購入日から2カ月以内に免税手続きを行う。

●免税対象の店舗と金額の条件

以下3つの会社の加盟店で、店舗に「Tax Free Shopping」などのマーク（右上）が掲示されている店舗が免税対象となる。

ツアレゴ URL tourego.com/
グローバルブルー
URL www.globalblue.com/
グローバル・タックス・フリー
URL www.global-taxfree.com.sg/

・加盟店での商品購入額が最低S$100（消費税込み）。
・同日のレシートまたはレシート3枚まで合算OK。
・レシートは店舗が発行したもので、全てに同じ消費税登録番号と店名が記載されたものが必要。

●加盟店で買物したとき

免税は自己申告制。店員に「Tax Free, please」と伝えてパスポートとe-Pass（入国後に発行される電子訪問パス）を提示し、eTRSの印字入り免税チケット、または、紙面の免税書類、会計のレシートを受け取る。左記の会社ではアプリの用意もあり、ダウンロードして行くと便利。支払い時にアプリの二次元コードなどを提示すると、出国時にアプリで免税手続きが可能。

シンガポール出国時の手続きは→P222

06

1年に1度の一大セールを見逃すな！

毎年1回、4～8週間ほど政府観光局が企画する「グレート・シンガポール・セール」が開催される。6月や8月など時期は毎年変わるので事前に確認を。オーチャード・ロードのショッピングモールをはじめ、シンガポール全エリアで開催され、最大70%オフにも！

⬆期間後半になるほど割引率もアップ

07 耳より

チョコ&クッキーを上手に持ち帰るには？

壊れやすいチョコやクッキーはスーツケースに入れず、手荷物で機内に持ち込むのがおすすめ。南国シンガポールではチョコは溶けやすく変質しやすいので、なるべく帰国ぎりぎりに買うと◎。クッキー類は日持ちするものが多い。

➡ここにしかない味が狙い目！

08

レシートはもらっておくと後で役立つ

現金でもクレジットカードでも、支払い後は必ずレシートを発行してもらおう。表示以上の金額が請求されていないか確認できるほか、商品に不備があった際、交換や返金の手続きに必要。市場や露店などでは発行してもらえない場合が多い。

09

値段は店舗で違うのが常識

同じ商品でも店により値段が違うのも、シンガポールの特徴。これは、販売店側にはメーカー希望小売価格(RRP)を遵守する義務がないため。商品を購入する前には必ず値札を確認しよう。市場や露店などでは、値段交渉できる場合もあるので、尋ねてみて。

10

24時間営業のムスタファ・センターは大活躍！

帰国直前の夜や早朝に買い忘れに気づいたら、インド系巨大デパート「ムスタファ・センター」(→P132)へ駆け込もう！食品、雑貨、アーユルヴェーダ商品などが豊富に揃っている。衣類やPC用品などもあるので覚えておくと便利。

⬆バラまきみやげのまとめ買いにも重宝

11 耳より

時間節約ならショッピングセンターへ直行！

買物の時間を多く取れないなら、「アイオン・オーチャード」(→P145)などのショッピングセンターで一気買いするのが◎。お茶やお菓子の地元ブランドのほか、スーパーやドラッグストアもあり、気になる商品を一気にゲットできる。

12 耳より

ラッフルズ・ブティックは午前中に行くべし

観光客が多く訪れる「ラッフルズ・ブティック」(→P128)は午後になるほど混雑する。比較的空いている午前中に行こう。店内には数千種もの商品が並び、品定めにも時間がかかるので、時間に余裕をもって訪れるのがおすすめ。

⬆一流ホテルのグッズを思い出の品に

13

"Made in シンガポール"を一気にチェックするなら

新進気鋭の地元デザイナーのアイテムが一堂に会するのが「デザイン・オーチャード」(→P165)。ファッションのほか、アクセサリーや文具、雑貨、食品などが揃い、日本未上陸も多数。最旬のシンガポール・デザインに出合える。

⬅自然派コスメや香水も見つかる

【編集MEMO】

コレだけはいいたい！

「ムスタファ・センター」のスパイスコーナーは圧巻！ カレー粉ひとつとっても、日本になかなかない本格派で激安。

欧米人が多いシンガポールではクッキーなどの焼き菓子もハイレベル。パイナップル・タルトも甘さ控えめで美味！

カヤ・ジャムはひと瓶買ってみる価値アリ。自宅で簡単にカヤ・トーストを味わえる！ 持ち帰りの際はスーツケース内に。

編集T

Raffles Boutique

真っ先に訪れたい！

「ラッフルズ・ブティック」で逸品探し

Read me!

シンガポールのみならず、世界屈指の歴史的ホテルとして知られる「ラッフルズ」のホテルショップは、ぜひ訪れたい名所的存在。ロゴ入りのアイテムは誰にあげても間違いナシ！

高級感あふれるホテルショップ **ラッフルズ・ブティック** ●Raffles Boutique

2019年8月に改装を終えて新装オープン。より広く優雅になった店内には、紅茶や食品、雑貨などホテルのオリジナルアイテム数千種が並ぶ。名物カクテル「シンガポール・スリング」や特製カヤ・ジャムは必ずゲットしたい。

シティ **MAP：P11D1**
交Ⓜシティホール駅、エスプラネード駅から徒歩5分
住ラッフルズ・ホテル・シンガポール(→P66)内
☎6412-1143 ⏲9～21時 休なし

GOODS

S$25.90
シンガポール・スリング・グラス
←「ロング・バー」(→ P67)でも使用の名物カクテル専用グラス

S$25
マグカップ
←ブルーのホテルのロゴ入りで存在感たっぷり。毎日気軽に使える

S$12.90
ポケット・ティッシュ・ケース
↑建物やカクテルなどホテルの象徴がキュートなイラストに！

FOOD & DRINK

Best Seller

S$14
シンガポール・カヤ
⬅ココナッツミルク、卵、パンダンリーフを使ったジャム。麻の布袋付き

S$70
シンガポール・スリング・ベースミックス
⬆ホテル発祥カクテルをボトルのまま飲める。おうちで気軽に(125ml×3本)

S$33.90
カヤ・プラリネ
⬅シンガポールで定番のカヤ・ジャムがチョコレートに。5種類の味を楽しめる

S$40
ラッフルズ・スペシャル・ブレンド・ティー(左)

S$34
シンガポール・スリング・ティー(下)
⬅⬇ホテル特製ブレンドの紅茶。左はバニラ、下はチェリーなどの香り

S$25
パイナップル・タルト
⬅バターが香るタルト生地に甘酸っぱいパイナップル・ジャムが入った定番のお菓子

Best Seller

S$23
パンダン・カヤ・タルト
➡ココナッツを使ったカヤ・ジャムがタルト生地にマッチ

S$27
アールグレイ・クッキー
⬅地元の人気洋菓子店「オールド・セン・チュ－ン」とのコラボ。華やかな風味が広がる

S$18
シンガポール・スリング・マーマレード
⬅ホテル特製カクテルの誕生100周年記念商品。チェリー風味

ホテルも要チェック! ▶ P66

こちらの名店も外せない

「TWG ティー」で贅沢ショッピング…♡

Read me!

「TWG ティー」はシンガポールを代表する高級茶葉のブランド。選び抜かれた茶葉のほか、お茶を使ったお菓子などが揃い、おみやげにぴったり。オシャレなパッケージも人気。

アジアを代表する紅茶ブランド

TWG ティー アット・アイオン・オーチャード ●TWG Tea at ION Orchard

世界屈指の約800銘柄の茶葉を揃え、約47カ国の農園で栽培されたものを厳選。さまざまなフレーバーの紅茶のほか、中国茶や煎茶なども並ぶ。ティーマスターが淹れるお茶を楽しめるティールームも併設(→P106)。

オーチャード MAP：P7E3
図Ⓜオーチャード駅から徒歩1分
住アイオン・オーチャード(→P145) #02-21(2F)
☎6735-1837 ⏰10時～21時30分 休なし

人気No.1

SWEETS

S$15(6個)

ティー・マカロン

←全てにアールグレイなどの茶葉を使用。約12種あり、好みを選べる。1個はS$2.50

S$23

ティー・ショートブレッド

←アールグレイ、抹茶などを練り込んだ焼き菓子。全5種

各S$25

ホワイト・チョコレート(左) ミルク・チョコレート(右)

→左は緑茶「スイート・フランス・ティー」、右は「ハッピー・バースデー・ティー」の風味

TEA

人気No.1

S$46

シンガポール・ブレックファスト・ティー

←多国籍なこの街をイメージし、緑茶、紅茶、バニラ、スパイスをブレンド

S$44

チョコレート・アールグレイ・ティー

→ベルガモットと100%ダークチョコで香りを付けたアールグレイ

S$46

1837 ブラック・ティー

←店を代表するブラック・ティー。果物や花、キャラメルなどの香り

S$29

ティーバッグ3種詰め合わせ

↑「1837 ブラック・ティー」など3種×各5包。ティーバッグはコットン100%

S$46

オートクチュール・ティー

←バラの花びら、キャラメルを合わせた紅茶。優雅な香水のような香り

S$46

シルバー・ムーン・ティー

←緑茶にベリーとバニラの香りをプラス。ほのかにスパイシー

各S$11(ミニ)

ティー・ジェリー

↑赤はマリーゴールド、青はアールグレイの香り。スコーンやパンに

S$40

アールグレイ・フォーチュン・トリュフ

→「アールグレイ・フォーチュン・ティー」で風味をつけたチョコ

番外編！ S$95

センテッド・キャンドル

←煎茶の香りのアロマキャンドルで、約60時間楽しめる。香りは全11種

Plus! 好みの茶葉を好きな缶に

約800銘柄の茶葉は50g(S$9.50～)から好きな量だけ買うことも可能。袋詰めのほか、別売りの缶(サターン・ティー・ティン)S$26～に詰めてもらえば、とっておきのおみやげに！

Mustafa Centre

激安ショッピングの殿堂

「ムスタファ・センター」に潜入！

Read me!

コスメや食品などのバラまきみやげを探すなら、迷わずリトル・インディアにある巨大デパート「ムスタファ・センター」へ。あらゆるジャンルの商品が並ぶ館内にはまるで迷宮！

種類豊富なナッツやお茶、スナック、レトルト商品なども格安！

24時間営業で圧巻の品数

ムスファタ・センター

●Mustafa Centre

インド系の巨大デパートで、リトル・インディアの象徴的存在。食品、日用雑貨、衣料品など何でも揃う。旅行者が狙いたいのは、L1フロアのアーユルヴェーダ系コスメと、L2の食品フロアに並ぶスパイス類。格安で街随一の充実ぶりだ。

リトル・インディア MAP:P9D2

図Ⓜファーラー・パーク駅から徒歩5分
住145 Syed Alwi Rd.
☎6295-5855(代) ⏰24時間 休なし

↑日本では高価なスパイスなどが驚くほど手ごろに買える

←本館、新館から成る巨大デパート。館内は迷路のよう！

館内はこうなっています！

	本館	新館
L4	アート、文具、本、工具、カー用品、種(園芸)、蛇口栓、花瓶、カーペット、金庫など	
L3	婦人服、寝具、カーテン、食器、ベビー用品、インテリア用品など	トイレ用品、洗濯用品、風呂用品、洗剤、トイレットペーパー、祈祷用品など
L2	スーツケース、バッグ、スリッパ・サンダル、みやげもの、お菓子(クッキー、チョコレート、スナック)、食品(豆、米、調味料、乳製品、ナッツ、ドライフルーツ、パンほか)など	食品(ナッツ、ドライフルーツ、パン、ジュース、冷凍食品、ケーキ、乳製品、ハチミツ、油、スパイス、パウダー類)、生鮮食品(肉、魚介、野菜・果物)など
L1	時計、文具、電池、CD、DVD、電卓、カメラ、眼鏡、化粧品、香水、石けん、薬など 両替所	香水、化粧品、ヘアケア用品、ボディ用品、歯磨き粉、サプリメント、コンタクトレンズ用品、眼鏡・サングラスなど トイレ
B1	サリー、シャツ、ジーンズ、婦人服・下着、子ども服、ベビー服、紳士服・下着、ベルト、靴下、靴など トイレ	アクセサリー、宝石、衣類、紳士下着など TAX 免税手続きコーナー
B2	ベビーカー、自転車・カー用品、おもちゃ、ペット用品、ピアノ、スポーツ用品、ゲーム、トレーニング器具、コンピュータ、プリンター、コンピュータ周辺機器、カメラ、携帯電話、家電、調理器具、照明器具など 両替所 郵便局 TAX 免税手続きコーナー	

巨大な館内は迷いがち。目当ての商品はその場で即買いがキホン！

レジ袋は万引き防止のため、結束バンドで口をしっかり閉じて渡される

スパイスやレトルト食品を探すならL2へ直行

大きなバッグは入口で預ける

本館L1の出入口近くとB2に両替所あり。24時間営業で便利！

S$1.30
リップ・バーム
⬆胚芽オイル、ニンジンの種のオイルなどを配合。抜群の保湿力

S$4.40
ニーム・フェイス・ウォッシュ
➡天然ハーブ「ニーム」を配合した洗顔ジェル。シミやニキビに悩む肌に

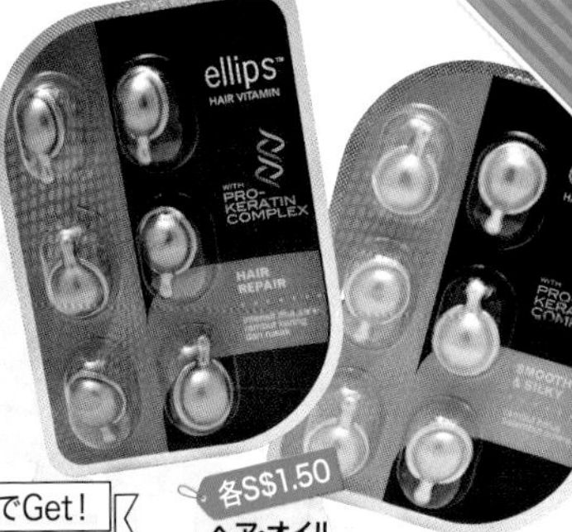

各S$1.50
ヘア・オイル
⬆洗い流さないタイプでサラサラ髪に。ホホバ・オイルなどを使用

本・新館L1でGet!

コスメ&バス用品

各S$1.50
アーユルヴェーダ・ソープ
⬅アーユルヴェーダ製法で、サンダルウッド・オイルなどを配合

S$4
フェイス&ボディ・パウダー
➡インド原産のウコンの一種「キョウオウ」の粉100%。シワやニキビに

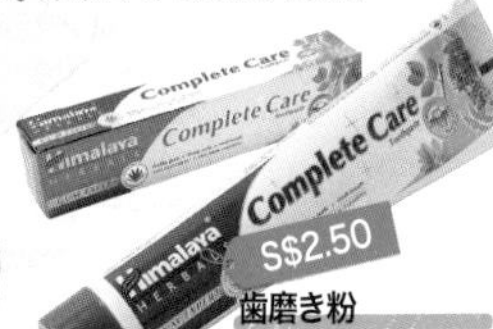

S$2.50
歯磨き粉
⬆インドの人気ブランド「Himalaya」の人気商品が格安！

S$1.05
カレー粉
➡クミンほか12種のスパイスをブレンド。格安でうれしい！

新館L2でGet!

食品

各S$2.95
インスタント麺
↗左はチリクラブ味、右はラクサ味。インスタントながら本格味

S$1.20
付箋
⬆マーライオンのイラスト入り。かわいいハート形で激安！

本館L2でGet!

雑貨

S$2.70
ボールペン・セット
⬆キュートなマーライオン付き。5本セットでお得！

S$2.90
マグカップ
⬅「I♥SG」のロゴにひとめ惚れ！毎日使える実用アイテム

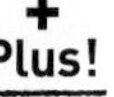

Plus! **インドのスナックでひと休み**

「ムスタファ・センター」に来たら売店も見逃せない！

インドの味がお手ごろ！

ムスタファ・カフェ ●Mustafa Cafe

本館L1の南側にあり、道路に面した売店。セルフ式でプラタなどインドの軽食やバーガーなどを楽しめる。

住ムスタファ・センターL1
☎6295-5855(代)
⏲24時間 休なし

⬅野菜のカティロールS$2.80(手前)。サモサ(奥)は2個S$3

⬆買い物に来たインド系市民でいつも賑わっている

美しい手仕事にキュン♡

珠玉のプラナカン雑貨

Read me!

プラナカン(→P146)の生活で使われてきたカラフルな刺繍製品や陶器は、歴史と伝統に彩られたシンガポールならではのアイテム。手ごろなものもあるので、お気に入りを探して。

↑1粒ずつ手で刺繍したビーズサンダル。値段は要確認

←革バッグS$450～。ビーズ刺繍は動物などがモチーフ

→小皿S$23、レンゲS$4～8、茶碗S$30～35。伝統の鳳凰柄

プラナカン雑貨の名店

ルマー・ビビ

●Rumah Bebe

オーナーは、プラナカン女性のビビさん。1階はレストラン、2階がショップで、色鮮やかな陶器をはじめ、ビーズサンダルやアクセサリーなど上質のアイテムを揃える。プラナカン様式の建物と美しい内観も必見。

カトン **MAP:P13B4**

図Ⓜパヤ・レバ駅から車で10分
住113 East Coast Rd. ☎6247-8781
⏲9時30分～18時30分（ショップ）
休月～水曜 ※ショップは電話での完全予約制

↑クロサンS$25～260。民俗衣装の上着「クバヤ」を留めるブローチ

カップ＆ソーサーS$58、ポットS$88。鳳凰や牡丹の伝統柄

←↓ビーズサンダルS$200～。繊細な手刺繍が美しい

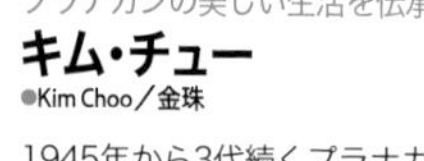

プラナカンの美しい生活を伝承

キム・チュー

●Kim Choo／金珠

1945年から3代続くプラナカン雑貨＆伝統菓子の有名店。伝統柄の陶磁器やビーズサンダルのほか、文具などの小物も見つかる。クッキーなど全て手作りのプラナカン伝統菓子もぜひ。

カトン **MAP:P13B4**

図Ⓜパヤ・レバ駅から車で10分
住109-111 East Coast Rd.
☎6741-2125
⏲9～21時 休なし

←キーケース各S$38。本革にビーズ刺繍を施してある

プラナカン・タイルの専門店

プラナカン・タイルズ・ギャラリー

オススメ！

●Peranakan Tiles Gallery

オーナーはプラナカン・タイルの修復職人兼収集家で、専門書も出すほど。アンティーク品からオリジナル品まで色とりどりのタイルが並び、まさにギャラリーのよう！額縁も豊富。

チャイナタウン MAP:P10B3

図Ⓜチャイナタウン駅から徒歩3分
住37 Pagoda St.
☎6684-8600
⏲12～18時 休なし

➡タイル各S$70～110。上はイギリス製、下は日本製の復刻版

⬆タイルS$140、フレームS$28。約100年前のデザインを復刻

マグネット各S$6。19世紀後半、家の装飾などに人気だった柄

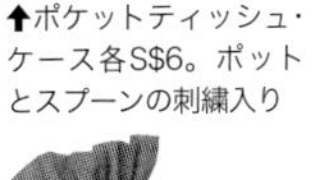

⬅デザートスプーンS$12(2個)。プラナカンの伝統的な絵柄

⬇ネックレス各S$35。天然石のハート型で、紐の長さは調整可能

⬆ミュールS$480。ビーズによる花模様の刺繍が美しい

手作りのアクセや靴が人気

リトル・ショップハウス

●Little Shophouse

プラナカン文化研究家のオーナーによる手作りの靴やアクセサリーがオススメ。ビーズ刺繍の靴は1足ずつ時間をかけて製作。厳選された天然石のアクセサリーもデザイン豊富。

アラブ・ストリート MAP:P12B1

図Ⓜブギス駅から徒歩5分
住Golden Landmark #03-49(3F), 390 Victoria St.
☎6295-2328
⏲11～15時
休木・日曜

手ごろで在住日本人ファン多数

ファー・イースト・ファイン・アーツ(チョーさんのお店)

●Far East Fine Arts(Chosan Zakka)

40年続くショップで、オーナーのチョーさんは日本語OKの親日家。カゴバッグや布小物などのアジア雑貨のほか、プラナカン陶器、プラナカン柄をモチーフにした雑貨が揃う。

オーチャード MAP:P7F3

図Ⓜオーチャード駅から徒歩3分
住Lucky Plaza #03-50 (3F),304 Orchard Rd.
☎6235-1536
⏲12～16時 休日曜

⬆ポケットティッシュ・ケース各S$6。ポットとスプーンの刺繍入り

⬅巾着ポーチS$12。陶器柄刺繍がキュート！色も多数あり

⬆コースターS$25(5枚セット)。プラナカン陶器を刺繍で表現

Plus! プラナカン・モチーフとは!?

「プラナカン」とは、15世紀後半にマレーシアやシンガポールに来た中国系の移民が、現地の女性と結婚して生まれた子孫のこと。中国とマレーの文化が融合し、美しいビーズ刺繍やカラフルな陶器を生み出した。

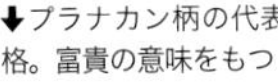

⬇プラナカン柄の代表格。富貴の意味をもつ

牡丹

鳳凰

⬆陶器にのみ使用される柄。平和や繁栄の意味

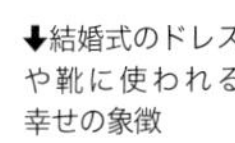

⬇結婚式のドレスや靴に使われる、幸せの象徴

蝶

バラ

⬆イングリッシュローズなど欧米の影響を受けた柄

ポップでキュートなデザインがいっぱい

シンガポール雑貨に夢中♡

Read me!

多民族国家のシンガポールは、東西をミックスした個性派雑貨の宝庫。マストバイのマーライオン雑貨のほか、プラナカン文化や風景をモチーフにした雑貨まで全部ほしい！

マーライオン雑貨 Merlion Godds

S$22
しろたん×マーライオン(M) Ⓒ
➡「しろたん」の着ぐるみをかぶったマーライオン。つぶらな瞳！

S$35
マーライオン インセンススタンド Ⓒ
⬅マーライオンの口から煙が！4種の香りのお香8個とのセット

S$15
ソックス Ⓑ
➡ラクサをするマーライオン柄。女性&子ども兼用サイズ

ゴルフ用品もチェック！

伊勢丹スコッツ(→P164)3Fのゴルフ売り場で、マーライオンのゴルフ用品を発見！

➡ヘッド・カバーS$35〜60。ふさふさのたてがみが注目度満点！

⬅ボール・マーカーS$25。マーライオン入りと文字入りの2個セット

インテリア Interior

各S$55
クッション・カバー Ⓓ
➡プラナカン・タイル、シンガポール植物園などがモチーフ

S$45
バティック ぬいぐるみ Ⓕ
⬅ネコの形がキュート！色や柄はさまざま揃っている

S$88〜
プレート Ⓔ
➡観光名所や名物料理、動物など約100の象徴が一堂に！直径24cm

Ⓐほかにない個性派アクセサリー

エッセンシャル・エクストラ・ギフト・ストア

●Essential Extra Gift Store

OUEダウンタウン内にあり、アクセサリーや雑貨、文房具などギフト向け商品を扱うセレクトショップ。ユニークなデザインの商品が人気。

チャイナタウン MAP：P10C4

図Ⓜシェントン・ウェイ駅から徒歩1分
住OUE Downtown Gallery #01- 39/40, 6A Shenton Way ☎なし ⏲10時30分〜18時30分(土曜は〜16時30分) 休日曜、祝日

Ⓑ日本人好みのラインナップ

リ-スタイル・ギフト

●Re-Style Gift

バイヤーがセレクトしたシンガポール・モチーフの雑貨が豊富。ポーチや食器などのほか、「シンガポール・メモリーズ」の香水、コスメなども。

オーチャード MAP：P7E2

図Ⓜオーチャード駅から徒歩1分
住伊勢丹スコッツ(→P164) 2F
☎6733-1111(代)
⏲10〜21時
休なし

Ⓒ日本人オーナーのデザイン雑貨

メリッサ

●Melissa

日本人オーナーがデザイン・開発した実用的な雑貨が充実。バティック小物やボックス入り菓子、プラナカン雑貨などもセンスあふれるものばかり。

オーチャード MAP：P7F3

図Ⓜサマセット駅から徒歩3分
住マンダリン・ギャラリー(→P164) #04-30(4F)
☎6333-8355
⏲11〜19時 休月曜

定番

テーブルウェア

Tablewear

S$30
コースター Ⓓ
↗シンガポールの花々をプラナカン風デザインに。4枚セット

S$18.90
マグカップ Ⓑ
←レトロな鶏柄と文字が"らしさ"満点！ホーロー製

各S$6.90
コースター Ⓕ
←コットンのバティック製。テーブルが一気に南国の雰囲気に！

S$42
マジック・カップ Ⓔ
→柄はテンブスの花と葉。コロナ禍の首相演説の際に何度も登場したカップがモデル

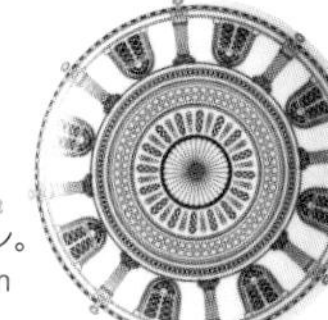

S$48
プレート Ⓔ
→美しいドームの装飾をデザイン。インテリアにしても。直径15cm

雑貨&ファッション

General Goods & Fashion

各S$8
巾着ポーチ Ⓒ
←プラナカンのティーポットや伝統菓子「クエ」などの刺繍入り

S$150
シルク・スカーフ Ⓓ
→プラナカンのスプーンをデザイン。色違いがオシャレ！90㎝×90㎝

各S$8
フェイスタオル Ⓒ
↙プラナカン柄のスプーンなどの刺繍入り。柄は全5種

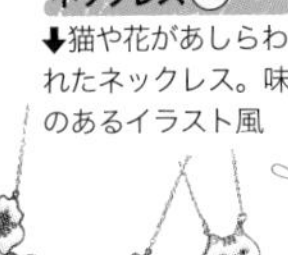

各S$39～
ネックレス Ⓐ
↓猫や花があしらわれたネックレス。味のあるイラスト風

各S$34～
イヤリング Ⓐ
↑白クマや海の生き物がモチーフ。左右異なるデザインがオシャレ

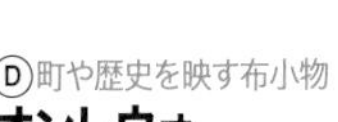

Ⓓ町や歴史を映す布小物
オンレウォ
●Onlewo

デザイナーのユージーンさんが手がけるファブリック専門店。シンガポールの建物や街並みなどをデザインし、どれもカラフルでスタイリッシュ。

カトン MAP：P13B2
図Ⓜユーノス駅から徒歩15分
住17 Joo Chiat Place
☎8100-9800
営10時30分～17時30分
休日～火曜

Ⓔシンガポール・モチーフの焼き物
スーパーママ・ザ・ミュージアム・ストア@NMS
●Supermama The Museum Store@NMS

地元デザイナーが、シンガポールの風景や文化をモチーフにしたオリジナル雑貨を発信。製品は全てアジアの熟練職人によって作られている。

シティ MAP：P8C4
図Ⓜブラス・バサー駅、ドービー・ゴート駅、ベンクーレン駅から徒歩5分
住シンガポール国立博物館(→P177)内
☎9615-7473 営10～19時 休なし

Ⓕバティック柄の製品が人気
アカモティフ
●AkaMotif

タングリン・モール内にあり、インドネシアテイストの雑貨が揃う。バティック柄のスカーフや小物などを、さまざまなデザインから選べる。

オーチャード MAP：P6C3
図Ⓜオーチャード・ブールバード駅から徒歩2分 住Tanglin Mall #03-142(3F), 163 Tanglin Rd.
☎9176-8381
営10～20時 休なし

Non-alcoholic Perfume

繊細なガラス瓶を選んで

私だけのノンアルコール香水をGet!

Read me!

飲酒をしないムスリム(イスラム教徒)が使うのが、ノンアルコール香水。肌にやさしく、ナチュラルな香りが人気で、調合してもらえる専門店も。美しい香水瓶と共に持ち帰って。

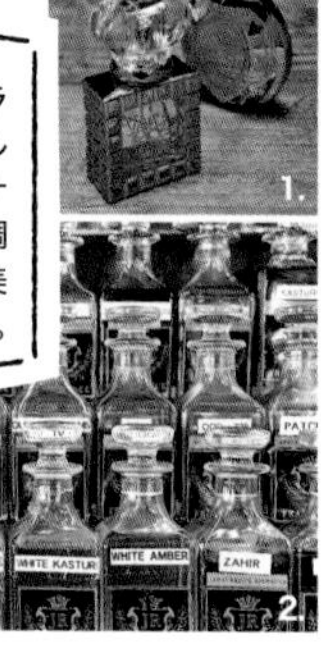

1. 小さくてレアなので、おみやげにもぴったり
2. オリジナルの香りが揃うほか、店によっては自分だけの香りも調合OK
3. 美しい香水瓶は見ているだけで楽しい

Ⓐ150種類以上の香りから選べる!

ジャマル・カズラ・アロマティクス

●Jamal Kazura Aromatics

サルタン・モスクのそばにある老舗の香水店。天然のエッセンシャルオイルのみで作られた香水は、香りが長時間続くのも特徴。エジプトで手作りされた香水瓶の数々は目を見張る美しさ!

↑店内に入るといい香りに包まれる

アラブ・ストリート MAP:P12B2

MAP:P12B2

交Ⓜブギス駅から徒歩8分
住21 Bussorah St.
☎6293-3320
⏰9時30分〜18時
休イスラム教の祝日

➡香水瓶は箱に入れてくれ、ギフトにもおすすめ

人気の香り Best3

※調合済み香水はS$12(6ml)〜

1位 ニッポン・クィーン Nippon Queen
複数の花を混ぜたやさしいフローラルな香り。幅広い年代に人気

2位 モーメント Moment
シトラス系の香りを調合。さわやかな香りで気持ちもリフレッシュ

3位 グリーンティー Green Tea
ほんのりやさしい茶葉の香りに包まれ、心がすっと落ち着きそう

香水瓶(瓶のみ) DATA

小(6ml) S$12〜
中(12ml) S$20〜
大(26ml) S$30〜
特大(60ml) S$50〜

20〜30代女性に人気! ヤング・ラブ Young Love
甘いフローラル系の香りを調合。デートのときにもぴったり

Ⓑ世界に1つだけの自分の香りを

シファー・アロマティクス

●Sifr Aromatics

左記「ジャマル・カズラ・アロマティクス」の姉妹店。好みの香りを調合してもらう場合は2日前までに要予約。また、約25種以上から選べるオリジナルの香りや手作りキャンドルも人気。

↑さまざまな色や形の香水瓶が並ぶ

アラブ・ストリート MAP:P12B2

交Ⓜブギス駅から徒歩7分
住42 Arab St.
☎6392-1966
⏰11〜20時(日曜は〜17時)
休月・火曜

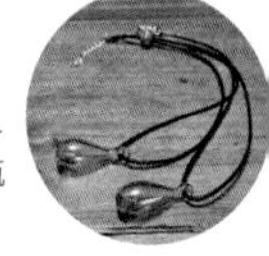

➡アクセサリーのような香水瓶も発見!

人気の香り Best3

※調合済み香水はS$45(15ml)〜

1位 レッド・ベルベット・ローズ Red Velvet Rose
クリーミーなバニラと、ローズの甘い香りをミックス

2位 スルタン Sultan
ムスクとシダーウッドを合わせたエキゾチックな香り

3位 クリスタル Kristal
ムスクの辛口な香りにシトラスのさわやかな香りをプラス

香水瓶(瓶のみ) DATA

小(15ml) S$55〜
中(30ml) S$65〜

20〜30代女性に人気! オ・グローヴ O'Grove
シトラス+少し甘めのフローラル系でフレッシュな雰囲気

自分だけの香水も作れます!

Ⓑ「シファー・アロマティクス」で作れる! S$125(15ml)〜

1 ベースの香りを選ぶ
全体の香りの柱となるベースノートと呼ばれる香りを、実際にかぎながら選ぶ

2 アクセントとなる香りを選ぶ
ベースに合う香りを何種類かすすめてもらえるので好みを1〜3種選ぶ

3 全てをよく混ぜて香りを確認
チョイスした香りをブレンドしてもらい、どんな香りになったかを確認

4 好きな瓶に詰めて完成!
完成した香水は密閉性の高い容器に入れてもらうほか、好きな香水瓶を選んでも

胸キュン♡の香水瓶コレクション

定番

立体感のある赤いガラスがエキゾチック

S$20 Ⓐ
炎をモチーフにしたボディのガラス細工が何とも美しい！

S$20 Ⓐ
ハート型のボトルにかわいらしい花のモチーフがアクセント

すりガラスを使ったやさしい趣

S$20 Ⓐ
細長いフォルムに透き通ったブルーの彩色が美しい定番スタイル

S$100 Ⓑ
赤い彩色ガラスとゴールドによるゴージャスな雰囲気のボトル

エキゾチック

金色や赤色の細やかな細工にも注目

S$100 Ⓑ
チェコの繊細な技巧による香水瓶。ちりばめたクリスタルが美しい

S$30 Ⓐ
アラビアの塔をイメージしたピンクのボトルがおしゃれ！

パープルとゴールドのカラーが優雅！

S$100 Ⓑ
淡いパープルのガラスに宝石を配したアンティークの香水瓶

S$100 Ⓑ
王冠をモチーフにした蓋とボトルに、美しい花のモチーフ付き

動物形

カワイイ形で置くだけで絵になる！

S$20 Ⓐ
縁起がよいとされる金の象をかたどったキュートな香水瓶

S$20 Ⓐ
エジプトのラクダをモチーフにした、ユーモラスなデザイン

Plus! ノンアル香水の楽しみ方

ノンアルコール香水は手首や首筋につけるだけじゃもったいない！　浴槽に数滴垂らしてアロマバスにしたり、アロマストーンに垂らして玄関や部屋に置いたりしても。アルコール不使用なので安心して使える。

美しい香水瓶は部屋に置くだけでインテリアにもなる

シンガポール・テイストあふれる

こだわりクッキー&チョコレート

旅のおみやげに重宝するのが、クッキーやチョコレート。シンガポールには南国フルーツやココナッツなどを使ったこの地ならではの味が揃い、パッケージもおしゃれで優秀！

S$18
カシューナッツ・クッキー
香ばしいナッツとバターの風味が広がり、サクサク食感

こちらもオススメ！

S$13.50
カヤ・ジャム
ココナッツミルクや卵、パンダンで作った伝統ジャム

S$18
スパイス・アイランド
ショウガやシナモン、クローブなどの風味が豊かなクッキー

料理のプロが作った地元菓子

ヴァイオレット・オン

オススメ

●Violet Oon Singapore

国民的料理研究家ヴァイオレット・オンさんのショップ&レストラン。クッキーをはじめ、オリジナルの食品は全て保存料など不使用で、プラナカン・タイルを模したパッケージも素敵！特製の調味料やカヤ・ジャムも、ぜひ一緒にゲットしたい。

オーチャード MAP:P7E3

図Ⓜオーチャード駅から徒歩1分
住アイオン・オーチャード(→P145)
#03-28/29(3F)
☎9834-9935
⏰11～22時
休なし

COOKIE

400種以上のフレーバーが揃う

クッキー・ミュージアム

●The Cookie Museum

ルネッサンス風など華やかなパッケージ缶が人気のクッキー専門店。「ローズ・ライチ」などの定番のほか、パンダン・リーフ風味などシンガポールならでは個性派フレーバーも大人気！

シティ MAP:P11D1

図Ⓜシティ・ホール駅から徒歩1分
住ラッフルズ・シティ(→P175)
#B1-K12B(B1F)
☎6749-7496 ⏰11～21時 休なし

S$48
チキンライス・クッキー
シンガポール名物の味！チキンパウダーとコショウが利いている

S$32
シンガポール・スリング・クッキー
この地発祥カクテルの風味。チェリーやグランマニエの香り

S$26
マカデミア・スージー
甘さ控えめでナッツが香ばしい。ピンクの花柄缶もキュート！

S$25～
パイナップル・タルト
サクサクのバター生地に、砂糖不使用のパイナップル・ジャム入り

代々伝わる素朴なおいしさ

ブンガワン・ソロ

●Bengawan Solo

1979年の創業以来、伝統菓子を作り続ける有名店。約30～40種のクッキーやプラナカン風の餅菓子などは添加物不使用。クッキー類は、シンガポールの国花のランをモチーフにした缶も人気。

オーチャード MAP:P7E3

図Ⓜオーチャード駅から徒歩1分
住アイオン・オーチャード(→P145)
#B4-38(B4F) ☎6238-2090
⏰10～21時 休なし

S$18
コーヒー・クッキー
ほろ苦いコーヒーとぎっしり入ったアーモンド、シリアルがマッチ

S$14.80(10個)
パイナップル・タルト
新鮮なパイナップルを使った甘さ控えめのジャム入り

S$18
チョコレート・クッキー
チョコレート味の生地にチョコチップ、アーモンド、シリアル入り

COOKIE

3代続く地元スイーツの名店
エルイー・カフェ・コンフェクショナリー&ペストリー
●L.E. Café Confectionery & Pastry

1949年創業で、3代続く人気店。名物のパイナップル・タルトをはじめ、クッキーやケーキなどの焼き菓子は全て併設の工房で手作り。素朴なおいしさに足繁く通うファンも多い。

リトル・インディア MAP:P8C3

図Ⓜリトル・インディア駅から徒歩5分
住31/33 Mackenzie Rd.,#01-01
☎6337-2417
⏲10時30分～18時45分
(日曜、祝日は～16時30分)
休なし

地元発の人気チョコレート
オーフリー・チョコレート
●Awfully Chocolate

1998年にチョコレートケーキの販売からスタート。世界の上質カカオを使って手作りするチョコレートは添加物不使用で、濃厚な味わいだ。シックなパッケージも高級感いっぱい。

オーチャード MAP:P7E3

図Ⓜオーチャード駅から徒歩1分
住アイオン・オーチャード(→P145) #B4-50(B4F)
☎6884-6377
⏲10～21時
休なし

S$11.80
サントメ
カカオ70%のダークチョコ。シトラスと紅茶のフレーバー

S$22(6個)
ゴージャス・トリュフ・コレクション
ダブル・エスプレッソ、シャンパン、キャラメルなど6種の詰め合わせ

各S$19.80
クッキー
チョコチップ、カカオ70%、ホワイトチョコなど種類はさまざま

S$25
クッキー・チップ・チョコレート
60%ダークチョコにチョコチップ。クッキーとチョコの中間のよう

CHOCOLATE

S$38(9個)
チョコレート・ボンボン
コピ(コーヒー)、マンゴー・カレーなど好みを選べる。5個S$23～

アジアン・フレーバーのチョコ
ジャニス・ウォン ●Janice Wong

話題のパティシエール、ジャニス・ウォンさんのチョコレートショップ。常時20種の「チョコレート・ボンボン」の美しさはまさに芸術！ラクサなどこの地らしいフレーバーが狙い目。

オーチャード MAP:P7E3

図Ⓜオーチャード駅から徒歩5分
住パラゴン(→P163) #B1-K28(B1F)
☎9233-7547 ⏲10～21時(金～日曜は～22時) 休なし

こちらもオススメ!

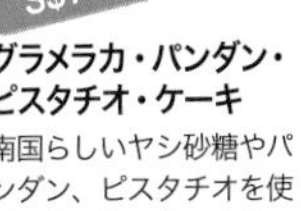

S$77
グラメラカ・パンダン・ピスタチオ・ケーキ
南国らしいヤシ砂糖やパンダン、ピスタチオを使用。ホテルで食べよう

ラッフルズ・ブティック
TWG ティー
ムスタファ・センター
雑貨
クッキー&チョコ
スーパーマーケット
大型商業施設

シンガポールの味をまとめ買い！

スーパーでプチプラみやげ

Read me!

街なかに点在するスーパーは、バラまきみやげにぴったりなプチプラ商品の宝庫！　日本でシンガポールの味を楽しめるだけでなく、アジアンなパッケージも高ポイント！

インスタント食品&料理の素

各S$1.80
カップヌードル Ⓐ
「日清カップヌードル」のご当地版。左はラクサ味、右はチリクラブ味

S$9.15
ラクサ・キット Ⓐ
必要なハーブやスパイスがこれ1箱に。エビなどの具と好みの麺で

S$2.53
チリクラブ・ペースト Ⓑ
カニやニンニクと一緒に炒めて、最後に溶き卵を加えれば完成！

S$2.53
ラクサの素 Ⓑ
水とココナッツミルクを加えるだけでラクサのスープが作れる

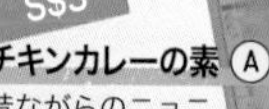

S$3
チキンカレーの素 Ⓐ
昔ながらのニョニャ風カレーの素。鶏肉とじゃがいもを入れて

S$3
海南チキンライスの素 Ⓐ
水を加えた米に混ぜ、鶏肉をのせて、炊飯器で炊くだけ！

S$2
ラクサ炒飯の素 Ⓐ
スパイスとハーブが絶妙！ パスタや麺などにからめても◎

お茶

S$2.60
マサラ・チャイ Ⓓ
セイロンティーにスパイス入り。ホットミルクで淹れよう

S$5
マンゴーティー Ⓑ
マーライオンのイラストがかわいい木箱入り

S$22.15
グライフォン ホワイトジンジャーリリー Ⓑ
スパイス、ジンジャー、ハーブ、レモングラスのさわやかな香り

S$22.15
グライフォン マラケシュミント Ⓑ
グリーンティーをベースにミントとレモングラスをブレンド

Ⓐ
国内に約50軒を展開する大手
コールド・ストレージ シンガポール髙島屋店
Cold Storage Singapore Takashimaya

生鮮食品から調味料、惣菜、日用品まで幅広く扱う。マーライオンをデザインしたみやげ用菓子類なども充実し、旅行者に人気。

オーチャード
MAP:P7F3
図オーチャード駅から徒歩5分
住髙島屋ショッピングセンター／ニー・アン・シティ(→P163) #B2-01-1(B2F)
☎6735-1266
営10時～21時30分 休なし

Ⓑ
地元密着型のローカル店
フェアプライス・ファイネスト
FairPrice Finest

国内に約230店をもつ庶民派スーパー。調味料やレトルト食品、菓子など地元の人々が普段使う定番商品を中心にラインナップ。

オーチャード
MAP:P7E2
図オーチャード駅から徒歩1分
住6 Scotts Rd., #B1-03-07、B1-10 (B1F), Scotts Square
☎6636-0290
営8～23時 休なし

Ⓒ
レアな人気商品も豊富
伊勢丹スーパーマーケット
Isetan Super Market

日系デパートの地下にあり、シンガポールの食品を集めたコーナーが人気。ここだけの限定品や箱入りのお菓子なども充実。

オーチャード
MAP:P7E2
図オーチャード駅から徒歩1分
住伊勢丹スコッツ(→P164) B1F
☎6733-1111(代)
営10時～21時 休なし

Ⓓ
ムスタファ・センター
➡P132

調味料＆ジャム

S$7
ジンジャー・ソース Ⓐ
「スープ・レストラン」(→P101)で使われる大人気ソース。鶏肉や麺に

S$7
XO醤 Ⓐ
上と同じく「スープ・レストラン」製。炒飯や麺にコクをプラス

S$15
シンガポール・スリング・マーマレード Ⓒ
地元の人気ブランド「Straits Preserves」が名物カクテルを再現。チェリーの風味

S$4.35
カヤ・ジャム Ⓐ
ココナッツミルクや卵で作った定番ジャム。伝統のパンダン・リーフ入り

各S$3.15
ポテトチップス Ⓐ
左はチキンライス味、右はインド風パンのプラタ＆カレーの味

各S$7(各2個入り)
パイナップル・ケーキ Ⓒ
家族経営の「五谷豊」社製で、カラフルなプラナカン模様が人気！

お菓子

S$4.95
カシューナッツスナック Ⓑ
カシューナッツとケール、お米の生地をこんがりと焼いたおかき風

S$5.65
マーライオン・チョコレート・クッキー Ⓐ
かわいい形に注目！ドリアンやマンゴー味もある

S$5.30
ナッツベイクド ルビーミックス Ⓑ
ドライフルーツとミックスナッツが入ったヘルシーなおやつ

S$7.37
マーラーキャッサバチップス Ⓑ
キャッサバ(ユカ芋)のチップス。花椒と唐辛子が効いた麻辣(マーラー)味で激辛

Plus! ドラッグストア編！
スーパーのほかに、街なかのドラッグストアでこんな商品も発見！

シンガポールの"マツキヨ"
ガーディアン ★★★
●Guardian

国内最大のドラッグストア・チェーン。薬はもちろん、コスメやメイク用品などを手ごろに買える。オリジナルブランドのバス用品やヘアケア用品なども狙い目だ。

オーチャード MAP:P7E3
図オーチャード駅から徒歩1分
住アイオン・オーチャード(→P145)#B4-02(B4F)
☎6884-5956 ⏲10〜22時 休なし

S$2
ボディ・ソープ
シアバターやアロエベラなどを配合し、肌しっとり。スイレンの香り

S$3.85
アロマテラピー・ロール・オン
虫刺されやリフレッシュに。耳や首の後ろにクルクル塗れて携帯していると重宝

おみやげ探しもひと休みもおまかせ！

2大ショッピングセンターを攻略！

Read me!

シンガポールはショッピングセンター大国。街のあちこちに大型施設が点在するが、なかでもハズせないのがこの2つ。スーパーマーケットやフードコートもあって便利！

人気複合施設に直結

ザ・ショップス アット マリーナベイ・サンズ

●The Shoppes at Marina Bay Sands ★★★

「マリーナベイ・サンズ」(→P46)に直結する大型モール。3フロア・約7万㎡の館内に各国ブランドのショップなど約270軒が集結している。「TWG ティー」など地元発の人気ショップも充実！

マリーナ MAP:P11E2・E3

図Ⓜベイフロント駅から徒歩すぐ
住2 Bayfront Ave. ☎6688-8888(代)
⏲10時30分～22時(金・土曜、祝前日は～23時。店舗により一部異なる) 休なし

↑陽光が差し込む明るい館内はいつも賑やか

↑サンパン・ライド(→P51)などに楽しいエンタメもいっぱい

その他のエンタメやレストランはP51をCHECK！

こんなスポットも活用度大！

おすすめショップ

B1F

国内随一の茶葉ブランド

TWG ティー・ガーデン アット・マリーナベイ・サンズ

●TWG Tea Garden at Marina Bay Sands

各国で厳選した800種を超える茶葉が集まり、お茶を使ったマカロンなどのお菓子やジャムなども人気。ティーサロンも併設し、お茶の風味を生かした軽食やスイーツも楽しめる。

住#B1-122/125 ☎6535-1837 ⏲10時～21時30分 休なし

↑世界各地から厳選された茶葉は量り売りで買うこともできる

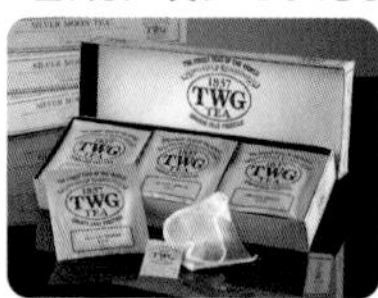

↑ティーバッグも種類豊富

S$46

↑シンガポール・ブレックファスト・ティー

←マカロン1個S$2.50

L1 スーパー

地元の味をお持ち帰り

ジェイソンズ・デリ

●Jasons Deli

ローカルな食材などが見つかるスーパーマーケット＆デリカテッセン。調味料やお菓子などのほか、デリコーナーには作りたてのアジア料理やサラダ、ジュースなども並ぶ。

住#L1-29 ☎6509-6425
⏲10～22時(金～日曜は～23時) 休なし

B2F フードコート

ひとりごはんに活躍！

ラサプーラ・マスターズ

●Rasapura Masters

シンガポールの地元料理をはじめ、タイ、韓国、日本などアジア各国の味が揃うフードコート。約25軒が集まり、デザートのコーナーも。朝食～夜食まで気軽に利用できる。

→P51

国内最大級の人気モール

アイオン・オーチャード

●ION Orchard ★★★

オーチャード地区のシンボル的存在。8フロアに各国の高級&カジュアルブランド、レストランやカフェなど計200軒以上が集結するほか、56階の展望フロア「アイオン・スカイ」も人気。

オーチャード MAP:P7E3

図Ⓜオーチャード駅直結
住2 Orchard Turn ☎6238-8228(代)
時10〜22時(店舗により一部異なる)
休なし

L4	電化製品、キッチン用品、本、アートギャラリー、レストランほか
L3	高級ブランド、カジュアルブランド、レストランほか
L2	高級ブランド、カフェほか
L1	高級ブランド、靴、化粧品ほか
B1F	カジュアルブランド、雑貨、ファッション雑貨、バッグ、カフェほか
B2F	カジュアルブランド、アクセサリー、靴ほか Ⓜオーチャード駅直結
B3F	カジュアルブランド、靴、レストラン、カフェほか、
B4F	カジュアルブランド、ダイソー、食品、漢方薬、スーパーマーケット、ドラッグストア、フードコート、レストラン、カフェほか

↑L1とL4にあるコンシェルジュ・カウンター。L1には観光案内所も

食・買・遊が集結。曲線を描く外観が近未来的

おすすめ2大ショップ

B3F

オン&オフに使える靴

チャールズ&キース

●Charles&Keith

シンガポール発のシューズブランド。「世界中の女性を魅力的にしたい」との思いから、1996年に創設。エレガントからキュートなデザインまで揃い、リーズナブルなのも人気の秘密。

住#B3-58 ☎6238-1840
時10〜22時 休なし

↑バッグや財布、アクセサリーなども揃っているのでチェック

↓サンダルS$59.90。ラタンのヒールに注目！

↑ミュールS$56.90。上品なパンプス感覚で履ける

B4F

地元生まれの紅茶ブランド

1872 クリッパー・ティー・コー

●The 1872 Clipper Tea Co.

1872年の創業以来、新鮮で上質な茶葉が愛されている。蘭やマンゴーなどを使ったフレーバーティーが充実し、街並みをデザインしたパッケージも人気。カフェスタンドも併設。

住 #B4-07 ☎ 6509-8745
時10〜22時 休なし

↑気になる茶葉は試飲しながら、ゆっくり選ぶことができる

↑8種がセットになった「トラベル・ジャーナル」

↑箱や缶のデザインもかわいいので、おみやげにぴったり

こんなスポットも活用度大！

B4F スーパー

バラまき探しにも便利

ジェイソンズ・デリ

●Jasons Deli

お菓子や調味料などプチプラな地元食材が見つかるスーパーで、気軽なおみやげ探しに便利。デリコーナーも併設し、シンガポール料理やサラダなどはテイクアウトもOK。

住#B4-01
☎6509-4611
時10〜22時 休なし

B4F フードコート

手ごろに地元の名物料理を

フード・オペラ

●Food Opera

チキンライスやバクテーなど地元料理の名店が集まるフードコートで、一日中地元の人でいっぱい。1900年代の英国統治時代をイメージした店内は席数も多く、女性ひとりでも気軽に利用できる。

➡P118

ION Orchard

世界がひろがる! Column

カラフル&エキゾチック!

美しきプラナカンの世界

シンガポールを旅していると、よく聞くのが「プラナカン」という言葉。歴史と伝統に彩られた、色鮮やかな文化に触れてみよう。

What's プラナカン!?

Perenakan

15世紀後半にシンガポールやマレーシアに来た中国系移民が、現地の女性と結婚して生まれた子孫のこと。中国とマレーの文化が融合した独自の生活スタイルを生み出し、今も工芸品や服装、食事、建築などに根付いている。

Keyword 1 ビーズ刺繍

ビーズ刺繍ができることはプラナカン女性のたしなみとされ、特に精巧な柄のサンダルが有名。ビーズを1粒ずつ刺し、完成に数カ月かかるものも。

Bead Embroidery

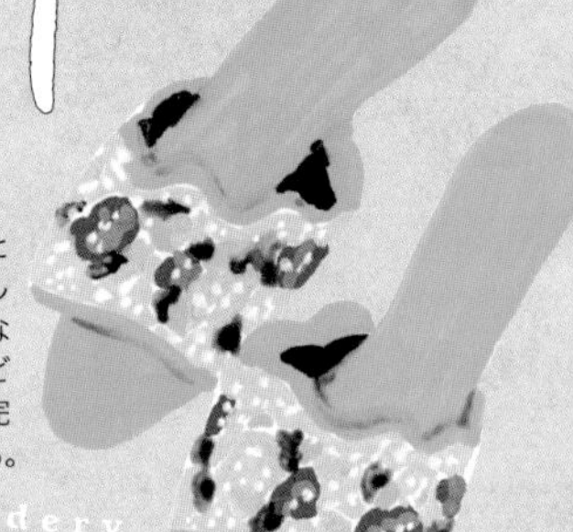

↓各家庭で何世代に渡り受け継がれることも多い

Keyword 2 クバヤ (ケバヤ)

女性用の刺繍入りジャケットのこと。これにバティック染めのサロン(スカート)、ビーズ刺繍のサンダルを合わせて正装となる。

Kebaya

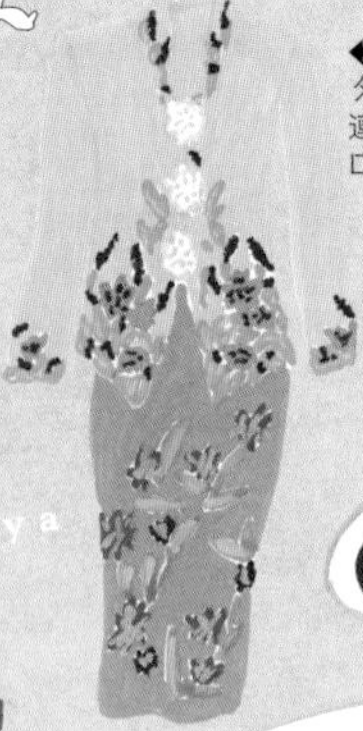

←クバヤにはボタンがなく、3連ブローチ「クロサン」で留める

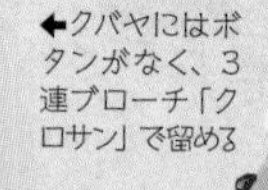

→色はピンクや黄色など南国らしく華やか

←小さなレンゲはおみやげにも人気

Keyword 3 陶器

主に中国の陶器「景徳鎮」を、プラナカン好みの鮮やかな色柄でデザインしたもの。鳳凰や牡丹など、中国の吉祥柄(→P135)が多く見られる。

Pottery

↑色鮮やかなタイルが建物を彩る

Keyword 4 装飾&建築

東西のモチーフを融合したプラナカン・タイルなどが多く使われる。建築物としては1階が店舗、2階が住居の建物「ショップハウス」も有名で、カトン地区(→P78)にカラフルな建物が多く残る。

Decoration & Architecture

↑ハーブやココナッツミルクなどもよく使う

Keyword 5 ニョニャ料理

「ニョニャ」とはプラナカンの女性のことで、彼女たちが作る家庭料理をこう呼ぶ。マレー、中国などの食材やスパイス、調理法が融合した多国籍の味。

Nyonya Cuisine

←伝統菓子「ニョニャ・クエ」もカラフル!

プラナカン文化はココで体感!

●街歩き ⇨P78
●おいしいもの ⇨P102
●おかいもの ⇨P134

夜あそび

Night Out

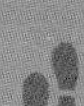

Contents

知っておきたいこと10

#夜遊び

ハーバーを彩る夜景や週末に盛り上がるクラブ、手軽にチャレンジできるカジノなど、比較的治安が良く、眠らない街・シンガポールでは夜遊びも楽しい。

01 マリーナの夜景を一望するバーやレストランが大人気!

湾岸に立つマリーナ・ベイ・サンズやアートサイエンス・ミュージアム、シティの歴史的建物やダウンタウンの高層ビル群など、マリーナを彩る夜景は、シンガポール・ナイトのハイライトだ。その絶景を一望にするルーフトップ・バー(→P150)やレストラン(→P154)へ、足を運ぶツーリストが多い。

➡シンガポールに来たならベイビューの夜景はハズせない

02 最大のナイトスポットは川岸のクラーク・キー

シンガポールで「夜はどこへ行けばいい?」と聞けば、たいていの人は「CQ/クラーク・キー(→P182)」と答える。シンガポール川の岸辺にレストランやバー、ライブハウスなどが立ち並び、川面に映るネオンサインが格好の映える夜景スポットとなっている。

⬆ネオンサインの明るさと川面の色帯が夜の賑わいを演出している

03  夜のマーライオン・パークは必訪!

昼間見るマーライオンは、シンガポールの象徴として"微妙"という人もいるが、その存在感を一気に増すのが、ライトアップされる夜だ。噴き出す水が光る滝となって、夜景をバックに立つ姿は神々しいほど輝いて見える。

⬆ライトアップされる夜。浮き立って見え、存在感を増すマーライオン

04 40分でシンガポール夜景のほとんどを見られるクルーズ

最もスピーディーで効率がいい夜景観賞手段は、リバー・クルーズ(→P156)だ。クラーク・キーを出発し、ライトアップされる歴史的建物や橋。オフィス街の摩天楼、マーライオン、マリーナベイ・サンズ、アートサイエンス・ミュージアムなどなど、主だった夜景スポットを、たった40分で船上から一気に観賞できる。

⬆リバー・クルーズはクラーク・キーを拠点に運航する

05

土曜の夜はクラブで盛り上がる!

シンガポールの若者たちもクラブが大好き。ただ、クラブが開くのは週末や限られた曜日なのがツーリストには難点。なので、必ず開く土曜の夜は、「ズーケスト」と呼ばれる熱狂的な常連客や世界中からファンが集うズーク(→P159)などで、シンガポールナイト!を楽しみたい。深夜に盛り上がろう!

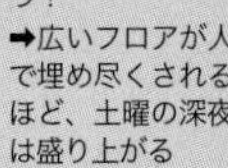

➡広いフロアが人で埋め尽くされるほど、土曜の深夜は盛り上がる

06

夜はカジノでひと勝負してみる!?

シンガポールでの楽しみのひとつとして人気上昇中なのがカジノ(→P56)。マリーナベイ・サンズとセントーサ島のリゾート・ワールド・セントーサにあり、いずれも24時間営業で年中無休。多くの人は、夜の娯楽のひとつとしてカジノ・ゲームに興じている。日本ではまだ公認されていない華やかな世界を体験してみよう。

➡明るくスタイリッシュなインテリアでカジノ初心者もくつろげる

07 耳より

カクテル?　ジュース?　モクテル!

世界的に有名なカクテル、シンガポール・スリングは、女性のためにジュースに見立てたという誕生秘話(→P160)が知られている。しかし、今では、カクテルに見立てたジュース(ノンアルコール)=「モクテル」がもてはやされているという。アルコールを口にしないムスリムやアルコールは健康に悪いという健康志向からだという。

➡パインベースのジュースもカクテルグラスに注がれると……

08 NEW

エキゾチック・バーが最新の流行

シンガポールのバーといえば、ラッフルズ・ホテルの「ロング・バー」(→P67)のように英国風で渋い大人の雰囲気の老舗バーを連想するが、最近のトレンドはカラフルなアートで飾られたエキゾチックなバー(→P158)だ。ティオン・バルなどおしゃれエリアに続々とオープンしている。

➡現代アートも新しいバーに欠かせないアイテムのひとつだ

09

日本とは違う飲酒の年齢制限と販売時間制限

シンガポールでは、18歳からお酒を飲むことができる。ただし、飲む場所や酒類の販売時間、飲酒時間には厳しい決まりがあり、22時30分～翌朝7時までは、公共の場での飲酒は禁止。コンビニやスーパーでも同時刻の酒類の販売は禁止。また、リトルインディアなどでは、土・日曜、祝前日と祝日は19時～公共の場所での飲酒とお酒の販売が禁止されている。

⬆週末のリトルインディアのフードコートでも夜の飲酒が中止される

10 得

安く飲むならハッピーアワーを利用する

お酒の値段が比較的高いシンガポールで、安く飲もうと思ったら、ハッピーアワーを利用するのが一番。時間や内容は店ごとに異なるが、たいてい17～20時ごろが一般的で、1杯注文すれば2杯提供とか、通常メニューが半額など、さまざまなサービスが行われている。ハッピーアワー専用メニューがある店もあるので、利用しない手はない。

⬆夕方のテラスバー。ドリンクもフードも半額程度で提供されることも

【編集MEMO】

コレだけはいいたい!

比較的治安が良いので夜の散歩が楽しい。活気あるクラーク・キーからマリーナ方面へ歩くのもおすすめ。

おしゃれエリアとして人気のティオン・バル。最新の個性的なレストラン&バーが続々オープンしています。

ガーデンズ・バイ・ザ・ベイのナイトショー(→P65)は、かなり感動的です。

編集T

Rooftop Bar

シンガポール・ナイトをちょっぴり優雅に

ルーフトップ・バーで夜景を楽しむ

Read me!

摩天楼の光あふれるシンガポールの夜は、まるで近未来都市のよう。パノラマに視界が開けたルーフトップ・バーで、好みのカクテル片手に、ナイトビューを楽しもう。

定番

マリーナを望むテラスで絶景を

ランタン

Lantern Rooftop Bar

マリーナに面したHフラトン・ベイのルーフトップ・バー。潮風を感じながらベイサイドの夜景を一望できるオープンエアのテラスが気持ちいい。フルーツを用いたオリジナルカクテルが人気。

マリーナ **MAP:P11D3**

交 Ⓜラッフルズ・プレイス駅から徒歩5分 住80 Collyer Quay, Hフラトン・ベイ(→P217)内 ☎6877-8911 ⏰17～24時(金・土曜、祝前日は～翌1時) 休日・月曜 予

→マリーナ湾を一望できる、まさに絶好のロケーション

スモーク&ミラーズ

Smoke & Mirrors

ナショナル・ギャラリー・シンガポールにあるオープンテラスの人気バー。マリーナベイ・サンズを真正面に望む絶好のロケーションで、シティの夜景も近い。オリジナルのカクテルが人気。

シティ **MAP:P10C1**

交 Ⓜシティ・ホール駅から徒歩6分 住ナショナル・ギャラリー・シンガポール(→P177)6F ☎9380-6313 ⏰18～24時(木・金・土曜は～翌1時、日曜は17～24時) 休なし 予推奨

Best Seat

マリーナ側のテラスは広くテーブルが置かれている。どの席からも夜景が一望できる。

ミュージアムにある絶景バー

オススメ!

↑オープンエアのテラス席からは、サンズの夜景が正面に見える

←シティに目をやれば、歴史的な建物と高層ビルの夜景も楽しめる

Best Seat
マリーナに面した
全天候型のテラスは広く、
ソファー席も選択
できる

シンガポールの
日の入り時間（月別）
赤道に近いので、
年間でほとんど時間に
変化がない

月	時間	月	時間
1月	19:09	7月	19:14
2月	19:19	8月	19:16
3月	19:19	9月	19:08
4月	19:12	10月	18:57
5月	19:06	11月	18:50
6月	19:08	12月	18:54

←フードはミニバーガーなど、軽食が中心

→フルーツを使ったオリジナルカクテルS$25～が充実

↑スタイリッシュな空間で、椅子の座り心地もいい

←「ドリアン」の愛称で親しまれるエスプラネード・シアター・オン・ザ・ベイのライトアップも

↓カウンター・バーの奥側には、落ち着いたテーブル席が並んでいる

Good Location Bar ★

夜はのんびりロマンチックに過ごしたい

ロケーションのいいバーでゆったり

Read me!

比較的治安のよいシンガポールでは、夜の外出も楽しみのひとつ。ちょっとオシャレをしてロケーションのいいバーへ出かけてみるのはいかが。きっと旅の思い出になる。

↓シンガポール川がマリーナに流れ込む運河からの絶景

オススメ

リバーサイドの穴場的なテラス

サウス・ブリッジ

South Bridge

飲食店が並ぶボート・キー・エリアにある穴場的なルーフトップ・バー。シンガポール川の向こうに、シンボリックなマリーナ・ベイサンズを真正面にする、開放的なロケーションが魅力だ。

マリーナ・ベイサンズを正面に眺められるテラスの最前席がベスト

ボート・キー MAP:P10C2

交 Ⓜラッフルズ・プレイス駅から徒歩5分
住 80 Boat Quay, Level 5, Rooftop
☎6877-6965 営 17～24時 休 なし
予 推奨

→世界各地から空輸される生ガキのプレート（6個）時価

↑オリジナルのカクテルも各種揃っている

39階の屋上テラスは眺望が開けて気持ちいい

↑シティ側のテラス席が◎。横になれるテント型シートも

ブギス新名所の屋上パノラマ

ミスター・ストーク

MR Stork

Ⓜブギス駅に隣接して建てられたⒽアンダーズ・シンガポールの最上階にあるルーフトップ・バー。屋上庭園風の設えで、360度、シティやマリーナが望める。テント式シートーなど楽しみ方多彩。

↑シンガポール・スリング（左）などスタンダードなカクテルが揃う

ブギス MAP:P12B2

交 Ⓜブギス駅から徒歩3分
住 Level 39, Andaz Singapore, 5 Fraser St.
☎9008-7707 営 17～24時（金曜と祝前日は～翌1時、土曜は15時～翌1時、日曜は15時～） 休 なし

川風と景色、ライブを楽しむ

ティンバー・エックス・エスイーエー

●Timbre X S.E.A.

シンガポール川の河口に面し、歴史的建物のアートハウスの前庭にテラスを開く、気持ちのいいバー&レストラン。生バンドが日替わりで演奏するライブも楽しめる。

↑歴史的建造物と川を眺めながらのランチやディナーを楽しめる

→バジルと豚肉のカッペリーニS$22。ハウスワイン(白)S$14と一緒に

シティ MAP:P10C2

交 Ⓜシティ・ホール駅から徒歩10分
住 1 Old Parliament Lane, #01-04 The Arts House
☎6336-3386 ⏰17〜24時(金・土曜は〜翌1時)
休 日曜、祝日 料 ライブ・チャージ無料 ※時間は要確認 予 推奨

→ライブ演奏は19時30分以降、日によって変動する

光るライトの柱が夜空に映える

↑マリーナ側のビル街の夜景も間近に見られる

+ Plus!

夜がおすすめ! 眺めのいいカフェ&バー

シンガポールの夜はカフェ&バーで過ごすのが心地よい。"ガーデン・シティ"の街並みを眺められるホテルの最上階やロケーションの良いテラスならなおさらだ。

地上70階の天空バー

スカイ・バー

●SKAI Bar

シンガポールが誇る70階建ての高層タワー、Ⓗスイソテル・ザ・スタンフォードの70階にあって、眼下に市内を一望しながら、ワインやカクテルを優雅に楽しめる。

シティ MAP:P11D1

交 Ⓜシティ・ホール駅直結 住 Ⓗスイソテル・ザ・スタンフォード(→P217) 70F ☎6431-6156 ⏰17〜24時(金曜・土曜は〜翌1時/土曜はハイティー15〜17時あり) 休 なし
👔スマートカジュアル ※18時以降の入店は18歳以上。予 推奨

↑全面ガラス張りでシティの高層ビル群が一望

夜景を眺めながらメキシカン・ナイト!

カフェ・イグアナ・リバーサイド・ポイント

●Cafe Iguana Riverside Point

クラーク・キーの川沿いに広いテラス席が広がるメキシカン・カフェ。シティの夜景が正面に見え、川風も心地よい。フローズンマルガリータS$18や、テキーラベースのカクテルS$20で"アミーゴ!"

クラーク・キー MAP:P10B2

交 Ⓜクラーク・キー駅からまたはフォート・カニング駅から徒歩5分 住 30 Merchant Rd., #01-03 Riverside Point
☎9012-7320 ⏰17〜23時(金・土曜は12時〜翌1時、日曜は12〜23時)※祝前日と祝日は、曜日によって異なる 休 なし

↑広いテラス席は開放的でクラーク・キーの夜を満喫できる

Bay View Restaurant

マリーナの眺めもごちそう！

ベイビュー・レストランでディナー

Read me!

マリーナ湾に面し、マリーナベイ・サンズの対岸に位置するエリアには、ベイビューを楽しみながら、食事ができる各国レストランが点在。夜景と一緒のディナーがおすすめ。

見晴らしがよく、センスのよいインテリアに気分アップ

定番

40階から望む夜景と地中海料理を堪能

✦Best Seat✦

バーカウンターの窓側に置かれているソファー席からマリーナが一望できる。

アルテミス・グリル・アンド・スカイバー

●Artemis Grill & Sky Bar

地中海の食文化にスポットを当てたレストランで、シェフこだわりの質の高い料理とプレミアムワインを提供。地上40階から広がる夜景は見ごたえあり。屋外スカイバーでは軽食も用意。屋外スペースでは軽食も。屋内ダイニングではアラカルト・メニューを。

マリーナ MAP:P10C3

図Ⓜラッフルズ・プレイス駅またはテロック・アヤ駅から徒歩2分 住138 Market St., CapitaGreen Rooftop(Level 40) ☎6635-8677 時11時30分～14時30分、17時30分～22時 休土・日曜 予推奨

❶ギンダラのグリルS$66
ブランダードとサフラン風味のヴルーテ添え。ズッキーニのピクルスがアクセント
❷ビーフ・テンダーロイン(200g)$74
穀物飼育の牛肉を使い、スイート・トマトジャムなどのソースをつけて
❸冷たいピスタチオのヌガーS$18
イラン産ピスタチオまぶした冷たいヌガー。スモークしたストロベリー添え

シックでおしゃれな
大人の雰囲気のダイニング

天空の美食ダイニング

ジャーン・バイ・カーク・ウエスタウェイ

●JAAN by Kirk Westaway

若手シェフのホープとして世界的に注目されるカーク・ウエスタウェイ氏。素材を重視しながら、モダン・ブリティッシュの新しい手法を取り入れた独創的な料理が評判。有名グルメガイドの2つ星獲得。

シティ MAP:P11D1
交 Ⓜシティ・ホール駅直結
住 Ⓗスイソテル・ザ・スタンフォード(→P217) 70F
☎9199-9008
🕐11時45分～14時30分、18時30分～22時30分
休 日・月曜 予
スマートカジュアル

↑カーク氏を代表するメニューのローズマリー風味の有機卵の燻製

✦Best Seat✦
マリーナ・ベイ側で窓側の席が最高のポジション

↑地上70階から見る景色はまさに絶景

←天井に配されたムラーノグラスが空間を演出

Plus! マリーナベイ・サンズ側からベイビュー

マリーナの絶景は、マーライオンが立つ西側から眺めるのが一般的だが、反対の東側から、摩天楼のシティを望むのもおすすめ。

もうひとつの美しきベイビューを

セ・ラ・ヴィ

●CE LA VI

シンガポールのベイビューを象徴するマリーナベイ・サンズから、マリーナを眺めながら食事を楽しんでみる。それが叶うのがここ。サンズ・スカイパークにあるモダン・アジアン料理のレストランで、スカイ・バー、クラブ・ラウンジも併設し、どのテーブルからも絶景が眺められる。

➡ロマンチックな夕景から夜景まで楽しむのもいい

マリーナ
MAP:P11E3
➡P49

レトロなバンボートに乗って

流れる夜景に感動！リバー・クルーズ

Read me!

夕焼けに染まるトワイライト、海上から眺めるレーザーショーや光に溢れた夜景観賞が人気のリバー・クルーズ。シンガポール観光のハイライトとして欠かせない。

川面に映る光の帯も色とりどりに輝く

NIGHT VIEW❶
クラーク・キー
川沿いの繁華街で、ネオンサインがとても華やかで明るい

←今なお伝統的なバンボートが使われている

シンガポール川からマリーナ・ベイへ、レトロなバンボートに乗って水辺を巡るクルーズは、シンガポール観光のハイライトのひとつ。特にトワイライトから夜景となる時間は絶景で、一度は体験してみたい。現在２社が観光船を運航しているが、２つの桟橋で乗り降りでき、運航本数も多いウォーター・ビーがオススメ。

NIGHT VIEW❷
ボート・キー
川岸にテラスを開くレストランの明かりが川面を照らす

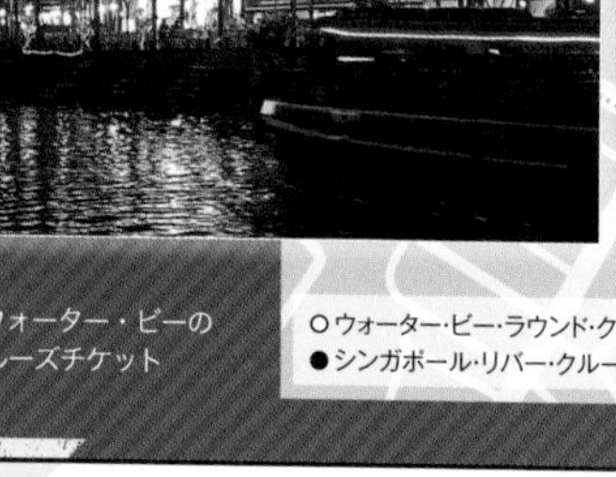

フォート・カニング FORT CANNING
フォート・カニング FORT CANNING
River Valley
クラーク・キー CLARKE QUAY
リード橋
Merchant Rd.
クラーク・キー P183 Clarke Quay
クラーク・キー CLARKE QUAY
Havelock Rd.
MRT北東線 MRT NORTH EAST LINE
セントラル P1
Upper Pickering
○ウォーター・ビー・ラウンド・クルーズ停留
●シンガポール・リバー・クルーズ発着桟橋

コースチャート

❶クラーク・キー …①
↓
❷ボート・キー …②
↓
❸マーライオン・パーク …⑤
↓
❹マリーナベイ・サンズ …⑥
↓
❺エスプラネード・シアター・オン・ザ・ベイ …⑧
↓
❻クラーク・キー

↓ウォーター・ビーのキオスクでチケットを事前に購入しておこう

←ウォーター・ビーのクルーズチケット

チケットの買い方 乗船可能なフォート・カニング桟橋（MAP：P10B1）とMBSベイ・フロント・ノース桟橋（2023年5月現在）にあるウォーター・ビーのキオスクで購入できる。希望するボートの出航時間と人数、片道で下船する場合などを伝える。支払いはクレジットカードか現金。
※乗船桟橋は変更される場合がある

ウォーター・ビー・ラウンド・クルーズ
●Water B Round Cruise

図Ⓜベイフロント駅から徒歩5分（MBSベイフロント・ノース桟橋）
㊎MBS Bayfront North jetty（MAP：P11B2）
☎6509-8998 ⌚14～21時（30分間隔で運航／最終便は21時発）㊡なし
㊫S$28（子供S$18） URL www.waterb.com.sg/

Plus! シンガポール・リバー・クルーズ
●Singapore River Cruise

クラーク・キー桟橋を発着してシンガポール川からマリーナ・ベイを40分で一周する観光船。途中下船はできない（2023年5月現在）が、美しい風景をたっぷり楽しめる。

↑夜も賑やかなクラーク・キーにある桟橋で乗り降りする

図Ⓜクラーク・キー駅から徒歩4分（クラーク・キー桟橋）㊎Clarke Quay Jetty（MAP：10B1）
☎6336-6111 ⌚13～22時（金～日曜は10時～。最終便は21時発。60分間隔で運航）㊡なし
㊫S$28（子供S$18） URL rivercruise.com.sg/

NIGHT VIEW 5
マーライオン・パーク
マーラインの噴水がライトアップされて、昼とはまた違う景色

NIGHT VIEW 8
エスプラネード・シアター・オン・ザ・ベイ
「ドリアン」とも呼ばれるゴツゴツとした屋根が印象的

NIGHT VIEW 7
アートサイエンスミュージアム
闇夜に咲く巨大な花弁のような幻想的な景色

シティ・ホール CITY HALL
エスプラネード・シアター・オン・ザ・ベイ Esplanade-Theatres on the Bay P179
ラッフルズ卿上陸地点（記念像） Sir Stamford Raffles Landing Site P179
アジア文明博物館 Asian Civilisations Museum P177
P84 シンガポール・フライヤー
ジュビリー橋
エスプラネード橋
ヘリックス・ブリッジ
マリーナ湾
アンダーソン橋 Anderson Bridge
カヴェナ橋
マーライオン・パーク Merlion Park P180
ベイフロント・ノース BAYFRONT NORTH
アートサイエンスミュージアム ArtScience Museum P50
ザ・フラトン・シンガポール P214
ワン・フラトン
ラッフルズ・プレイス RAFFLES PLACE
マリーナベイ・サンズ Marina Bay Sands P46
ドラゴンフライ湖
マリーナベイ・サンズ P55
ガーデンズ・バイ・ザ・ベイ P62
ベイフロント BAYFRONT
200m

NIGHT VIEW 3
アジア文明博物館
歴史的な洋風建築もライトアップされて、彩りを添える

NIGHT VIEW 4
アンダーソン橋
河口にかかる橋のライトアップもひときわ美しい

マリーナ湾の夜景といえばコレ！

NIGHT VIEW 6
マリーナベイ・サンズ
3棟の建物に支えられた船体が、夜空にくっきりと浮かびあがる

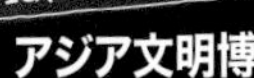

Exciting Bar and Club

夜景観賞の後もまだまだナイトライフ！

エキサイティングなバー&クラブ

Read me!

深夜までエキサイティングに盛り上がれる、雰囲気抜群のナイトスポットがいっぱい。エキゾチックな異国バーから連日賑わうクラブまで、チョイスして楽しもう。

原色で描かれたトロピカルな壁画も必見

陽気なラテン音楽と壁画アートで盛り上がる！

オススメ！

↑アートフルなインテリアも注目の的

ラ・サルサ・キッチン&バー

La Salsa Kitchen & Bar

南米のラテンミュージック「サルサ」とカラフルな壁画アート、スパイシーな中南米料理で人気のレストラン&バー。オリジナルのラテン・カクテルも試したい。金・土曜にはサルサ・バンドのライブもある。

デンプシー・ヒル MAP：P6A3

交Ⓜネーピア駅から車で3分
住Block 11 Dempsey Rd. #01-17
☎6475-6976 ⏰15時～23時30分（金曜は12時～24時30分、土曜は～翌2時､日曜は～23時30分）休なし

↑クラブケーキS$27。カニの身がたっぷり入ったコロッケ

←リブアイ・ステーキ(250g)S$41。人気No.1部位をミディアムで

↑カウンターにも小物やグラスがセンスよく置かれている

→マンゴー・モヒートS$19

↓ストロベリー・マルゲリータS$21

↑闘牛士を描いた壁画の額縁風の空間の向こうにも部屋が…

隠れ家に迷い込んだような雰囲気

歴史的な建物を使った雰囲気のいいワインバー

ケ・パサ
Que Pasa

シンガポールのワインバーの先駆け的存在で、1910年建造の歴史的建物を利用している。店内はワインカーブのような趣で、常時約60種類のワインを揃える。ワインによく合う料理も充実している。

オーチャード MAP：P8A3
交Ⓜサマセット駅から徒歩3分
住H 7 Emerald Hill Rd.
☎6235-6626 ⏲15時～翌2時（金・土曜、祝前日は～翌3時）
休なし 料チャージ無料

↑前庭のテラス席もトロピカルな雰囲気で居心地がいい

↓フレッシュ・オイスター（6個）時価（S$30）

←黒を基調としてシックで大人な雰囲気

↑世界中のワインが揃っている

吹き抜けの1階部分がメインフロア

定番 スタイリッシュでシンガポールを代表するクラブ

ズーク
Zouk

シンガポールの老舗クラブで、世界的に有名なDJも登場する。スタイッシュな照明が彩り、ダンスミュージックが流れるメインフロアのほかに、テクノなど3エリアがある。深夜1時過ぎから盛り上がる。

クラーク・キー MAP：P10B1
交Ⓜクラーク・キー駅から徒歩10分
住3C River Valley Rd. The Cannery
☎6738-2988 ⏲22時～翌3時
休月・火・木・日曜 料出演者やイベントにより異なる
※18歳以上の年齢制限あり

↑シンガポールスリングをはじめ定番カクテルが味わえる

世界がひろがる! Column

女性に人気の名物カクテル

シンガポール・スリングで 極上の時間を

シンガポールを代表するカクテル「シンガポール・スリング」。
そのかわいらしいピンクの色合いと、飲みやすく爽やかでフルーティーな味わいから、
特に女性で人気で、世界中で愛されるカクテルとなっている。

サマセット・モームが「東洋の神秘」と表現した美しい夕焼けに由来

シンガポール・スリング誕生のバー
ロング・バー
●Long Bar

シンガポールを代表する名門ホテル、ラッフルズ(→P66)にあって、シンガポール・スリングを生んだ伝説のバー。「ラッフルズ・スタイル」といわれるオリジナルレシピを今も受け継いでいる。

シティ MAP:P111D1
⇨P67

名物カクテル誕生秘話

1915年、当時は外で女性がお酒を飲むことが良しとされない時代で、ロングバーのチーフバーテンダーのニャン・トン・ブーン氏は、女性が楽しめ、ノンアルコールのトロピカルドリンクに見えるカクテルを考案したという。

シンガポール・スリングの簡単レシピ例

材料

ジン30ml、チェリーブランデー15ml、レモンジュース20ml、砂糖少々(お好みで)、炭酸水。

作り方

シェーカーに炭酸水以外の材料と氷を入れてシェークしてから、氷を入れたグラスに注ぐ。最後に炭酸水でグラスを満たせばシンガポールスリングの完成だ。仕上げにパイナップル、チェリーなど好みのフルーツを飾る。

SINGAPORE

おさんぽ

Town Walk

Contents

TOWN WALK

Orchard

オーチャード

シンガポールーのメインストリート

大小のショッピングセンターが20軒ほども集まる、随一の繁華街。各国ブランドから地元デザイナーの最新アイテムまで揃うほか、最旬グルメも充実！

このエリアでしたいコト

1 "シンガポールの銀座"でブランドハンティング

このエリアのメインストリートであるオーチャード・ロードは、ブランド天国。国内外のハイブランドやカジュアルブランドが集まり、日本未入荷のものも見つかる。

2 大型ショッピングセンターを完全制覇！

オーチャード・ロードの両脇に並ぶショッピングセンターには、最新トレンドが集結。雑貨、食品、スーパーマーケットなども集まり、おみやげ探しにもぴったり。

行き方

起点はⓂ南北線 オーチャード駅。ほかに東側にあるⓂ南北線サマセット駅も利用できる。両駅の間は徒歩で7〜8分ほど。

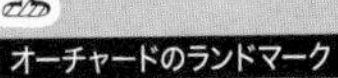

1

オーチャードのランドマーク

アイオン・オーチャード

●ION Orchard

国内最大級の人気モール。8フロアに各国の高級&カジュアルブランドや飲食店など300軒以上が集結。

オーチャード MAP：P7E3

DATA→P145

TWGのショップもココに！→P130

Ⓜオーチャード駅に直結していて便利

2

シンガポールを代表する目抜き通り

オーチャード・ロード

●Orchard Rd.

長さ約3kmの1本道で、シンガポール随一の目抜き通り。緑の街路樹が立つ広い歩道の両側には大型ショッピングセンターが並び、のんびり散策するのにぴったり。

オーチャード MAP：P7F3

交Ⓜオーチャード駅、サマセット駅から徒歩1分

地元民と観光客で一日中賑やかな通り

おさんぽコース 所要約2時間

Start　MRTオーチャード駅
↓歩いてすぐ
①アイオン・オーチャード
↓歩いて2分
②オーチャード・ロード
↓歩いて5分
③パラゴン
↓歩いて3分
④髙島屋ショッピングセンター／ニー・アン・シティ
↓歩いて2分
⑤マンダリン・ギャラリー
↓歩いてすぐ
⑥チャターボックス
↓歩いて5分
⑦エメラルド・ヒル
↓歩いて5分
Goal　MRTサマセット駅

時間がなくてもココだけはMust Go! 1時間コース

Ⓜオーチャード駅からスタートし、散策しながらお目当ての紅茶やブランドなどに絞ってショッピング。歩くだけなら約10分の1本道。

5

ブランドショッピングを堪能

マンダリン・ギャラリー

●Mandarin Gallery

オーチャード・ロードに立つ高級ホテル内にあり、優雅な雰囲気。国内外ブランドのほか、レストランなども。

オーチャード MAP：P7F3

DATA→P164

シンガポールではここにしかないブランドも

3

ショップもレストランも充実

パラゴン

●Paragon

1Fには各国の高級ブランドが集まる

高級ブランド店を中心に、洗練されたショップ約230軒が集合。特にドラッグストア、レストラン&テイクアウト店などが並ぶB1Fは、観光客に利用価値大。

オーチャード MAP：P7F3

交Ⓜオーチャード駅から徒歩5分
住290 Orchard Rd. ☎6738-5535(代)
時10〜22時 休なし

6

豪華な雰囲気でチキンライスを

チャターボックス

●Chatterbox

庶民的なチキンライスを高級料理に押し上げたレストラン。予算は高めだが、受賞歴もある味はさすが。

オーチャード

MAP：P7F3

DATA→P90

一度は味わいたい美しいマンダリン・チキンライス

日本の書店や飲食店、テイクアウト店もある

4

何でも揃う巨大ショッピングセンター

髙島屋ショッピングセンター／ニー・アン・シティ

●Takashimaya Shopping Centre /Ngee Ann City

東側は髙島屋、西側は約130の専門店が入る大型ショッピングセンター。B2Fにはスーパーやテイクアウト店が並び、デパ地下のような雰囲気。

オーチャード MAP：P7F3

交Ⓜオーチャード駅から徒歩5分
住391 Orchard Rd. ☎6738-1111(髙島屋)
時10時〜21時30分(店舗により一部異なる) 休なし

写真撮影スポットとしても人気

7

大通りからすぐのレトロな街並み

エメラルド・ヒル

●Emerald Hill

プラナカン様式のショップハウス(伝統建築)を利用したバーなど並ぶレトロな路地。夜はライトアップも。

オーチャード MAP：P7F3

交Ⓜサマセット駅から徒歩5分

地元っ子御用達のショッピングセンターへ

オーチャード・ロードに並ぶショッピングセンターには旬が集結。
スーパーマーケットなども点在し、おみやげ探しにも重宝する。

コスメやアクセサリーが充実

伊勢丹スコッツ ●Isetan Scotts

日本の伊勢丹のシンガポール支店。観光客に狙い目なのは、2Fの雑貨店「リースタイル・ストア」(→P136)と、B1Fの「伊勢丹スーパーマーケット」(→P142)。地元の雑貨や食品が揃い、おみやげ探しに便利。

オーチャード MAP:P7E2

図Ⓜオーチャード駅から徒歩1分
㊟350 Orchard Rd., Shaw House
☎6733-1111(代)
⏲10～21時 ㊡なし

↑2020年初めにリニューアルが完了した

↑シンガポール発のナチュラルコスメも充実の品揃え

高級ブランド	★★
カジュアルブランド	★★
コスメ	★★★
レストラン&カフェ	★

イマドキのブランドが充実

ウィスマ・アトリア ●Wisma Atria

トレンド感たっぷりのハイブランドからカジュアルブランド、レストランなどが揃う。吹き抜けの館内は開放感があり、ゆったり。

オーチャード MAP:P7E3

図Ⓜオーチャード駅から徒歩3分
㊟435 Orchard Rd. ☎6235-2103(代)
⏲10～22時(店舗により一部異なる) ㊡なし

➡4階にはフードコート「フード・リパブリック」も

高級ブランド	★
カジュアルブランド	★★★
コスメ	★
レストラン&カフェ	★

➡地下1階には地元名物が集まるフードコートも

高級ブランド	★★
カジュアルブランド	★★
コスメ	★★★
レストラン&カフェ	★

充実のコスメフロアは必見！

タングス・アット・タン・プラザ ●TANGS at Tang Plaza

1932年に創業したシンガポール初のデパート。世界各国のブランドが集まるが、特に1フロア全てが売り場となっている1Fのコスメフロアは圧巻。

オーチャード MAP:P7E3

図Ⓜオーチャード駅から徒歩1分 ㊟310 Orchard Rd. ☎6733-5500(代) ⏲10時30分～21時30分(日曜は11～21時) ㊡なし

高級ブランド	★★
カジュアルブランド	★★
コスメ	★
レストラン&カフェ	★

⬅ソファが置かれた休憩スペースもある

注目度の高いショップが大集合

マンダリン・ギャラリー ●Mandarin Gallery

オーチャード・ロードの中心に位置するショッピングスポット。シンガポール初上陸のショップやブランドの旗艦店など約50軒が集まっている。日本人オーナーのシンガポール雑貨店「メリッサ」(→P136)も人気。

オーチャード MAP:P7F3

図Ⓜサマセット駅から徒歩3分
㊟333A Orchard Rd. ☎6831-6363(代)
⏲11～22時(店舗により一部異なる) ㊡なし

買物とアートを一緒に楽しむ

オーチャード・セントラル ●Orchard Central

「ショッピングとアートの融合」をテーマとし、館内各所に配されたモダンなアートが訪れる人を楽しませる。人気ブランドから日本発のショップまで揃う。

オーチャード MAP:P7F3

図Ⓜサマセット駅直結
㊟181 Orchard Rd.
☎6238-1051(代) ⏲11～22時(店舗により一部異なる) ㊡なし

➡11～12階は開放的なレストランフロア

高級ブランド	★★
カジュアルブランド	★★
コスメ	★
レストラン&カフェ	★

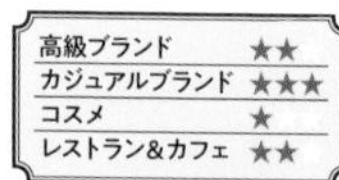

高級ブランド	★★
カジュアルブランド	★★★
コスメ	★
レストラン&カフェ	★★

➡Ⓜサマセット駅直結で便利

カジュアル服ならおまかせ

313@サマセット ●313@Somerset

「コットン・オン」「ZARA」をはじめ、注目度の高い各国のファストファッション・ブランドなどのショップが揃う。各国料理のレストランやフードコートも人気。

オーチャード MAP:P7F3

図Ⓜサマセット駅直結 ㊟313 Orchard Rd.
☎6496-9313(代) ⏲10～22時(金・土曜は～23時。店舗により一部異なる) ㊡なし

↑3階「スカイ・ブリッジ」から道路を一望できる

ここにしかないブランドも充実

オーチャードゲートウェイ ●Orchardgateway

Ⓜ南北線のサマセット駅、「313@サマセット」「オーチャード・セントラル」に直結で便利。2館から成る館内には、トレンド感あふれるショップが集まる。

オーチャード MAP:P7F3

図Ⓜサマセット駅直結 ㊟277 Orchard Rd.
☎6513-4633(代)
⏲11～21時(店舗により一部異なる)
㊡なし

高級ブランド	★★
カジュアルブランド	★★
コスメ	★★
レストラン&カフェ	★★

最旬ショップ&カフェをCHECK!

シンガポール随一のトレンドエリア、オーチャードには
注目のショップ&カフェも点在。散策の合間に立ち寄って。

地元ブランドのセレクトショップ

デザイン・オーチャード ●Design Orchard

シンガポールの新進気鋭のブランドのみ、100軒以上が集まる施設として話題! オンラインの人気雑貨ショップ「ナイース」が手がけており、ファッション、コスメ、お菓子、調味料、雑貨などを一度に見られて重宝!

オーチャード MAP:P7F3

図Ⓜサマセット駅から徒歩2分
住250 Orchard Rd. ☎6513-1743
⏲10時30分~21時30分 休なし

➡上階には自由に利用できるテラスも

⬇シンガポールの香水ブランドも人気

➡地元アクセサリーブランド「Forbidden Hill」

⬆シンガポールをモチーフにした商品が多く揃う

⬅比較的手ごろな価格なのも人気の理由

⬇アジア各国などに約35軒を展開している

地元発のオシャレなシューズ

プリティフィット ●PrettyFIT

リーズナブルでフェミニンなデザインが多く揃う、シンガポール発の靴ブランド。サンダルやパンプス、フラットシューズなど旬を取り入れたデザインが豊富で、地元女子に圧倒的支持!

オーチャード MAP:P7E3

図Ⓜオーチャード駅から徒歩1分 住ウィスマ・アトリア(→P164) #B1-30/31(B1F) ⏲10時30分~22時 休なし

フィッシュスキン・チップスならココで!

アーヴィンズ・ソルテッド・エッグ ●IRVINS Salted Egg

魚の皮を揚げたスナック「フィッシュスキン・チップス」の専門店。塩漬け卵の粉末を衣にまとわせたチップスはここだけのオリジナル。ポテトやキャッサバ(ユカ芋)のチップスも人気。

オーチャード MAP:P7F3

図Ⓜオーチャード駅から徒歩5分 住高島屋ショッピングセンター/ニー・アン・シティ(→P163) B207-2-3(B2F) ☎なし
⏲10時~21時30分 休なし

⬇ソルテッドエッグ・フィッシュスキン S$18

⬆塩漬け卵のクランチーロールS$9

⬇チリ味のキャッサバチップスS$8.50

➡パンダンやココナッツ、季節のフルーツを使ったタルト各S$10.80~13.50

女性パティシエの美タルト

タルト・バイ・シェリル・コー ●Tarte by Cheryl Koh

有名グルメガイドで3ツ星に輝くフレンチレストラン「レザミ」(→P104)で腕を磨き、アジアのベスト・パティシエールにも選ばれたシェリル・コーさんのスイーツ店&カフェ。季節感あふれるタルトは必食!

オーチャード MAP:P7E2

図Ⓜオーチャード駅から徒歩5分
住1 Scotts Rd., Shaw Centre #02-05(2F)
☎6235-3225 ⏲11~22時 休なし

パリを思わせる人気カフェ

PS.カフェ ●PS. Cafe at Palais Renaissance

大きなガラス窓から陽光が差し込む店内は、天井が高く、パリのモダニズム建築風。パスタ、サラダ、一品料理、デザートなどボリュームたっぷりのメニューは洗練された味わい。

オーチャード MAP:P7E2

図Ⓜオーチャード駅から徒歩5分
住390 Orchard Rd., Palais Renaissance, #02-09A (Level 2)
☎6708-9288
⏲11~22時 休なし

⬅10種以上の自家製ケーキはS$10~

➡PS.クラブ&プラウン・ラクサS$28

⬆欧米客も多く訪れる

Little India リトル・インディア

彩色豊かなエキゾチックタウン

インド系の人々が多く暮らし、異国情緒が漂うエリア。色彩豊かな建物や壁画、極彩色のヒンドゥー教寺院、サリーをまとった女性など、色鮮やかな風景にあふれている。

1.カフェの壁一面に描かれている **2.**散歩の起点になるタン・テン・ニア邸 **3.**ヘリテージセンターの夜のイルミネーションが美しい

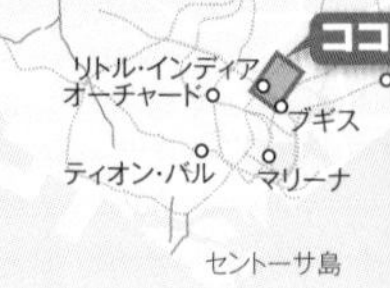

このエリアでしたいコト

1 カラフルなインドの邸宅や極彩色の寺院を巡る

極彩色で彩られたヒンドゥーの神々が集う寺院やインド風のウォールアートなど、エキゾチックな街歩きを堪能したい。

2 エキゾチックタウンでインド雑貨やインドグルメ

民族衣装のサリーやパンジャビドレスなどインド風ファッション、刺繍のバッグやエキゾチック雑貨の宝庫で、ショッピングも楽しい。

行き方

Ⓜリトル・インディア駅が最寄りで、街の中心を貫くセラングン・ロードまでは徒歩1〜2分の距離。Ⓜファーラー・パーク駅からも歩ける。

インド風の装飾が見た目も鮮やか。リトル・インディアのランドマーク

1 リトルインディアを代表する建物

タン・テン・ニア邸

●Residence of Tan Teng Niah

カラフルな建物が多いリトル・インディアの中でも、特に写真映えで人気なのがここ。菓子製造業で財を成した中国系実業家が建てた屋敷跡で、色とりどりの窓枠や屋根の庇などがカワイイ!

交Ⓜリトル・インディア駅から徒歩3分

リトル・インディア MAP:P8C2

2 500℃のタンドール窯が自慢

ラグーナ・ベア・フット・ダイニング

●Lagnaa Bare Foot Dining

南北インド料理をハイセンスに創作して提供する店。

リトル・インディア

MAP:P8C2

DATA→P97

ほうれん草とチーズのカレー

おさんぽコース

所要約3時間

Start　MRTリトル・インディア駅のCまたはE出口
↓歩いて3分
①タン・テン・ニア邸
↓歩いて2分
②ラグーナ・ベア・フット・ダイニング
↓歩いて2分
③インディアン・ヘリテージ・センター
↓歩いて2分
④リトル・インディア・アーケード
↓歩いて7分
⑤スリ・ヴィラマカリアマン寺院
↓歩いて10分
⑥ムスタファ・センター
↓歩いて7分
⑦スリ・スリニヴァサ・ペルマル寺院
↓歩いて3分
⑧シティ・スクエア・モール
↓歩いて1分
Goal　MRTファーラー・パーク駅

3 インド系移民の歴史を知る

インディアン・ヘリテージ・センター

●Indian Heritage Centre

シンガポールにおけるインド系移民たちの歴史をたどる博物館。インド文化・芸術生活様式が紹介されている。

交Ⓜリトル・インディア駅から徒歩5分

住5 Compbell Lane ☎6291-1601

時10～18時 休月曜 料S$8(子供S$5)

リトル・インディア MAP:P8C2

最新の映像などでインド文化・美術を鑑賞できる施設

白い象のモニュメントが印象的な寺院

7 極彩色の美しい高門

スリ・スリニヴァサ・ペルマル寺院

●Sri Srinivasa Perumal Temple

白いゾウが門番のように配された高門は、カラフルな色どりで無数の神像彫刻が施されている。

リトル・インディア MAP:P9D1

DATA→P168

時間がなくてもココだけはMust Go!

2時間コース

タン・テン・ニア邸、リトル・インディア・アーケード、スリ・ヴィラマカリアマン寺院、ムスタファ・センターと巡って約2時間。

4 インド雑貨がいっぱい!

リトル・インディア・アーケード

●Little India Arcade

インド雑貨やサリーなど専門ショップがひしめく、ローカルなショッピングモール。

リトル・インディア MAP:P8C3

DATA→P169

安カワの掘り出し物が見つかるアーケード

8 新しい駅近モール

シティ・スクエア・モール

●City Square Mall

ファーラー・パーク駅と直結した新しいショッピングモールで、ローカル・ブランドが充実。スーパーやフードコートもある。シティ・グリーンという公園エリアも人気。

交Ⓜファーラー・パーク駅と直結

住180 Kitchener Rd.

☎6509-6565 時10～22時 料なし

リトル・インディア MAP:P9D1

アーユルヴェーダのコスメが格安で入手できる

6 何でもそろうインド系デパート

ムスタファ・センター

●Mustafa Centre

24時間営業の巨大なインド系デパート。食品、日用雑貨、衣料品、スパイス、コスメなど格安で、何でも揃う。

リトル・インディア MAP:P9D2

DATA→P132

リトル・インディアの新名所として注目

5 極彩色のヒンドゥー寺院

スリ・ヴィラマカリアマン寺院

●Sri Veeramakaliamman Temple

1881年にインド・ベンガル地方出身の人々によって建てられたヒンドゥー教寺院。

リトル・インディア MAP:P8C2

DATA→P168

敬虔なヒンドゥー教徒が祈りをささげに来る

TOWN WALK

ヒンドゥー教寺院を参拝する！

インド文化の象徴として圧倒的な存在感を放つヒンドゥー教寺院。
神々の像で飾られたゴープラムやリンガが立つ祈祷堂など、極彩色の神世界へ。

参拝する人が絶えない人気寺院

スリ・ヴィラマカリアマン寺院

●Sri Veeramakaliamman Temple

インド人街を代表する人気のヒンドゥー教寺院。主祭神は殺戮と破壊の女神カーリーで、悪鬼を滅ぼすほどの圧倒的な強さが信仰の対象になっている。ゴープラム(塔門)や堂内は、色鮮やかなヒンドゥーの神々の像で飾られ、そのインパクトは強烈。

リトル・インディア　MAP：P8C2

図Ⓜリトル・インディア駅から徒歩5分
住141 Serangoon Rd. ☎6295-4638
営5時30分～12時15分、16時～21時15分
休なし 料なし(※服装の入場条件あり。写真・動画撮影禁止)

➡セラングーン・ロードに面して立っている

●ゴープラム(塔門)

建物は南インドのドラヴィダ様式で、寺院への入口になっているのがゴープラム(塔門)。おびただしい数のヒンドゥー教の神々や戦士、聖なる動物の彫像で飾られ、華やかさが際立っている。芸術の神・サラスヴァティーやブッダ(仏陀)の像もある。

⬆ヒンドゥーの神々が折り重なるゴープラム

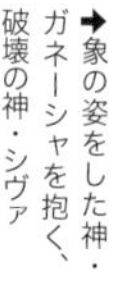

➡象の姿をした神・ガネーシャを抱く、破壊の神・シヴァ

1.ライオンに乗る、戦いと勝利の神・ドゥルガー 2.芸術と学問の女神・サラスヴァティー 3.吉鳥であるクジャクに乗るマハー・マーユーリー(孔雀明王)

1.信者が祈りの列を作る礼拝堂 2.トリシューラと呼ばれる三叉槍などを持つ女神など多くの神像が置かれている

⬇破壊の神と恐れられ、世界が揺れるとされる、踊るシヴァ像

⬅成功と繁栄の神として人気のあるガネーシャの像

●祈祷の広間

広間の中央にリンガ(シヴァ神の象徴たる柱)が立ち、壁面に3つの祭壇が並ぶ。中央祭壇はカーリー神。左は財神として人気で象の顔をもつガネーシャ。右には軍神の誉れ高いムルガン。いずれも、花や供物を手に祈りに来る参拝者が絶えない。

塔門や天井画などが必見！

スリ・スリニヴァサ・ペルマル寺院

●Sri Srinivasa Perumal Temple

1885年に建立され、国の重要記念建造物に指定されているヒンドゥー教寺院。高さ18m、9層からなるゴープラム(塔門)に施された無数の彫刻や堂内を飾る壁画が見事だ。主祭神は、シヴァと並ぶ2大神であるヴィシュヌ神。

リトル・インディア　MAP：P9D1

図Ⓜファーラー・パーク駅から徒歩2分
住397 Serangoon Rd. ☎6298-5771 営5時30分～12時、17時30分～21時 休土曜 料無料

1.シヴァのエネルギーの象徴として崇拝されているリンガ 2.インド神話に登場する白い象(アイラーヴァタ)はインドラ神の乗り物とされている

リトル・インディア・アーケードで安カワ雑貨買い

エスニックファッションやインド雑貨があふれるアーケードへ、
カラフルでエキゾチックなおみやげ物探しに出かけよう。

掘り出し物がいっぱい。インド雑貨天国

リトル・インディア・アーケード

●Little India Arcade

インド雑貨やサリーなどのファッション、アクセサリーやコスメなどの小さなショップが並ぶ、ローカルに人気のショッピングモール。買物のほか、自然派の染料を使ったヘナ・アートやインド式カフェなども楽しめる。

リトル・インディア MAP:P8C3

図Ⓜリトル・インディア駅から徒歩5分
住48 Serangoon Rd.
☎時休店舗により異なる

➡アクセサリーのショップなど専門店が連なっている

⬆テッカ・センターの向かい側に立つ歴史的建物

セレブレーション・オブ・アーツ

●Celebration of Arts

コットンやシルクの布製品から木製の置物、おみやげ向きの小物まで、品揃えが豊富。色鮮やかなクッションカバーや高品質のショールなどが人気アイテム 。

住#01-71/72 ☎6392-0769
時9～21時 休なし

⬆インドのあらゆる工芸品小物が集まっている

1

2

3

おみやげ探しはココで

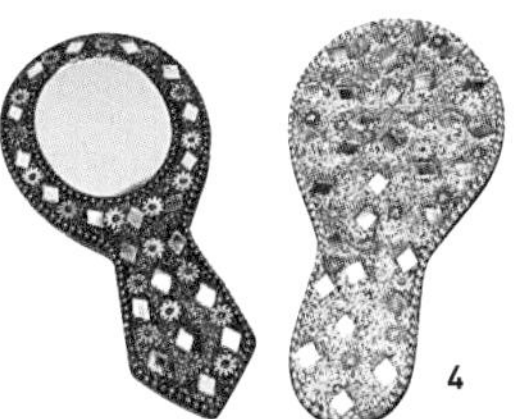

4

1.象柄のコットン素材のクッションカバーS$28～ 2.ターコイズブルーの木製小物入れS$28 3.コットン素材の小さな布ポーチS$9 4.細工が施された手鏡はいろいろな種類がある。各S$6～

セルヴィス

●Selvi's

インド人女性が身につけるエキゾチックなアクセサリー・ショップ。カラフルなバングルからビンディまで、色、デザインともにバラエティー豊か。ヘナ・アートも体験できる。

住#01-23/01-11&22 ☎6297-5322
時9時30分～20時45分(日曜は～18 時) 休なし

➡キラキラのインド風アクセサリーが並んでいる

アクセサリーとヘナ・アート

1

2

1.エキゾチックでボヘミアンなイヤリングS$5～ 2.結婚式などで使われるキンピカのバングルS$5～

1.街の象徴となっているサルタン・モスク 2.アラブ風のランタンと絨毯の専門店 3.いろんなウォールアートの出合いが楽しい

このエリアでしたいコト

1 サルタン・モスクを参拝して、アラブの雰囲気に浸る

街歩きのメインターゲットはサルタン・モスクで、その周辺にレストランやカフェ、ショップ、みどころが集まっている。

2 ウォールアートやエキゾチックな街並みを楽しむ

ウォールアートの名所として人気のハジ・レーンをはじめ、路地裏の建物の壁にいろいろな壁画が描かれていて街歩きが楽しい。

行き方

街の中心にあるⓂブギス駅が起点になる。Ⓜベンクレーン駅やⓂジャラン・ベサール駅からも歩ける。

1 ウォールアートがいっぱい!

ハジ・レーン ●Haji Lane

200mほどの短い通りながら、モダンなウォールアートと個性的なショップやカフェが並ぶ注目エリア。

アラブ・ストリート MAP：P12B2 DATA→P80

通りの建物のあらゆる壁がウォールアートで飾られている

イスラム式のレストランやカフェが並んでいる

2 カフェや映え系が並ぶ

ブッソーラ・ストリート ●Bussorah St.

サルタン・モスクの参道のような存在で、イスラム雑貨店やパンューム・ショップ、ハラル・レストランなどが並ぶ。連日、世界中から集まるツーリストで賑う。歩行者天国で歩きやすいのもポイント。㊋Ⓜブギス駅から徒歩7分

アラブ・ストリート MAP：P12B2

ココナッツ・ライスやフライドチキンがひと皿に盛られる

3 マレー系の国民食ナシレマ

ココナッツ・クラブ ●The Coconut Club

若者にも人気のナシレマ専門店。産地直送のヤシの実から摘出したフレッシュなココナッツミルクライスのナシレマをぜひ。

アラブ・ストリート MAP：P12B2 DATA→P100

おさんぽコース 所要約2時間

Start　MRTブギス駅
↓歩いて5分
①ハジ・レーン
↓歩いて5分
②ブッソーラ・ストリート
↓歩いて5分
③ココナッツ・クラブ
↓歩いて2分
④サルタン・モスク
↓歩いて5分
⑤マレー・ヘリテージ・センター
↓歩いて10分
⑥ブギス・ストリート
↓歩いて5分
⑦ブギス・ジャンクション
↓歩いてすぐ
Goal　MRTブギス駅

6 プチプラな小物なら

ブギス・ストリート ●Bugis Street

屋根付きの名物アーケードでTシャツや小物などプチプラみやげを扱う小売店が並ぶショッピングスポット。

ブギス MAP：P12A2
DATA→P173

ブギス駅前から続くアーケード街

時間がなくてもココだけはMust Go! 1時間コース

サルタン・モスクに直行し、その後、ブッソーラ・ストリートや、ハジ・レーンなど、カラフルでエキゾチックなな街並みや壁画散歩を時間が許す範囲で歩いてみたい。時間があるなら、途中にカフェでひと休み。

約5000人が同時に礼拝できるという広い堂内

4 内部見学可能なモスク

サルタン・モスク ●Sultan Mosque

1826年創建のモスクで、1928年に現在の姿に。礼拝堂など内部も見学でき、コーランなども展示されている。

㊋Ⓜブギス駅から徒歩8分 ㊟3 Muscat St. ☎6293-4405 ⏲10～12時、14～16時(金曜は見学不可) ㊡金曜(信者のみ) ㊕なし

アラブ・ストリート MAP：P12B1

礼拝時間以外は内部見学が可能。肌を露出した服はNG

7 駅直結のショッピングモール

ブギス・ジャンクション ●Bugis Junction

MRTブギス駅に地下で直結している若者に人気のショッピングセンター。ローカルデパートやフードコートも併設されている。

ブギス MAP：P12A2
DATA→P173

映画館やホテルも併設

イスラム教徒であるマレー系移民の歴史がわかる

5 マレー文化を知る

マレー・ヘリテージ・センター ●Malay Heritage Centre

シンガポールにおけるマレー系民族の歴史・文化を紹介する博物館。建物は旧サルタン(領主)の邸宅で写真や遺物を展示。

㊋Ⓜブギス駅から徒歩10分 ㊟85 Sultan Gate ☎6391-0450 ⏲8～20時(金・土曜は～22時) ㊡月曜 ㊕S$6 ※現在、閉館中。2025年再オープン予定

アラブ・ストリート MAP：P12B1

あれもこれも目移り必須

エキゾチックな個性派みやげ

アラベスク模様のデザイン雑貨や多彩なファブリックなど、
このエリアならではのアラブ系ショップへ。
個性的なエキゾチックみやげを探しにいこう！

幾何学模様が折り重なる独特のデザインが魅力

エキゾチックな多彩な色柄が魅力

トコ・アルジュニード

●Toko Aljunied

アラブ人が経営する老舗のバティック専門店。ショールやサロン、テーブルクロス、バッグ、ポーチなど品揃え豊富で、色・柄、サイズなども多彩に揃っている。おみやげに良さそうなプチプラ雑貨にも注目！

アラブ・ストリート MAP：P12B2

図Ⓜブギス駅から徒歩7分
住91 Arab St. ☎6294-6897
⏰10時30分～18時（日曜、祝日～17時）休なし

↑セール品が店頭に置かれているのでチェック

1

2

3

4

5

6

1.バティックで作った布バッグS$25～ **2.**布製ヒトコブラクダの置物S$15～ **3.**ティッシュケース。各S$3～ **4.**スマホも入れられるペンケース。各S$6～ **5.**パッチワークのポーチS$12～ **6.**茶巾バッグS$7～ ※値段は参考価格

異国情緒あふれる雑貨が集まる
ハジ・タワカル・トレーディング
●Haji Tawakal Trading

ペルシャ織りのカーペットやトルコ製のランプや陶器、バティック類など、エキゾチックな模様をあしらった雑貨が揃う。肌触りのいいシルク製品や安価なコットン小物など、種類豊富な品揃えも魅力。

アラブ・ストリート MAP:P12B2

交Ⓜブギス駅から徒歩6分 住52 Arab St.
☎6292-2340 営10〜21時 休なし

↑カーペット以外にも雑貨類が豊富に揃う

1

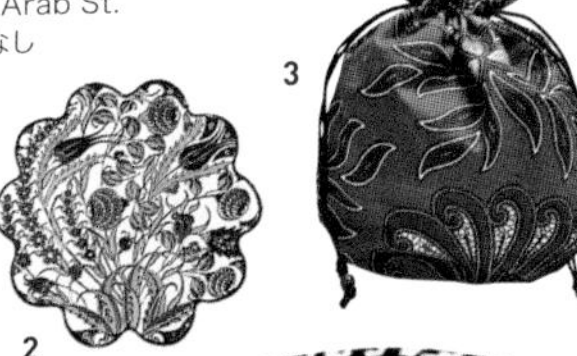
2 3

4

1.トルコ原産のチューリップをあしらった小皿S$7〜 2.植物をあしらったコースターは種類も多く、お気に入りが見つかる。S$5〜 3.布製の匂い袋S$5〜 4.エキゾチックなトルコ柄のボウル

＋Plus! テ・タリでほっと一息入れる

カフェでひと休みするのもいいが、ここでは「テ・タリ」という名物のミルク紅茶を楽しみたい。

テ・タリ・ショップ
●Teh Tarik Shop

マレーシアの泡立てミルクティー「テ・タリ」の専門店。軒先にテーブルを並べただけの小さな店は、地元人たちの憩いの場。ほんのり甘いテ・タリS$1〜はひと休みにぴったり。

アラブ・ストリート
MAP:P12B2

交Ⓜブギス駅から徒歩8分
住21 Bussorah St. ☎8263-4142
営6時30分〜翌1時 休なし

↑小さな店だがイートインのテラス席もある

↑ミルクティーを注ぐパフォーマンスが名物のひとつ←テイクアウトはビニール袋に入れられる

ショッピングセンターもcheck!

プチプラ雑貨の宝庫！
ブギス・ストリート
●Bugis Street

シンガポールの名所をモチーフにしたTシャツや小物など、プチプラみやげを扱う小売店がずらりと並ぶアーケード型ショッピングセンター。

交Ⓜブギス駅から徒歩1分 住3 New Bugis St. ☎営休店舗により異なる

ブギス MAP:P12A2

↓食べ歩きにいい軽食スタンドなども並んでいる

↑週末や夕方には人でごった返すので、荷物管理はしっかりと

若者が集まる人気No.1モール
ブギス・ジャンクション
●Bugis Junction

カジュアルファッションやアクセサリー、コスメなど、若者に人気のショップが中心。地下1階にはスーパーマーケットなどもあって便利。

交Ⓜブギス駅直結 住200 Victoria St.
☎6631-9931 営10〜22時
休なし（店舗により異なる）

ブギス MAP:P12A2

←地下のスーパーにはハラール食品が揃っている

白く輝くモダンな建物が目印
ブギス・プラス
●Bugis+

若い女性から支持されているモダンなショッピングセンター。有名スポーツブランドやカジュアル系ファッションのショップが集まる3階は要チェック。

交Ⓜブギス駅から徒歩3分
住201 Victoria St. ☎6631-9931
営10〜22時 休なし（店舗により異なる）

ブギス MAP:P12A2

←吹き抜けがあるモダンなデザインの建物にも注目

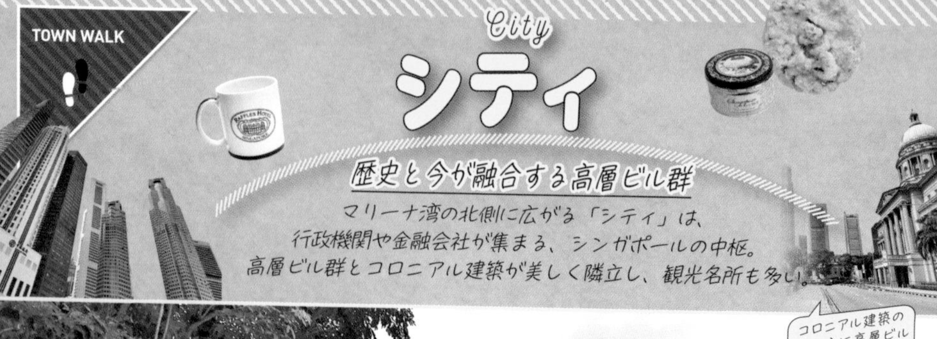

City シティ

歴史と今が融合する高層ビル群

マリーナ湾の北側に広がる「シティ」は、行政機関や金融会社が集まる、シンガポールの中枢。高層ビル群とコロニアル建築が美しく隣立し、観光名所も多い。

コロニアル建築の向こうに高層ビルがそびえる

アートがあふれる街

このエリアでしたいコト

1 コロニアル建築にふれてみる

セントラル・ファイヤー・ステーション→P175をはじめ、イギリス統治時代に造られたコロニアル建築が点在。SNS映えも満点だからチェック！

2 個性派ミュージアムを巡る

ナショナル・ギャラリー・シンガポール→P177など、シンガポールが誇るミュージアムは必見。展示物と併せ、美しい建物もみどころ。

行き方

Ⓜ東西線、南北線 シティ・ホール駅、サークル線 エスプラネード駅、サークル線とダウンタウン線のプロムナード駅の3駅を利用できて便利。目的地に合わせて乗り分けよう。

赤×白が印象的な建物

1

今も使われている消防署

セントラル・ファイヤー・ステーション ●Central Fire Station

紅白のレンガが特徴的な建物は、現役の消防署。20世紀初頭の英国エドワード朝時代に流行した「ブラッド&バンデージ Blood and Bandage(血と包帯)」とよばれるスタイルだ。

シティ MAP:P10C1

㊋Ⓜシティ・ホール駅から徒歩6分
㊐外からのみ自由見学

交差点でひときわ目立つ

2

キュートな色合いの旧警察本部

オールド・ヒル・ポリス・ステーション ●Old Hill Police Station

石造りの建物にレインボー・カラーの窓枠が目を引く建物は、かつての警察本部。現在はシンガポール情報通信省が使用している。

シティ MAP:P10C1

㊋Ⓜシティ・ホール駅から徒歩8分
㊐外からのみ自由見学

パワースポットとして知られる「富の噴水」(→P86)

所要約3時間

Start MRTシティ・ホール駅
↓歩いて6分
①セントラル・ファイヤー・ステーション
↓歩いて5分
②オールド・ヒル・ポリス・ステーション
↓歩いて10分
③ラッフルズ・シティ
↓歩いて2分
④ラッフルズ・ホテル・シンガポール
↓歩いて5分
⑤サンテック・シティ・モール
↓歩いてすぐ
⑥ダック・ツアー
↓歩いて3分
Goal MRTエスプラネード駅

時間がなくてもココだけは Must Go! 2時間コース

シンガポールの象徴的的存在**ラッフルズ・ホテル・シンガポール**でショッピングした後、周辺のレトロ建築を巡ろう。

地下にはスーパーもある

クッキー専門店などもある

3

旅行者にも便利な大型モール

ラッフルズ・シティ ●Raffles City

高級ブランドとカジュアルブランドがバランスよく集まるショッピングセンター。Ⓜエスプラネード駅とも地下道でつながり、アクセスも抜群。

シティ MAP:P11D1

㊋Ⓜシティ・ホール駅、エスプラネード駅直結 ㊟252 North Bridge Rd.
☎6318-0238(代)
㊐10～22時 ㊡なし

5

回廊のテラスも人気

グルメスポット充実の大型モール

サンテック・シティ・モール ●Suntec City Mall

5つのタワーを結ぶ館内にさまざまなショップやレストラン、カフェ&バーが並ぶ巨大なモール。世界最大級の「富の噴水」も必見(→P86)。

シティ MAP:P11D1

㊋Ⓜプロムナード駅から徒歩3分、エスプラネード駅から徒歩4分
㊟3 Temasek Blvd.
☎6266-1502
㊐10～22時 ㊡なし

6

水陸両用カーで名所を一気見

ダック・ツアー ●Duck Tour

水陸両用車でマリーナ～シティ地区を巡るツアー。水上ではマリーナ湾内のみどころを、陸上ではコロニアル建築を見学できる。

シティ MAP:P11D1

㊋Ⓜエスプラネード駅から徒歩3分
㊟3 Temasek Blvd.,#01-330 ☎6338-6877
㊐10～18時(1時間おきに運行) ※所要約1時間
㊡なし ㊊S$43(3～12歳はS$33、3歳未満はS$13)

入水するときは歓声が上がる

気品あふれる白亜の外観

ホテルショップも必訪

4

シンガポールが誇る名門ホテル

ラッフルズ・ホテル・シンガポール ●Raffles Hotel Singapore

「グランド・ロビー」(→P67)でのアフタヌーンティーや「ラッフルズ・ブティック」(→P128)でのおみやげ探しなど、宿泊しなくてもクラシックホテルの雰囲気を楽しめる。

シティ MAP:11D1 DATA→P66

コロニアル建築&ミュージアム巡り

みどころは、街の近代化と深く関わるコロニアル建築物。ミュージアムやグルメスポットとして利用されているものもあるので、建物と一緒に楽しむのがおすすめ。

元修道院のグルメスポット

チャイムス

●Chijmes

尖塔が印象的な建物は、19世紀に建設された元女子修道院。現在は約30店の各国レストランが集まる人気スポットになっている。白亜の西洋建築に南国の緑が調和する美しい中庭も開放されている。

シティ MAP:P10C1

図Ⓜシティ・ホール駅から徒歩3分 住30Victoria St. ⏲休敷地内24時間。ホールはイベント時や夜間は不定休。店舗は店により異なる 料敷地内入場無料

1.1903年完成のゴシック様式のホールではステンドグラスなどがみどころ 2.緑が美しい空間

白亜の回廊やタイル床などがノスタルジック

1903年建設

1836年建設

白亜の外観と周辺の高層ビルとの対比も見もの

そびえ立つ白亜の尖塔が目印

セント・アンドリュース大聖堂

●St. Andrew's Cathedral

1836年、「シンガポール建国の父」といわれるラッフルズ卿の指示で建てられた英国国教会。1863年に現在の姿に再建された。夜はライトアップされ、幻想的な雰囲気。

シティ MAP:P10C1

図Ⓜシティ・ホール駅から徒歩1分
住11 St. Andrew's Rd.
☎6337-6104
⏲7時30分～18時
休なし 料なし

↑聖堂内にある美しいステンドグラスも有名

気品漂う名門ホテル

ラッフルズ・ホテル・シンガポール

●Raffles Hotel Singapore

1887年創業の老舗ホテルで、2019年8月に全館リニューアルオープン。各国VIPの常宿だったことでも知られ、1987年に国の歴史的建造物にも指定された美しい建物は必見！

シティ MAP:P11D1

DATA→P66

美しい緑に囲まれたコロニアル建築

1887年建設

歴史的建造物を利用した巨大美術館

ナショナル・ギャラリー・シンガポール

●National Gallery Singapore

最高裁判所と市庁舎だった歴史的建造物を改装した、世界最大規模の国立美術館。総面積6万4000㎡の館内に、シンガポールの美術作品と、東南アジアの近・現代作品を所蔵する。別展示室も要チェック。

シティ MAP:P10C1

図Ⓜシティ・ホール駅から徒歩6分
住1 St. Andrew's Rd.
☎6271-7000 ⏲10～19時(最終入館30分前)
休なし 料S$20

➡「DBSシンガポール・ギャラリー」では19世紀～現代の作品を展示 ⬇「UOB東南アジア・ギャラリー」

伝統とモダンが融合した建物にも注目

20世紀前半建設

国内最大規模の歴史博物館

シンガポール国立博物館

●National Museum of Singapore

1877年に開館した国内最古の博物館。歴史的な工芸品のギャラリーのほか、シンガポールの過去から現在までの歴史や発展に関する展示が見もの。

シティ MAP:P8C4

図Ⓜブラス・バサー駅から徒歩5分、ベンクーレン駅から徒歩6分、ドービー・コート駅から徒歩8分 住93 Stamford Rd. ☎6332-3659 ⏲10～19時(歴史ギャラリー) 休なし 料S$15 ※無料の日本語ツアーあり。⏲10時30分～ 休祝日、オープンハウス時。詳細はURL jdguide.exblog.jp/i7/ へ

威風堂々とした白亜の建物自体もみどころ

19世紀建設

⬅ステンドグラスを配した旧館のドーム屋根

歴史的建物でアジア文明を紹介

アジア文明博物館

●Asian Civilisations Museum

かわいいパステル風イエローの壁が印象的

1867年建設

⬇アジア関連の美術品などが並んでいる

アジアの文明遺産を紹介する博物館。工芸品、祭祀用品、日用品など1600点以上を展示している。建物は1867年に東インド会社の庁舎として建設されたもの。

シティ MAP:P10C2

図Ⓜラッフルズ・プレイス駅から徒歩5分 住1 Empress Pl.
☎6332-7798 ⏲10～19時(金曜は～21時) 休なし 料S$8
※無料の日本語ツアーあり。詳細はURL jdguide.exblog.jp/i7 へ

+Plus!

2023年2月リニューアルオープン!

プラナカンの歴史と文化を伝える人気の博物館。改装工事を終え、2023年に再オープンした。

プラナカン文化を今に伝える

プラナカン博物館

●Perenakan Museum

白亜の壮麗な建物は1912年建造の旧学校。中国の伝統とアジアの風習が融合して生まれたプラナカン文化を紹介し、美しい手工芸品などは必見。

シティ MAP:P10C1

図Ⓜシティ・ホール駅から徒歩7分 住39 Armenian St. ☎6332-7591 ⏲10～19時(金曜は～21時) 休なし 料S$12

⬆ネオクラシカル様式の美しい建物

⬅⬇3フロア、9つのギャラリーに家具や陶磁器などを展示

Marina
マリーナ

人気度No.1のベイエリア

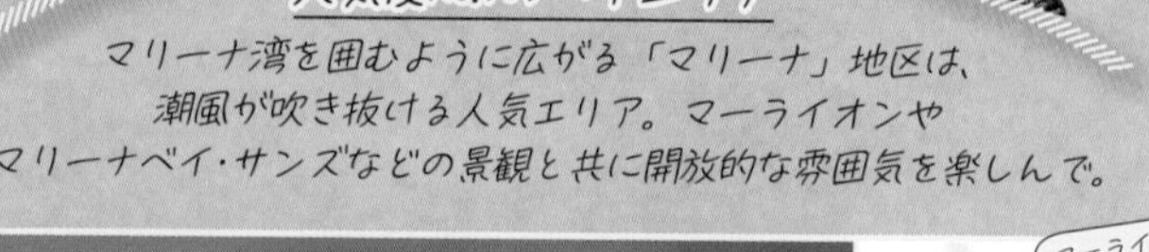

マリーナ湾を囲むように広がる「マリーナ」地区は、潮風が吹き抜ける人気エリア。マーライオンやマリーナベイ・サンズなどの景観と共に開放的な雰囲気を楽しんで。

マーライオン・パークはマリーナ湾を一望できる絶景スポット

マーライオン・パークから延びるジュビリー橋は歩行者専用

マリーナベイ・サンズの全景もすぐ間近に！ 左に見えるのはヘリックス・ブリッジ(→P181)

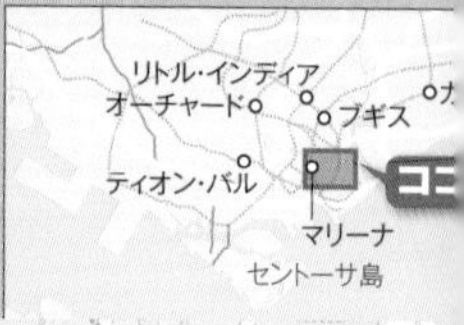

リトル・インディア
オーチャード
ブギス
ティオン・バル
ココ
マリーナ
セントーサ島

このエリアでしたいコト

1 マーライオン&マリーナベイ・サンズ撮影

マリーナ湾の西岸にマーライオン→P60、東岸にマリーナベイ・サンズ→P46が対峙。湾を囲む形で遊歩道が続いていて、お散歩に最適。

2 2つのナイトショーを鑑賞

マリーナベイ・サンズのスペクトラ→P52とガーデンズ・バイ・ザ・ベイのガーデン・ラプソディー→P65は必見。開催時間をチェックして2つとも楽しもう。

行き方

マリーナ湾西側のⓂ東西線、南北線 ラッフルズ・プレイス駅が起点。湾東側のマリーナベイ・サンズから散策を始める場合はⓂサークル線、ダウンタウン線ベイフロント駅を利用。

大理石製。オリジナルは黒いブロンズ像だった

1

シンガポール建国の父の像

ラッフルズ卿上陸地点(記念像)

●Sir Stamford Raffles Landing Site

1819年、英・東インド会社の官吏であったスタンフォード・ラッフルズ卿が上陸したとされる場所。白亜の像は1972年に設置され、近代シンガポールの象徴となっている。

マリーナ MAP:P10C2

交Ⓜラッフルズ・プレイス駅から徒歩7分
住59 Boat Quay ☎なし
時休料見学自由

2

絶対外せない一番の名所

マーライオン

●Merlion

シンガポールのシンボル、マーライオンにご挨拶して、おもしろ記念写真を撮ろう。

マリーナ MAP:P11D2 DATA→P60

マーライオンの背景に「シティ」地区の高層ビルが林立する。美しい夜景も必見!

おさんぽコース

所要約4時間

Start
MRTラッフルズ・プレイス駅
↓歩いて8分
①ラッフルズ卿上陸地点(記念像)
↓歩いて7分
②マーライオン
↓歩いて10分
③エスプラネード・シアター・オン・ザ・ベイ
↓歩いて2分
④マカンスートラ・グラットンズ・ベイ
↓歩いて10分
(ヘリックス・ブリッジ経由)
⑤スペクトラ(マリーナベイ・サンズ)
↓歩いて20分
⑥ガーデン・ラプソディー(ガーデンズ・バイ・ザ・ベイ)
↓歩いて5分
Goal MRTベイフロント駅

マリーナ湾全体から観賞できる

5

光と水が奏でる無料ショー

スペクトラ(マリーナベイ・サンズ)

●Spectra(Marina Bay Sands)

マリーナ湾で毎晩繰り広げられるナイトショー。最新のレーザーやプロジェクター装置、噴水を駆使し、壮大!

マリーナ MAP:P11E3
DATA→P52

時間がなくてもココだけはMust Go!

2時間コース

開催時間を確認して、⑤スペクトラ(マリーナベイ・サンズ)と⑥ガーデン・ラプソディー(ガーデンズ・バイ・ザ・ベイ)を制覇。その後、見学時間に制約のない②マーライオンへ向かおう。

3

ユニークな形の複合施設

エスプラネード・シアター・オン・ザ・ベイ

●Esplanade Theatres on the Bay

マリーナ湾北岸でひときわ目立つドリアン形の建物。劇場やショッピングモール、ギャラリーなどが集まる。

マリーナ MAP:P11D2

交Ⓜエスプラネード駅から徒歩5分
住1 Esplanade Dr. ☎6828-8377(代)
時休店舗により異なる

散策中の休憩にもぴったり

「Syifa'Satay」のサテー・セットS$10

4

地元の名物料理が大集合!

マカンスートラ・グラットンズ・ベイ

●Makansutra Gluttons Bay

麺や一品料理など、名店が集まるホーカースとして有名。有名な飲食店評価本がプロデュースしており、気軽に味わえるから、おさんぽ途中の食事にぴったり!

マリーナ MAP:P11D2 DATA→P117

6

夜空を彩るきらめくショー

ガーデン・ラプソディー(ガーデンズ・バイ・ザ・ベイ)

●Garden Rhapsody(Gardens by the Bay)

人気植物園の無料ショー。巨木のような「スーパーツリー・グローヴ」が色とりどりに染まる様子が幻想的。

マリーナ MAP:P11F3 DATA→P65

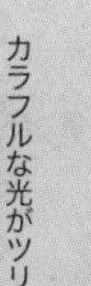

カラフルな光がツリーを包む

マリーナ湾のプロムナードを歩こう!

マリーナ湾沿いには歴史的名所のほか、絶景スポットなどが点在。
散策にぴったりの遊歩道も整備されているので、
潮風を感じながら、のんびり歩いてみよう。約半日で回れる。

WEST

マリーナ湾一望の絶景ブリッジ

③ジュビリー橋 ●Jubilee Bridge

マーライオン・パークとエスプラネード・シアター・オン・ザ・ベイ(→P179)を結ぶ全長220mの歩行者専用ブリッジ。マーライオンやマリーナベイ・サンズなどマリーナ湾周辺の名所を一望でき、写真撮影スポットとしても人気!

マリーナ MAP:P11D2

図Ⓜラッフルズ・プレイス駅から徒歩10分
住1 Esplanade Dr. ☎なし
時休料入場自由

↓2015年にシンガポール独立50周年を記念して開通

海風を感じながら歩ける絶景ブリッジ

各国の観光客で一日中賑わう人気スポット

アジア文明博物館 P177
Ⓜクラーク・キー
Ⓜエスプラネード
MRT北東線
New Bridge Rd.
ラッフルズ卿上陸地点(記念像) P179
Connaught Dr.
ジュビリー橋③
マーライオン・パーク②
マーライオン P60
Upper Pickering St.
ザ・フラトン・ホテル・シンガポール P214
ワン・フラトン
Start
ラッフルズ・プレイスⓂ
フラトン・ヘリテージ①
Cross St.
テロック・アヤⓂ
プロモントリー・アット・マリーナ・ベイ⑥
Central Blvd.
Telok Ayer St.
Cecil St.
MRT東西線
Robinson Rd.
Shenton Way
Goal
ダウンタウンⓂ
マリーナ・ベイ・リンク・モール
MRT南北線

↓マーライオンの背景には高層ビルが立つ

WEST

街のシンボルがお待ちかね!

②マーライオン・パーク ●Merlion Park

1972年に建造されたマーライオン(→P60)が立つ公園。マーライオンを間近で見られるほか、周囲には対岸にそびえるマリーナベイ・サンズなどのマリーナ湾の絶景も広がる。

マリーナ MAP:P11D2

図Ⓜラッフルズ・プレイス駅から徒歩8分
住1 Fullerton Rd. ☎なし
時休料入場自由

WEST

歴史的建造物を再開発

①フラトン・ヘリテージ

●Fullerton Heritage

Ⓗザ・フラトン・ホテル・シンガポール、Ⓗフラトン・ベイ、フラトン・ウォーター・ボート・ハウス、クリフォード・ピア、カスタム・ハウス、ワン・フラトン、フラトン・パビリオンの7つの歴史的建物が並ぶ再開発スポット。マリーナ湾を一望の飲食店も入る。

マリーナ MAP:P11D3

図Ⓜラッフルズ・プレイス駅から徒歩5分
住Fullerton Rd.～Collyer Quay
☎6557-2590(代)
時休施設により異なる

↓洗練された雰囲気のカスタム・ハウス

←かつては中央郵便局などだったⒽザ・フラトン・ホテル・シンガポール

歴史的建造物を眺めながら散策しよう

↑飲食店が入るドーム型の「フラトン・パビリオン」

NORTH

マリーナベイ・サンズの全景を望める！

④マリーナ・プロムナード

●Marina Promenade

マリーナ湾の北側にのびる散策路。緑に囲まれた遊歩道からはマリーナベイ・サンズの迫力ある全景を一望でき、撮影スポットとしても知られる。ベンチも点在し、湾を眺めながらのんびり過ごすのにぴったり。

マリーナ **MAP：P11D2**

図Ⓜラッフルズ・プレイス駅から徒歩15分、エスプラネード駅から徒歩10分
住Marina Promenade ☎なし
営休料入場自由

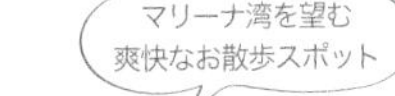

↓「スペクトラ」(→P52)の観賞スポットとしても人気

↓ライトアップされる夜はさらに幻想的に

EAST

遺伝子がテーマの近未来デザイン

⑤ヘリックス・ブリッジ

●The Helix Bridge

マリーナ湾の東側にあり、マリーナベイ・サンズへと続く歩行者専用の橋。スレンレス鋼材を二重螺旋で覆ったユニークなデザインは、DNAの幾何学構造がモチーフ。夜はライトアップされ、幻想的な雰囲気に。

マリーナ **MAP：P11E2**

図Ⓜベイフロント駅から徒歩10分
住Linking between Marina Bay and Marina Center
☎なし 営休料入場自由

ステンレススチールが美しいらせんを描く

エスプラネード・シアター・オン・ザ・ベイ P179
プロムナード駅へ
シンガポール・フライヤー P84
マリーナ・プロムナード ④
⑤ヘリックス・ブリッジ
Bayfront Ave.
East Coast Pkwy.
マリーナベイ・サンズ P46
ト・プラザ
Ⓜベイフロント
MRTダウンタウン線
MRTサークル線
ガーデンズ・バイ・ザ・ベイ P62
ガーデン・ラプソディー P65・179
200m

SOUTH

マリーナ湾を囲む名所を一望

⑥プロモントリー・アット・マリーナ・ベイ

●The Promontory@Marina Bay

マリーナ **MAP：P11D3**

マリーナ湾の南側に広がる芝生の公園。東側にマリーナベイ・サンズ、西側にフラトン・ヘリテージやシティ地区の高層ビルを望むことができ、開放的な雰囲気。

図Ⓜダウンタウン駅から徒歩5分、ラッフルズ・プレイス駅、ベイフロント駅から徒歩6分
住11 Marina Blvd. ☎なし 営休料入場自由

➡新年の花火の観賞スポットとしても知られる

+Plus! **ひと休みはココで！** マリーナの絶景を眺めながら、一日を締めくくろう。

マリーナ湾一望の絶景ロケーション

ランタン

●Lantern Rooop Bar

高級ホテル最上階に位置するルーフトップ・バー。オープンエアのテラスから絶景が広がる。心地よい南国の夜風に吹かれながら、オリジナルのカクテルをどうぞ。

マリーナ **MAP：P11D3** DATA→P150

➡テラス席にはソファなどもあり、ゆったりくつろげる

↓フレッシュなフルーツを使ったカクテルS$25〜が人気

Clarke Quay

クラーク・キー

リバーサイドの映えスポット

シンガポールのナイトスポットとして有名なクラーク・キー。川沿いにのびる遊歩道は、散歩やジョギングにも人気で、ゆったりと時間が流れる昼間も魅力的だ。

1.「CQ clarke quay」のネオンサインが目印に 2.地下鉄駅がアーケードと直結 3.橋の下の通路は壁画で飾られている

このエリアでしたいコト

1 川風に吹かれリバーサイド散歩

マリーナ湾へ流れ込むシンガポール川の両岸には気持ちのいい遊歩道がのび、レストランやバーが並ぶ。散歩が楽しい。

2 リバー・クルーズで舟遊び

シンガポール川にはシーバスが運航している。旅行者向けにはリバー・クルーズがあり、特にナイトクルーズが人気。

行き方

Ⓜクラーク・キー駅がエリアの中心部にあり、お散歩の拠点となる。Ⓜフォート・カニング駅やⓂラッフルズ・プレイス駅からも歩ける。

クラーク・キーのランドマーク的な存在

1 クラーク・キー駅直結でお買い物

セントラル ●Central

ファッションや雑貨ショップ、レストランなど150店以上が集まる、モダンなショッピングセンター。

交Ⓜクラーク・キー駅と直結
住6 Eu Tong Sen St. ☎6532-9922
⏲11～22時 休なし
クラーク・キー MAP：P10B2

2 愛のパワースポット

愛の南京錠 ●Get You LOVE HERE LOCS

セントラルの運河側にあるハート形のモニュメント。好きな人を思いながら南京錠をかけると願いが叶うとか。

交Ⓜクラーク・キー駅から徒歩5分 住Clarke Quay
クラーク・キー MAP：P10B2

恋する人々がこぞって願いを込めに来る名所

おさんぽコース

所要約3時間

Start MRTクラーク・キー駅
↓駅と直結
①セントラル
↓歩いて2分
②愛の南京錠
↓歩いて5分
③クラーク・キー
↓歩いて10分
④フォート・カニング・パーク
↓歩いて10分
⑤ロバートソン・キー
↓歩いて7分
⑥シンガポール・リバークルーズ（クラーク・キー桟橋から乗船）
↓歩いて8分
⑦ボート・キー
↓歩いて7分
Goal MRTラッフルズ・プレイス駅

3 デートコースの映えエリア

クラーク・キー ●Clarke Quay

川岸には船着き場があり、遊歩道と噴水広場を中心にレストランやバーが連なる人気のエリア。植物をイメージしたデザインのアーケードも素敵だ。

交Ⓜクラーク・キー駅からすぐ 住Clarke Quay
クラーク・キー MAP：P10B2

ライトアップされる夜は、美しくロマンチックだ

アーケードにある店も深夜までにぎわう

レトロなバンボートに乗ってマリーナまで

6 レトロなバンボートに乗って

シンガポール・リバー・クルーズ ●Singapore River Cruise

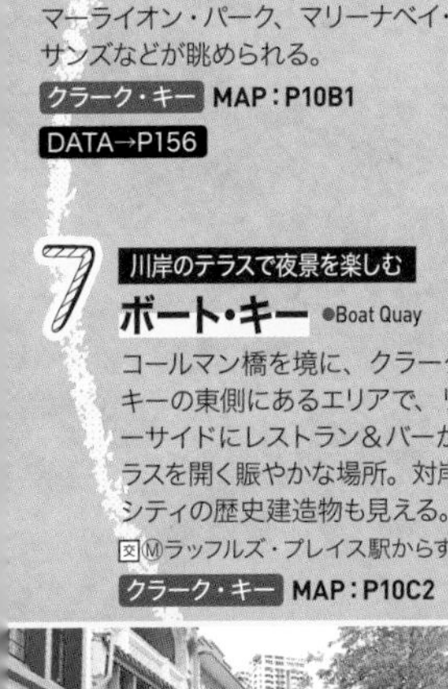

シンガポール川からマリーナ・ベイ内を船で巡る。一周の所要時間は40分。ライトアップされたクラーク・キーやマーライオン・パーク、マリーナベイ・サンズなどが眺められる。

クラーク・キー MAP：P10B1
DATA→P156

時間がなくてもココだけはMust Go!

1時間コース

MRTクラーク・キー駅から近い**クラーク・キーエリア**では、夜でも昼でも散歩や食事、インスタ写真撮影など、時間に合わせた過ごし方ができる。

4 緑あふれるインスタスポット

フォート・カニング・パーク ●Fort Canning Park

クラーク・キーの北側に迫る小高い丘。ラッフルズ卿がここに住居を構えて以来「ガバメント・ヒルズ」となり、現在は自然公園となっている。

交Ⓜフォート・カニング駅から徒歩2分
⏲休自由見学
クラーク・キー MAP：P10B1

緑の中に歴史的なモニュメントがたたずむ

静かで落ち着いたリバーサイドの穴場

7 川岸のテラスで夜景を楽しむ

ボート・キー ●Boat Quay

コールマン橋を境に、クラーク・キーの東側にあるエリアで、リバーサイドにレストラン&バーがテラスを開く賑やかな場所。対岸にシティの歴史建造物も見える。

交Ⓜラッフルズ・プレイス駅からすぐ
クラーク・キー MAP：P10C2

みんなでわいわい賑やかにすごすならココ

5 静かな散歩が楽しめる

ロバートソン・キー ●Robertson Quay

クレメンソー橋を境として、クラーク・キーの西側の運河沿いに遊歩道がのびるエリア。有名レストランなどがあり、比較的静かで喧騒を離れてのんびりできる穴場。

交Ⓜフォート・カニング駅から徒歩3分 クラーク・キー MAP：P10A1

賑わうのは夜！人気のレストラン&バーへ

色とりどりのイルミネーションが華やかな夜のクラーク・キー。
運河沿いのテラスや噴水広場を囲むアーケードには、
レストラン&バーが軒を連ね、連日多くの人で賑わう。

アーケード内にある噴水も夜はライトアップされる

シンガポール名物をリバーサイドで満喫！

ジャンボ・シーフード ●Jumbo Seafood

「シンガポール・フード・フェスティバル」(2006年度)でチリクラブ賞を獲得した名店。国内に5店舗を構え、特にクラーク・キー店はリバーサイドの夜景を望む絶好のロケーションでツーリストにも人気だ。

クラーク・キー **MAP：P10B2**

図Ⓜクラーク・キー駅から徒歩5分
住30 Merchant Rd.,＃01-01/02 Riverside Point
☎6532-3435 ⏲11時30分～14時30分、17～23時 休なし

←大型店だが、週末には満席となる盛況ぶり
↓オープンエアのテラス席も人気

↑名物のチリクラブは甘辛旨味でマスト。時価(S$108/1kg)

スペインの味を手軽に！

オクタパス ●Octapas

クラーク・キーの運河沿いにテラスを開くレストラン＆バーで、スペイン北部サンセバスチャン出身のシェフが腕をふるう。サングリアにピッタリなタパスをつまみながら、リバーサイドの夜景を楽しみたい。

クラーク・キー MAP：P10B2

図Ⓜクラーク・キー駅から徒歩7分
住Blk D #01-08 Clarke Quay River Valley Rd.
☎6884-6884 ⏲16時～翌2時（金曜は～翌3時、土曜は12時～翌3時、日曜は12時～翌2時）
休なし

↑運河沿いに屋根付きのテラス席が設けられている ←南国のフルーツがたっぷり入ったサングリアS$22

→プリップリの大きなエビがたっぷり入ったアヒージョS$20

イタリアンでリバーサイドディナー

ベラ・パスタ ●Bella Pasta

ロバートソン・キーにある本格的なイタリア料理店。パスタやリゾット各S$25～をはじめ、シーフードや生ハムの盛合せなど、種類も豊富に揃う。前菜、メイン、デザートがコースになったセットS$35もおすすめ。

ロバートソン・キー MAP：P10A1

図Ⓜフォート・カニング駅から徒歩5分 住30 Robertson Quay #01-09 ☎6836-5692 ⏲11時30分～14時30分、18時～22時30分（土・日曜は11時30分～23時30分）休火曜

↓テラス席は明るく広々として開放感がある

↑ほうれん草とリコッタチーズのラビオリS$32 ←夜は賑わう。店内にはカウンター席もある

自家製のクラフトビールで乾杯

ブリュワークス ●Brewerkz

1997年、シンガポールで最初にクラフトビールを醸造したブリュワリーとして有名。できたての生ビールS$12～とオリジナルの無国籍料理が味わえる。運河沿いに開く広いテラス席で盛り上がりたい。

クラーク・キー MAP：P10B2

図Ⓜクラーク・キー駅から徒歩5分
住30 Merchant Rd. Riverside Point #01-07
☎6438-7438 ⏲12～24時（金・土曜、祝前日は～翌1時）
休なし

←川風が気持ちいいテラス席でビールが最高 ↓黒豚のテンダーロインのローストS$28

↑4種類（各125ml）味わえるビール・サンプラーS$24が人気

イタリアンスタイルの正統派バー

ハリーズ・ボート・キー ●Harry's Boat Quay

シンガポールに19店舗を展開するバー＆レストラン、ハリーズの一軒。シンガポール川に面する広々としたテラスでビールなどドリンクのほか、ステーキ&エッグやハンバーガーなどのフードも楽しめる。

ボート・キー MAP：P10C2

図Ⓜラッフルズ・プレイス駅から徒歩5分
住28 Boat Quay ☎8268-8243
⏲11時30分～24時（土・日曜は～翌1時）休なし

→ボリューム満点のハリーズ・ジャズバーガーS$25

↑川岸のテラスで、のんびり過ごすのが気持ちがいい

←生ビールのタップが並ぶバーカウンター

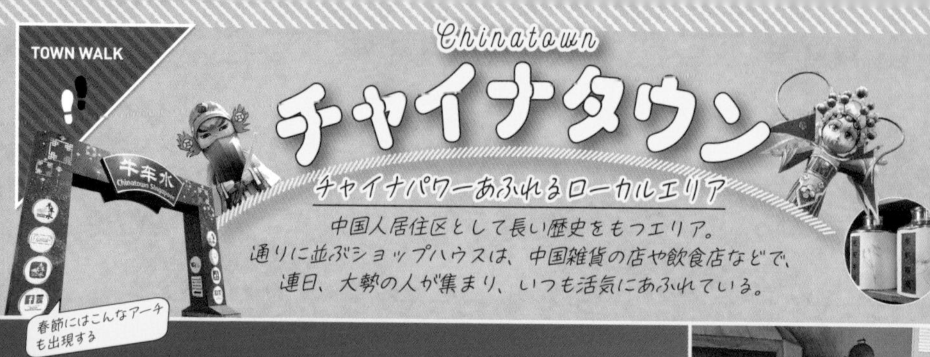

Chinatown チャイナタウン

チャイナパワーあふれるローカルエリア

中国人居住区として長い歴史をもつエリア。
通りに並ぶショップハウスは、中国雑貨の店や飲食店などで、
連日、大勢の人が集まり、いつも活気にあふれている。

1.中国式の街飾りが施されている 2.中国の台所が描かれている 3.佛牙寺はチャイナタウンきっての名所

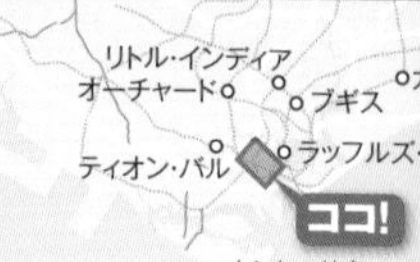

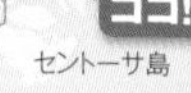

1 古き面影のチャイナタウンでグルメ&ショッピングの街歩き

チャイタウンの魅力といえば「食」。中国各地の名物料理や飲茶が楽しめる。安カワの中国雑貨や小物もおみやげにしたい。

2 多民族国家シンガポール。多宗教の寺院の違いを楽しむ

多民族国家のシンガポールの中でも多くを占める中国人。その文化や風俗を体感できる寺院や博物館はぜひ訪れたいスポットだ。

行き方

Ⓜチャイナタウン駅とマックスウェル駅が最寄りで、東側のⓂテロック・アヤ駅からも歩ける

中國飾りが歩行者天国の通りを彩っている

チャイナタウンらしい雰囲気
1 パゴダ・ストリート
●Pagoda Street

レトロなショップハウスが軒を連ねる歩行者天国で、赤いランタン(提灯)が吊るされ、中国語看板が並ぶ通りは風情がある。中華系の安カワグッズや雑貨から、中国茶や工芸品まで何でも揃っている。

交Ⓜチャイナタウン駅と直結

チャイナタウン MAP:P10B3

華僑の歴史を知る
2 チャイナタウン・ヘリテージ・センター
●Chinatown Heritage Centre／牛車水原貌館

19世紀初頭に移り住んだ華僑たちの暮らしぶりをろう人形や家具調度、写真などで再現。

交Ⓜチャイナタウン駅から徒歩3分 住48 Pagoda St. ☎6224-3928 ⏲9時30分～18時30分 休なし 料日本語ガイドオーディオ付き大人S$18、子供S$14

チャイナタウン MAP:P10B3

シンガポールにおける中国文化・風俗の変遷がわかる

臨時休業中(2023年6月現在)

おさんぽコース 所要約2時間

Start MRTチャイナタウン駅のA出口
↓歩いて1分
①パゴダ・ストリート
↓歩いて2分
②チャイナタウン・ヘリテージ・センター
↓歩いて3分
③スリ・マリアマン寺院
↓歩いて5分
④新加坡佛牙寺龍華院
↓歩いて2分
⑤ケオン・サイク・ロード
↓歩いて5分
⑥ティー・チャプター
↓歩いて10分
⑦シアン・ホッケン寺院
↓歩いて3分
Goal MRTテロック・アヤ駅

色彩豊かな寺院
3 スリ・マリアマン寺院
●Sri Mariamman Temple

病気を治す女神マリアマンを祭るシンガポール最古のヒンドゥー教寺院。極彩色の彫像類に注目。

交Ⓜチャイナタウン駅から徒歩5分 住244 South Bridge Rd. ☎6223-4064 ⏲6～12時、18～21時 休なし 料なし(写真&動画撮影料別途)

チャイナタウン MAP:P10B3

ヒンドゥーの神々で飾られたゴープラムが見事

実演を見ながら2種類のお茶が試せる。茶水代一人S$9が必要

1階は、茶葉や茶器などを販売している

中国の茶道「茶芸」を体験
6 ティー・チャプター
●Tea Chapter

チャイナタウンの歴史ある中国茶館で、中国茶道のティーセレモニー体験ができる。ティーマスターが作法などを説明しながらいれてくれる中国茶は特別な味わい。

チャイナタウン MAP:P10B3 DATA→P189

時間がなくてもココだけはMust Go! 1時間コース

少し離れているシアン・ホッケン寺院と食事をカットして、ケオン・サイク・ロードから、MRTアウトラム・パーク駅に出ると約1時間

中国風の重厚な建物
4 新加坡佛牙寺龍華院
●ブッダ・トゥース・レリック・テンプル・アンド・ミュージアム／Buddha Tooth Relic Temple and Museum

ミャンマーで発見された仏牙(ブッダの歯)を保存する寺院。堂内には黄金の仏像群が鎮座し、2・3階は博物館。

交Ⓜチャイナタウン駅から徒歩7分
住288 South Bridge Rd. ☎6220-0220
⏲7～17時(博物館は9時～) 休なし 料なし

チャイナタウン MAP:P10B3

博物館に佛牙塔が置かれ、屋上には庭園がある

シンガポール最古の道教寺院
7 シアン・ホッケン寺院
●Thian Hock Keng Temple

航海の神として知られる天后聖母が祭られている道教寺院。無病息災や商売繁盛などを祈願しに来る人が絶えない。

交Ⓜテロック・アヤ駅から徒歩3分 住158 Telok Ayer St. ☎6423-4616 ⏲7時30分～17時30分 休なし 料なし

チャイナタウン MAP:P10B3

礼拝堂に信者が訪れる。寺院裏側の壁には歴史壁画が描かれている

新名所として注目されているエリアだ

シンガポール気分が上がる
5 ケオン・サイク・ロード
●Keong Saik Road

道の両側に色とりどりのショップハウスが立ち並び、グルメやショッピングが楽しめる。

交Ⓜチャイナタウン駅から徒歩3分

チャイナタウン MAP:P10A3

シノワ雑貨を探しに行く！

チャイナタウンではショッピングも楽しみのひとつ。
お手ごろみやげを探しにシノワ雑貨ショップへ行こう！

上質な生活用品雑貨が揃う

オーキッド ●Orchid/胡姫花

世界中に約1000店。チャイナタウン内にも５軒ある中国工芸・生活雑貨を扱うショップ。約200種類もの箸、1000種類もの櫛、扇子や茶器など、素材と品質に優れた商品が並ぶ。

チャイナタウン MAP：P10B3

図Ⓜチャイナタウン駅から徒歩5分
住65 Pagoda St.
☎6423-0488 ⏲10～22時 休なし

扇子 $18
梅の花の模様で、春らしい雰囲気がステキ

ブラシ $138
匠が手作りした工芸品で高級感がある

夫婦箸セット $38
花柄のデザインがかわいい木製の箸に、箸置きが付いている

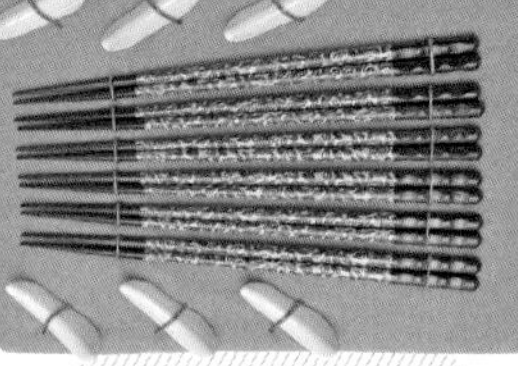

箸6組セット $39
木製で滑り止めが施され、使い勝手がいい

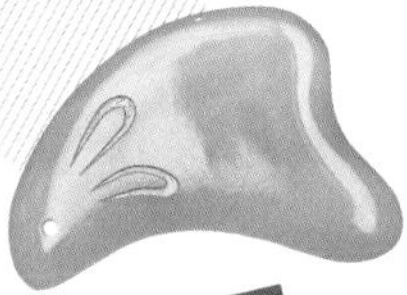

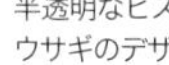

箸置き $49
半透明なヒスイの風合いとウサギのデザインがすてき

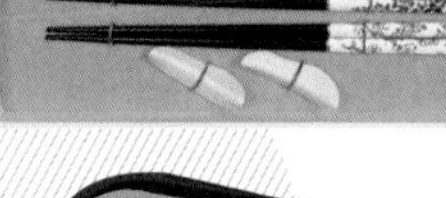

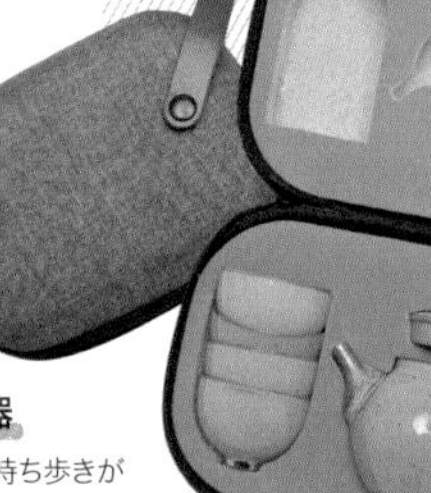

ツゲの櫛 $29
手になじみやすい形状で、お手頃価格

朱塗りの櫛 $49
赤茶色の色がきれいで上質な雰囲気

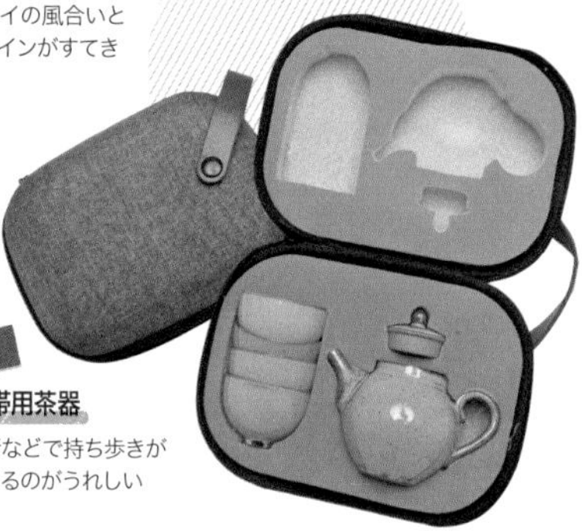

携帯用茶器 $68
旅行などで持ち歩きができるのがうれしい

Plus! **中国系デパートとショッピングセンターもある**

チャイナタウンの駅近に大きな中国系のデパート「裕華國貨」と「唐城坊」という巨大ショッピングセンターがある。いずれも中国製品が豊富で、ちょっと気の利いたチャイナグッズが探せる。

ユーファ・チャイニーズ・プロダクツ

●Yue Hwa Chinese Products／裕華國貨

５階建ての大きなデパートで、館内には、お菓子や食品、お茶やハーブ、漢方薬、シルク、チャイナ服、手工芸品、骨董品まで、本格的な中国製品を買うことができる。

チャイナタウン
MAP：P10B2

図Ⓜチャイナタウン駅からすぐ
住70 Eu Tong Sen St.
☎6538 4222
⏲11～21時(土曜は～22時)
休なし

チャイナタウン・ポイント ●Chinatown Point／唐城坊

中央吹き抜けに螺旋式のぼり通路を配した巨大な建物。ホンリム・フードセンター(→P121)と空中通路でつながる。ソンファ・バクテー(→P99)などレストランも充実。

チャイナタウン MAP：P10B2

図Ⓜチャイナタウン駅から徒歩2分
住133 New Bridge Rd.
☎6702-0114
⏲10時頃～22時頃(店舗により異なる)
休なし(店舗により異なる)

チャイナグルメを食べ歩き

チャイナタウン散歩の楽しみのひとつが、チャイナフードを味わうこと。
老舗の食堂からスイーツまで、サクッと食べられるお店を紹介。

手作り小籠包や餃子が人気

京華小吃 ●ジンホア・シャオチー/Jing Hua Restaurant Xiao Chi

創業から約35年。変わらぬ味とレシピを守り続けている上海家庭料理の老舗。特に、肉汁あふれる手作り小籠包やもっちりとした餃子、甘辛のジャージャー麺S$6.90などが名物。

チャイナタウン MAP:P10B3

図Ⓜマックスウェル駅から徒歩2分 住21 Neil Rd. ☎6221-3060
営11時30分～15時、17時30分～21時30分 休なし

⬇庶民的な雰囲気が漂う食堂

⬆餃子やワンタンなど点心が揃う

⬅一番人気の小籠包S$10・70(7個)。中にはたっぷりスープが

シンガポールを代表する茶藝館

ティー・チャプター ●Tea Chapter

エリザベス女王も訪れたというシンガポール随一の茶芸館で、1階では厳選された茶葉約40種類を販売。2階の茶藝館では、気に入った茶葉を試飲できる。茶水代1人S$9が必要。

チャイナタウン MAP:P10B3

図Ⓜマックスウェル駅から徒歩3分 住No.9&9A Neil Rd. ☎6226-1175 営茶芸館：11～21時(金・土曜、祝日は～22時30分)、ショップ10時30分～21時(金・土曜、祝日は～22時30分) 休なし

⬆お茶2種類、クッキー、お茶で煮た卵、カスタードまん&肉まんがセットで一人38ドル

⬅1杯目は、スタッフが茶芸を披露して、淹れてくれる

チャイナタウンで人気の飲茶店

飲茶酒楼 ●ヤムチャ/Yum Cha Restaurant

ショップハウスの2階を改装した飲茶専門店。約80種類の点心はS$4～とリーズナブル。平日の点心食べ放題S$38も評判。石鍋で供されるフカヒレスープS$18.80(1人前)も人気だ。

チャイナタウン MAP:P10B3

図Ⓜチャイナタウンから徒歩3分 住20 Trengganu St., #02-01
☎6372-1717 営10時30分～22時(土・日曜、祝日は9時～) 休月曜

⬇ランチタイムは混むので少し時間をずらすといい

⬆ショップハウスの2階に広いスペースを持つ ⬅エビがプリップリの蒸しエビ餃子が一番人気

⬅手前はエッグタルトS$2.40、奥右はチャーシューパイS$2.50

100年以上続く中国菓子の老舗

東興 ●トンヒン/Tong Heng

昔ながらの製法を守る菓子店で、名物のエッグタルトは、1日5000個以上売り上げることもあるとか。他にも中華式のクッキーやパイなど30種類ほど。カフェスペースもある。

チャイナタウン MAP:P10B3

図Ⓜチャイナタウン駅から徒歩5分 住285 South Bridge Rd. ☎6223-3649
営9～22時 休なし
カード

➡店頭にもテラス席があって、手軽に飲食できる

オーチャード
リトル・インディア
アラブ・ストリート ブギス
シティ
マリーナ
クラーク・キー
チャイナタウン
郊外

TOWN WALK

Tiong Bahru ティオン・バル

新旧が融合するトレンド・タウン

昔ながらの低層団地が立ち並ぶエリアで、近年はセンスあふれるショップやカフェが続々オープン！ トレンディな人々が集まる、旬のエリアとして注目を集める。

街のあちこちでかわいい壁画を発見！

地元アーティストの壁画「Bird Singing Corner」(MAPP12B4)は人気スポット

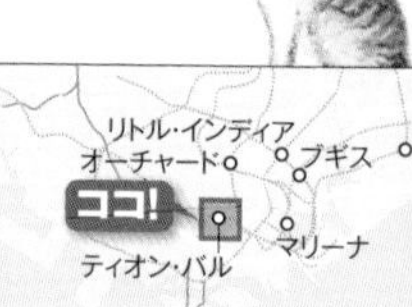

このエリアでしたいコト

1 おしゃれなカフェで朝食&ひと休み

ティオン・バルはカフェ激戦区。デザートが人気のカフェやベーカリーカフェが点在している。朝から営業しているところもあるので、朝食に出かけるのもおすすめ。

2 地元っ子御用達のスポットで過ごす

もともと団地が立ち並ぶ住宅街なので、地元民が通うスポットがあちこちに。活気あふれるマーケットや格安で味わえるホーカース、緑あふれる公園などをのぞいてみて。

行き方

起点はⓂ東西線 ティオン・バル駅、トムソン・イースト・コースト線 アウトラム・パーク駅。メインエリアまで徒歩約10分。

陽光が差し込む店内は
リゾート感いっぱい

1 フレンチカフェで朝食を
メルシー・マーセル
●Merci Marcel

モザイクタイルや緑が配された店内は、フランスとバリのスタイルを融合。有機卵など素材にこだわったエッグ・ベネディクトS$25(～16時)、サラダやバーガー、パスタなどをどうぞ。

図Ⓜティオン・バル駅から徒歩15分 住56 Eng Hoon St.#01-68 ☎6224-0113 ⏲8～24時(月・日曜は～23時) 休なし 予推奨

ティオン・バル MAP：P12B4

フレンチトーストS$21(11～16時。土・日曜、祝日は8～16時)ほか

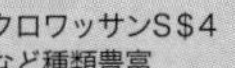

クロワッサンS$4
など種類豊富

2 人気ベーカリーの本店
ティオン・バル・ベーカリー
●Tiong Bahru Bakery

古い公団住宅を利用したベーカリーカフェ。フランス人の職人が作るパンが並び、サクサクのクロワッサンが一番人気。それらを使ったサンドイッチなども豊富に揃っている。

図Ⓜティオン・バル駅から徒歩15分 住56 Eng Hoon St.#01-70 ☎6220-3430 ⏲7時30分～20時 休なし

ティオン・バル MAP：P12B4

店内やテラス席でイートインも可能

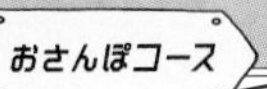

おさんぽコース
所要約3時間

Start MRTアウトラム・パーク駅
↓歩いて15分
①メルシー・マーセル
↓歩いて1分
②ティオン・バル・ベーカリー
↓歩いて3分
③ティオン・バル・マーケット
↓歩いて15分
④ハヴロック・ロード・クックト・フード・センター
↓歩いて12分
⑤ティオン・バル・パーク
↓歩いて5分
Goal MRTティオン・バル駅

4 住宅街のローカルホーカーズ
ハヴロック・ロード・クックト・フード・センター
●Havelock Road Cooked Food Centre

地元の人で賑わう人気のホーカース。朝から夜まで、ローカルな雰囲気の中、食事やローカルスイーツなどをリーズナブルな値段で味わえる。

図Ⓜティオン・バル駅から徒歩7分 住22A Havelock Rd. ☎店舗により異なる ⏲6時30分～22時30分ごろ(店舗により異なる) 休店舗により異なる

ティオン・バル MAP：P12A3

30軒ほどの店が集まっている

時間がなくてもココだけはMust Go!
1時間コース

人気の「ティオン・バル・ベーカリー」で焼きたてパンをゲットした後、「ティオン・バル・マーケット」へ。ランチもここでサクッと。

1階には果物など生鮮食品や花など並ぶ

3 近隣住人御用達のマーケット
ティオン・バル・マーケット
●Tiong Bahru Market

1951年に開業し、ティオン・バルの歴史的スポットとして知られる。1階は生鮮市場。2階は80以上の屋台が並ぶホーカースで、チキンライスやナシレマ、麺類などの名物料理を楽しめる。

図Ⓜティオン・バル駅から徒歩10分 住30 Seng Poh Rd. ☎店舗により異なる ⏲9～20時ごろ(店舗により異なる) 休店舗により異なる

ティオン・バル MAP：P12B4

鶏肉のおかゆS$3(小)は朝食にもぴったり

5 緑あふれる癒やしのスポット
ティオン・バル・パーク
●Tiong Bahru Park

Ⓜティオン・バル駅近くに位置し、地元の人たちに愛される公園。人気のベーカリーでゲットしたパンを、緑の中で味わうのも楽しい。

図Ⓜティオン・バル駅から徒歩5分 住1 Henderson Rd. ⏲24時間 休なし

ティオン・バル MAP：P12A3

大通り沿いにありながら緑豊かで静かな園内

東屋やベンチがあり、ピクニックもおすすめ

2階のホーカースは本場の味が格安！ 行列必至の店も

Dempsey Hill
デンプシー・ヒル

緑の中に高感度なスポットが点在

熱帯の木々に囲まれた丘陵地に広がるハイセンス・タウン。元イギリス軍の兵舎を利用したショップや飲食店が集まり、リラックスした在住欧米人の姿も多い。緑の中で癒やされよう。

1.「PS.カフェ」(→P109)も人気
2.オープンエアの店が多く爽快
3.英国の雰囲気が今も残る

このエリアでしたいコト

1 開放的な店内で美食を楽しむ

地元欧米人にも愛されるオシャレなカフェやレストランが集まることでも知られるこのエリア。どの店も緑に囲まれ、開放的な店内やテラス席で食事を楽しめる。

2 個性派ショップでお買い物

トレンド感あふれるショップが点在しており、日本ではなかなか見つからない雑貨やウエア、フードなどが充実している。とっておきの一品に出合えるはず!

行き方

2022年11月に開業したⓂトムソン・イースト・コースト線 ネーピア駅から徒歩約15分。7〜26ブロックが主要区画で、店が集中するのが8〜11ブロック。エリア内は徒歩で散策できる。

クロワッサンS$4、パン・オ・ショコラS$4.5ほか

テント風の外観が目印

1 人気のカフェで朝食を

ティオン・バル・ベーカリー・サファリ ●Tiong Bahru Bakery Safari

人気ベーカリーカフェ(→P191)のデンプシー・ヒル店。緑に囲まれた名物のクロワッサンなどを。キッシュS$13など食事メニューも。

交Ⓜネーピア駅から徒歩8分
住130E Minden Rd. ☎6877-4876
🕐8～18時 休なし

デンプシー・ヒル MAP：P6B2

チョコレートバーS$10～。試食もOK

2 見て食べて作って楽しめる！

ミスター・バケット・ショコラテリエ・デンプシー・ファクトリー ●Mr. Bucket Chocolaterie Dempsey Factory

東南アジア各国のカカオを使うチョコレート店。工房、イートインのほか、トッピングなどを選んで作ってもらうことも($21.90)。

交Ⓜネーピア駅からタクシーで約5分
住13 Dempsey Rd., #01-03/04 ☎6969-9504
🕐11～19時(金・土・日曜、祝日、祝前日は10～22時)
休月曜 ※現金払い不可

デンプシー・ヒル MAP：P6A3

カラフルなカカオの装飾に注目！

イートインで楽しめるテイスティング・セットS$18

おさんぽコース

所要約5時間

Start MRTネーピア駅
↓歩いて8分
①ティオン・バル・ベーカリー・サファリ
↓歩いて10分
②ミスター・バケット・ショコラテリエ・デンプシー・ファクトリー
↓歩いて3分
③チャプスイ・カフェ
↓歩いて5分
④ドーヴァー・ストリート・マーケット
↓歩いて1分
⑤キャンドルナット
↓歩いて4分
⑥レッドドット・ブリューハウス
↓歩いて16分
Goal MRTネーピア駅

時間がなくてもココだけはMust Go！

2時間コース

「ミスター・バケット・ショコラテリエ」でおみやげをゲットした後、プラナカン料理でランチorディナーを。

アラカルトS$14～。コ

5 人気のプラナカン料理

キャンドルナット ●Candlenut

イベリコ豚やオーガニックの卵など、こだわりの素材で伝統の味を生み出す。床のタイルなどプラナカン式の装飾もキュート！

交Ⓜネーピア駅から徒歩16分
住Block 17A, Dempsey Rd.
☎1800-304-2288 🕐12～15時(LO14時30分)、18～22時(LO21時30分) 休なし 予

デンプシー・ヒル MAP：P6A2

1860年代建造の建物を利用

3 緑の中で楽しむモダン中華

チャプスイ・カフェ ●Chopsuey Cafe

「PS.カフェ」(→P109)が手がけるモダン・チャイナ。緑を眺めながら、創作中華や色とりどりの点心(～18時)などを。

交Ⓜネーピア駅からタクシーで約5分
住Block 10, Dempsey Rd., #01-23
☎6708-9288 🕐11～23時(金・土曜、祝前日は～23時30分) 休なし

デンプシー・ヒル MAP：P6A3

上：全面ガラス張りでスタイリッシュ。テラス席も人気
右：カニを使ったマッド・クラブ・フライド・ライスS$24

6 ここでしか味わえない地ビール

レッドドット・ブリューハウス ●RedDot BrewHouse

シンガポールのクラフトビール人気を牽引する店。醸造所を併設し、醸造職人のオーナーが独自に研究して作っている。

交Ⓜネーピア駅から約16分
住25A Dempsey Rd., #01-01
☎6475-0500 🕐11時30分～22時30分(月曜は～22時、金・土曜は～23時) 休なし

デンプシー・ヒル MAP：P6A2

：モンスター・グリーン・ラガS$17、チージー・フライS$17
：オープンエアで開放的

4 世界的デザイナーがディレクション

ドーヴァー・ストリート・マーケット ●Dover Street Market

「コム・デ・ギャルソン」の川久保玲氏がディレクターを務めるコンセプトショップ。50以上のブランドやオリジナル品が揃う。

交Ⓜネーピア駅からタクシーで約5分
住Block 18, Dempsey Rd.
☎3129-4323 🕐11～20時
休なし

デンプシー・ヒル MAP：P6A2

店内のディスプレイも斬新！ ロンドンに1号店をもつ

Holland Village ホーランド・ヴィレッジ

欧米人が多く暮らすハイソな住宅街

かつてのイギリス軍兵士やその家族の居住地で、当時の面影が残るコロニアル様式の建物などが点在する。個性的なカフェやバーなどが集まり、在住欧米人にも人気。

見目麗しいモダンなスイーツも必食！

東西がミックスする人気スポット

このエリアでしたいコト

1 緑を眺めながらのんびり散策

飲食店が並ぶLor Liput通り周辺のほか、旧英国軍兵舎を利用し、カフェやショップが集まる「チップ・ビー・ガーデンズ」もチェック！

2 アジア雑貨をゲット！

街のランドマークでもある「ホーランド・ロード・ショッピング・センター」はアジア雑貨の宝庫。おみやげを探そう。

行き方

起点はⓂサークル線 ホランド・ビレッジ駅。駅から徒歩約10分圏内に飲食店やショッピングセンターなどの主要スポットが集まり、徒歩で十分回れる。

リトル・インディア
ココ！
ブギス
カトン
オーチャード
ティオン・バル
マリーナ
セントーサ島

Holland Rd
Holland Rd
MRTサークル線
①ホーランド・ヴィレッジ・パーク
Ⓜホランド・ビレッジ
ホーランド・ヴィレッジ・マーケット・フード・センター
Holland Ave
Warna Rd
チップ・ビー・ガーデンズ
Lor Liput
Raffles Holland V Mall
Jln Kelabu Asap
ホーランド・ロード・ショッピング・センター ②
Lor Liput
Taman Warna
③2am:デザートバー
Holland Ave

50m

1 ホーランド・ヴィレッジ・パーク

地元住民の癒やしスポット

●Holland Village Park

熱帯の木々に囲まれた敷地にベンチが点在。緑に面した2階建てのショップハウスを利用したカフェなどもある。

㉄Ⓜホランド・ビレッジ駅から徒歩3分 ㊟Junction of Holland Rd. &Holland Ave. ☎なし ⏲24時間 ㊡なし

ホーランド・ヴィレッジ MAP：P4A1

緑いっぱいのすがすがしい空間

2 ホーランド・ロード・ショッピングセンター

アジア雑貨ならまずココへ！

●Holland Road Shopping Centre

館内にはアジア雑貨のショップが集結。小物、アクセサリー、服などの安カワ商品のほか、家具なども見つかる。

㉄Ⓜホランド・ビレッジ駅から徒歩1分 ㊟211 Holland Ave. ☎店舗により異なる ⏲10時30分～21時ごろ（店舗により異なる） ㊡なし

ホーランド・ヴィレッジ MAP：P4A1

オリエンタルなミラーやスプーンを旅の記念に

このエリアの象徴的存在

アンティークなどもあるのでじっくり探そう

おさんぽコース

所要約3[時間]

Start MRTホランド・ビレッジ駅
↓歩いて3分
①ホーランド・ヴィレッジ・パーク
↓歩いて1分
②ホーランド・ロード・ショッピングセンター
↓歩いて1分
③2am:デザートバー
↓歩いて5分
Goal MRTホランド・ビレッジ駅

時間がなくてもココだけはMust Go!

1時間コ[ース]

「ホーランド・ロード・ショッピングセンター」はマストスポット。館内を見た後、時間があれば、周辺の散策を。

3 2am:デザートバー

美しいデザート&ワインを堪能！

●2am:dessertbar

人気パティシエール、ジャニス・ウォンさんのデザート専門店。シックな店内でワインと共に味わう独創的なデザートを提案。

㉄Ⓜホランド・ビレッジ駅から徒歩5分 ㊟21A Lorong Liput ☎6291-9727 ⏲13時～翌2時 ㊡月曜 ㊀

ホーランド・ヴィレッジ MAP：P4A1

柚子を使った「ゼスティ」S$23。一品の目安はS$7～25

ジャニス・ウォンさん

セントーサ島

Sentosa Island

Contents

得

知っておきたいこと10

#セントーサ島

本島と橋でつながるリゾート・アイランド。アクセス抜群で、テーマパークやアトラクション施設が集まり、広大なレジャー・エリアとなっている。

01

歩くもあり!?　好みでチョイスできる4つのアクセス方法

セントーサ島に行くには、Ⓜハーバー・フロント駅からセントーサ・エクスプレス(→P199)に乗り換えるのが一般的だが、歩いて橋を渡ったり、ケーブルカーで上空から降り立ったり、直接タクシーで乗り入れたり、好みの方法(→P199)を選べる。

⬆本島とセントーサ島を3分で結ぶセントーサ・エキスプレス

02

知らず知らずに払っている入島料

シンガポール政府が主導して1972年から開発が進められているセントーサ島では、入島料としてS$2〜6(利用する交通機関によって異なる)が徴収される。利用者は、モノレールやケーブルカー、タクシーの料金に上乗せされているため、ほとんど気づかない。無料のセントーサ・ボードウォーク(→P199)がお得?

⬆のんびり徒歩で15分。無料のブリッジを渡ってみる?

03

リゾート・ワールド™・セントーサで遊び尽す!

島の中心は、北西部に広がるアジア最大級の複合リゾートであるリゾート・ワールド™・セントーサ。ユニバーサル・スタジオ・シンガポール(→P200)やシー・アクアリウム(→P202)などのテーマパーク、カジノ、ホテル、多様なレストランやショップなどが一つのエリアに集約され、ストレスなく遊び回れる。

⬆ホテルやアーケード、レストラン街など施設が充実しているのが魅力

04 NEW !

リゾート・ワールド™・セントーサでは現金は使用できません

リゾート・ワールド™・セントーサ直営店では、すべての支払いがキャッシュレス化(2022年1月23日より)され、現金(紙幣・硬貨)は一切使用できないので注意が必要だ。対象となるのは、ユニバーサル・スタジオ・シンガポール、シー・アクアリウム™、アドベンチャー・コーブ・ウォーターパーク™などの施設、およびリゾート内の各ホテル、リゾート・ワールド™セントーサが直営の飲食店。利用者はクレジット・カードまたはデジタルウォレットで非接触型決済を使用。ただし、リゾート内で営業しているテナントは対象外。現金しか持っていない場合、ゲストサービスセンターにてリゾート・ワールド™・セントーサで使えるアトラクション・ギフトバウチャーの購入が可能。

➡アトラクション・ギフトバウチャーは、S$1、S$2、S$5、S$10の種類がある

05 耳より

イルカと泳ぐ！ ──夢を実現させる

ドルフィン・アイランド(→P203)には、イルカとふれあえるプログラムがいろいろあって好評を博している。その中のひとつ「ドルフィンアドベンチャー」は、イルカと一緒に泳ぐプログラムで、夢のような体験が……。オプショナルツアーもあり、日本からの事前予約も可能。

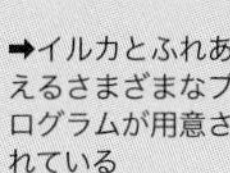

➡イルカとふれあえるさまざまなプログラムが用意されている

06 耳より

シロソ・ビーチはアトラクションの宝庫

ホワイトサンドの砂浜とパームツリーが南国ムード満点のシロソ・ビーチ(→P208)は、多くのゲストで賑わう人気エリア。バンジージャンプなどが体験できるスカイパーク・セントーサ・バイ・AJハケット(→P204)や海に向って滑走するジップラインが人気のメガ・アドベンチャー・パークなど、アトラクション施設も多く、遊び場には事欠かない。

➡ジャイアント・スイングは３人グループで楽しめる

07

上空から島を眺める！ ケーブルカーで空中散歩

島へのアクセスでも利用できるケーブルカー(マウント・フェーバー・ライン)だが、島の頂上部のインビアとシロソ・ポイントを結ぶセントーサ・ラインは、海と島の絶景を眺められる空中遊覧が魅力のひとつ。移動の際に利用してみたい乗物だ。

➡天気のいい日は上空からセントーサ島を眺めてみたい

08 耳より

スカイウォークを散歩しながら歴史の砦へ

島の西端にあるシロソ砦は、第2次世界大戦でイギリス軍が立てこもり、日本軍と戦った要塞の跡で、島のみどころのひとつとなっている。さらに、そこへ向かうフォート・シロソ・スカイウォークは絶景の名所で、シロソ・ポイント駅近くにある専用のエレベーターで一気に上れ、空中の遊歩道を歩ける。

➡戦争の傷跡が残るシロソ砦。スカイウォークを歩くのは爽快

09 得

無料でいいの!? ビーチ・シャトルで楽々

セントーサ島の3つのビーチを結んで運行しているビーチ・シャトルは(→P199)は、ツーリストであれ、ローカルゲストであれ、島で働く人であれ、誰もが無料。停留所であれば乗り降り自由で、気軽に利用できるのがうれしい。砂浜と海を見ながら、潮風に吹かれる気分はサイコー！

⬆水着のまま乗車可能で、3つのビーチを移動できる便利な乗り物

10

セントーサ島に泊まるも十分あり！

テーマパークやアトラクション施設だけでなく、リゾート・ホテル(→P218)も充実しているセントーサ島は、滞在先としても魅力的だ。島でのレジャーを余裕を持って満喫できるだけでなく、本島とのアクセスも良好なので、マリーナやシティ、エスニックタウンに出かけるにも苦はない。選択肢に加えたい。

⬆朝や夜の静かなセントーサ島を経験できるのは泊まればこそ

【編集MEMO】

コレだけはいいたい！

空を飛んでみたい！　そんな夢がかなえられるのが、アイ・フライ・シンガポール(→P205)。風は強烈だが、確かに飛べた！

海の底で食事をしている気分が味わえるのがオーシャン・レストラン(→P202)。忘れられないランチに。

夜の海を舞台にしたウィング・オブ・タイムのショー(→P205)は、島の滞在時間をのばして見る価値あり。

編集M

セントーサ島をチェック!

テーマパークが集まる中心地

リゾート・ワールド™・セントーサ

●Resort World™ Sentosa

モノレールで本土とつながる、セントーサ島の中心部。リゾート・ワールド駅付近には、ユニバーサル・スタジオ・シンガポールやシー・アクアリウム™などのテーマパーク、アトラクション、ホテル、レストラン、ショップが集まっている。

ユニバーサル・スタジオ・シンガポール

●Universal Studio Singapore

世界で5カ所しかない人気のテーマパーク。各アトラクションが近いため回りやすく、世界初やシンガポール限定のアトラクションなどが楽しめる。

アドベンチャー・コーブ・ウォーターパーク™

●Adventure Cove Waterpark™

スリル満点のウォータースライダーや流れるプール、古代都市をイメージした巨大なプールなど、桁外れで大規模な水のテーマパーク。

シー・アクアリウム™

●S.E.A. Aquarium™

世界最大級の水族館で、まるで海の中を歩いているよう。マンタやメジロザメをはじめ、さまざまな海洋生物を見ることができる。

島南部観光の拠点がココ

ビーチ駅

●Beach Station

セントーサ・エクスプレスの終点で、駅付近に人気アトラクションの窓口やファンショップなどがある。ナイトショーのウィングス・オブ・タイムも近くのビーチで催される。

南国リゾートの雰囲気たっぷり

シロソ・ビーチ

●Siloso Beach

ビーチシャトルが走る、島の南側に連なる３つのビーチの一つで、ビーチ駅からも徒歩10分ほど。白い砂浜にパームツリーが繁り、南国リゾートならではの雰囲気を味わえる。

人気テーマパークをはじめ、最新アトラクションが大集結するセントーサ島。東西約5㎞、南北約2㎞の島の人気スポットは西側のエリアに集中し、リゾートバカンスが楽しめる。

島へのアクセス

タクシー
目的の場所まで直通で

通常の乗車料金のほかに別途入島料S$2～6(時間や曜日によって変わる)が加算される。オーチャードからは約20分で、料金は約S$20。島内でタクシーを捕まえるには、ホテルなどのタクシースタンドを利用するといい。

モノレール セントーサ・エクスプレス Sentosa Express
最速で島へアクセス

本島とセントーサ島を結んでおり、Ⓜハーバー・フロント駅と直結。乗り場はビボ・シティ3階の「ビボ・シティ駅」で、島内にある3つの駅を結ぶ。ビーチ駅まで所要約5分。⏲7～24時。4～8分間隔で運行。㊙S$4(入島料込)

ケーブルカー マウント・フェーバー・ライン Mount Faber Line
眺めを楽しみながら

Ⓜハーバー・フロント駅から徒歩5分のハーバー・フロント・タワーにあるハーバー・フロント駅から出発。島中央のセントーサ駅まで所要約10分。⏲8時45分～22時(最終乗車21時30分) ㊙S$45(入島料込。セントーサ・ラインも乗車可)

徒歩 セントーサ・ボードウォーク Sentosa Boardwalk
いちばん安くのんびりと

ビボ・シティからセントーサ島へ続く、全長約500mの遊歩道。トラベレーター(動く歩道)と景色が楽しめる遊歩道の2層構造になっている。下層は屋根付きで、雨の日も安心。所要約15分。
⏲24時間 ㊙無料

島内の移動

モノレール
早くて快適で便利

セントーサ・エクスプレスの島で最初に停車するのはリゾート・ワールド駅。さらにインビア駅と終点のビーチ駅に停車して折り返す。島内の乗り降りは自由。

ケーブルカー セントーサ・ライン Setosa Line
空から島を眺める

インビア駅から近い、マーライオン駅からインビア・ルックアウト駅、シロソ・ポイント駅へ。⏲8時45分～22時(最終乗車21時30分) ㊙往復S$15

シャトルバス ビーチ・シャトル Beach Shuttle
オープンエアで風を感じて

シロソ、パラワン、タンジョンの3つのビーチを結ぶ乗り降り自由の巡回シャトル。
⏲9～22時(土曜は～23時30分) ㊙無料

シャトルバス セントーサ・バス Sentosa Bus
島の名所を結ぶ

A・B・Cのフリー・シャトルバスが運行。島の名所やアトラクションを結ぶ。詳しい運行時間や路線、バス停は現地で確認。㊙無料

高台から島を一望

インビア・ルックアウト
●Imbiah Lookout

セントーサ島の高台に位置するエリア。パノラマライドのスカイヘリックス・セントーサや、森の中でユニークなアトラクションが楽しめるメガ・アドベンチャー・パークなどがある。

散歩がてらにスカイウォーク

シロソ・ポイント
●Siloso Point

島の西端部に位置し、第二次世界大戦でイギリス軍が日本軍と戦った、シロソ砦の跡が残る、現在は野外博物館として公開。駅近くからスカイウォークが設けられ、簡単にアクセスできる。

オリジナルのアトラクションがいっぱい！

ユニバーサル・スタジオ・シンガポールでアトラクション三昧

Resorts World Sentosa Singapore

⬇エントランス前の回る地球儀は記念撮影スポット

Read me!

セントーサ島のなかでも大人気の世界的テーマパーク。アトラクション同士の距離が近く、まわりやすいのが特徴。一日で全アトラクション制覇も夢ではない！

コンパクトで回りやすい

ユニバーサル・スタジオ・シンガポール

●Universal Studios Singapore

ハリウッド映画やアニメをテーマとした人気のテーマパークで、7つのゾーンに24のアトラクションが揃う。世界初やシンガポール限定が多く、キャラクターたちとの遭遇にも期待。

RWS MAP：P15D3

図セントーサ・エクスプレスのリゾート・ワールド駅から徒歩3分 住8 Sentosa Gateway ☎6577-8888 ⏲10～19時（季節、曜日により変更があるので要確認） 休なし 料1日パスS$81、子供（4～12歳）S$61、シニア（65歳以上）S$43 ※チケット料金は予告なく変更される場合がある

楽しみ方アドバイス

通常より短い待ち時間でアトラクションやショーを利用できるパス「ユニバーサル・エクスプレス」を活用する。入場前にチケットブースで購入する。S$30～。

6つのゾーン

⬆人気アトラクションのジュラシック・パーク

古代エジプト Ancient Egypt

エジプト探険の黄金期だった1930年代を再現。砂漠に立つピラミッドやオベリスクが象徴的で、ミステリアスな雰囲気。

SCI-FIシティ SCI-FI City

最先端技術を駆使した近未来型のロボットタウンがテーマ。迫力満点のライド系アトラクションが人気を呼んでいる。

ザ・ロスト・ワールド The Lost World

映画『ジュラシック・パーク』と『ウォーターワールド』がテーマの2エリアからなる。スリル系アトラクションが集まる。

遠い遠い国 Far Far Away

映画『シュレック』をテーマとしたおとぎの国。絵本の中のような中世風の街並みが広がる。お城のアトラクションも人気。

ハリウッド Hollywood

1970年代のハリウッドの街並みを再現。飲食店やショップが並んで賑やかだ。スターの手形が刻まれた星型プレートも必見。

ニューヨーク New York

1960年代のニューヨークを再現。きらめくネオンや映画製作のシアターなど、華やかなムードを体感。パフォーマーも出没。

必体験！アトラクション BEST5

人気映画の世界でバトル！

トランスフォーマー・ザ・ライド：ザ・アルティメット 3Dバトル

TRANSFORMERS The Ride : The Ultimate 3D Battle

SCI-FIシティ

映画『トランスフォーマー』のキャラクター「イーパック」に乗り、メガトロンと戦うアトラクション。超高画質3D映像に合わせて動き、スリル満点！

※身長102cm以上。122cm以下は要同伴

ローラーコースターで疾走する

リベンジ・オブ・ザ・マミー

Revenge of the Mummy

古代エジプト

映画『ハムナプトラ』のアトラクション。ミイラ戦士や人食い昆虫スカラベが待ち受ける真っ暗闇の中を、コースターが急降下したり急カーブしたり、スリル満点。

世界初！ セサミ・ストリートのライド

セサミ・ストリート・スパゲッティ・スペース・チェイス

Sesame Street Spaghetti Space Chase

ニューヨーク

エルモと一緒に盗まれたスパゲッティとヌードルを取り戻す、ファミリー向けの屋内ライド。セサミ・ストリートでおなじみのキャラクターが次々に登場する。

リアルな恐竜と激流下りに大興奮

ジュラシック・パーク・ラピッド・アドベンチャー

Jurassic Park Rapids Adventure

ロストワールド

円形ボートに乗って出かける、激流下りの水上アトラクション。恐竜を観察しつつジャングルを抜けた後は、暗闇の中、7mを落下するクライマックスが！

※身長107cm以上。122cm以下は要同伴

シュレックの冒険で4D映像を体験

シュレック4-D アドベンチャー

Shrek 4-D Adventure

遠い遠い国

シュレックがフィオナ姫を助けるために冒険に出かけるムービーアトラクション。シートが振動したり、水しぶきを浴びたり、臨場感あふれる演出も楽しみ。

Plus! キャラクターと一緒に記念撮影！

ユニバーサル・スタジオ・シンガポールでの楽しみの一つが、キャラクターとの遭遇。アトラクションのまわりなどで出会う可能性があり、記念撮影も可能。

Plus! レストラン&ショップ

パーク内には各ゾーンのテーマに沿ったレストランやカフェがあり、ランチに利用できる。キャラクターグッズを集めたショップにも注目。

ピッツァやパスタでランチ

ルイズ N.Y.ピザ・パーラー

●Loui's NY Pizza Parlor

オリジナルのニューヨーク・ピザをはじめ、パスタなど数々のイタリア料理でゆっくりランチを楽しめる。

ニューヨーク

キャラクターグッズをゲット！

ユニバーサル・スタジオ・ストア

●Universal Studio Store

ユニバーサル・スタジオのキャラクターグッズや衣類、文具、玩具などが揃い、パーク最大のラインナップを誇るショップ。

ハリウッド

ミニオングッズが勢揃い

ミニオン・マート

●Minion Mart

映画『ミニオンズ』に登場するミニオンたちをモチーフにしたグッズが並ぶ。店内ではカップケーキなども販売。

ハリウッド

S.E.A. Aquarium™& Adventure Cove Waterpark™

セントーサ島の

海洋生物が群れる海中世界へ迷い込む

シー・アクアリウム™

Read me!

壮大な海の世界を味わえる世界最大級の水族館と、日本ではなかなか体験できない桁外れなウォーターパークの2大スポット。気持ちいい水をテーマとした施設で遊ぼう。

世界最大級の大水槽など大迫力

シー・アクアリウム™

●S.E.A. Aquarium™

約1000種類、10万匹以上もの海洋生物を見ることができる。世界最大規模の大水槽や円形水槽、トンネル型水槽など、バラエティに富んだ展示が魅力。

MAP:P15D2

図セントーサ・エクスプレスのリゾート・ワールド駅から徒歩5分 住8 Sentosa Gateway ☎6577-8888 時10～19時(季節により変更あり) 休なし 料S$43(子供S$32) ※料金は予告なく変更になることがある

楽しみ方アドバイス

地下が入口になっており、ここに館内マップをダウンロードするバーコードがある。見学順路はわかりやすいが、イベントやエサやりの時間など、MAP情報があると便利だ。

必見! 水槽ベスト3

1 オープン・オーシャン・ハビタット
Open Ocean Habitat

巨大魚が悠然と泳ぐ海中へ

高さ8.3m、幅36mもの世界最大級のアクリル水槽。全長約8mにもなるマンタや全長約2.5mのメジロザメ、ナポレオン・フィッシュなどが悠然と泳ぐ姿は圧巻。

2 コーラル・ガーデン
Coral Garden

カラフルな熱帯魚とサンゴ礁

100種類を超える5000匹以上の海洋生物が生息する高さ8m、直径7mの円柱状の水槽。サンゴ礁の周りを熱帯魚が泳ぐ、カラフルで神秘的な海中世界を見学できる。

3 シャーク・ハビタット
Shark Habitat

巨大サメがうごめくトンネル

トンネル式のアーチ型水槽で、約12種100頭近くのサメが泳いでいる。絶滅危惧種のメジロザメ、ハンマーヘッド・シャークなどが行き交う姿を眺められる。

+Plus! ランチはここで!

オーシャン・レストラン

●Ocean Restaurant

ダイニングの壁一面が「オープン・オーシャン」の水槽に面しており、魚が泳ぐ海中を間近に眺めながら、鮮度にこだわったシーフード料理を味わえる。

MAP:P15D2

時11時30分～15時(14時LO)、18～22時30分(21時LO) 休なし

2大遊びスポット

楽しみがいっぱい! 充実のウォーターリゾート

アドベンチャー・コーブ・ウォーターパーク™

子どもは大はしゃぎ! 大人も楽しい!

アドベンチャー・コーブ・ウォーターパーク™

●Adventure Cove Waterpark™

流れるプールや波のプールなど、さまざまな種類のプールとスライダーなどから成る水のテーマパーク。子供が遊べるものも多く、連日家族連れで賑わう。暑い日は混みあうので早めに行こう。

MAP:P15D2

図セントーサ・エクスプレスのリゾート・ワールド駅から徒歩5分 住8Sentosa Gateway ☎6577-8888
⏲10〜18時(季節により変更あり)
休なし 料S$39、子供S$30 ※料金は予告なく変更されることがある

楽しみ方アドバイス

無料で利用できるビーチベッドのほか、混雑時には早めになくなる有料のカバナもある。鍵付きのロッカーも入園時に確保しよう。園内は広く遊び場も多いので、優先順位を決めて楽しもう。

必体験! ベスト3

1 アドベンチャー・リバー
Adventure River

浮輪に乗って探検に出かける

全長620mの流れるプール。熱帯ジャングルや珍しい海洋生物が棲む洞窟など、14のエリアに分かれている。浮き輪につかまり水の流れに乗って、のんびり楽しもう。

2 ブルーウォーター・ベイ
Bluewater Bay

波のプールでスリルと興奮を!

5分ごとに大きな波が押し寄せる巨大なプール。まるで海の浜辺にいるかのような臨場感が体験できる! ※身長制限なし

3 リップタイド・ロケット
Riptide Rocket

初体験の感覚でスリル満点!

ハイドロ・マグネティック・コースターを搭載した、東南アジア初のウォータースライダー。磁力で斜面を上り、一気に滑り降りるスリル満点の仕掛け。

※身長107cm以上。身長122cm以下は要同伴

+Plus! イルカと遊ぼう!

ドルフィン・アイランド

●Dolphin Island

専用プールでイルカと直接ふれ合える体験プログラムがある。プールに入ってイルカとふれ合ったり餌やりができる「ドルフィン・ディスカバリー」などが人気。

MAP:P15D3

⏲10〜17時 休なし 料ドルフィン・ディスカバリーS$138〜、ドルフィン・アドベンチャーS$182(アドベンチャー・コーブ・ウォーターパーク入場料込)

いつもと違った特別な体験しよう！

アトラクションをアクティブに楽しむ

Read me!

一日で遊びきれないほどのアクティビティがいっぱい。自然が調和する島で、ジップラインやゴーカート、4Dアドベンチャーなどスリルあるアトラクションが体験できる。

海に向かってジップライン

メガ・アドベンチャー・パーク

●Mega Adventure Park

本格的なアスレチック施設で、海に向かって全長450mのケーブルを時速60km/hで滑り降りる「メガ・ジップ」が一番人気。そのほか、空中ロープを渡る「メガ・クライム」なども。

MAP：P14C3

図セントーサ・エクスプレスのビーチ駅からビーチ・シャトルで4番目のシロソ・ビーチのチケットカウンター（MAP：P14A2）で受付 住10A Siloso Beach Walk ☎非公表 E-mail:info@megaadventure.com 時11～18時 休なし 料メガ・ジップS$66（カウンター）、S$60（オンライン）など

空を浮遊する。スリル満点！

スカイパーク セントーサ バイ AJハケット

●Skypark Sentosa by AJ Hackett

シロソ・ビーチで、47mの高さからバンジージャンプにチャレンジできる。一番人気は42mの高さから空中ブランコのように3人で浮遊するジャイアント・スイング。

MAP：P14B3

図ケーブルカーのシロソ・ポイント駅から徒歩5分 住30 Siloso Beach Walk ☎6911-3070 時12時30分～19時（土・日曜は11時30分～） 休なし 料ジャイアント・スイング S$69、バンジージャンプS$129など ※アトラクションにより身長・体重制限あり

360度の絶景を一望できる
スカイへリックス・セントーサ
●SkyHelix Sentosa

シンガポールで最も高い、高さ40mのオープンエアのパノラマライド。回転するゴンドラで、冷たいドリンクを片手にセントーサ島などの島々や街並みを360度楽しめる。お酒やスナック類も購入可能。

MAP：P14C3
図ケーブルカーのセントーサ駅から徒歩5分 住41 Imbiah Rd. ☎6361-0088 ⏲10時～21時30分（最終搭乗21時15分） 休なし 料大人S$20、子供（4～12歳）S$17 ※ソフトドリンク付き

屋内でスカイダイビング?!
アイ・フライ・シンガポール
●iFly Singapore

高さ約17m、直径約５mのガラス張りの筒の中で、下から吹き上げる最大風速150mの風に乗って、スカイダイビングのように宙を飛ぶ世界初のインドア施設。

MAP：P14C4
図セントーサ・エクスプレスのビーチ駅から徒歩３分 住43 Siloso Rd. ☎6571-0000 ⏲9～22時（水曜は11時～） 休なし 料1ダイブS$99、２ダイブS$129 ※7歳以上の年齢制限あり

仮想現実の世界で冒険！
セントーサ4Dアドベンチャー・ランド
●Sentosa 4D Adventure Land

最新の4D テクノロジーを駆使した、４つの異なる乗り物で、さまざまな驚きの体験ができる。ホーンテッド・マイン・ライド4D に乗って冒険したり、エクストリーム・ログ・ライドに参加。シューティングも迫力満点だ。

MAP：P14C3
図ケーブルカーのインビア・ルックアウト駅から徒歩1分 住51B Imbiah Rd. ☎6274-5355 ⏲12～19時（最終入場は4in1コンボの場合18時） 休なし 料4in1コンボ・チケット（4種類に乗車）大人S$48.90、子供（3～12歳）S$35.90

子供から大人まで楽しめる
スカイライン・リュージュ・シンガポール
●Skyline Luge Singapore

傾斜した坂道を、リュージュ（カート）に乗って滑り下る爽快アトラクション。複数人で出発するので、競争してもおもしろい。専用リフトでスタート地点まで昇れる。

MAP：P14C4
図セントーサ・エクスプレスのビーチ駅から徒歩3分 住45 Siloso Beach Walk ☎6274-0472 ⏲11時～19時30分（最終入場18時30分。ナイトリュージュ金・土曜19～21時） 休水曜（ホリデー期間は無休） 料2ライドコンボ（リュージュ+スカイライド2回）S$31 ※6歳以上で身長110㎝以上の制限あり

アプリで驚きのトリック写真
トリックアイ・ミュージアム
●Trick Eye Museum Singapore

だまし絵のアートによって命を吹き込まれた展示品や、仮想現実をモバイルアプリで手軽に体験。巨大なクジラと一緒に海に飛び込み、あるいは巨大な赤ちゃんのいたずらの標的になるなど、トリックの世界へ迷い込もう。

MAP：P15D3
図ケーブルカーのシロソ・ポイント駅から徒歩3分 住80 Siloso Rd.Blk B #01-04 ☎6592-0607 ⏲11～19時（最終入場18時） 休なし 料大人S$32、子供（4～12歳）S$28

+Plus! 夜はビーチでショータイム

マッピングを駆使した感動ショー
ウィングス・オブ・タイム
●Wings Of Time

噴水のスクリーンに投影される３Dプロジェクションマッピング。伝説の鳥と子供たちが繰り広げる冒険物語を、レーザーや花火、ドラマチックな音響などが駆使され、躍動感たっぷり。

MAP：P14C4
図セントーサ・エクスプレスのビーチ駅から徒歩2分 住Beach Station ☎6361-0088（ホットライン10～19時） ⏲19時40分と20時40分（ショーは約20分間） 休なし 料S$19、プレミアムシートS$24 ※チケットはビーチ駅などのセントーサ・チケット・カウンターで購入

サクッとランチやしっかりディナーにも

グルメの楽しみもいろいろ

Read me!

島にはグルメ・スポットも充実している。気軽に利用できるフードコートから高級ホテルのレストランまで、バラエティも豊か。ローカルグルメをはじめ世界の味も楽しめる。

ローカル料理のテーマパーク

マレーシアン・フード・ストリート

●Malaysian Food Street

チキンライスやラクサなどローカルフードの名店13軒が集まる人気のフードコート。ディスプレイされた館内は、さながら屋台のテーマパークでワクワクする。

MAP：P15D3

図セントーサ・エクスプレスのリゾート・ワールド駅から徒歩3分
住8 Sentosa Gateway Resorts World Sentosa ☎8798-9530（代）営11～19時（金～日曜、祝日は～20時）※LOは閉店30分前。現金の使用不可。休火曜

S$18 ポークリブ入りクレイポット・チキンライス
ジューシーなチキンとおこげがおいしい土鍋の炊き込みごはん

S$13 カニ肉入りペナン風チャークイティオ
平麺のしっとりとした甘い焼きそばで、蟹肉入り

S$9 マラッカ・スチームド・チキン・ドラムスティック・ライス
骨付きモモ肉を使ったマレーシア風チキンライスが味わえる

S$12 サテーの盛り合わせ
マレーシア名物のサテー。鶏肉や牛肉の串焼き

南国をイメージしたダイニング

ネイティブ・キッチン

●Native Kitchen

Hヴィレッジ・ホテル・セントーサ内にあるレストラン。肉や魚料理、麺類などメニューの種類は豊富で、上質な食材を使ったラクサやナシレマなどといった地元の名物料理がローカルスタイルで食べられる。キッズメニューもあり、ファミリーで利用しやすい。

MAP：P15D4

図セントーサ・エクスプレスのインビア駅から徒歩3分
住10 Artillery Ave. Sentosa Island,Village Hotel at Sentosa Lobby Level
☎6722-0818 営12～15時（14時30分LO）、18～22時（21時30分LO）休なし

S$24 ネイティブ・キッチンナシレマ
ネイティブ・キッチンオリジナルで見た目も楽しい人気の一皿

S$34 シーフード・ラクサ
イセエビやホタテなど具が盛りだくさん。ココナッツが利いている

➡家族連れなどでいつも賑わっている

→すべての店がオープンエアのテラス席を備えている

潮風を感じながらテラスで食事

キーサイド・アイル

●Quayside Isle

ヨットが浮かぶマリーナを囲むように立つセントーサ・コーブにあり、人気のオイスター・バーなど、多くのエキサイティングなダイニングコンセプトを備えた西洋料理やアジア料理のレストランが集まっている。

MAP：P4C4
図セントーサ・エクスプレスのビーチ駅から田Wシンガポール・セントーサ・コーブのシャトルバス利用(7時～21時40分の間に30分間隔で運行、無料)
住31 Ocean Way,#01-02～05
☎6262-0450 時12時～22時30分 休なし

↓大きな海老がのったクリーム・スパゲティ。チーズをたっぷりと

↑マリーナを眺めながら、ワインでシーフード・プラッターを

↑「グリーンウッド・フィッシュ・マーケット」では世界中のカキが食べられる

↑人気のシロソ・ビーチで水着のまま食事ができる

→シーフード・シチューなどメニューはさまざま

海を眺めながら浜辺でランチ

コーステス

●Coastes

シロソ・ビーチ沿いにある欧風レストランで、テラス席が人気。おすすめはシーフード・プラッターS$58やシグニチャー・ブレックファーストS$25など。

MAP：P14C4
図セントーサ・エクスプレスのビーチ駅から徒歩3分
住50 Siloso Beach Walk
☎非公表(E-mail:info@coastes.com) 時9時～21時30分(金・土曜,祝前日は～22時30分) 休なし

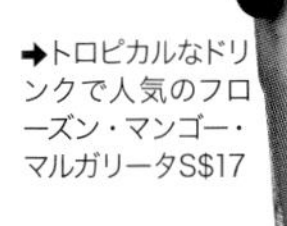

→トロピカルなドリンクで人気のフローズン・マンゴー・マルガリータS$17

1ツ星シェフの料理が絶品！

FOCセントーサ

●FOC Sentosa

パラワン・ビーチにある有名グルメガイドの星を獲得したシェフ、ナンドゥ・ジュバニーによる地中海料理のレストラン。オリジナルのスイーツやドリンクの種類も豊富。

MAP：P15E4
図セントーサ・エクスプレスのビーチ駅から車で7分
住110 Tanjong Beach Walk
☎6100-1102 時11時30分～22時 休月・火曜
予ビーチ席は予約推奨(URL focsentosa.com/)

→ビーチ席や屋内席、海に面したバーカウンターなど、好みの場所で食事できる

S$50 (2人前)
地中海風イカ墨のパエリア
イカスミを使った真っ黒なライスにエビの赤やイカの白色が映える

早わかり ユニバーサル・スタジオ・シンガポール 観る・あそぶ グルメ おみやげ

海水浴にショッピング

まだあるセントーサ島のお楽しみ

Read me!

街中から離れ、自然豊かなセントーサ島は、白砂のビーチでの海水浴や、公式グッズを扱う専門ショップでのショッピングなどリゾート気分のあがるお楽しみがいっぱい!

↓パームツリーが立ち、ホワイトサンドの砂浜が広がっている。セントーサ島で一番人気のビーチだ

Swimming

海水浴ならココ!

シロソ・ビーチ

●Siloso Beach

シンガポールを代表する白砂のビーチ。島の南側に連なる3つのビーチの一つで、白砂にパームツリーが繁り、リゾート気分の海水浴が楽しめる。

MAP:P14B3
図ケーブルカーのシロソ・ポイント駅から徒歩10分

→沖合に波除けにもなっている小島が点在し、眺望よく、波は穏やか

↓カタマラン(双胴)の足漕ぎボートで静かな海へ漕ぎだすこともできる

Shopping

マーライオンの
トートバッグ S$26.90
セントーサのマーライオンが全面に。
1体ずつ表情があり、かわいい

マーライオンの
マグカップ
S$39.90
マーライオンの鱗がモチーフ。
持ち手が金色でおしゃれ

セントーサ限定グッズはココで！

ファンショップ・セントラル・ビーチ・バザール

●Fun Shop Central Beach Bazaar

島内各所にブースを設けているセントーサ島の公式スーベニア・ショップ。セントーサのロゴをあしらったオリジナルグッズなど、レア商品が手に入る。

MAP：P14C4

図セントーサ・エクスプレスのビーチ駅から徒歩2分
住60 Siloso Beach Walk#01-01
☎6279-3535 ⏲10時15分～21時30分(土・日曜は10時～) 休なし

ケーブルカーのおもちゃ
S$32.90
シンガポールのケーブルカーのおもちゃ。扉部分が開閉できる。全6色

↑セントーサをモチーフにしたオリジナル商品が揃っている

セントーサ・エクスプレスのおもちゃ S$39.90
セントーサ・エクスプレスをモデルにした限定商品。全7色

コスメが人気のブランド

ヴィクトリアズ・シークレット

●Victoria's Secret

アメリカ発のレディース・ブランド直営店で、フレグランスやコスメ、ボディケア商品などを扱う。話題のBomb shellシリーズは、おしゃれ女子みやげとして人気。

MAP：P15D3

図セントーサ・エクスプレスのリゾート・ワールド駅から徒歩5分
住26 Sentosa Gateway #02-105
☎非公開
⏲10時～22時30分(金・土曜は～24時)
休なし

→直営店ならではの品揃え。自分好みの香水が探せる

ボムシェル・オードパルファム
S$109(50mℓ)
摘みたての牡丹と午後の日差しの輝きが合わさった魅力的な香り

ベア・オードパルファム
S$109(50mℓ)
気候が異なる地域から取り寄せた、各種原料にこだわった上品で軽やかな香り

Plus! レストラン&ショップが集まるフォーラム

リゾート・ワールド駅前広場に面したザ・フォーラムが、ショッピングとグルメの中心地だ。

ザ・フォーラム

●The Forum

噴水のあがるザ・プール・リング(円形広場)の西側にあるアーケードで、カジュアルなレストランやワールドワイドの人気ショップが軒を連ねる。

MAP：P15D3

図セントーサ・エクスプレスのリゾート・ワールド駅から徒歩3分 住26 Sentosa Gateway
改築のため2024年末まで休業

↑雨よけのひさしのデザインもモダンで通路も広々としている

←カラフルにデザインされたマーライン像が立つ

↑整然とショップやレストラン、カフェが並んでいる

移動ラクラク、見晴らし良好♪

セントーサ島の楽しい乗り物たち

セントーサ島は、行くにも、島内を移動するにも楽しい乗り物がいっぱい!
空中遊覧を楽しめるケーブルカーなど、乗り物レジャーのひとつになっている。

ケーブルカー

路線は2つ。1つは、本島のマウント・フェーバー駅からハーバー・フロント駅を経由して、島内のセントーサ駅をつなぐ「マウント・フェーバー・ライン」。もうひとつは、島中央部のマーライオン駅とシロソ・ポイント駅をつなぐ「セントーサ・ライン」。どちらも空中から島の絶景を一望!

DATA ⇨P199

ビーチをハシゴするなら

ビーチ・シャトル

島の南部に広がる白砂のビーチを結ぶバス。西からシロソ、パラワン、タンジョンの3つの人気ビーチを巡回する。乗り降り自由で無料。利用しやすく、オープンエアなので爽快!

DATA ⇨P199

モノレール
(セントーサ・エクスプレス)

本島とセントーサ島を結ぶ乗り物。ビボ・シティ駅を出発し、島内ではリゾート・ワールド駅、インビア駅、終点のビーチ駅に停車して折り返す。島内の乗り降りは自由で、島の中心部を南北に素早く移動できる。

DATA ⇨P199

SINGAPORE

Contents

Hotel

ラグジュアリーな空間で心身をリセット

癒やしのホテル・スパ

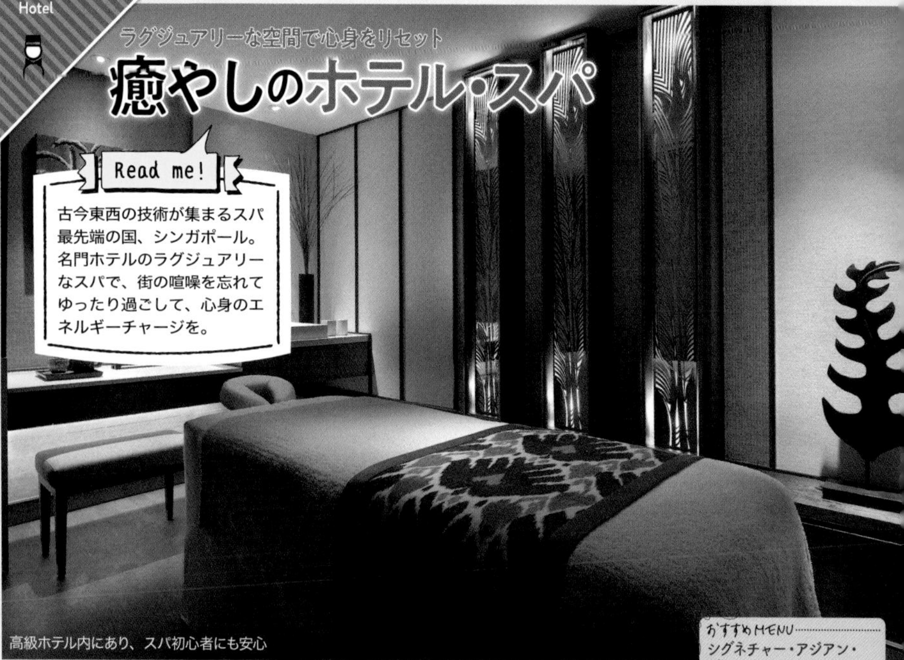

Read me!

古今東西の技術が集まるスパ最先端の国、シンガポール。名門ホテルのラグジュアリーなスパで、街の喧噪を忘れてゆったり過ごして、心身のエネルギーチャージを。

高級ホテル内にあり、スパ初心者にも安心

おすすめMENU
シグネチャー・アジアン・ブレンド・マッサージ
Signature Asian Blend Massage
S$170●60分、S$240●90分

オリエンタルな技でリラックス

チー,ザ・スパ

●CHI,The Spa

世界にファンをもつラグジュアリー・スパ。熟練セラピストによる、アジア各国のナチュラルな伝統的ヒーリング・メソッドをベースにしたメニューを揃える。この地限定のセットメニューなどもぜひトライを。

オーチャード MAP:P7D1

図Ⓜオーチャード駅から徒歩15分
住 H シャングリ・ラ(→P215) ガーデンウィング1F
☎6213-4818 ⏲10～20時 休なし 予

↑オリジナルのマッサージオイルなどを用意

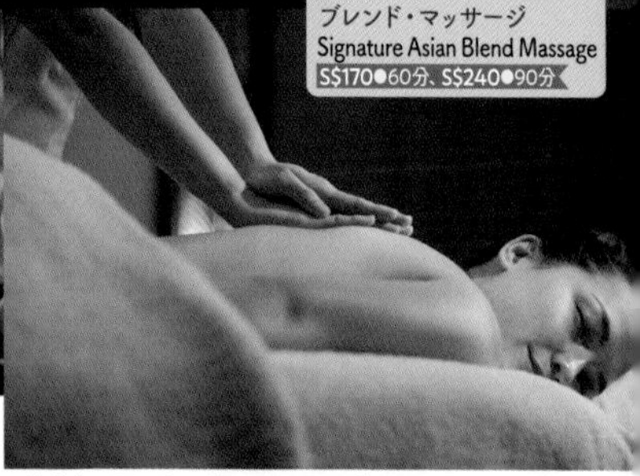

↑生命力の源である「氣」をスムーズに流すメニューがそろう

↓全面ガラス張りのトリートメントルームなども

天空に浮かぶ癒やしの空間

バンヤン・ツリー・スパ

●Banyan Tree Spa

H マリーナベイ・サンズ(→P55)の55階に位置し、絶景を楽しみながら、トリートメントを受けられる。タイ、インド、中国、インドネシアなど各国の技を融合したメニューをラインナップ。

↑ボディ、フェイシャルのほか、パッケージも豊富

おすすめMENU
ロイヤル・バンヤン
Royal Banyan
(マッサージ、フェイシャル、ハーブバスなどのセット)
S$686.19●150分

マリーナ MAP:P11E3

図Ⓜベイフロント駅から徒歩5分
住 H マリーナベイ・サンズ(→P55)タワー1 55F
☎6688-8825
⏲10～23時
休なし 予

高級スパブランドの施術を体験！

ルメードゥ・スパ

●Remède Spa

アメリカ・アスペンを本拠地とし、アメリカ国外では初の店舗。最大の魅力は、古来の入浴法を取り入れていること。フィンランド式サウナなどに入った後、トリートメントへ案内される。

↑定番のリラクシング・マッサージはS$108(30分)〜

オーチャード MAP:P7D2

図Ⓜオーチャード・ブールバード駅から徒歩7分

㊎Ⓗザ・セント・レジス・シンガポール(→P215) 2F

☎6506-6896 ⏱10〜19時 ㉁なし 予

おすすめMENU
ウォーム・ジェイド・ストーン・マッサージ
Warm Jade Stone Massage
S$310●90分

館内のBGMやバスローブなどはオリジナル

シンガポール生まれの名門スパ

セント・グレゴリー・スパ

●St. Gregory Spa

↑英国の「エレミス」、フランスの「タリオン」を使ったメニューも

インドネシアのバリニーズ式や中国伝統療法などをブレンドした技でゲストを癒やす全身マッサージやフェイシャルが人気。背中、足、頭皮のマッサージがセットの「ジェット・ラグ・リリーフ」S$170(1時間15分)なども。

マリーナ MAP:P11E1

図Ⓜプロムナード駅、エスプラネード駅から徒歩5分

㊎Ⓗパン・パシフィック(→P217)4F

☎6826-8140 ⏱11〜20時

㉁なし 予

おすすめMENU
リラクシング・アロマティック・ボディ・ブリス
Relaxing Aromatic Body Bliss
(全身マッサージ)
S$160●60分

↑緑を配したリラクシングルーム

アジア屈指の規模を誇る人気スパ

ウィロー・ストリーム・スパ

●Willow Stream Spa

市内中心部のホテル内にあり、アクセス抜群。ボディやフェイシャルなど多くのスパメニューを揃えるほか、男女別のアロマミスト・サウナやジャクジー、温・冷水バス、休憩室なども利用でき、ゆったりくつろげる。

シティ MAP:P11D1

図Ⓜシティ・ホール駅、エスプラネード駅から徒歩1分

㊎Ⓗフェアモント(→P217) L6 ☎66431-5600

⏱6〜21時(施術は10時〜) ㉁なし 予

おすすめMENU
フェアモント・シグネチャー・マッサージ
Fairmont Signature Massage
S$280●90分、S$330●120分

←ストーン・マッサージS$280(90分)〜なども

↑照明が落とされた静かな空間でリラックス

↓美しいガーデンなどを望むバイタリティ・プールも利用OK

おすすめMENU
アウリガ・シグネチャー・ムーン・リチュアル
Auriga Signature Moon Ritual
(ボディスクラブ&ラップ、全身マッサージほか)
S$595●180分

月の周期に基づく個性派メニュー

アウリガ・スパ

●Auriga Spa

新月や満月など月の周期がもたらすエネルギーを反映した4種のトリートメント「アウリガ・シグネチャー・ムーン・リチュアル」が人気。ハーバル・スチームサウナや温・冷のエクスペリエンシャル・シャワーなども備える。

セントーサ島 MAP:P15E4

図セントーサ・エクスプレス ビーチ駅から徒歩10分

㊎Ⓗカペラ(→P218) 1F ☎6591-5023

⏱8〜22時(施術は9〜20時スタート) ㉁なし 予

Hotel

シンガポールで一度は泊まりたい！

憧れのラグジュアリー・ホテル

Read me!

各国から人々が訪れるシンガポールには、アジアを代表する個性あふれるラグジュアリーホテルが点在。「ラッフルズ・ホテル・シンガポール」(→P66)も要チェック！

目の前にシンガポール川の絶景が広がるプール

川沿いの優雅な歴史的ホテル

ザ・フラトン・ホテル・シンガポール

●The Fullerton Hotel Singapore

ビジネスの中心地区に立ち、壮麗な建物はパラディアン様式(17世紀の英国古典風)。1928年に建造され、戦後から1996年までは中央郵便局として利用された。8階まで吹き抜けのロビーなど、クラシカルな美しさがゲストを魅了する。建設当時の面影を残しながら、客室は近年の改装を経て現代的で快適。

マリーナ MAP：P11D2

図Ⓜラッフルズ・プレイス駅から徒歩5分 住1 Fullerton Sq.
☎6733-8388 料ⓈⓉS$480～ 客室数400室
URL www.fullertonhotels.com/fullerton-hotel-singapore

⬆優雅なヘリテージ・ルーム

➡本格中国料理を味わえる「ジェイド」

⬆ロビーの隣にある「コートヤード」はアフタヌーンティーが人気(→P107)

⬇客室に面するプールに直接行けるデラックス・プールサイド・スイート

⬅緑に囲まれたメイフェア・プール

城のような白亜の建物が目印

コロニアル調の優雅な名門

グッドウッド・パーク

●Goodwood Park Hotel

コロニアル様式の建物は、1900年にドイツ人社交クラブとして建てられたもので、シンガポールの歴史的建造物に指定。小高い丘の上に立ち、ロビー棟やタワー棟などで構成されている。特に、客室からメイフェア・プールに直接アクセスできるデラックス・プールサイド・スイートが人気。

オーチャード MAP：P7F2

図Ⓜオーチャード駅から徒歩7分
住22 Scotts Rd.
☎6737-7411 料サイトなどで要確認 客室数233室
URL www.goodwoodparkhotel.com/

⬆屋外プールからはマリーナ湾を一望

マリーナ湾を一望する贅沢空間

マンダリン・オリエンタル

●Mandarin Oriental, Singapore

⬆東西を融合したシックなマリーナ・ベイビュー・ルーム

➡ホテルを象徴する21階分吹き抜けのアトリウム

11年連続フォーブス5ツ星の受賞をはじめ数々の賞に輝く名門。ホテルのロゴを模した扇形の館内は、21フロア吹き抜けのアトリウムが印象的だ。快適な空間と上質なサービスのほか、客室から広がる絶景も魅力。※改装につき2023年9月まで一時休業中。

マリーナ **MAP：P11E1**

交Ⓜプロムナード駅から徒歩6分
住5 Raffles Ave., Marina Square ☎6338-0066
料サイトなどで要確認 客室数527室
URL www.mandarinoriental.com/ja/singapore/marina-bay

⬅快適さを追求した都市型リゾートで、客室も広々

各国セレブが絶賛する南国の楽園

シャングリ・ラ

●Shangri-La Singapore

ビジネストラベラー誌で10年連続「ベスト・ビジネスホテル・イン・ザ・ワールド」を受賞するなど、数々の権威ある賞を受賞。そのホスピタリティは国内屈指と称される。客室は、6万㎡の広さを誇る庭園を取り囲むガーデン・ウイングなど3タイプ。

⬆館内の設計には風水を取り入れている

オーチャード **MAP：P7D1**

交Ⓜオーチャード駅から徒歩15分
住22 Orange Grove Rd.
☎6737-3644 料HPなどで要確認 客室数792室
URL www.shangri-la.com/jp/singapore/shangrila/

エレガントな邸宅で極上ステイ

ザ・セント・レジス・シンガポール

●The St. Regis Singapore

ニューヨークを本拠地とする6ツ星ホテルで、東南アジア初進出。「大都会の邸宅」をイメージした館内にはオーナーが集めた美術品などが飾られ、まるで宮殿のような趣だ。全室に24時間バトラー(執事)サービスがあり、旅の手伝いをしてくれるのもここならでは。

オーチャード **MAP：P7D2**

交Ⓜオーチャード・ブールバード駅から徒歩7分
住29 Tanglin Rd. ☎6506-6888
料S$900～ 客室数299室
URL www.marriott.com/ja/hotels/sinxr-the-st-regis-singapore/overview/

➡ゆったりとしたエグゼクティブ・デラックス・ルーム

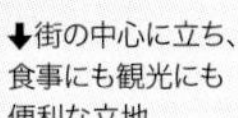

アジア太平洋地域で最大規模

ヒルトン シンガポール オーチャード

●Hilton Singapore Orchard

⬇街の中心に立ち、食事にも観光にも便利な立地

2022年2月にオーチャード・ロードの中心に開業し、どこに行くにもアクセス抜群。植物をテーマにした客室のほか、ロサンゼルス発のイタリア料理店、チキンライスの有名店「チャターボックス」(→P90)など、グルメも楽しみ。

オーチャード **MAP：P7F3**

交Ⓜオーチャード駅、サマセット駅から徒歩5分
住333 Orchard Rd. ☎6737-4411
料S$529～ 客室数1080室
URL www.hiltonsingaporeorchard.com

⬇高層階からシンガポールの街並みを楽しめるプレミアム シティ ビュー ルーム

➡バスルームはフランス産大理石を使用している

旅の拠点を決めよう！

シンガポール中心部のホテルを検索！

歴史的建築物を利用したホテルから、機能的な設備を備えるシティホテル、自然に囲まれたリゾートまで多彩。旅の目的や立地によって選ぼう。

★★★★=スーパーラグジュアリー　★★★=ラグジュアリー　★★=デラックス　★=スタンダード
○=あり　×=なし　△=一部あり

エリア	ホテル名	MAP	DATA	冷蔵庫	ドライヤー	セーフティボックス	日本語スタッフ	Wi-Fi
オーチャード	フォーシーズンズ ★★★★ ●Four Seasons Hotel Singapore	P7D3	洗練された雰囲気とサービスに定評があり、各国VIPも常連。スパなどの施設も充実。住190 Orchard Blvd. ☎6734-1110 料S$550～ 客室数259室 URL www.fourseasons.com/jp/singapore/	○	○	○	○	○
オーチャード	シンガポール・マリオット・タン・プラザ ★★★ ●Singapore Marriott Tang Plaza Hotel	P7E3	Ⓜオーチャード駅直結で、どこへ行くにも便利。住320 Orchard Rd. ☎6735-5800 料S$450～ 客室数392室 URL www.marriott.com/ja/hotels/sindt-singapore-marriott-tang-plaza-hotel/overview/	○	○	○	×	○
オーチャード	コンコルド ★★ ●Concorde Hotel Singapore	P8A3	地下鉄駅徒歩5分で、観光に便利な立地。客室は「都会のオアシス」がコンセプトで、開放的。住100 Orchard Rd. ☎6733-8855 料S$255～ 客室数407室 URL singapore.concordehotelsresorts.com/ja/	○	○	○	×	○
オーチャード	ロイヤル・プラザ・オン・スコッツ ★★ ●Royal Plaza on Scotts	P7E2	オーチャード・ロードと地下鉄駅のすぐそば。ゆったり広めの客室にはシモンズ社のベッドなどを用意。住25 Scotts Rd. ☎6737-7966 料S$350～ 客室数511室 URL www.royalplaza.com.sg/ja/	○	○	○	×	○
オーチャード	オーチャード ★★ ●Orchard Hotel Singapore	P7D2	Ⓜオーチャード駅まで約10分。ロビーや客室はエレガントな趣。住442 Orchard Rd. ☎6734-7766 料S$280～ 客室数656室 URL www.millenniumhotels.com/ja/singapore/orchard-hotel-singapore/	○	○	○	×	○
オーチャード	ヴォコ・オーチャード ★★ ●voco Orchard Singapore	P7E2	オーチャード・ロード沿い。2022年1月に、老舗5つ星ホテルがリニューアルオープン。住581 Orchard Rd. ☎6737-2233 料S$380～ 客室数423室 URL www.ihg.com/voco/hotels/us/en/singapore/sinor/hoteldetail	○	○	○	○	○
オーチャード	オーチャード・ランデヴー ★ ●Orchard Rendezvous Hotel, Singapore	P7D2	モダン・クラシックな趣の全客室にバスタブ付き。住1 Tanglin Rd. ☎6737-1133 料サイトなどで要確認 客室数388室 URL www.rendezvoushotels.com/en/Hotels/Orchard-Rendezvous-Hotel	○	○	○	×	○
オーチャード	ジェン・シンガポール・オーチャードゲートウェイ ★ ●JEN Singapore Orchardgateway	P7F3	高級ホテル「シャグリ・ラ」(→P215)グループのモダンなホテル。住277 Orchard Rd. ☎6708-8888 料S$290～ 客室数499室 URL www.shangri-la.com/en/hotels/jen/singapore/orchardgateway	○	○	○	×	○
ニュートン	シェラトン・タワーズ ★★ ●Sheraton Towers Singapore	P7F1	オーチャード徒歩圏内。モダンな客室のほか、各国料理のレストランやプールなど、館内施設も充実。住39 Scotts Rd. ☎6737-6888 料S$800～ 客室数420室 URL www.sheratonsingapore.com	○	○	○	×	○
アラブ・ストリート	インターコンチネンタル ★★ ●InterContinental Singapore	P12A3	Ⓜブギス駅至近。客室には伝統家具を配する。住80 Middle Rd. ☎6338-7600 料サイトなどで要確認 客室数225室 URL www.ihg.com/intercontinental/hotels/jp/ja/singapore/sinhb/hoteldetail	○	○	○	×	○
アラブ・ストリート	ビレッジ・ホテル・ブギス ★ ●Village Hotel Bugis	P12B2	Ⓜブギス駅から徒歩5分の好立地。客室は32㎡～で広々。住390 Victoria St. ☎6297-2828 料S$175～ 客室数393室 URL www.fareasthospitality.com/ja-jp/hotels/village-hotel-bugis	○	○	○	×	○
シティ	JWマリオット・シンガポール・サウス・ビーチ ★★★ ●JW Marriott Singapore South Beach	P11D1	マリーナ地区へ徒歩圏内の高級ホテル。住30 Beach Rd. ☎6818-1888 料S$700～ 客室数634室 URL www.marriott.com/ja/hotels/sinjw-jw-marriott-hotel-singapore-south-beach/overview/	○	○	○	×	○
シティ	スイソテル・ザ・スタンフォード ★★ ●Swissôtel The Stamford	P11D1	東南アジア屈指の高層ホテル。全室にバスタブ、バルコニー付きで眺望も楽しめる。住2 Stamford Rd. ☎6338-8585 料S$539～ 客室数1252室 URL www.swissotel.jp/hotels/singapore-stamford/	○	○	○	×	○

ホテル選びのポイント

❶エリアで選ぶ
観光ならオーチャードやマリーナ、ビジネスならシティ周辺が便利。リゾートを味わうならセントーサ島へ。

❷料金は部屋単位
シングルルームはほぼなく、1人利用でも2ベッドか1ダブルベッドの客室を使うのが一般的。料金も1部屋あたり。

❸バスタブの有無
高級ホテルならほぼ付いているが、シャワーのみの客室も多い。希望する場合は、予約時に必ず確認しよう。

エリア	ホテル名	MAP	DATA	冷蔵庫	ドライヤー	セーフティボックス	日本語スタッフ	Wi-Fi
シティ	フェアモント ★★ ●Fairmont Singapore	P11D1	マリーナやシティ観光に便利な立地で、モールにも直結。全室バルコニー付きで、マリーナ一望の客室も。住80 Bras Basah Rd. ☎6339-7777 料S$569～ 客室数778室 URL www.fairmont.jp/singapore/	○	○	○	×	○
マリーナ	フラトン・ベイ ★★★★ ●The Fullerton Bay	P11D3	名門「ザ・フラトン・ホテル・シンガポール」(→P214)と同系列。優雅な内装。住80 Collyer Quay ☎6333-8388 料S$880～ 客室数100室 URL www.fullertonhotels.com/ja/fullerton-bay-hotel-singapore	○	○	○	×	○
マリーナ	リッツ-カールトン・ミレニア ★★★★ ●The Ritz-Carlton Millenia Singapore	P11E1	現代アートが配された館内はエレガント。客室は51㎡～と広く、マリーナ湾一望の部屋も。住7 Raffles Ave. ☎6337-8888 料S$650～ 客室数608室 URL www.ritzcarlton.com/en/hotels/singapore	○	○	○	×	○
マリーナ	コンラッド・センテニアル ★★★ ●Conrad Centennial Singapore	P11E1	ヒルトン系列の高級ホテル。モダンな客室は40㎡～と広く、機能的。バスタブもゆったり。住2 Temasek Blvd. ☎6334-8888 料S$450～ 客室数512室 URL conradcentennialsingapore.com	○	○	○	○	○
マリーナ	パークロイヤル・コレクション・マリーナ・ベイ ★★ ●PARKROYAL COLLECTION Marina Bay, Singapore	P11D1	大型ショッピングモール直結。全室31㎡～でバルコニー付き。住6 Raffles Blvd. ☎6845-1000 料S$550～ 客室数583室 URL panpacific.com/ja/hotels-and-resorts/pr-collection-marina-bay.html	○	○	○	×	○
マリーナ	パン・パシフィック ★★ ●Pan Pacific Singapore	P11E1	3つのモールに直結。客室は大きな窓が開放的。住7 Raffles Blvd. Marina Square ☎6336-8111 料S$580～ 客室数790室 URL www.panpacific.com/ja/hotels-and-resorts/pp-marina.html	○	○	○	○	○
クラーク・キー	パラドックス・シンガポール・マーチャント・コート・アット・クラーク・キー ★ ●Paradox Singapore Merchant Court at Clarke Quay	P10B2	Hスイソテルが2022年にリニューアル。客室はカラフル&モダンな趣で、川に面するタイプも。住20 Merchant Rd. ☎6337-2288 料S$320～ 客室数476室 URL www.paradoxhotels.com/singapore	○	○	○	×	○
チャイナタウン	ソフィテル・シンガポール・シティ・センター ★★★ ●Sofitel Singapore City Centre	P10B4	Ⓜタンジョン・パガー駅直結。フレンチモダンな客室はオリジナルベッドやレインシャワーが好評。住9 Wallich St. ☎6428-5000 料S$450～ 客室数223室 URL www.sofitel-singapore-citycentre.com/	○	○	○	×	○
チャイナタウン	ウェスティン ★★★ ●The Westin Singapore	P10C4	Ⓜシェントン・ウェイ駅目の前。33階以上の客室にオリジナルベッドを設置。住12 Marina View, Asia Square Tower 2 ☎6922-6888 料S$380～ 客室数305室 URL thewestinsingapore.com	○	○	○	×	○
チャイナタウン	オアジア・ホテル・ダウンタウン ★ ●Oasia Hotel Downtown, Singapore	P10B4	緑あふれる館内。客室はスペインの建築家が設計。住100 Peck Seah St. ☎6812-6900 料S$320～ 客室数324室 URL www.fareasthospitality.com/ja-JP/hotels/oasia-hotel-downtown-singapore	△	○	○	×	○
チャイナタウン	エム・ホテル ★★ ●M Hotel Singapore	P10B4	Ⓜタンジョン・パガー駅徒歩5分。落ち着いた雰囲気でビジネス客も多い。住81 Anson Rd. ☎6224-1133 料S$270～ 客室数413室 URL www.millenniumhotels.com/ja/singapore/m-hotel-singapore/	○	○	○	×	○
チャイナタウン	ドーセット ★ ●Dorsett Singapore	P10A3	Ⓜアウトラム・パーク駅直結。客室はシンプルな趣で快適。住333 New Bridge Rd. ☎6678-8333 料S$240～ 客室数285室 URL www.dorsetthotels.com/dorsett-singapore/index.html	○	○	○	×	○
カトン	インディゴ・シンガポール・カトン ★ ●Hotel Indigo Singapore Katong	P13B4	歴史的地区のブティックホテル。プラナカン文化を感じる館内。住86 East Coast Rd. ☎6723-7001 料サイトなどで要確認 客室数131室 URL www.ihg.com/hotelindigo/hotels/jp/ja/singapore/sinki/hoteldetail	○	○	○	×	○

※料金は1泊1室あたり。季節や曜日などに変動します。
※★…JTBによるホテルのグレード区分をもとに記載しています(一部除く)。

南国バカンスの拠点！

セントーサ島のホテルを検索！

アジア屈指のリゾート・アイランドだけあり、豊かな自然に囲まれたリゾート・ホテルが多く点在。カップルやファミリーにもおすすめ。

★★★★＝スーパーラグジュアリー　★★★＝ラグジュアリー　★★＝デラックス　★＝スタンダード
○＝あり　×＝なし　△＝一部あり

エリア	ホテル名	MAP	DATA	冷蔵庫	ドライヤー	セーフティボックス	日本語スタッフ	Wi-Fi
リゾート・ワールド・セントーサ	エクアリアス・オーシャン・スイート ★★★★ ●Equarius Ocean Suites	P14C3	客室はヴィラかスイート。水族館の水槽を見られる「オーシャン・スイート」が大人気。 住8 Sentosa Gateway ☎6577-8888 料S$1174～ 客室数11室 URL www.rwsentosa.com/en/hotels/ocean-suite	○	○	○	×	○
リゾート・ワールド・セントーサ	エクアリアス・ホテル ★★★ ●Equarius Hotel	P14C3	「アドベンチャー・コーブ・ウォーターパーク™」(→P203)隣接。自然が融合した館内。 住8 Sentosa Gateway ☎6577-8888 料S$521～ 客室数183室 URL www.rwsentosa.com/en/hotels/equarius-hotel	○	○	○	×	○
リゾート・ワールド・セントーサ	クロックフォード・タワー ★★★ ●Crockfords Tower	P15D3	全室スイート、24時間バトラーサービス付きのラグジュアリー・リゾート。 住8 Sentosa Gateway ☎6577-8888 料S$984～ 客室数105室 URL www.rwsentosa.com/en/hotels/crockfords-tower	○	○	○	×	○
リゾート・ワールド・セントーサ	ホテル・オラ ★★ ●Hotel Ora	P15D3	レジャースポットや飲食店が集まるエリアに位置。プール・ビューの客室などが人気。 住8 Sentosa Gateway ☎6577-8888 料S$458～ 客室数389室 URL www.rwsentosa.com/en/hotels/Hotel-Ora	○	○	○	×	○
リゾート・ワールド・セントーサ	ハードロック・ホテル・シンガポール ★★ ●Hard Rock Hotel Singapore	P15D3	ロック・テイストや展示が人気の有名ホテル。客室はシック。 住8 Sentosa Gateway ☎6577-8888 料S$461～ 客室数364室 URL www.rwsentosa.com/en/hotels/hard-rock-hotel-singapore	○	○	○	×	○
リゾート・ワールド・セントーサ	ホテル・マイケル ★★ ●Hotel Michael	P15D3	ポストモダン建築家のマイケル・グレイブスがプロデュース。ナチュラルでモダン。 住8 Sentosa Gateway ☎6577-8888 料S$354～ 客室数461室 URL www.rwsentosa.com/en/hotels/hotel-michael	○	○	○	×	○
島内	カペラ ★★★★ ●Capella Singapore	P15E4	曲線デザインの外観と熱帯雨林が融合する、洗練された大人のリゾート。ハネムーナーにも人気。 住1 The Knolls ☎6377-8888 料S$1145～ 客室数112室 URL capellahotels.com/en/capella-singapore	○	○	○	○	○
島内	ソフィテル・シンガポール・セントーサ・リゾート＆スパ ★★★ ●Sofitel Singapore Sentosa Resort & Spa	P4B4	豊かな自然に囲まれたゴージャスなリゾート。通常の客室のほか、ヴィラやスイートも。住2 Bukit Manis Rd. ☎6708-8310 料S$300～ 客室数215室 URL www.sofitel-singapore-sentosa.com/	○	○	○	×	○
島内	オアジア・リゾート・セントーサ ★★ ●Oasia Resort Sentosa	P15D3	2021年開業。「癒し」がテーマのナチュラルな空間。住23 Beach View, Palawan Ridge ☎6818-3388 料S$350～ 客室数191室 URL www.oasiahotels.com/ja-JP/singapore/hotels/oasia-resort-sentosa	○	○	○	×	○
島内	アウトポスト・ホテル・セントーサ ★★ ●The Outpost Hotel Sentosa	P15D3	16歳以上限定の大人のリゾート。モノトーン基調の館内はシック。 住10 Artillery Ave.#03-01 Palawan Ridge ☎6722-0801 料S$340～ 客室数193室 URL www.theoutposthotel.com.sg/ja-jp/	○	○	○	○	○
島内	シャングリ・ラ・ラサ・セントーサ ★★ ●Shangri-La Rasa Sentosa, Singapore	P14B3	ビーチに面するリゾート。10タイプの客室からは南シナ海などを一望。 住101 Siloso Rd. ☎6275-0100 料HPなどで確認 客室数454室 URL www.shangri-la.com/jp/singapore/rasasentosaresort/	○	○	○	○	○
島内	アマラ・サンクチュアリ・リゾート・セントーサ ★ ●Amara Sanctuary Resort Sentosa	P15D4	丘の中腹のトロピカルガーデンに立つブティック・ホテル。スタイリッシュな館内にはスパやプールも。 住1 Larkhill Rd. ☎6825-3888 料S$260～ 客室数140室 URL sentosa.amarahotels.com/	○	○	○	×	○
島内	シロソ・ビーチ・リゾート・セントーサ ★ ●Siloso Beach Resort Sentosa	P14C3	美しい花や木々に囲まれたエコ・リゾート。5タイプの客室やヴィラなど。無料のエコ・ツアーも。 住51 Imbiah Walk ☎6722-3333 料S$320～ 客室数196室 URL www.silosobeachresort.com/	△	○	○	×	○

※料金は1泊1室あたり。季節や曜日などに変動します。
※★…JTBによるホテルのグレード区分をもとに記載しています。

SINGAPORE

旅のきほん

Travel Information

Contents

直行便で約7時間~7時間30分の空の旅
日本からシンガポールへ

日本各地からシンガポールへの直行便が多くあり、プランニングの幅が広い。
旅行前からしっかり準備して楽しもう。

シンガポールへの入国条件

出発前にパスポートとビザ、電子入国カード・健康申告書などを確認。

パスポートの残存有効期間

シンガポール入国時に6カ月以上の残存期間が必要。

ビザ(査証)

日本国籍の場合、観光目的であればビザ不要。滞在日数は入国審査官判断による(最大30日)。

電子入国カード・健康申告書の登録

シンガポール入国に必要な「電子入国カード・健康申告書(SG Arrival Card・E-Health Declaration)」は、到着日(を含めて)3日前からオンラインで事前提出する(→P221)。

重要 出発前に事前にチェック!

機内持ち込みと預け入れ荷物

利用する航空会社によって規定が異なるので事前にチェックしておこう。

航空会社で違いあり

機内持ち込み荷物のサイズと重量制限

機内持ち込み手荷物は、座席の上や下の収納スペースに入る大きさであること。荷物の数はほとんどの航空会社で1個のみ。重量制限もそれぞれ違うので、詳しくは利用する航空会社で確認を。

LCCは基本的に有料

預け入れ荷物

フルサービスの飛行機でも、無料で預け入れ可能な手荷物の重量は会社ごとに異なる。重さだけではなく三辺の和や一辺の長さにも制限があったりする。LCCでは預け入れ荷物は、基本的に有料。チケット予約時と空港チェックイン時でも預け入れ荷物のオプション料金は大きく異なる。

機内持ち込みNG
- **日用品のスプレー缶製品**
- **ハサミ、ナイフ、カッターなどの刃物**
- **100mℓ以上の液体物**

液体物は、100mℓ以下の個々の容器に入れ、1ℓ以下のジッパー付きの透明なプラスチック製の袋に入れれば、持ち込みOK。詳細は国土交通省のウェブサイトをチェック。
URL www.mlit.go.jp/koku/03_information/

袋は1ℓ以下　一人一袋のみ　容器は100mℓ以下

・ビニール袋は縦横合計40cm以内が目安。
・液体物は100mℓ以下の個々の容器に入っていること。
・一人一袋のみ→手荷物検査の際に検査員に提示する。

主な航空会社のサイズ・重量は一覧を見てね

手荷物制限

航空会社	略号	機内持ち込み手荷物 サイズ	個数	重量	預け入れ荷物 サイズ	個数	重量
日本航空	JL	3辺の和が115cm以内 W55cm×H40cm×D25cm	1個	10kgまで	3辺の和が203cm以内 キャスターと持ち手を含む	2個	23kgまで
全日本空輸	NH	3辺の和が115cm以内 W55cm×H40cm×D25cm	1個	10kgまで	3辺の和が158cm以内 キャスターと持ち手を含む	2個	23kgまで
シンガポール航空 ※米国発着便以外	SQ	3辺の和が115cm以内	1個	7kgまで	指定はないが通常より大きい場合は事前確認が無難	2個	30kgまで
LCC ※預け入れ荷物は基本的に有料。各社ホームページで確認を。							
スクート	TR	3辺の和が115cm以内 H54cm×W38cm×D23cm	1個	10kgまで	有料 URL www.flyscoot.com/		
ジェットスター・ジャパン	GK	H56cm×W36cm×D23cm スーツカバーなど H114cm×W60cm×D11cm	2個	合計 7kgまで	有料 URL www.jetstar.com/		
ジップエア	ZG	1個目:H55cm×W40cm×D25cm 2個目:H35cm×W45cm×D25cm	2個	合計 7kgまで	URL zipair.net/ja/		

※上記は各社サイトに掲載の、エコノミーの標準クラスの場合。

入国の流れ

1 シンガポール到着

空港到着後、Arrival(到着)の案内に従い、入国審査ホールの外国人専用カウンター(Foreign Visitors)へ進む。

2 入国審査 IMMIGRATION

入国審査官にパスポート、電子入国カード・健康申告書(PDF ダウンロード)、または登録時にメール アドレスに送信される提出完了メール(紙のコピーまたは画面)を提示。外国人旅行者は指紋のスキャン(両親指)が求められる。入国審査後に、電子入国カードに記載したメールアドレスに、滞在日数などが示された電子訪問パス(e-Pass：Electronic Visit Pass)が送信される。

※電子入国カード(右記)は、シンガポール到着日(を含めて)3日前以降に登録しておくこと。

3 荷物受取 BAGGAGE CLAIM

自分が利用した便名の表示があるターンテーブルで、機内に預けた荷物を受け取る。荷物が出てこなかったり、破損していたら係員に荷物引換証(Claim Tag)を見せて対応してもらう。

4 税関申告 CUSTOMS DECLARATION

免税範囲内なら、申告なしの「Nothing to Declare」(グリーンチャンネル)へ。免税範囲を超える場合は申告ありの「Goods to Declare」(レッドチャンネル)へ行き、所定の税金を支払う。タバコは1本から課税対象のため注意。

5 到着ロビー ARRIVAL LOBBY

ツアー参加の場合は現地ガイドがボードを持って待っていることも。個人旅行なら、必要に応じて到着ロビーにある観光案内所や両替所に寄って、中心部(ホテル)に向かう準備をする。

6 両替 FOREIGN EXCHANGE

到着ロビーにある両替所は、街なかにある両替所より比較的レートがよくないので、必要な現金(シンガポールドル)だけ両替をするのがおすすめ。

シンガポール中心部へGo!
P225参照

電子入国カード(SG Arrival Card)

旅行者は電子入国カードを登録する必要がある。シンガポール入国管理局(ICA)のウェブサイトから登録しよう。

URL eservices.ica.gov.sg/sgarrivalcard/

または、App Store (iOS) 、Google Play (Android)から無料でダウンロードできる 公式「MyICA」アプリでも登録できる。

登録できるのは、シンガポール到着日(を含めて)3日前から。

❶ シンガポール入国管理局のウェブサイト(上記)へ。まず、言語設定を日本語に変更。「For Foreign Visitors」→「個人申告」をクリックして、入力画面へ。氏名・生年月日など、パスポートどおりの情報を英語で入力。連絡先のメールアドレスと携帯電話番号を入力。日本の国番号は81。

❷ 到着日やフライトの航空会社や便名、宿泊ホテル名などの旅行情報を入力。

❸ 最後は、過去の渡航歴と健康申告。「発熱の症状があるか?」などにチェックを入れる。プレビュー画面ですべての情報が正しいことを最終確認して同意し、「続ける」→「提出」ボタンをクリック。

❹ 入力したメールアドレス宛に、電子入国カード提出完了メールが送られてくる。

※電子入国カードの登録・提出は無料。

シンガポール入国時の主な持込み禁止品

◎麻薬および向精神薬
◎鉄砲、武器、刀剣類、爆竹、花火
◎ポルノ雑誌、ポルノフィルムおよびソフトウェア、扇動的・反逆的な物品
◎著作権のある出版物、DVDなどの不正な複製品
◎ワシントン条約により絶滅危惧種の野生動物およびその加工品
◎チューインガム(歯科用・薬用を除く)
◎ピストル型およびリボルバー型のライター
◎電子タバコなどタバコ類似品、噛みタバコ

シンガポール入国時の主な免税範囲

主なものは下記(成人1人あたり)。免税範囲を超える時は申告を。

品名	数量など
酒類	ワイン1ℓ+スピリッツ1ℓ、またはワイン1ℓ+ビール1ℓ、またはワイン2ℓ、またはスピリッツ1ℓ＋ビール1ℓ、またはビール2ℓのいずれかの組み合わせ(18歳以上)で、シンガポール入国前に48時間以上、シンガポール国外に滞在し、マレーシア以外の国から到着していること。
タバコ	タバコおよびタバコ製品は課税対象。日本国内で販売されているタバコは、パッケージのロゴの関係上、シンガポールへの持ち込みができない。電子タバコ、噛みタバコは持ち込み不可。
通貨の持ち込み	通貨の持込み制限はないが、S$2万以上または外貨S$2万相当額以上の持込みは申告する必要がある。

持ち込みNG

- **チューインガム(歯科用・薬用を除く)**
- **オレンジなどのかんきつ類**
- **柿、梨、リンゴ、バナナ**

空港でも免税手続きが可能 シンガポールから日本へ

空港へは出発予定時刻の２～３時間前までに到着しておきたい。免税手続きをする人は手続きの時間も考慮し、慌てなくてすむように余裕をもって到着するようにしよう。

免税手続きについて

●GST（消費税）

シンガポールで物品を購入すると一律8％のGST（Goods and Services Tax）が課される（2024年1月1日からは9％へと税率の引き上げが行われる）。一定の条件を満たした旅行者であれば、購入した物品を海外に持ち出す際、消費税8％分から払い戻し手数料を差し引いた金額が還付される。

●払い戻し方法

シンガポールにはグローバルブルーやツアレゴ、グローバル・タックス・フリーなどの免税手続き会社（下記「問合先」参照）があり、加盟店には「Tax Free Shopping」のマークが掲示されている。還付制度のある加盟店で1回あたりS＄100以上の買い物をした場合（ショッピングセンターなどの場合、同一日であればレシート3枚まで合算可）、以下の手順で免税手続きを行う。

❶お店で…会計時にパスポートとe-Pass（入国後に発行される電子訪問パス）を提示し、eTRS（電子認証システムによる旅行者払戻制度）の印字入り免税チケット、レシートを受け取る。グローバルブルーまたはツアレゴのアプリを事前にダウンロードした場合は、アプリを起動して2次元コードの画面を提示する。

❷空港で…eTRSの機械や税関カウンター、またはアプリで可能。商品購入日から2カ月以内に行うこと。

●eTRS（電子認証システムによる旅行者払戻制度）の場合

eTRSと印字された免税チケットが発行された場合、空港のeTRSの機械を利用して手続きできる。購入商品を機内預け荷物にする場合はチェックイン前に、機内持込み手荷物にする場合は出国審査後に、eTRSの機械で手続きする。手続きが完了すると「eTRS-NOTIFICATION SLIP」と印字されたレシートが出てくるので受け取る。品物を提示するよう画面上に表示されたら、税関カウンターで購入商品（未使用）、eTRSと印字された免税チケット、レシート、パスポート、搭乗券を検査官に提示する。
出国審査後のロビーにある、セントラル・リファンド・カウンターで「eTRS-NOTIFICATION SLIP」とパスポートを提示すると、現金で払い戻し金を受け取れる。クレジットカード（Visa、Mastercard）口座への返金を希望する場合はそのまま搭乗口へ。10日以内に指定のクレジットカード口座に払い戻し金が入金される。

●アプリの場合

シンガポール到着までに、グローバルブルーまたはツアレゴのアプリをダウンロードしておく。店舗での支払いにアプリを提示すると、出国時にアプリで免税手続きが可能。手続きの際は、アプリの位置情報サービスと通知アラートをオンにしておく。また空港では、eTRSの機械から半径15mより外に出てはいけない。

●問合先

ツアレゴ URL tourego.com/
グローバルブルー URL www.globalblue.com/
グローバル・タックス・フリー URL www.global-taxfree.com.sg

シンガポール出国の流れ

1 免税手続き
空港での免税手続きが必要で、購入商品（未使用）をスーツケースなどの機内預け荷物に入れる場合は、チェックイン前に税関カウンターまたはeTRSの機械へ。

↓

2 チェックイン
利用航空会社のカウンターでパスポートと航空券（eチケットの控え）を提示。スーツケースなどの荷物を預けて荷物引換証（Claim Tag）と搭乗券を受け取る。

↓

3 出国審査
出国審査カウンターで、パスポートと航空券（eチケットの控え）を提示する。手荷物として機内に持ち込む商品（未使用のもの）の免税手続きを行う場合は、税関カウンターまたはeTRSの機械へ。

↓

4 手荷物検査
搭乗ゲート前で機内に持ち込むすべての手荷物をX線検査機に通し、ボディチェックが行われるので、余裕をもって搭乗ゲートに到着したい。液体物の機内持ち込み制限についても注意。

↓

5 搭乗
搭乗時間までに所定のゲートへ。搭乗時には搭乗券を提示する。搭乗前にパスポートの提示を求められることもある。

↓

6 機内で
携帯品・別送品申告書をもらって記入する。電子申請もできる。

↓

7 帰国

再両替について

日本到着後に日本の空港で両替するより、シンガポールのチャンギ国際空港の両替所で日本円に戻す方がレートはいい（ただし手数料が発生する場合もある）。少額であれば空港内で使い切るのがおすすめ。

日本入国

1 入国審査 IMMIGRATION

入国審査ブースでパスポートを提示。または顔認証ゲートおよび自動化ゲートを利用。

↓

2 荷物受取 BAGGAGE CLAIM

フライト便名が表示されているターンテーブルの前で荷物を待つ。預ける荷物が出てこない、または破損している場合は税関を通る前に航空会社職員に申し出ること。

↓

3 税関申告 CUSTOM

動植物やその加工品を持ち帰った人は税関検査の前に検疫カウンターで検査を受ける。それ以外の人は税関審査へ。「携帯品・別送品申告書」の提示または「Visit Japan Web」を利用した電子申請が必要。

携帯品・別送品申告書の書き方

日本帰国時の機内で配られるので、到着前に記入しておこう。電子申請もできる。

A面

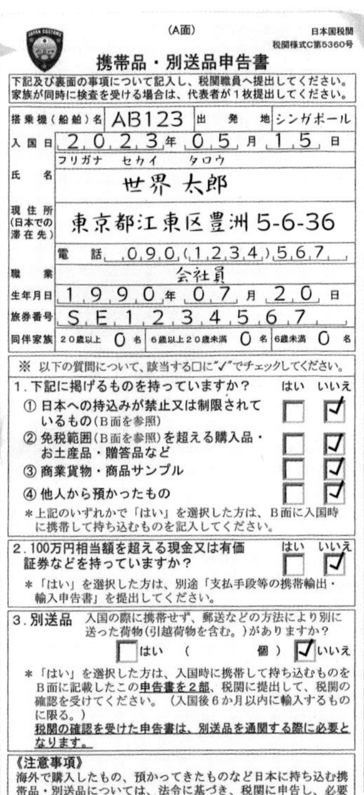

(A面)　日本国税関　税関様式C第5360号

携帯品・別送品申告書

下記及び裏面の事項について記入し、税関職員へ提出してください。家族が同時に検査を受ける場合は、代表者が1枚提出してください。

搭乗機(船舶)名	AB123　出発地 シンガポール
入国日	2023年05月15日
フリガナ	セカイ　タロウ
氏名	世界 太郎
現住所(日本での滞在先)	東京都江東区豊洲5-6-36
電話	090(1234)567
職業	会社員
生年月日	1990年07月20日
旅券番号	SE1234567
同伴家族	20歳以上 0名　6歳以上20歳未満 0名　6歳未満 0名

※ 以下の質問について、該当する□に"✓"でチェックしてください。

1. 下記に掲げるものを持っていますか？　はい　いいえ

① 日本への持込みが禁止又は制限されているもの(B面を参照)　☐ ☑
② 免税範囲(B面を参照)を超える購入品・お土産品・贈答品など　☐ ☑
③ 商業貨物・商品サンプル　☐ ☑
④ 他人から預かったもの　☐ ☑

＊上記のいずれかで「はい」を選択した方は、B面に入国時に携帯して持ち込むものを記入してください。

2. 100万円相当額を超える現金又は有価証券などを持っていますか？　はい ☐　いいえ ☑

＊「はい」を選択した方は、別途「支払手段等の携帯輸出・輸入申告書」を提出してください。

3. 別送品　入国の際に携帯せず、郵送などの方法により別に送った荷物(引越荷物を含む。)がありますか？

☐はい　(　　個)　☑いいえ

＊「はい」を選択した方は、入国時に携帯して持ち込むものをB面に記載したこの**申告書を2部**、税関に提出して、税関の確認を受けてください。(入国後6か月以内に輸入するものに限る。)

税関の確認を受けた申告書は、別送品を通関する際に必要となります。

《注意事項》

海外で購入したもの、預かってきたものなど日本に持ち込む携帯品・別送品については、法令に基づき、税関に申告し、必要な検査を受ける必要があります。申告漏れ、偽りの申告などの不正な行為がありますと、処罰されることがありますので注意してください。

この申告書に記載したとおりである旨申告します。

署名 世界 太郎

B面

(B面)

※入国時に携帯して持ち込むものについて、下記の表に記入してください。(A面の1.及び3.ですべて「いいえ」を選択した方は記入する必要はありません。)

(注)「その他の品名」欄は、個人的使用に供する購入品等に限り、1品目毎の海外市価の合計額が1万円以下のものは記入不要です。また、別送品も記入不要です。

酒類			本
たばこ	紙巻		本
	加熱式		箱
	葉巻		本
	その他		グラム
香水			オンス

＊税関記入欄

その他の品名	数量	価格

＊税関記入欄　円

1. 日本への持込みが禁止されている主なもの

① 麻薬、向精神薬、大麻、あへん、覚醒剤、MDMA、指定薬物など
② 拳銃等の銃砲、これらの銃砲弾や拳銃部品
③ 爆発物、火薬類、化学兵器原材料、炭疽菌等の病原体など
④ 貨幣・紙幣・有価証券・クレジットカードなどの偽造品など
⑤ わいせつ雑誌、わいせつDVD、児童ポルノなど
⑥ 偽ブランド品、海賊版などの知的財産侵害物品

2. 日本への持込みが制限されている主なもの

① 猟銃、空気銃及び日本刀などの刀剣類
② ワシントン条約により輸入が制限されている動植物及びその製品(ワニ・ヘビ・リクガメ・象牙・じゃ香・サボテンなど)
③ 事前に検疫確認が必要な生きた動植物、肉製品(ソーセージ・ジャーキー類を含む。)、野菜、果物、米など
＊ 事前に動物・植物検疫カウンターでの確認が必要です。

3. 免税範囲(一人あたり。乗組員を除く。)

・酒類3本(760mlを1本と換算する。)
・紙巻たばこ400本(外国製、日本製の区分なし。)
＊ 20歳未満の方は酒類とたばこの免税範囲はありません。
・海外市価の合計額が20万円の範囲に納まる品物(入国者の個人的使用に供するものに限る。)
＊ 海外市価とは、外国における通常の小売価格(購入価格)です。
＊ 1個で20万円を超える品物の場合は、その全額に課税されます。
＊ 6歳未満のお子様は、おもちゃなど子供本人が使用するもの以外は免税になりません。

携帯品・別送品申告書の記載に御協力頂きありがとうございました。日本に入国(帰国)されるすべての方は、法令に基づき、この申告書を税関に提出していただく必要があります。引き続き税関検査への御協力をよろしくお願いします。

オンラインサービス Visit Japan Web

税関申告は「Visit Japan Web」を利用した電子申請でも行える。アカウント作成・ログイン後、パスポートなど利用者情報や入国・帰国予定、携帯品・別送品申告書に必要な情報を登録すると、二次元コードが作成される。この二次元コードを税関検査場にある電子申告端末で読み取りを行う。スムーズに手続きを行えるが、これを利用しない場合は紙の申告書を提出する。

日本帰国時の免税範囲(成人1人当たり)

品名	数量など
酒類	3本(1本760mℓのもの)。20歳未満の免税なし
タバコ	「紙巻たばこ」のみの場合200本、「加熱式たばこ」のみの場合個装等10個(1箱あたりの数量は、紙巻たばこ20本に相当する量)、「葉巻たばこ」のみの場合50本、その他の場合250g
香水	2オンス(1オンスは約28mℓ)。オーデコロン、オードトワレは含まない。
その他	1品目ごとの海外市価の合計額が1万円以下のもの全量。海外市価の合計額20万円までが免税。

・ドリアン
・ナンプラー

日本への持ち込み禁止と規制品

規制品には身近な肉類や植物も含まれるので事前に把握しておこう。

禁止品

麻薬、大麻、覚醒剤、鉄砲類、爆発物や火薬、通貨または証券の偽造・変造・模造品、わいせつ物、偽ブランド品など。

規制品

ワシントン条約に該当する物品。対象物を原料とした漢方薬、毛皮・敷物などの加工品も同様。ワニ、ヘビなどの革製品、象牙、はく製、ラン、サボテンなどは特に注意。乳製品も検疫対象。土付きの植物、果実、切花、野菜、ハム・ソーセージといった肉類などはほとんどの場合、持ち込めない。医薬品及び医薬部外品は個人が使用するものでも数量制限があり、外用薬、毒薬、劇薬および処方せん薬以外の医薬品は2カ月分以内(外用薬は1品目24個以内)。化粧品は1品目24個以内。

※詳細は税関の公式サイト URL www.customs.go.jp/ を参照

シンガポールの空の玄関口
チャンギ国際空港

シンガポール東部にあるチャンギ国際空港(Changi International Airport／MAP：P2F2)が空の玄関口。2019年にはショッピングモールなどを備えた複合施設ジュエル・チャンギ・エアポート(→P68)がオープンした。

ターミナルが4つあるスカイトレインで連結

チャンギ国際空港にはターミナルが4つあり、航空会社や発着便によって異なる。日本の航空会社（日本航空、全日本空輸、スクートなど）は主にターミナル1を(2023年6月現在)、シンガポール航空は主にターミナル2、3を使用する。ターミナル1・2・3はスカイトレイン(→P225)で結ばれ、ターミナル4へはターミナル1と3からシャトルバスが運行している。

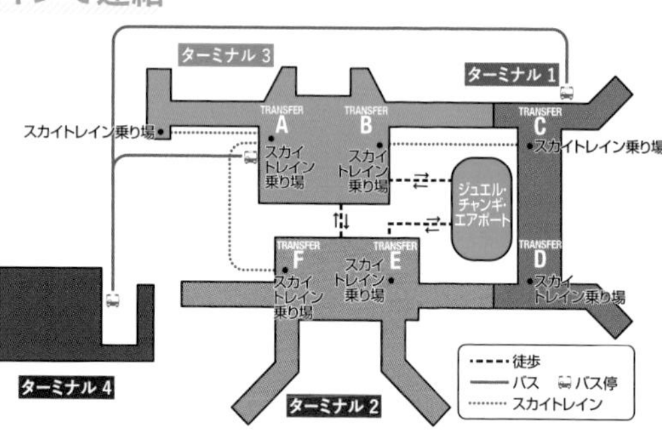

※複合施設「ジュエル・チャンギ・エアポート」(→P68) にも注目。

ターミナル別主な航空会社

ターミナル	航空会社
ターミナル1	日本航空　全日本空輸　スクート
ターミナル2	シンガポール航空
ターミナル3	シンガポール航空　ユナイテッド航空
ターミナル4	エアアジア　大韓航空　ベトナム航空

※発着ターミナルは変わることがある　2023年6月現在

ターミナル1　※日本の航空会社などが主に使用

ターミナル1　BK：両替所
レベル1(1階) 到着ホール
①入国審査　②荷物受け取り　③税関
レベル2(到着ゲート)から

←空港に早く着いてゆっくりするなら、アーリーチェックイン・カウンターを利用しよう

➡どのターミナルでも、出発・到着ホール出入口の周辺には、銀行の両替所がある

←消費税(GST)の免税手続きが、自動で行えるマシンが並ぶ

主な施設

●両替所

各ターミナルに銀行の両替カウンターがあり、24 時間営業。全ターミナルともに出発・到着ホールにある。

●インフォメーション

空港の内の施設案内をしている。

●Wi-Fi接続

チャンギ国際空港内には100カ所以上のインターネットステーションがある。公共エリアとトランジットエリアの両方で、次の手順で無料Wi-Fiが利用できる。①スマートフォンの接続画面を開き、Wi-Fiを選ぶ。②接続画面が開いたら、#WiFi@Changiを選択する。③次にWi-Fiロゴをクリックすれば、3時間の無料Wi-Fiが利用できる。

ターミナル1　BK：両替所
レベル2(2階) 出発ホール
①チェックインカウンター(搭乗手続き)　②パスポートチェック 出国審査　③手荷物検査は各ゲートで行う
ゲートC11〜26　ゲートD30〜49　ゲートC1　ゲートD40
免税手続きカウンター
ターミナル3行きスカイトレイン乗り場　ターミナル2行きスカイトレイン乗り場

※ターミナル1・2・3・4の詳細はチャンギ国際空港のHPで確認を。
URL changiairport.com/en/maps.html

空港内の便利施設

世界有数の国際空港であるチャンギ国際空港には、ツーリストに向けた便利&癒し施設が充実している。

ジュエル・チャンギ・エアポート(→P68) New!

屋内で世界一の高さを誇る滝、「レイン・ボルテックス」を中心に、熱帯の森をイメージした、吹き抜けのショッピングモール。有名レストランの支店も多く、空港グルメも楽しみのひとつ。また、緑の遊歩道や庭園もあり、自然を満喫できる空間としても人気だ。

スカイトレイン

ターミナル間を移動するモノレール(無料)で、早朝から深夜まで(5時～翌2時30分)、4分間隔で運行。利用は「Skytrain to T2」などの案内板に従って乗り場へ。乗車口はホームの安全扉とともに自動開閉。約4分で次のターミナルに着く。

空港庭園

各ターミナルに緑や池を配したテーマガーデンがある。たとえば、ターミナル1の3階(レベル3)屋上には、世界のサボテンが集まるカクタス・ガーデンが広がり、ターミナル3 には世界初、空港内のバタフライ・ガーデン(蝶園)もある。

リクラセーション・スポット

各ターミナルには無料休憩エリアのほか、マッサージやシャワーといった設備が揃い、仮眠などが取れる有料トランジット・ラウンジや、スパなどもある。ターミナル1のエアポート・ウェルネス・オアシスや、ターミナル2のスパ・エクスプレスなど。

エンターテイメント施設

ターミナル2には、特製スピーカーシートでゲームを無料で楽しめるエンターテイメント・デッキがある。また、ターミナル3には、ビルの4 階相当から秒速6mで滑り降りる螺旋状の滑り台「スライド@T3」もスリルがあると人気になっている。

グルメ&ショッピング

「ジュエル・チャンギ・エアポート」の開業により、レストランやショップがより充実した。各ターミナルのショッピング・ストリートには免税店やブランドショップが並び、ローカルフードやファストフード、フードコート、各国料理のレストラン、カフェもある。

空港から中心部へ

空港からの移動は、荷物の量や人数、旅のスタイルなどに合わせてベストな移動手段を選びたい。

交通機関	概要	料金	所要時間	運行時間
MRT 安い	MRT東西線のチャンギ・エアポート駅がターミナル2・3と直結。空港から2駅目のタナ・メラ(Tanah Merah)駅でチュアス・リンク(Tuas Link)駅行きに乗換えれば市内まで行ける。ターミナル1からMRT駅へはスカイトレイン(所要約4分、無料)で移動。	S$2.40～3.00 ※イージーリンク・カードやツーリスト・パスなどを利用(→P226)	約45～75分	5時30分ごろ～24時ごろ (日曜、祝日は6時ごろ～) ※空港発最終23時18分
エアポート・シャトル	市内のほとんどのホテルや商業地区内の任意の場所で降車できる。到着ロビーにあるグランド・トランスポート・コンシェルジュ(GROUND TRANSPORT CONCIERGE)で申し込み、チケットを受け取って待機。定員に達するとドライバーが車まで案内してくれる。	S$10	市内中心部まで約30～50分	24時間 (15～30分間隔で運行)
タクシー 早い	乗り場は1階到着ホールを出たところ。乗り場前にいる配車スタッフの指示するタクシーに乗車すること。空港からの乗車は特別料金として、月～日曜、祝日の17～23時59分はS$8、それ以外の時間はS$6が加算される。	市内中心部までS$20～50が目安。深夜料金などの追加料金は別途	約30分	24時間
路線バス	直接市内まで行くなら、36番のオーチャード・ロード経由の巡回バスを利用。ターミナル1～3の乗り場は各ターミナルの地下にある。ターミナル4の乗り場は駐車場4Bの隣にある。	S$2.60～3.10	約1時間	6時ごろ～24時ごろ (10～15分間隔)

旅のきほん④

シンガポールの安価で便利な乗り物 MRTを乗りこなそう

シンガポール市街のほぼ全域をカバーする地下鉄が「MRT」。
ツーリストが最も利用する交通手段で、観光や食事、買物など便利に利用できる。

MRT Mass Rapid Transit

6つの路線があり、駅の数が多く、頻繁に運行している（路線図→P16）。さらに乗車料金も安く、旅行者も簡単に利用できる。また、路線は色分けされているので初めてでもわかりやすく、乗り換えは改札を出ずに行えるのも便利だ。なお、2022年よりスタンダード・チケットが段階的に廃止され、現在、イージーリンク・カード（EZ-Link Card）などのICチケットのみの利用となっている。

料金 初乗り運賃はS$0.99。乗車距離で加算。身長90cm以下で7歳未満は無料。イージーリンク・カードの購入が必要で、その金額はS$12（デポジットS$5含む）のため、イージーリンク・カードを持っていない人が初めて乗車する場合は、たとえ1回1駅しか乗らない場合でも最低S$12かかる。

運行時間 路線により異なるが、5時30分ごろ～24時ごろ（日曜、祝日は6時ごろ～）。平日のピーク時は2～3分間隔で運行され、それ以外は5～7分間隔（いずれも路線や時間によって異なる）。

イージーリンク・カードを購入する

MRT駅の改札横にある窓口、Passenger Service（パッセンジャー・サービス）で、イージーリンク・カードを購入する（券売機では購入不可で、支払は現金のみ）。金額はS$12（利用可能額S$5＋カード代S$7）。残金が少なくなったら、自動券売機でS$2からチャージできる。カード代とカードの残金の精算はMRT駅窓口で可能。

●イージーリンク・カードとは？

ICカードが内蔵されたチャージ式のプリペイドカード。MRT、LRT（ライト・ラピッド・トランジット／Light Rapid Transit）、セントーサ・エクスプレス（→P199）、路線バス（→P229）などで使用できる。残額が少なくなったら、自動券売機などでチャージできる。

●購入できる場所

MRT駅の窓口のほか、空港（MRTチャンギ・エアポート駅）やコンビニ（セブンイレブンなど）、一部の小商店などでも購入できる。ただし、カードにあらかじめチャージされている金額が違うため、販売価格も異なる。

注意点

MRTを1回だけ利用する場合でも、カード購入にS$12が必要。残金は、窓口でカード返却時に払い戻してもらえる。

ツーリスト・パスが便利！

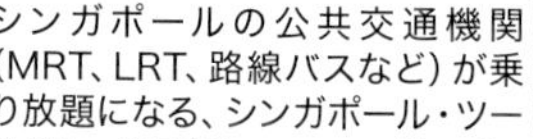

シンガポールの公共交通機関（MRT、LRT、路線バスなど）が乗り放題になる、シンガポール・ツーリスト・パス（Singapore Tourist Pass）を利用するのも選択肢のひとつ。1日券S$22、2日券S$29、3日券S$34の3種類がある。利用方法はイージーリンク・カードと同じ。

●空港などで買える

シンガポール・ツーリスト・パスは、MRT主要駅にあるTransitLink（トランジット・リンク）チケット・オフィスや一部のMTRパッセンジャー・サービスの窓口で購入できる。例えば、チャンギ国際空港やオーチャード駅、チャイナタウン駅、ブギス駅、サマセット駅など。また、空港や主要駅に置かれているSTP自動券売機でも購入可能。

●S$10のデポジットが戻ってくる

カード料金の中にはS$10のカード代（デポジット）が含まれているため、実質価格は、1日券はS$12、2日券はS$19、3日券はS$24。発行日から5日以内にカードを返却すれば、デポジットのS$10は戻ってくる。払い戻しは、主要MRT駅のチケット・オフィスで行える。

●使用後はイージーリンク・カードに変身!?

乗り放題期間が過ぎたら、駅の専用機でチャージしてイージーリンク・カードとしても使える。例えば1日乗り放題にして、2日目からはイージーリンク・カードという使い方もできる。

●デポジットのない3日券もある

3日券にはデポジット（S$10）のない、SGツーリストパス（SG Tourist Pass）もある。料金はS$29。返却の必要はなく、使用後にはイージーリンク・カードとして利用可。

このほか、3日券にいくつかの特典が付いたシンガポール・ツーリスト・パス・プラス（Singapore Tourist Pass Plus）もある。また以前はチャーム型の1日乗り放題パスのSTPチャーム（STP Charm）も販売していた。

注意点

朝から乗っても夕方から乗っても当日の23時59分までで1日分となる。2日券は次の日の23時59分まで、3日券だとその次の次の日の23時59分まで。

MRTの乗り方

2022年より切符(チケット)の種類が変わり、乗り方に若干の変化はあるが、乗り方は日本の地下鉄とあまり変わらない。

❶ 駅を探す

MRTの入口は主要道路沿いなどにあり、「MRT」の文字と電車のマークが目印。各駅に複数の入口があり、見つけやすい。地下へのエスカレーターが設置されている駅が多い。

❷ 改札を通る

イージーリンク・カードやシンガポール・ツーリスト・パスを事前に用意(→P226)して、タッチパネル式の改札を通る。改札はすべて自動。改札口にあるセンサーに切符をタッチすると緑色のランプが点灯し、ゲートが開く。読み取り部近くのモニターに、イージーリンク・カードなら残高が表示される。

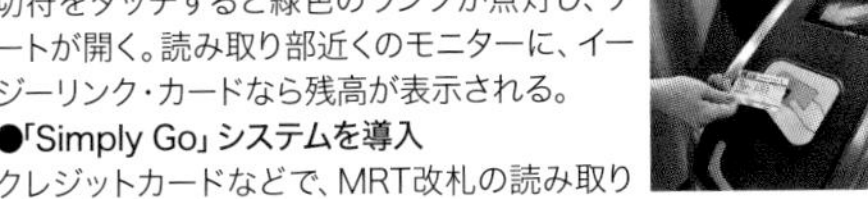

●「Simply Go」システムを導入

クレジットカードなどで、MRT改札の読み取り機で直接運賃の支払いができる、世界的に普及しつつあるシステムが導入されている。対応のクレジットカードは非接触型のMastercard(マスターカード)とVisa(ビザ)のみ。ただし、外国発行カードは運賃に管理手数料(S$0.6)が加算される。

URL simplygo.com.sg(英語)

❸ 路線や行き先を確認してホームへ

複数の路線が乗り入れる駅では、ホーム案内が色別で表示されている(下表)。行き先(方向)はホームの左右に分かれ、駅名が表で示されているほか、行き先が電光掲示板に記されている(終点駅名)。駅名は英語のほか、中国語やマレー語などの表記もある。

❹ 乗車する

構内放送の後に電車が入ってきて、ホームドアの扉と一緒に電車のドアが開くので、順序よく乗車する。車内には優先席があり、シンガポールでは若者や健常者は座らないのが一般的。車内では、喫煙はもちろん飲食も禁止されている。罰金の対象にもなっているので、注意が必要だ。

❺ 降車して改札を出る

駅に近づくと車内放送があり、次の停車駅名がドアの上の掲示板に示される。目的の駅で下車したら「Way Out」、または「Exit」の表示に従って改札口へ。出るときもカードをセンサーにタッチする。中心部の駅には改札口が複数ある場合があるので、構内図などで目的地に近い改札口を探そう。

❻ 出口を確認して地上へ

駅には出口が複数(主要駅は特に多く)あるので、出口番号を確認して、目的地に近い出口から地上に出る。地図などが表示されている場合もある。

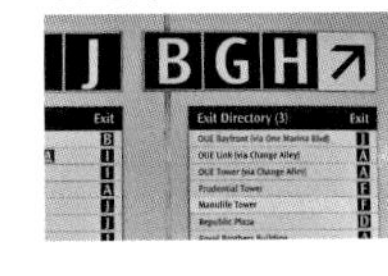

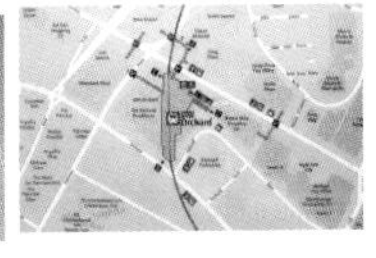

MRT路線と主な駅

路線名		主な駅
東西線(EW) East West Line	MRT東西線(EW) East West Line	シティ・ホール駅やラッフルズ・プレイス駅などの中心部と、カトン最寄りのパヤ・レバ駅などがある主要路線。
チャンギ空港支線(CG) East West Line	MRT東西線 チャンギ空港支線(CG) East West Line	東西線の支線で、チャンギ・エアポート駅と東西線のタナ・メラ駅を結ぶ。
南北線(NS) North South Line	MRT南北線(NS) North South Line	マリーナ・ベイ駅、シティ・ホール駅、オーチャード駅など・中心部の主要駅を通る。
北東線(NE) North East Line	MRT北東線(NE) North East Line	ハーバー・フロント駅、チャイナタウン駅、クラーク・キー駅、リトル・インディア駅などを通る。
MRTサークル線(CC) Circle Line	MRTサークル線(CC) Circle Line	ドービー・ゴート駅からホランド・ビレッジ駅などを経由し、ハーバー・フロント駅まで、中心部を環状につなぐ。
MRTダウンタウン線(DT) Downtown Line	MRTダウンタウン線(DT) Downtown Line	エキスポ駅からベイフロント駅、ブギス駅などを経由し、ブキ・パンジャン駅までつながる。
トムソン・イースト・コースト線(TE) Thomson East Coast Line	MRTトムソン・イースト・コースト線(TE) Thomson East Coast Line	新しい路線で、オーチャード駅やアウトラム・パーク駅などを経由し、ガーデンズ・バイ・ザ・ベイ駅へ。

乗り換えについて

乗り換えの際は改札を出ずに、色分けされた路線名と行き先(終点の駅名)の表示に従って、乗り換えたい路線のホームに進む。朝夕のラッシュ時はかなり混雑する。

●主な乗換駅

- シティ・ホール：東西線と南北線
- プロムナード：サークル線とダウンタウン線
- マリーナ・ベイ：サークル線と南北線とトムソン・イースト・コースト線
- ブギス：東西線とダウンタウン線
- リトル・インディア：北東線とダウンタウン線
- チャイナタウン：北東線とダウンタウン線
- オーチャード：南北線とトムソン・イースト・コースト線
- ドービー・ゴート：南北線と北東線とサークル線

体力的な負担が少なく、効率的
タクシーを上手に利用

シンガポールではタクシーの台数も多く、料金は日本より安い。車もきれいで、英語が通じるため、ツーリストも利用しやすい。

タクシー Taxi

シンガポールには複数のタクシー会社があり、空港や街中でタクシーを多く見かける。ホテルや大きな施設などにはタクシースタンドがあり、客待ちの車列も珍しくない。朝や夕方、深夜、雨の日などは空車を見つけにくい場合がある。最近は、配車アプリを使った利用も増えている。

タクシーの乗り方

シンガポールのタクシーはメーター制で、比較的安く利用できる。ただし、利用時間帯や場所、タクシー会社によって、追加料金がかかる場合がある。手をあげて流しのタクシーを停めることもできるが、タクシースタンドを利用するのが確実。

❶ タクシースタンドで待つ

手をあげて流しのタクシーを拾うこともできるが、街中では駐停車禁止の場所も多く、乗車拒否や無視(予約先に向かうなど)されることもある。ホテルや公共施設、デパート、ショッピングセンター、ホーカース、郊外の動物園などにはタクシースタンドがあるので、ここで待つのが確実。なお、空車は屋根に緑色で「TAXI」と表示、赤色は乗車中。

❷ 乗車する

全席シートベルトが必要。英語は通じるが、多国籍の人種が混じっているので発音によっては通じないことも多い。目的地をスマホ画面で示すのもおすすめ。カーナビも普及しているので、行き先の間違いは少ない。

❸ 支払いをして下車する

目的地に着いた停車後にメーターの料金が上がる場合があるが、これは加算料金(右上表)が足された金額のため。表示された金額を支払う。チップは不要。レシートを受け取って下車する。

料金 基本料金のほかに、乗車地や時間帯によって細かい料金設定がある。下車時にもらうレシートに事細かに記されているので確認してみよう。

●基本料金(車種により異なる)
- 初乗り1.0kmまで：S$3.90～4.30
- 以後1.0～10kmまで：400mごとにS$0.25～0.35加算
- 以後10km～：350mごとにS$0.25～0.35加算
- 待ち時間：45秒ごとにS$0.25～0.35加算

●追加・割増料金

ピークアワー	月～金曜6時～9時29分、毎日18～23時59分はメーターの25%増し
深夜料金	24時～翌5時59分はメーターの50%増し
空港からの乗車(→P225)	S$6～8加算(曜日、時間帯により異なる)
CBD(中央商業地区)内への乗り入れ	月～土曜、祝日の17時～23時59分はS$3追加
ERPチャージ	Electronic Road Pricingゲートを通る際に自動で徴収される料金。数ドルで、時間帯・道路により異なる
クレジットカードでの支払い	メーターの10%増し＋消費税(タクシー会社により異なる)
呼出し料金	S$2.30～10(時間帯、車種、タクシー会社により異なる)

注意ポイント
- 朝や夕方、夜のクラーク・キーなどはタクシーをつかまえにくい。ホテルやレストランに呼び出しを頼んでも、電話がなかなか通じないこともある。そんなときは根気よくタクシー乗り場に並んだ方が確実。
- 助手席、後部座席ともにシートベルトの着用が義務づけられている。運転手から着用を促される事も。
- 道路脇に黄色の2本線が引かれているところは停車禁止区域。乗車することはできず、下車の一時停車は可能だが、ギザギザの二本線の場合は一時停車も禁止。大通りや街中では、タクシースタンドを利用したほうが確実だ。

- フロント部分に地名(行き先)のプレートが出ている場合は、その方角にしか行かないという意味。方角が異なると乗車拒否されることが多い。

配車アプリを利用する!?

日本でも最近普及しているタクシーの配車アプリは、シンガポールでも非常に多く利用されている。例えば「Grab」。料金が明確で、カード払い式、ピックアップ先や行き先はアプリ内で設定済みなので、運転手との会話の必要もないなど便利なことばかりだが、運転登録会員が普通車でも運行できるため、タクシー車両でない場合も。利用にはアプリのダウンロードが必要だ。URL www.grab.com/sg/

主要路線を利用して バスで快適に移動

バス路線は、300以上あってほぼ全域をカバー。
経済的で、エアコンの効いた快適な車内から車窓の風景も楽しめる。

バス Bus

バス路線は複雑で、車内案内もないので初心者が乗りこなすのは難しいが、主要路線を覚えておくとカトンや動物園など郊外へ行くときに便利。料金は現金払いも可能（お釣りは出ない）だが、イージーリンク・カードやツーリスト・パス（いずれも→P226）などで支払える。

料　金　現金払いの場合はS$1.70〜2.80。距離などによって異なる。イージーリンク・カードによる支払いは割引あり。
運行時間　5時30分ごろ〜23時30分ごろが基本だが、地域によって24時〜翌2時までの深夜バスが運行しているところもある。

バスの乗り方

バスの乗り方は日本とほとんど同じ。バス停もバスもきれいで、エアコンが効いているので、車内はとても快適。2階建てバスもあるので、車窓の風景も楽しめる。朝・夕のラッシュ時や観光に人気の路線は混みあう。お年寄りや障害者への席譲り、大声で話さないなど、車内マナーも守られている。

❶ 乗車する
路線番号と行き先が一覧表示されているバス停で待ち、バスのフロントに示された路線番号と行き先を確認したら、手を挙げるなど乗車の意思表示をしてバスを止める。乗車は前方から。

❷ 料金を払う
現金の場合は運転手に行き先を告げて料金を聞き、運転席の脇にある料金箱に運賃を投入。右手の機械から乗車券が出てくるので忘れないように受け取る。イージーリンク・カードやツーリスト・パスなどの場合はパネルにタッチするだけでOK（降車時も同様）。

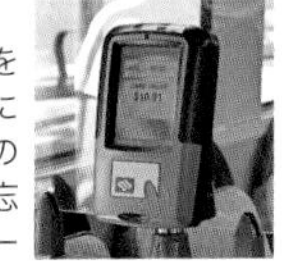

❸ 車内で
車内アナウンスはないので、車窓で風景を確認し、停留所に近づいたら降車ボタンを押す。

❹ 降車する
降車は後方から。現金で乗車の場合は乗車券を降車口付近のボックスに入れる。イージーリンク・カードやツーリスト・パスなどは降車口のパネルにタッチして降りる。降車時にカードの再タッチを忘れると、次回乗車時に終点までの料金が加算される。

観光に使える路線

MRTが通っていないエリアに行く路線や、主要スポットを通る路線はMRTで動くよりも便利な場合がある。

路線番号	便利な運行区間
7番	Ⓜオーチャード駅裏手にある、オーチャード・ブールヴァード沿いのバス停からホランド・ロード沿いにある、デンプシー・ヒルの最寄りのバス停まで行ける。
10番	クレメンティ・ロードからタンピニスまでを結ぶ。フラトン・ホテルやサンテック・シティ、イースト・コースト・ロードを経由するので、カトンに行くのに便利。
97番	ジュロン・イーストからマリーナベイ・サンズ、サンテック・コンベンション・センターを経由してパンパシフィック・ホテルへ。
138番	MRTアン・モ・キオ駅からシンガポール動物園やナイトサファリを結ぶ循環バス。

注意ポイント
・同じ路線でも、往路と復路でルートや停留所が異なる場合がある。帰りも利用したい場合は、バスの運転手に確認しておこう。
・MRT同様、飲食や喫煙は罰金の対象となるので注意。

観光バス

市内の主要なエリアを結ぶ観光客向けのバス。要事前購入。乗り降り自由なので、観光の足としても利用できる。

●ビッグ・バス　Big Bus
オープントップの2階建てバスで、乗り降り自由。路線は、必見のランドマークをまわるシティツアーのイエローライン（マリーナ・ベイやオーチャードなど）、伝統的な地区をまわるヘリテージツアーのレッドライン（リトル・インディアやチャイナタウンなど）の2つ。どちらも日本語対応の車内解説つき。
🕑9時30分〜17時20分（25〜40分間隔で運行　※ルートにより異なる）㊡なし ㊮1日券S$59〜（子どもはS$49〜）
URL bigbustours.com/en/singapore/singapore-bus-tours

物価は高い？両替はどこで？ シンガポールのお金のこと

シンガポールの滞在をスムーズにするのが、現地のお金事情を知っておくこと。通貨や両替、物価などについて、出発前に頭に入れておこう。

シンガポールの通貨とレート

通貨単位はシンガポールドル(S$)

通貨単位はシンガポールドル（S$)。補助単位はシンガポールセント(S¢)で、S$1＝S¢100。レートは変動相場制になっている。クレジットカードは屋台などを除き、ほとんどの店で利用できる。

S$1＝約103円

（2023年6月現在）

紙幣はS$2、5、10、50、100、1,000、10,000の7種類だが、現在流通しているのはS$100まで。S$1,000紙幣は2021年から、S$10,000紙幣は2014年から発行が停止されている（流通している紙幣は使用可能)。硬貨はS¢1、5、10、20、50、S$1の6種類だが、シンガポールでは端数は切り捨てて請求されるので、1¢はほとんど流通していない。

紙幣　　硬貨

S$2

S¢5

S$5

S¢10

S$10

S¢20

S$50

S¢50

S$100

S$1

チップ

基本的にチップは不要。シンガポールではサービス税（10％）を導入しており、ほとんどのホテルやレストランで料金に10％のサービス料が加算されている。空港ではチップは禁止されており、タクシーでも不要。

両替はどうする？ 現地のあちこちで両替できる。手数料はレートに含まれる場合が多い。

空港	街なかの両替所	ホテル	ATM	その他
当座の現金を	数が多く便利	24時間OK	見つけやすい	大型施設にある
到着フロアに24時間営業の両替所がある。レートは少しだけ不利なので、到着してすぐ使う分だけ両替するのがおすすめ。	観光客が集まるスポット周辺に多数ある。レートは各店で異なるので、表示されているレートを見比べてから両替を。	ほとんどのホテルのフロントで24時間両替可能。基本的に宿泊者のみ。レートは悪いが、安心して両替できる。	空港、街なか、コンビニなどに多くあり、使い方(P231上)を知っておけば便利。通常は24時間利用できる。	主要ショッピングセンターやデパートには、たいてい両替所が併設されている。買物中にシンガポールドルが足りなくなっても安心。

両替のオキテ

！日本よりシンガポールで両替するほうがレートがいい。日本出発時の両替は、最小限の金額に留めておくのがおすすめ。

！基本的に現地でレートがよい順は、街なか→空港→ホテルの両替所となる。ATMは取扱い銀行によりさまざま異なる。

！屋台やタクシーなどでは、大きな金額の紙幣は「おつりがない」という理由で使えない場合もあるので注意。

！帰国時に空港で円に再両替できるのは紙幣のみ。両替の両替でレートも悪くなるので、できるだけ帰国前に使い切りたい。

ATMでお金をおろす

シンガポールには空港、コンビニ、主要施設など至る所にATMがある。銀行のキャッシュカードに国際提携マーク(PLUS、Cirrusなど)が付いていれば、自分の口座からシンガポールドルを現金で引き出せる。クレジットカードでのキャッシングも同様に可能だ。

1 マークを確認して カードを入れる

ATMと自分のカードのマークを確認し、利用可能ならカードを挿入。

2 言語を選択

ATM画面で英語と中国語が選べるので「ENGLISH」を選択。

3 暗証番号(PIN)を入力する

「Enter your PIN」の表示に従い、番号を入力後、「Enter」を押す。

4 何をしたいかを選択する

「Cash Withdrwal」または「Get Cash」(現金引出)を選択。

5 お金を引き出す方法を選択

「Please select your account(どのアカウントを使いますか?)」と表示されるので「CREDIT CARD」を選択。

6 引き出したい金額を 選択または入力

数種の金額が表示されるので選択するか、「Others」を押して希望の金額を入力。カード、お金、レシートを受け取る。レシートは必ず金額を確認して保管しておく。

●ATMお役立ち単語帳

暗証番号	PIN／ID CODE／SECRET CODE／PERSONAL NUMBER
確認	ENTER／OK／CORRECT／YES
取消	CANCEL
取引	TRANSACTION
現金引出	CASH WITHDRAWAL／GET CASH
金額	AMOUNT
キャッシング	CASH ADVANCE
預金	SAVINGS

シンガポールでの予算

シンガポールはアジアでも物価が高い国のひとつで、それも年々上昇中。物価は全体的に日本と同等か、やや高め。スーパーの食品やホーカース(屋台)などの価格は比較的リーズナブルに設定されている。

食事代の目安

レストランやカフェなどで料理+ドリンクの食事をすると、日本より高くなることが多い。ホーカースやフードコートの食事は手ごろ。

朝ごはん	カヤ・トースト+コーヒーで約S$5〜、高級ホテルなら約S$30〜45
昼ごはん	チキンライスセット約S$10〜。ホーカースやフードコートの麺約S$5〜
おやつ	カフェのケーキ+コーヒー約S$15。アイスクリームが約S$5〜
お酒	ルーフトップ・バーでカクテル+おつまみで約S$50〜
夜ごはん	チリクラブなど料理数品+ドリンクで1人約S$50〜

交通費の目安

ほとんどの観光スポットは地下鉄(MRT)+徒歩で回れる。タクシーは市内の移動なら1回S$10前後。割増時間帯もあるので注意(→P228)。

タクシー	初乗りS$3.90〜
地下鉄	1回S$0.99〜

観光費の目安

テーマパークや動物園は入場料がかかる。多くの植物園は入場だけなら無料。寺院やモスクも入場無料。

サンズ・スカイパーク 展望デッキ	S$32
ユニバーサル・スタジオ・シンガポール	1日パス S$81
ナイトサファリ	S$55

■ + ■ + ■ =1日あたり約**1万5000円**

物価の目安

食品や水、公共交通など生活に必要不可欠なものは日本より安め。アルコールは高い。

ミネラルウォーター(500ml)
S¢50〜

カフェのコーヒー
S$3〜

ビール(グラス1杯)
S$12〜

タクシー初乗り
S$3.90〜

出発前にも、現地でも
知っておきたい旅のあれこれ

電圧や飲用水、トイレ、Wi-Fi事情など、シンガポール旅行の際に気になる情報や
現地ルールをまとめて紹介。トラブルの対処法も事前にチェックを。

基本のローカルルール

特にチェックしておきたいのは、喫煙や飲酒、交通など法律に関わるルール。シンガポールでは高額な罰金が科せられることも多い(→P59)。

電圧・電源

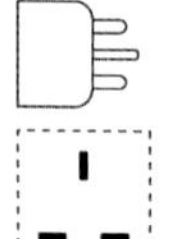

電圧は220〜240V、周波数は50Hz。プラグは3つ穴式(BF・B3タイプ)。海外に対応していない日本の電化製品を使用する場合は、変換プラグと変圧器が必要。

喫　煙

ホテル、レストラン、ショッピングモールなど公共施設の屋内は全面禁煙。道路、公園や一部のビーチなども禁煙。喫煙所など指定された場所以外で喫煙した場合、最高S$1000の罰金が科せられる。

飲用水

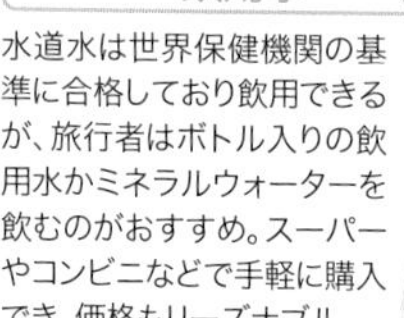

水道水は世界保健機関の基準に合格しており飲用できるが、旅行者はボトル入りの飲用水かミネラルウォーターを飲むのがおすすめ。スーパーやコンビニなどで手軽に購入でき、価格もリーズナブル。

飲　酒

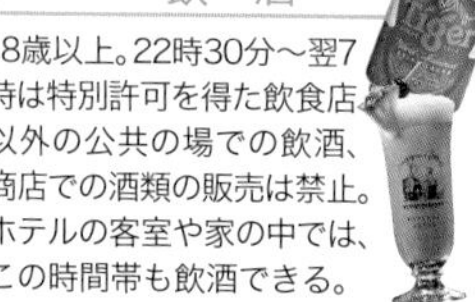

18歳以上。22時30分〜翌7時は特別許可を得た飲食店以外の公共の場での飲酒、商店での酒類の販売は禁止。ホテルの客室や家の中では、この時間帯も飲酒できる。

交通ルール

車は日本と同じく右ハンドル、左側通行。横断歩道以外の場所または横断歩道から半径50m以内の場所での道路の横断、公共交通機関内・駅内での飲食などは、観光客であっても罰金が科せられるので要注意(→P59)。

治　安

比較的治安はいいが、夜間のひとり歩き、日中でも人通りの少ない路地裏は避けよう。名所や空港など旅行者が多い場所ではスリや置き引きにも注意。高級ホテルでも、不意の訪問者に対してドアを気軽に開けないこと。

トイレ

街なかに公衆トイレはほとんどないが、ショッピングセンターやホテルには清潔なトイレがある。ホーカースでは有料（S¢10〜）の場合も。公衆トイレで水を流さないと、最大S$1000の罰金が科せられるので注意を。

休業の時期

祝日は年間11日のみで、お盆休みなど大型連休などの概念はほぼないが、多民族国家なので、イスラム教やヒンドゥー教の祝日などは休業となることも。正月は元日のほか、旧正月が祝日となり、多くが休業。

営業時間

ショップは10〜20時ごろ、商業施設は〜22時ごろ、レストランは昼は11時30分〜14時ごろ、夜は18〜22時ごろが目安。カフェは朝から休憩なしの営業が多い。土・日曜、祝日もほとんどが営業し、週末や祝前日は閉店時間が遅くなる場合も。

インターネット接続

●街なかで

空港や地下鉄駅、博物館などに無料の公共Wi-Fiが整備されている。Wireless@SGの場合、まずはホットスポットに接続し、自身の携帯電話番号でアカウント登録をする。登録後、SMSでログインの詳細が送信される。登録料は無料、たいていSMS受信も無料だが、通信の海外手数料が適用される場合もある。ホテルやショッピングセンター、飲食店などでも無料で利用できる店が多い。パスワードが設定されている場合は、スタッフに教えてもらう。

●ホテルで

ほとんどのホテルでロビーや客室、レストランなどに高速Wi-Fiを整備。宿泊客は滞在中は館内無料で使えることが多いが、時間単位の課金制の場合も。パスワードが設定されている場合は、スタッフに教えてもらう。

お役立ちアプリ

Google 翻訳
英語・中国語を素早く日本語に翻訳

Google マップ
行きたい物件を保存できて便利

トリップライン
効率よく旅のプランを作成できる

NAVITIME Transit
乗り換え検索アプリの世界版。日本語可

Grab Taxi
言葉の心配なく配車依頼ができる

VisitSingapore
シンガポール政府観光局公式のアプリ

郵便・宅配便の出し方

街なかのあちこちに郵便局がある。日本への航空便は、ハガキがS$0.80、封書が20gまでがS$1.50、以後10g増えるごとにS$0.35加算、最大2kgまで。切手は郵便局のほか、ホテルのフロントやコンビニなどで購入できる。宛先は、表に「JAPAN」と「AIR MAIL」を記入すれば、住所や宛名などは日本語でOK。通常4〜9日で日本に到着する。

シンガポール郵便局　Singapore Post
URL www.singpost.com/

ケガ・病気

ツアー旅行の場合は、すぐに添乗員に連絡を。個人旅行者は、海外旅行保険に入っていれば緊急時の問合先へ連絡する。症状が重い場合は、ホテルのフロントに連絡して医師か救急車の手配を。帰国後、保険会社に医療費を請求する際に必要なので、診断書と領収書は必ずもらうこと。

トラブルに遭遇したら

犯罪や事故に遭ったら、速やかに警察に連絡する。ツアー旅行の場合は添乗員に連絡を。交通事故の場合は、まずけが人の有無を確認し、必要なら救急車を呼び(右下)、応急処置をし、警察へも連絡する。

CHECK

海外旅行保険は必須

万が一のけがや病気に備えて、海外旅行保険には必ず入っておきたい。多数の保険会社がインターネットで受付を行っているので、ホームページを確認しよう。また、日本各地の空港にあるカウンターや自動販売機でも加入できる。

- ジェイアイ傷害火災保険 URL tabiho.jp
- 東京海上日動 URL tabikore.jp
- 三井住友海上 URL ms-travel-ins.com
- AIG損保 URL travel.aig.co.jp

電話のかけ方

ホテルの客室から国内へかける場合は、外線番号を押した後、相手先の番号をダイヤル。シンガポールは市外局番がないので、番号をそのままダイヤルすればOK。

シンガポールから日本への国際電話

直通ダイヤルの場合

001	▶ 81	▶ 市外局番	▶ 相手の電話番号
シンガポールの国際識別番号	日本の国番号	最初の0をとる	

東京03-1234-5678にかける場合001-81-3-1234-5678となる

日本からシンガポールへの国際電話

登録会社の識別番号※1	▶ 010	▶ 65	▶ 相手の電話番号
マイライン・マイラインプラス登録者は不要	日本の国際識別番号	シンガポールの国番号	

※固定電話でマイライン(2024年1月終了予定)に登録していない場合は、電話会社の識別番号(NTTコミュニケーションズ…0033、ソフトバンク…0061など)を最初につける。電話会社の識別番号は2024年2月以降は不要。携帯電話の場合は「010」または「+」のあとに「65」、相手の電話番号をダイヤルして発信。

シンガポール1234-5678にかける場合010-65-1234-5678となる

アプリを利用して無料電話!

LINE:自分と相手がどちらもインストールしてあれば、国内同様に無料通話が可能。日本にいるときと変わらないトークや写真のやり取りもできる。

Messenger:お互いにインストールしてあれば利用可能。メッセージはもちろん、通話も無料。さらにテレビ電話もでき、会話を楽しめる。

盗難・紛失

多額の現金や貴重品は持ち歩かず、ホテル客室のセーフティボックスなどを活用したい。万が一、盗難にあったり紛失したら、冷静に下記の手続きを。

クレジットカード

不正使用を防ぐため、すぐカード会社に連絡して無効手続きを行う。カード番号や有効期限を聞かれるので、事前に控えておくとよい。シンガポールに支店をもつカード会社では、海外専用緊急再発行カードの即日発行が可能。

問合先

- Visa ……………☎800-4481-293
- Mastercard …☎800-1100-113
- JCB ……………☎001-800-00090009

現金・貴重品

警察に届け、盗難・紛失届証明書を発行してもらう。ホテル内で盗難にあった場合は、フロントを通じて警察に連絡する。貴重品については、帰国後に保険会社に連絡し、保険の申請を行う。現金は基本的に保険対象外。

パスポート

パスポートの盗難・紛失の際は、在シンガポール日本国大使館にある一般旅券発給申請書、紛失一般旅券等届出書などの書類、顔写真、戸籍謄本などが必要になる。新規発給には5開館日ほどかかる。緊急を要する場合は「帰国のための渡航書」を取得することも可能。

パスポート新規発給の流れ

最寄りの警察、シンガポール警察ホームページにてポリスレポート(警察への届出証明書)を取得

▼

在シンガポール日本国大使館にてパスポートの失効手続きをする

▼

在シンガポール日本国大使館にて新規発給、または「帰国のための渡航書」申請

緊急時には!

現地で困ったら

在シンガポール日本国大使館
MAP:P6C2 ☎6235-8855

警察
☎999

消防・救急
☎995

日本語が通じる病院

日本メディカルケア
☎6474-7707

ラッフルズ・ジャパニーズ・クリニック
☎6311-1190(ブギス本院)
☎6738-6550(オーチャード分院)

ジャパン・グリーン・クリニック
☎6734-8871

見たい、食べたい、行きたい場所がすぐわかる♪

せかたび的 シンガポール まとめ。

「せかたびシンガポール」に掲載の物件をジャンルごとに一覧できる便利なインデックス。
レストランにショップ、観光スポットまで行きたいところをまとめてチェック！

マリーナ……エリア名
博物館……カテゴリー名
MAP P00A0……MAP掲載ページ
P000……本誌掲載ページ
★★★……シンガポールの魅力あふれる、絶対に行きたい場所
★★……滞在中、時間に余裕があれば行ってみたい場所
★……「知りたい」「やってみたい」と興味があれば楽しめる場所
定番！……シンガポールを代表する超有名店。一度は足を運んでみよう
オススメ！……編集部のオススメ店。ぜひチェックしてみて

エリア名 店・スポット名 / 星評価 / ジャンル名 / ひと言コメント / MAP掲載ページ

観たい！

あ

エリア名	店・スポット名	星評価	ジャンル名	ひと言コメント	MAP	掲載ページ
マリーナ	アートサイエンス ミュージアム	★★★	博物館	ハスの花を模した外観が印象的。最大の見ものは、日本のデジタルアート集団「teamLab」の体験型常設展。⏲10〜19時(最終入館18時) ㊡なし	MAP P11E2	P50
クラーク・キー	愛の南京錠	★	名所	セントラルの運河側テラスにあるハート形のモニュメント。好きな人を思いながら南京錠を架けると願いが叶うという、恋する若者に評判のパワースポット。	MAP P10B2	P183
シティ	アジア文明博物館	★	博物館	アジアの文明遺産を紹介する博物館で、工芸品、祭祀用品、日用品など1600点以上を展示。建物は1867年の歴史的建造物。⏲10〜19時(金曜は〜21時) ㊡なし	MAP P10C2	P177
リトル・インディア	インディアン・ヘリテージ・センター	★★	博物館	インド系移民たちの歴史をたどる博物館。インド文化・芸術生活様式を紹介。全面ガラス貼りの建物はモダンで、夜のライトアップもきれい。⏲10〜18時 ㊡月曜	MAP P8C2	P167
マリーナ	インフィニティ・プール	★★★	プール	Ⓗマリーナベイ・サンズの最上階にある宿泊者専用のプール。世界最長級の全長約150m、地上200mの高さから望む絶景は息をのむほど。⏲6〜23時 ㊡なし	MAP P11E3	P54
シティ	エスプラネード・シアター・オン・ザ・ベイ	★★	複合施設	マリーナ湾北岸でひときわ目立つドリアン形の建物。劇場やショッピングモール、ギャラリーなどが集まる。夜はライトアップも。⏲㊡店舗により異なる	MAP P11D2	P179
オーチャード	エメラルド・ヒル	★	通り	プラナカン様式のショップハウス(伝統建築)を利用したバーなどが並ぶレトロな路地。夜はライトアップもされ、写真スポットとしても人気。	MAP P7F3	P163
マリーナ	OCBCスカイウェイ	★★★	空中遊歩道	「スーパーツリー・グローヴ」の間に架かる、全長128m、高さ22mの空中遊歩道。⏲9〜21時(最終入場20時30分) ㊡月1回不定(その他イベントや天候により休業あり)	MAP P11F3	P63
オーチャード	オーチャード・ロード	★★★	通り	長さ約3kmの1本道で、シンガポール随一の目抜き通り。緑の街路樹が立つ広い歩道の両側には大型ショッピングセンターが並び、のんびり散策するのにぴったり。	MAP P7F3	P163
シティ	オールド・ヒル・ポリス・ステーション	★	名所	石造りの建物にレインボー・カラーの窓枠が目を引く建物は、かつての警察本部。現在はシンガポール情報通信省が使用している。⏲外からのみ見学自由	MAP P10C1	P175

シンガポールきっての賑やかな目抜き通り

ORCHARD RD

エリア名	店・スポット名	星評価	ジャンル名	ひと言コメント	MAP	掲載ページ
か						
マリーナ	ガーデンズ・バイ・ザ・ベイ	★★★	植物園	最新技術を駆使した未来型植物園。101haもの広大な敷地で、各国の植物観察を。⏲5時～翌2時(一部の有料施設を除く) ㊡なし(施設により一部異なる)	MAP P11F3	P62
マリーナ	ガーデン・ラプソディー	★★★	無料ショー	空に向かって立つ「スーパーツリー・グローヴ」(→P63)がライトアップされ、音楽に合わせてさまざまな色に変化。⏲19時45分～、20時45分～(所要約10分) ㊡なし	MAP P11F3	P65
空港周辺	キャノピー・パーク	★	テーマパーク	屋内のエンタメ・パーク。アトラクションや散歩道などが点在。⏲10～22時(金・土曜、祝日、祝前日は～23時 ※一部異なる) ㊡なし	MAP P3F2	P68
カトン	クーン・セン・ロード	★★★	名所	プラナカンの伝統住宅であるショップハウスの美しい街並みが"映える"通り。パステルカラーで彩られた壁面や窓のレリーフ装飾などに注目。	MAP P13C3	P79
クラーク・キー	クラーク・キー	★★★	街	シンガポール川の岸辺にある船着き場のひとつで、遊歩道と噴水広場を中心にレストランやバーが連なる人気エリア。植物をイメージしたというアーケードも素敵。	MAP P10B2	P183
マリーナ	クラウド・フォレスト	★★★	植物園	世界の海抜1000～3500mの高地から約1900種の植物が集結するドーム。落差35mの人工滝も。⏲9～21時(チケット最終販売・最終入場20時) ㊡月1回不定(要確認)	MAP P11F3	P64
ブギス	観音堂(クワン・イン・トン・フット・チョー・テンプル)	★★	仏教寺院	国家遺産に認定されている由緒ある仏教寺院。地元で篤く信仰される観音様に祈願する人が絶えない。おみくじが当たると評判。⏲7時～18時30分 ㊡なし	MAP P9D3	P86
チャイナタウン	ケオン・サイク・ロード	★	名所	道の両側に色とりどりのショップハウスが建ち並び、グルメやショッピングが楽しめる。シンガポール気分が上がる、新名所として注目されているエリア。	MAP P10B3	P187
さ						
アラブ・ストリート	サルタン・モスク	★★	モスク	1826年創建のモスクで、1928年に現在の姿に。壮麗な礼拝堂など内部も見学可。⏲10～12時、14～16時(金曜は見学不可) ㊡金曜(信者のみ)	MAP P12B1	P171
マリーナ	サンズ・スカイパーク展望デッキ	★★★	展望デッキ	地上200mから街を一望できる絶景スポット。船のようなスペースから大パノラマが広がる。⏲11～21時(最終入場20時30分)※17時以降は時間帯予約制 ㊡なし	MAP P11E3	P48
マリーナ	サンパン・ライド	★	アトラクション	館内に流れる運河を、かつて東南アジアで交通手段に使われていた小舟(サンパン)に乗って進む。⏲11～21時(チケット最終販売20時30分) ㊡なし	MAP P11E3	P51
チャイナタウン	シアン・ホッケン寺院	★★★	道教寺院	航海の神として知られる天后聖母が祭られている道教寺院。無病息災や商売繁盛などを祈願しに来る人が絶えない。⏲7時30分～17時30分 ㊡なし	MAP P10B3	P187
空港周辺	資生堂フォレスト・バレー	★	屋内庭園	4階分の吹き抜け空間にあるシンガポール最大級の庭園。約2万2,000㎡の緑の敷地に、五感に訴えるアートインスタレーションを配する。⏲24時間 ㊡なし	MAP P3F2	P68
空港周辺	ジュエル・チャンギ・エアポート	★★★	複合施設	チャンギ国際空港に隣接する巨大施設。ショップ、レストラン＆カフェのほか、エンタメ施設も。⏲10～22時(店舗により一部異なる) ㊡なし	MAP P3F2	P68
マリーナ	ジュビリー橋		橋	マーライオン・パークとエスプラネード・シアター・オン・ザ・ベイを結ぶ全長220mの歩行者専用ブリッジ。マリーナ湾周辺の名所を一望できる。⏲入場自由	MAP P11D2	P180
カトン	ジョー・チャット・ロード	★	名所	カトンの町を南北に貫く目抜き通りで、1階が商店で2階が住居になっている、典型的なショップハウスのカフェやレストランなどが並んでいる。	MAP P13B2	P78
シティ	シンガポール国立博物館	★	博物館	1877年開館の国内最古の博物館。歴史的な工芸品のほか、シンガポールの歴史や発展に関する展示が見もの。⏲10～19時(歴史ギャラリー) ㊡なし	MAP P8C4	P177

内のシンボル、ーパーツリー・ローヴ

港到着時や出時に使える施が充実

観たい！

エリア名	店・スポット名	星評価	ジャンル名	ひと言コメント	MAP	掲載ページ
オーチャード西	シンガポール植物園	★★★	植物園	1859年に開園した市民の憩いの場で、2015年に国内初の世界遺産に登録。国立ラン園などは必訪。🕐5～24時(施設により一部異なる) ㊡なし(施設により一部有料)	MAP P6B1	P82
北部郊外	シンガポール動物園	★★★	動物園	檻や柵を廃し、自然に近い状況で動物を観察できる、世界的に有名な動物園。朝食プログラムなども人気。🕐8時30分～18時(最終入場17時) ㊡なし	MAP P2C2	P76
マリーナ	シンガポール・フライヤー	★★★	観覧車	世界最大規模を誇る大観覧車で、マリーナの名所。全面ガラス張りのゴンドラからは、街の絶景を望める。🕐14～22時(最終入場21時30分) ㊡なし	MAP P11F2	P84
マリーナ	スーパーツリー・グローヴ	★★★	名所	巨木を摸した高さ25～50mの「スーパーツリー」が12本並ぶエリア。夜の無料ショーやツリーを結ぶ空中遊歩道も目玉。🕐5時～翌2時 ㊡なし	MAP P11F3	P63
マリーナ	スペクトラ	★★★	無料ショー	「マリーナベイ・サンズ」で毎晩開催される無料ショー。音、水、光の壮大なシンフォニー。🕐20時～、21時～(金・土曜は20時～、21時～、22時～。所要約15分) ㊡なし	MAP P11E3	P52
リトル・インディア	スリ・ヴィラマカリアマン寺院	★★★	ヒンドゥー教寺院	リトル・インディアを代表する寺院。主祭神は殺戮と破壊の女神カーリーで、悪鬼を滅ぼす強さが信仰の対象に。🕐5時30分～12時15分、16時～21時15分 ㊡なし	MAP P8C2	P168
リトル・インディア	スリ・スリニヴァサ・ペルマル寺院	★★★	ヒンドゥー教寺院	国の重要記念建造物に指定されているヒンドゥー教寺院。ゴープラム(塔門)に施された彫像や堂内を飾る壁画が見事。🕐5時30分～12時、17時30分～21時 ㊡土曜	MAP P9D1	P168
カトン	スリ・センバガ・ヴィナヤガー寺院	★	ヒンドゥー教寺院	踊る神々の色鮮やかなレリーフが壁面を飾るヒンドゥー教の寺院。黄色いゴープラム(塔門)も個性的。🕐6時30分～12時、18時30分～21時 ㊡なし	MAP P13C4	P79
チャイナタウン	スリ・マリアマン寺院	★	ヒンドゥー教寺院	病気を治す女神マリアマンを祭るシンガポール最古のヒンドゥー教寺院。神々で飾られたゴープラムや堂内を彩る極彩色の彫像類に注目。🕐6～12時、18～21時 ㊡なし	MAP P10B3	P187
シティ	セント・アンドリュース大聖堂	★	教会	1836年、「シンガポール建国の父」といわれるラッフルズ卿の指示で建てられた英国国教会。夜はライトアップされ、幻想的な雰囲気。🕐7時30分～18時 ㊡なし	MAP P10C1	P176
シティ	セントラル・ファイヤー・ステーション	★	名所	紅白のレンガが特徴的な現役の消防署。20世紀初頭の英国エドワード朝時代に流行した「ブラッド＆バンデージ(血と包帯)」とよばれる様式。🕐外からのみ見学自由	MAP P10C1	P175
シティ	ダック・ツアー	★	水陸両用車ツアー	水陸両用車でマリーナ～シティ地区を巡る。水上ではマリーナ湾内の名所を、陸上ではコロニアル建築を見学。🕐10～18時(1時間おきに運行) ※所要約1時間 ㊡なし	MAP P11D1	P175
リトル・インディア	タン・テン・ニア邸	★★	建物	リトル・インディアで、特に写真映えする場所として人気。菓子製造業で財を成した中国系実業家が建てた屋敷で、色とりどりの窓枠や屋根のひさしがキュート！	MAP P8C2	P167
チャイナタウン	チャイナタウン・ヘリテージ・センター	★★	博物館	シンガポールに19世紀初めに移り住んだ華僑の歴史を振り返る博物館。ろう人形で再現された当時の暮らしぶりや家具調度類などを展示。🕐9時30分～18時30分 ㊡なし	MAP P10B3	P187
シティ	チャイムス	★★	名所	19世紀建設の美しい元女子修道院。現在は約30店の各国飲食店が集まる人気スポットに。🕐敷地内24時間(店舗は各々異なる) ㊡ホールはイベント時や夜間は不定休	MAP P10C1	P176
ティオン・バル	ティオン・バル・パーク	★	公園	Ⓜティオン・バル駅近くに位置し、地元の人たちに愛される公園。人気のベーカリーでゲットしたパンなどを、緑の中で味わうのも楽しい。🕐24時間 ㊡なし	MAP P12A3	P191
ティオン・バル	ティオン・バル・マーケット	★★	マーケット	1951年開業の地元民御用達スポット。1階は生鮮市場、2階は80軒以上が集まるホーカースで、地元の名物料理が揃う。🕐9～20時ごろ(店舗により異なる)	MAP P12B4	P191

緑に囲まれてそびえ立つ白亜の尖塔が目印

(た)

建物が立つ美しい中庭を散策するのもおすすめ

シンガポール庶民の日常を見られるスポット

エリア名 店・スポット名 ／ 星評価 ／ ジャンル名 ／ ひと言コメント ／ MAP掲載ページ

エリア名・店・スポット名	星評価	ジャンル名・ひと言コメント	MAP掲載ページ
マリーナ デジタルライト・キャンバス	★★	アート 日本の国際的デジタルアート集団「team Lab」による新しいアートワーク。足元などに配された仕掛けに驚く。⏲11～21時(チケット最終販売20時) ㊡なし	MAP P11E3 P51
シティ 富の噴水	★★	パワースポット ビル街の中庭に設置された巨大な噴水で、富が集まるパワースポットとして人気。⏲噴水に触れられる時間：10～12時、14～16時、18～19時 ㊡なし	MAP P11E1 P86
北部郊外 ナイトサファリ	★★★	動物園 世界でも珍しい夜だけ開園する動物園。夜行性動物たちの活発な姿を見られる。⏲19時15分～24時(店舗は18時30分～。最終チケット販売は23時15分) ㊡なし	MAP P2C2 P71
シティ ナショナル・ギャラリー・シンガポール	★★	美術館 旧最高裁判所と市庁舎を改装した、世界最大規模の国立美術館。シンガポールの美術作品と、東南アジアの近・現代作品を所蔵。⏲10～19時(最終入館30分前) ㊡なし	MAP P10C1 P177
チャイナタウン パゴダ・ストリート	★★	名所 歩行者天国で、チャイナタウンのメインストリート。赤い提灯が吊るされ、中国語看板が並ぶ。中華系の安カワグッズや雑貨から、中国茶や工芸品まで何でも揃う。	MAP P10B3 P187
アラブ・ストリート ハジ・レーン	★★★	名所 ウォールアートで飾られた、歩行者天国の名物通りで、ショップハウスが軒を連ねるショッピング街。街歩きが楽しい。⏲24時間(店舗により異なる) ㊡なし(店舗により異なる)	MAP P12B2 P80
ビシャン ビシャン公立図書館	★	図書館 超モダンな芸術的な建物。青や黄の色ガラスで表現されたファサードの突起は、まるで本棚から本を引き出したよう。ツーリストも入館可。⏲10～21時 ㊡祝日	MAP P3D2 P85
クラーク・キー フォート・カニング・パーク	★	公園 クラーク・キーの北側に迫る小高い丘。ラッフルズ卿がここに住居を構えて以来「ガバメント・ヒルズ」となり、現在は自然公園。散策路からは街を一望にできる。	MAP P10B1 P183
アラブ・ストリート ブッソーラ・ストリート	★	通り サルタン・モスクの参道のような存在で、イスラム教徒で賑わう。アラブ系雑貨店やパフューム・ショップ、ハラル・レストランなどが並ぶ。歩行者天国で歩きやすい。	MAP P12B2 P171
チャイナタウン 新加坡佛牙寺龍華院(ブッダ・トゥース・レリック・テンプル・アンド・ミュージアム)	★★★	仏教寺院 仏牙(ブッダの歯)を保存する寺院。堂内には黄金の仏像群が鎮座し、2・3階は博物館。歯が納められた仏塔などを展示。⏲7～17時(博物館は9時～) ㊡なし	MAP P10B3 P187
マリーナ フラトン・ヘリテージ	★★	名所 Ⓗザ・フラトン・ホテル・シンガポール、カスタム・ハウスなど7つの歴史的建物が並ぶ再開発スポット。マリーナ湾一望の飲食店も入る。⏲施設により異なる	MAP P11D3 P180
シティ プラナカン博物館	★★	博物館 プラナカンの歴史と文化を伝える博物館で、2023年2月リニューアルオープン。壮麗な建物は1912年建造の旧学校。⏲10～19時(金曜は～21時) ㊡なし	MAP P10C1 P177
マリーナ フラワー・ドーム	★★★	植物園 高さ35mのドームが目印。9ゾーンに約780種・約2万9000株以上の植物や花を展示。⏲9～21時(チケット最終販売・最終入場20時30分) ㊡月1回不定(要確認)	MAP P11F2 P64
マリーナ フローラル・ファンタジー	★★	庭園 アートやテクノロジーと一体化した展示がユニークな花の庭園。⏲10～19時(土・日曜、祝日は～20時。チケット最終販売・最終入場各30分前) ㊡月1回不定休	MAP P11E3 P62
マリーナ プロモントリー・アット・マリーナ・ベイ	★	公園 マリーナ湾の南側に広がる芝生の公園。東側にマリーナベイ・サンズ、西側にフラトン・ヘリテージなどを一度に望むことができる。⏲入場自由	MAP P11D3 P181
マリーナ ヘリックス・ブリッジ	★★★	橋 マリーナ湾東側にあり、歩行者専用。ステンレス鋼材を二重螺旋で覆ったユニークなデザインはDNAの幾何学構造がモチーフ。夜はライトアップが幻想的。⏲入場自由	MAP P11E2 P181
ヘンダーソン ヘンダーソン・ウェーブ	★	遊歩道 緑豊かな丘陵地に架かるモダンな高架式遊歩道。うねる波のようなデザインが印象的で、見晴らしも抜群。まるで天空の散歩道を歩いているよう。	MAP P4B3 P84

な ーパクも夜なると活発にき出す

は

りに描かれたォールアート必見！

ラナカン文化わかる陶磁器ども展示

エリア名	店・スポット名	星評価	ジャンル名	ひと言コメント	MAP	掲載ページ
クラーク・キー	ボート・キー	★★	名所	コールマン橋を境に、クラーク・キーの東側にあるエリアで、川岸にレストラン&バーがテラスを開く賑やかな場所。対岸にシティの歴史建造物も見える。	MAP P10C1	P183
ホーランド・ヴィレッジ	ホーランド・ヴィレッジ・パーク	★	公園	熱帯の木々に囲まれた敷地にベンチが点在する、地元住民の癒やしスポット。緑に面した2階建てのショップハウスを利用したカフェなども。㋣24時間 ㊡なし	MAP P4A1	P194
マリーナ	マーライオン	★★★	名所	シンガポールの永遠のシンボル。頭部がライオン、下部の魚の尾が海を表す、高さ8.63mの像。像の周辺から望むマリーナ湾全景の絶景も必見。㋣24時間開放 ㊡なし	MAP P11D2	P60
マリーナ	マーライオン・パーク	★★★	公園	マーライオン(→P60)が立つ公園。マーライオンを間近で見られるほか、対岸にそびえるマリーナベイ・サンズなどのマリーナ湾の絶景も広がる。㋣入場自由	MAP P11D2	P180
マリーナ	マリーナ・プロムナード	★★★	遊歩道	マリーナ湾の北側に伸びる散策路。緑に囲まれた散策路からはマリーナベイ・サンズの迫力ある全景を一望でき、撮影スポットとしても知られる。㋣入場自由	MAP P11D2	P181
マリーナ	マリーナベイ・サンズ	★★★	複合施設	マリーナ湾に臨む大型複合施設で、2010年の開業以来、街の象徴に。展望デッキ、天空のプールなどは必訪。㋣施設により異なる ㊡施設により異なる	MAP P11E2	P46
アラブ・ストリート	マレー・ヘリテージ・センター	★	博物館	マレー系民族の歴史・文化を紹介する博物館。建物は旧サルタン(領主)の邸宅で、当時の写真や遺物を展示。㋣8〜20時(金・土曜は〜22時) ㊡月曜	MAP P12B1	P171
デンプシー・ヒル	ミュージアム・オブ・アイスクリーム	★★	テーマパーク	「アイスクリーム」をテーマにしたアメリカの人気スポットが、2021年8月に海外初進出。楽しい展示とアイスの試食が人気。㋣10〜20時(月・水曜は〜18時) ㊡火曜	MAP P6A3	P113
北部郊外	リバーワンダー	★★★	動物園	世界の大河に棲む魚を中心に、淡水生物や陸生動物、約260種が暮らす、川をテーマとした珍しい動物園。㋣10〜19時(最終入場18時30分 ㊡なし	MAP P2C2	P74
ウオーター・フロント	リフレクション・アット・ケッペル・ベイ	★	高層建築	ウォーター・フロントに出現した高層建築群で、シルバーに輝くメタリックな外壁がカーブしながら空を突き刺す独特のフォルムが美しい。	MAP P14B1	P85
マリーナ	レイン・オクルス	★★★	水のアート	国際的な芸術家、ネッド・カーン氏作。毎分2万2000ℓを超える水が流れ落ちる。㋣10時、13時、15時、17時、20時15分、21時30分、23時(各15分間) ㊡なし	MAP P11E3	P51
空港周辺	レイン・ボルテックス	★★	人工滝	屋内の人工滝としては世界最大級。高さ40mから流れ落ちる様子は圧巻。夜は音と光のショーも。㋣11〜22時(金〜日曜、祝前日は10時〜) ㊡なし	MAP P3F2	P68
クラーク・キー	ロバートソン・キー	★	名所	リード橋を境として、クラーク・キーの西側の運河沿いに遊歩道がのびるエリア。有名レストランなどがあり、比較的静かで喧騒を離れてのんびりできる穴場。	MAP P10A1	P183
マリーナ	ラッフルズ卿上陸地点(記念像)	★★	記念像	1819年、英・東インド会社の官吏だったスタンフォード・ラッフルズ卿が上陸したとされる場所。白亜の像は1972年に設置された街の象徴。㋣見学自由	MAP P10C2	P179
郊外	アーメン・レストラン		シンガポール料理	動物と一緒に朝食を楽しめる「ブレックファスト・イン・ザ・ワイルド」が人気。その他、ナシレマやチキンライスなど、ローカルの味が揃う。㋣9〜18時 ㊡なし	MAP P2C2	P76
ハジ・レーン	アイ・アム…		カフェ	色鮮やかなレインボー・ケーキが人気になっているスタイリッシュなカフェ。㋣11〜22時(金・土曜は〜23時30分、日曜は〜21時) ㊡なし	MAP P12B2	P81
オーチャード	アイランド・クリーマリー		アイスクリーム	地元の人に愛されるアイスクリーム専門店。コピ(コーヒー)、トロピカルフルーツなど。、この地ならではの珍しいフレーバーが充実。㋣11〜21時 ㊡月曜	MAP P7E3	P115

観たい!　ま　ら

おいしいもの　あ

リラックスしたジャイアント・パンダの姿も!

エリア名	店・スポット名	星評価	ジャンル名	ひと言コメント	MAP	掲載ページ
チャイナタウン	アウトラム・パーク・フライド・クエイティオ		麺料理	秘伝のダークソース(黒醤油ベースのタレ)で炒めたクエイティオの専門屋台。テイクアウトする人も多い。㋪6~15時(売り切れ次第終了) ㊡日曜、祝日	MAP P10B2	P123
オーチャード西	アッフォガート・バー		カフェ	ジェラートにエスプレッソをかけたイタリアのデザート「アッフォガート」の専門店。エスプレッソは4種の豆を使い分け。㋪8~22時(水・木曜は~18時) ㊡なし	MAP P4B1	P113
タンジョン・パガー	アモイ・ストリート・フードセンター		ホーカース	庶民派ホーカース。世界のグルメ賞賛の人気屋台(→P123)が多く、地元の人たちでいつも混雑している。㋪店舗により異なる ㊡店舗により異なる	MAP P10B3	P121
マリーナ	アルテミス・グリル・アンド・スカイバー	定番	レストラン&バー	シェフこだわりの料理とプレミアムワインを提供。地上40階から広がる夜景は見ごたえあり。㋪11時30分~14時30分、17時30分~22時 ㊡土・日曜	MAP P10C3	P154
シティ	アングロ・インディアン		カレー	4年連続で世界的グルメガイド本に掲載されるレストラン。カジュアルな店内で、本格インド料理が味わえる。㋪12~23時(土・日曜は~23時30分) ㊡なし	MAP P10C1	P96
リトル・インディア	アンティー・ソシアル	オススメ!	カフェ	ティーマスターが厳選したオリジナルブレンドのお茶を楽しめる。ライチなどの風味の烏龍茶や茶葉を使ったケーキを。㋪11時30分~19時(土曜は~22時) ㊡月曜	MAP P9E2	P111
オーチャード	イースト・コースト・ラグーン		麺料理	フード・オペラにあるラクサとプラウン・ミーの専門店。甘辛い秘伝のスープと大きさが選べる新鮮なエビが特徴。㋪10時~21時30分 ㊡なし	MAP P7E3	P94
シティ	藝(イー)・バイ・ジェレーム・レオン		モダン中国料理	モダン中国料理の雄、ジェレーム・レオン氏が凱旋オープン。各国の要素を融合した五感に響く料理を提供。㋪11時30分~14時15分、18時~21時30分 ㊡なし	MAP P11D1	P67
ノヴィナ	ウィラーズ・ヤード		カフェ	自転車ショップとカフェを併せ持った、ビンテージ感漂う店内。自転車のディスプレイを眺めながら過ごそう。㋪8時30分~17時(祝日は日により異なる) ㊡月曜	MAP P5D1	P110
北部郊外	ウルウル・サファリ		シンガポール料理	サテーやチキンライスなどのローカルフード・メニューが豊富。屋外席ではアルコール類を飲みながら食事もできる。㋪18時30分~23時 ㊡なし	MAP P4C2	P73
空港周辺	エーシー・カフェ		カフェ	さまざまなキャラクターのフィギュアを販売する「Action City」がプロデュースし、店内はカラフル&ポップ。2023年7月に改装オープン予定。㋪10~22時 ㊡なし	MAP P3F2	P69
チャイナタウン	オールドハウス		麺料理	創業30年以上という庶民的な中国料理店。特に、20cm超えの巨大なエビがのる「ダイナソー・プラウン・ミー」が名物。㋪17時~翌3時 ㊡なし	MAP P10B3	P95
クラーク・キー	オクタパス		スペイン料理	川沿いにテラスを開く北部スペイン料理の店。タパスが各種揃う。㋪16時~翌2時(金曜は~翌3時、土曜は12時~翌3時、日曜は12時~翌2時) ㊡なし	MAP P10B2	P185
オーチャード西	ガレージ		カフェ&ビストロ	アールデコ調の建物の1階にカフェ「ビーズ・ニーズ」、2階に東西のテイストを融合したビストロ「ボタニコ」の2店舗が入る。㋪店舗により異なる ㊡店舗により異なる	MAP P4B1	P83
アン・モ・キオ	キャノピー・ガーデン・ダイニング		ガーデン・カフェ	緑あふれるビシャン・アン・モ・キオ・パーク内に位置。テラス席や16時まで注文できるブランチメニューが人気。㋪9~24時(土・日曜、祝日は8時~) ㊡なし	MAP P3D2	P109
デンプシー・ヒル	キャンドルナット		プラナカン料理	イベリコ豚など、こだわりの素材で伝統の味を生み出す。プラナカン式の装飾もキュート! ㋪12~15時(14時30分LO)、18~22時(21時30分LO) ㊡なし	MAP P6A2	P193
オーチャード	キリニー・コピティアム		伝統カフェ	1919創業の老舗コピティアム。炭火で焼いたパンと手作りのカヤ・ジャムで作るブレッド・トースト(カヤ・トースト)が人気。軽食も充実。㋪6~18時 ㊡なし	MAP P8A4	P124

きなエビが2
ものった豪華
ラクサ

か

どや魚介を煮
んだスープは
味たっぷり

シンガポールならではの
ドリンクも充実

おいしいもの

エリア名 店・スポット名 ／ 星評価 ／ ジャンル名 ／ ひと言コメント ／ MAP 掲載ページ

エリア名	店・スポット名	ジャンル名	ひと言コメント	MAP	掲載ページ
カトン	グアン・ホー・スーン	プラナカン料理	カトンの家庭に伝わるプラナカン料理のレストラン。ビーフ・レンダンなど、伝統の定番メニューが味わえる。⏰11〜15時、17時30分〜21時 ㊡なし	MAP P13B2	P78
シティ	グランド・ロビー	アフタヌーンティー	ホテルの優雅なラウンジ。アフタヌーンティーは英国統治時代から親しまれた伝統スタイル。⏰朝食：平日7時〜10時30分、アフタヌーンティー：月〜日曜12〜18時 ㊡なし	MAP P11D1	P67
シティ	クリスタル・ジェイド・キッチン	香港料理	アジア各国に100店舗以上を展開する「クリスタル・ジェイド(翡翠)」のカジュアル・レストラン。⏰11〜22時(土・日曜、祝日は10時30分〜) ㊡なし	MAP P11D1	P105
マリーナ	コートヤード	アフタヌーンティー	名門ホテルにある、8フロアの吹き抜けが開放的なアトリウム・ラウンジ。アフタヌーンティーは英国の伝統スタイルで繊細な味わい。⏰10時30分〜18時 ㊡なし	MAP P11D2	P107
マリーナ	ゴールデン・ピオニー	モダン・チャイニーズ	香港人シェフによる洗練された最新の広東料理が味わえる。⏰11時30分〜14時30分(日曜は10時30分〜)、18時30分〜22時30分 ㊡なし	MAP P11E1	P105
アラブ・ストリート	ココナッツ・クラブ	ナシレマ	フレッシュなココナッツミルクでお米を炊き、チキンなどの具材も厳選する。⏰11時〜22時30分(木曜は11〜15時、18時〜22時30分) ㊡月曜	MAP P12B2	P100
オーチャード	コピティアム	フードコート	ⓜドービー・ゴート駅直結で、麺が人気のホーカー・チャン(→P122)なども出店。ランチタイムは混む。⏰8〜22時(金・土曜、祝前日は〜23時) ㊡なし	MAP P8B4	P117
マリーナ	コロニー	アフタヌーンティー	高級ホテルの優雅なラウンジ。⏰6時30分〜10時30分、12時〜14時30分(日曜は〜15時30分)、15時30分〜17時30分(日曜は休み)、18時30分〜22時30分 ㊡なし	MAP P11E1	P107
(さ) マリーナ	サテー・バイ・ザ・ベイ	ホーカース	開放的な雰囲気のなか、サテーなどシンガポールのローカル料理のほか、アルコールも楽しめる。⏰9〜23時(料理は11〜22時。店舗により一部異なる) ㊡なし	MAP P11F3	P63
アラブ・ストリート	ザムザム	アラブ料理	サルタン・モスク(→P171)の裏手にあるアラブ料理の老舗で、店頭で手作りされているムルタバが名物。⏰7〜23時 (ラマダン期間は9時〜) ㊡なし	MAP P12B1	P101
リトル・インディア	サン・ラクサ・スチームボート	スチームボート	ココナッツミルクベースのラクサ味のスープで食べる、新感覚のスチームボートで有名。スープは3種。⏰11時〜14時20分、16時30分〜23時 ㊡なし	MAP P9D2	P100
マリーナ	ジア・シャン・ミー	麺料理	マレー風ドライタイプの麺料理(和え麺)が味わえるチェーン店。具だくさんでピリ辛なタレとちぢれ麺が人気を呼ぶ。⏰10時30分〜21時30分 ㊡なし	MAP P11D1	P95
タンジョン・パガー	J2 フェイマス・クリスピー・カレーパフ	カレーパフ	インドのストリート・フードとして人気。カレー味の具をパイ生地で包んで揚げてある。お菓子感覚で、おやつにピッタリ。⏰8〜15時 ㊡土・日曜、祝日	MAP P10B3	P123
シティ	ジャーン・バイ・カーク・ウエスタウェイ	モダン・ブリティッシュ料理	世界的グルメガイドが絶賛。カーク・ウエスタウェイ氏によるモダン・ブリティッシュ。⏰11時45分〜14時30分、18時30分〜22時30分 ㊡日・月曜	MAP P11D1	P155
チャイナタウン オススメ!	ジャングッド・ラクサ	麺料理	1950年創業のオリジナル・カトン・ラクサが新展開するカジュアル・レストラン・チェーン。伝統のレシピや味はそのまま。⏰9時30分〜20時30分 ㊡なし	MAP P10B3	P94
クラーク・キー	ジャンボ・シーフード	チリクラブ	チリクラブ賞を獲得した名店チェーン。クラーク・キー店はリバーサイドの夜景を望む絶好のロケーション。⏰11時30分〜14時30分、17〜23時 ㊡なし	MAP P10B2	P184
チャイナタウン	京華小吃(ジンホア・シャオチー)	小籠包	創業約35年。変わらぬ味とレシピを守る上海家庭料理の老舗。肉汁あふれる手作り小籠包が名物。⏰11時30分〜15時、17時30分〜21時30分 ㊡なし	MAP P10B3	P189

カボチャの器に入った海鮮スープは必食

アラブ風のお好み焼き、ムルタバにトライ!

アツアツ、ジューシーな小籠包は注文マスト

エリア名 / 店・スポット名　星評価　ジャンル名　ひと言コメント　MAP掲載ページ

エリア名	星評価	店・スポット名	ジャンル名	ひと言コメント	MAP	掲載ページ
オーチャード	オススメ!	スープ・レストラン	ジンジャー・チキン	中国広東省三水地方の郷土料理のレシピを再現。名物のジンジャー・チキンや薬膳スープが人気。⏲11時30分～22時(21時30分LO) ㊡なし	P7F3	P101
ブオナ・ヴィスタ		スターバックス・コーヒー・ロチェスター・パーク	ガーデン・カフェ	世界でも珍しいイギリス植民地時代のコロニアル様式の邸宅を改築した、一軒家のスタバ。「スターバックスリザーブ」のメニューも。⏲7時30分～22時 ㊡なし	P4A2	P108
マリーナ		スパーゴ・ダイニングルーム・バイ・ウルフギャング・パック	創作カリフォルニア料理	ビバリーヒルズの名店の海外第1号店。各国のテイストを融合した融合した料理を、絶景とともに。⏲12～14時、18時～21時30分(金・土曜は～22時) ㊡なし	P11E3	P49
カトン	定番	328カトン・ラクサ	麺料理	カトンにあるラクサ専門店で、セルフサービス式。ココナッツミルクと辛いサンバルソースに、魚介の旨みたっぷりのスープが◎。⏲9時30分～21時30分 ㊡なし	P13B4	P94
マリーナ		セ・ラ・ヴィ	モダン・アジアン料理	世界各国の素材と料理法をミックス。絶景も自慢。⏲17時30分～23時(土・日曜は12～15時も営業。スカイ・バー、クラブ・ラウンジは異なる) ㊡なし	P11E3	P49
マリーナ		セン・キー・ローカル・デライト	麺料理	ホーカー・フード(屋台料理)として定番のホッケン・ミーやチャー・クイ・ティオなどが味わえる。ランチタイムには行列。⏲18時～翌4時30分 ㊡なし	P10C3	P95
空港周辺		ソンファ・バクテー	バクテー	骨付きのスペアリブをニンニクと各種香草のスープで煮込んだ、シンガポール名物「バクテー」。名店の味を空港近隣で。⏲11時30分～21時30分 ㊡なし	P3F2	P69
クラーク・キー	定番	ソンファ・バクテー	バクテー	シンガポール内に13店舗を展開するバクテーの名店。コショウとニンニクが利いたスープはおかわり自由で、揚げパンとの相性◎。⏲10時30分～21時30分 ㊡なし	P10B2	P99
オーチャード		タルト・バイ・シェリル・コー	ケーキ	フレンチの名店「レザミ」(→P104)で腕を磨いたパティシエールのスイーツ店&カフェ。季節感あふれるタルトは必食!⏲11～22時 ㊡なし	P7E2	P165
オーチャード		タングス・マーケット	フードコート	高級デパートの地下にあって、シンガポールとマレーシアの伝統的な料理を手軽に味わえる。⏲10時30分～21時30分(日曜は11～21時) ㊡なし	P7E3	P119
リトル・インディア		チャイ・セン・ファット・ハードウェア	カフェ	ハードウェアの工場を改装したスタイリッシュな1軒。併設のロースタリーで焙煎した豆を使った本格コーヒーを味わえる。⏲9～22時 ㊡毎月第1月曜	P9E1	P111
オーチャード	定番	チャターボックス	チキンライス	1971年創業のチキンライスの老舗。⏲11時30分～16時30分、17時30分～22時30分(金・土・日曜、祝前日と祝日は～23時) ㊡なし	P7F3	P90
デンプシー・ヒル		チャプスイ・カフェ	モダン中国料理	「PS.カフェ」(→P109)が手がけるモダン・チャイナ。緑を眺めて創作中華や点心などを。⏲11～23時(金・土曜、祝前日は～23時30分) ㊡なし	P6A3	P193
カトン		チリ・パディ	プラナカン料理	国内で数々の賞を受けている実力店。リーズナブルに伝統的ニョニャ料理を味わえる。⏲11時30分～14時30分、17時30分～21時30分 ㊡なし	P13B2	P103
ホーランド・ヴィレッジ		2am:デザートバー	デザートカフェ	人気パティシエール、ジャニス・ウォンさんのデザート専門店。シックな店内でワインと共に味わう独創的なデザートを提案。⏲13時～翌2時 ㊡月曜	P4A1	P194
チャイナタウン		天天海南鶏飯(ティアンティアン・ハイナニーズ・チキンライス)	チキンライス	チキンライス王国のシンガポールにあって、庶民派の屋台(ストール)で人気No.1がココ。⏲10時30分～20時※売切れ次第終了 ㊡月曜	P10B3	P123
チャイナタウン		ティー・チャプター	茶芸館	シンガポール随一の茶芸館で、2階で中国茶と中国菓子を味わえる。1階は茶葉のショップ。⏲茶芸館：11～21時(金・土曜、祝日は～22時30分) ㊡なし	P10B3	P189

ンジャー・チ
ンにハマるフ
ンが続出中

味あふれるス
プでエネルギ
チャージを

しいデザート
食べるのがも
たいないほど

エリア名 店・スポット名 | 星評価 | ジャンル名 | ひと言コメント | MAP 掲載ページ

おいしいもの

エリア名	店・スポット名	星評価	ジャンル名	ひと言コメント	MAP	掲載ページ
オーチャード	TWG ティー アット・アイオン・オーチャード	定番	アフタヌーンティー	シンガポール発の老舗茶葉専門店「TWG ティー」(→P130)に併設のティー・サロン。アフタヌーンティーのほか、食事も楽しめる。⏲10時〜21時30分 ㊡なし	MAP P7E3	P106
ティオン・バル	ティオン・バル・ベーカリー		ベーカリーカフェ	古い公団住宅を利用した人気の1軒。フランス人の職人が作るサクサクのクロワッサンが一番人気。サンドイッチなども豊富。⏲7時30分〜20時 ㊡なし	MAP P12B4	P191
デンプシー・ヒル	ティオン・バル・ベーカリー・サファリ		ベーカリーカフェ	人気ベーカリーカフェのデンプシー・ヒル店。緑に囲まれて名物のクロワッサンなどの朝食を。キッシュS$13など食事メニューも。⏲8〜18時 ㊡なし	MAP P6B2	P193
チャイナタウン	ティップリング・クラブ		創作多国籍料理	ライアン・クリフト氏による、楽しく、遊び心あふれる創作料理。⏲12〜15時(13時30分LO)、18時〜22時(20時LO) ㊡土曜の昼、水・日曜	MAP P10B3	P105
シティ	ティフィン・ルーム		北インド料理	1892年から続く、Ⓗラッフルズ伝統の1軒。インドのランチボックス「ティフィン」に盛る本格的な郷土料理を。⏲12〜14時、18時30分〜21時30分 ㊡なし	MAP P11D1	P67
リトル・インディア	ティラミス・ヒーロー	定番	カフェ	約20種のガラス瓶入りオリジナルティラミスが有名。「カヤ」などの風味も。⏲12〜21時(金曜は〜23時、土曜は10〜23時、日曜は10〜21時) ㊡毎月第3水曜	MAP P9E1	P113
リトル・インディア	ティンカット・ペラマカン	オススメ!	プラナカン料理	プラナカンの女性による家庭的なニョニャ料理を、定食のスタイルで味わえる。ビーフ・レンダンなど名物料理を。⏲11時30分〜20 時(19時25分LO) ㊡なし	MAP P8C1	P102
アラブ・ストリート	テ・タリ・ショップ		ミルクティー	マレーシアの泡立てミルクティー「テ・タリ」の専門店。軒先にテーブルを並べただけの小さな店は、地元人たちの憩いの場。⏲6時30分〜翌1時 ㊡なし	MAP P12B2	P173
リトル・インディア	テッカ・センター・フードコート		ホーカース	Ⓜリトル・インディア駅直結のホーカースで、インド料理がメイン。カレーのほか、インド風クレープのプラタやビリヤニなどが人気。⏲店舗により異なる ㊡店舗により異なる	MAP P8C2	P117
ティオン・バル	トゥアン・ユアン・バクテー	オススメ!	バクテー	映画の舞台にもなった人気のバクテー専門店。脂を取り除いたクリアなスープと、やわらかく煮込まれたスペアリブが絶品。⏲11〜15時、17〜22時 ㊡月曜	MAP P12A4	P98
アラブ・ストリート	トゥエンティー・グラムス		カフェ	特製ケーキと焼きたてワッフルが人気のデザート・ブティック。ワッフルは生地やトッピングを選んでカスタマイズOK。⏲12〜22時(金・土曜は〜翌1時) ㊡なし	MAP P12B1	P113
シティ	トゥルー・ブルー・キュイジーヌ		プラナカン料理	オーナーの母親(ニョニャ)のレシピを基本とした、上品な味わいのプラナカン料理が揃う、ブティック・レストラン。⏲17時30分〜21時30分 ㊡なし	MAP P10C1	P102
オーチャード	トン・ロック・シーフード	定番	チリクラブ	人気のシーフード・レストラン。辛さの中にフルーティーな甘味が広がるチリクラブが名物。⏲11時30分〜15時(日曜は10時〜)、18時〜22時30分 ㊡なし	MAP P8A3	P92

な

エリア名	店・スポット名	星評価	ジャンル名	ひと言コメント	MAP	掲載ページ
シティ	ナショナル・キッチン・バイ・ヴァイオレット・オン	オススメ!	アフタヌーンティー	人気料理研究家ヴァイオレット・オンさんのモダンな地元料理レストラン。伝統スイーツなどが並ぶハイ・ティーが人気。⏲12〜17時、18時〜22時30分 ㊡なし	MAP P10C1	P106
チャイナタウン	ヌードル・ストーリー		麺料理	創作ヌードル屋台で、アイディア満載のオリジナル・ヌードルにファンが殺到。⏲11時30分〜14時、17時30分〜19時(土曜は10時30分〜13時30分) ㊡日曜	MAP P10B3	P123

は

エリア名	店・スポット名	星評価	ジャンル名	ひと言コメント	MAP	掲載ページ
カトン	バード・オブ・パラダイス	オススメ!	アイスクリーム	パンダンリーフなど地元のハーブや植物、スパイスを使った国内初の"ボタニカル・ジェラート"で有名。ワッフルコーンも店内で手焼き。⏲12〜22時 ㊡なし	MAP P13B4	P115
マリーナ	パーム・ビーチ・シーフード	オススメ!	チリクラブ	1956年創業の名店。専用の生簀の生きた大きなマッドクラブを使ったチリクラブが名物。⏲12時〜14時30分、17時30分〜22時30分 ㊡なし	MAP P11D2	P93

定食スタイルでプラナカン料理を味わえる

見た目もかわいい手作りデザートがいっぱい

スペシャル・ヌードルはエビフライのせ!

エリア名	星評価	店・スポット名	ジャンル名	ひと言コメント	MAP	掲載ページ
ティオン・バル		ハヴロック・ロード・クックド・フード・センター	ホーカース	地元の人で賑わう人気のホーカース。ローカルな雰囲気の中、食事やローカルスイーツなどを手ごろに味わえる。⏲6時30分～22時30分ころ(店舗により異なる)	MAP P12A3	P191
リトル・インディア		バナナ・リーフ・アポロ	カリー	インド料理の名店で、地元紙の「ベスト・アジアン・レストラン」に選出。巨大な魚の頭を使ったフィッシュヘッド・カリーが人気。⏲10時30分～22時30分 ㊡なし	MAP P8C2	P96
オーチャード西	オススメ!	ハリア	ガーデン・カフェ	世界遺産のシンガポール植物園(→P82)内にある自然派カフェ。⏲11～16時、17時～20時30分(LO。土・日曜、祝日は10時～20時30分LO) ㊡なし	MAP P6B1	P108
ブギス		ハリー・アンズ・ニョニャ・テーブル	プラナカン料理	ニョニャ風の軽食とスイーツを提供するチェーン店。ショッピングの途中で気軽に食べられる。⏲8時～18時30分(土・日曜は8時30分～19時) ㊡なし	MAP P12A2	P103
デンプシー・ヒル	定番	PS.カフェ アット・ハーディング・ロード	ガーデン・カフェ	都会にいながら、森の中にいるようなリラックス感。西洋とアジアを合わせた料理はどれもボリューム満点。⏲8～23時(金・土曜、祝前日は～23時30分) ㊡なし	MAP P6A3	P109
オーチャード		PS.カフェ	カフェ	陽光が差し込む店内は天井が高く、パリのモダニズム建築風。一品料理やデザートなどのメニューは洗練された味わい。⏲11～22時 ㊡なし	MAP P7E2	P165
リトル・インディア		ビスミラー・ビリヤニ	ビリヤニ	ビリヤニの専門食堂。カレースープで炊き上げたライスはスパイシーで、ヨーグルトソースをかけて食べる。⏲11時30分～21時(20時45分LO) ㊡なし	MAP P8C2	P101
アラブ・ストリート		ヒル・ストリート・タイホア・ポーク・ヌードル	ストール(屋台)	世界的グルメガイドでも絶賛。老舗ポーク・ヌードル専門店で、繁華街から少し離れた住宅街のストリート・ホーカースにある。⏲9時30分～21時 ㊡月曜	MAP P12C1	P122
リトル・インディア	定番	ヒルマン・レストラン	ペーパー・チキン	鶏肉を紙に包んで揚げたペーパー・チキンが名物。紙袋が肉の旨みを閉じ込め、肉汁たっぷり。⏲11時45分～14時、17時45分～22時 ㊡なし	MAP P9D2	P101
チャイナタウン	オススメ!	ファイブ・ザ・モーメンツ・カフェ	カフェ	築70年のショップハウスを利用。焼きたてワッフルやジェラート、自家焙煎の豆で淹れるコーヒーを。⏲12～23時(金・土曜は～23時30分) ㊡なし	MAP P10B4	P113
カトン	オススメ!	ファイブ・スター・ハイナニーズ・チキンライス	チキンライス	カトンにあるチキンライスの名店。平飼いの菜園地鶏を使ったチキンは、脂がさっぱりしていて、地鶏ならではの引き締まった旨みがある。⏲10時～翌2時 ㊡なし	MAP P13C4	P91
オーチャード	定番	フード・オペラ	フードコート	Ⓜオーチャード駅直結の人気フードコート。英国統治時代をイメージした店内に整然と人気ストールが並ぶ。⏲10～22時(金・土曜、祝前日は～23時) ㊡なし	MAP P7E3	P118
シティ	オススメ!	フード・プレイス	フードコート	モダンなフードコートで、アジア料理の個性派ストールが揃う。テーブル席と、明るい窓際のソファー席があり、カフェとしても利用できる。⏲10～22時 ㊡なし	MAP P11D1	P119
空港周辺		フード・リパブリック	フードコート	シンガポール料理をはじめ、アジア各国の料理を楽しめる。空港到着・帰国時にサクッと食事したいときにもぴったり。⏲10～22時 ㊡なし	MAP P3F2	P69
オーチャード		フード・リパブリック	フードコート	広いフロアに、ホッケンミーやプラウンミーなど地元の味を扱う人気のストールが並ぶ。窓側からオーチャード周辺の景色を一望。⏲10～22時 ㊡なし	MAP P8A3	P119
チャイナタウン		フェイマス・スンゲイ・ロード・トライショー・ラクサ	ストール(屋台)	開店前から行列の人気店。珍しいセミエビがのる魚介&フルーツジュース・スープ・ラクサが名物。⏲11時30分～16時30分(売り切れ次第終了) ㊡日曜	MAP P10B2	P122
オーチャード		ブラッセリー・レ・サブール	アフタヌーンティー	ピアノ演奏と共に楽しむアフタヌーンティーが人気。手作りのワッフルなども運ばれる。⏲12時～14時30分、15時～17時30分、18時30分～22時30分 ㊡なし	MAP P7D2	P107

がたっぷりの
ンドイッチで
ランチを

に包んで揚げ
、名物のペー
ー・チキン

エリア名 店・スポット名	星評価	ジャンル名	ひと言コメント	MAP 掲載ページ
チャイナタウン ブルー・ジンジャー	定番	プラナカン料理	ショップハウスを改装し、インテリアも素敵。料理は伝統的なプラナカンの名菜が揃う。㋲12時～14時15分LO、18時30分～21時45分LO ㊡なし	MAP P10B4 P103
カトン ブン・トン・キー		チキンライス	海南風チキンライスの名店。ゼラチン質が豊富な地鶏を秘伝の調理法でジューシーな味わいに。㋲11時30分～15時30分、16時30分～21時30分 ㊡なし	MAP P4C2 P91
ロバートソン・キー ベラ・パスタ		イタリア料理	前菜、メイン、デザート付きのセットがおすすめ。㋲11時30分～14時30分、18時～22時30分(土・日曜は11時30分～23時30分) ㊡火曜	MAP P10A1 P185
チャイナタウン ホーカー・チャン		麺料理	世界中から訪れる食の専門家がその味を認めたことから、一躍、超人気屋台に。香港式のチキン・ヌードルが看板メニュー。㋲10時30分～15時 ㊡日曜	MAP P10A3 P122
チャイナタウン ポテト・ヘッド		カフェ	バリに本店がある「ビーチクラブ」のシンガポール店。白亜の建物は1939年建造のコーヒーショップを改築したもので2階はハンバーガーショップ。㋲12～24時 ㊡なし	MAP P10A3 P111
チャイナタウン ホンリム・フードセンター		ホーカース	チャイナタウン・ポイントに隣接するホーカース。グルメガイドで紹介される人気ストールも多く地元で人気。㋲店舗により異なる ㊡店舗により異なる	MAP P10B2 P121
㋮ チャイナタウン マイ・オーサム・カフェ	定番	カフェ	1952年建設の建物を利用。料理はフレンチテイスト。㋲11～24時(月曜は～21時、土曜・祝日は10時30分～24時、日曜は10時30分～21時) ㊡なし	MAP P10B3 P110
マリーナ マカンスートラ・グラットンズ・ベイ		ホーカース	地元の飲食店評価本『マカンスートラ』がプロデュースしたホーカース。㋲16～23時(金・土曜は～23時30分)ラストオーダーは閉店30分前 ㊡月曜	MAP P11D2 P117
リトル・インディア マスタード		カレー	北インド料理店。スパイスはすべてオリジナル・ブレンドで自然由来のものを使用。㋲11時30分～15時(土曜は～16時)、18時～22時45分 ㊡なし	MAP P8C2 P97
チャイナタウン マックスウェル・フードセンター		ホーカース	行列が絶えない「天天海南鶏飯」(→P123)や餃子の「同心居」など、中華系の名店が多く人気。デザート店にも注目。㋲ ㊡店舗により異なる	MAP P10B3 P121
北部郊外 ママ・パンダ・キッチン		レストラン&カフェ	「リバーワンダー」(→P74)内。パンダをモチーフにしたインテリアやかわいいオリジナルメニューが人気。麺類やご飯ものもある。㋲10時30分～18時30分 ㊡なし	MAP P2C2 P74
リトル・インディア ムトゥース・カリー		カレー	南インド料理の老舗で、フィッシュヘッド・カレー元祖の店として有名。店内中央にタンドール窯が置かれた厨房がある。㋲10時30分～22時30分 ㊡なし	MAP P8C2 P97
チャイナタウン 味香園甜品(メイ・ヒョン・ユェン・デザート)	定番	中華デザート	中国伝統デザート専門店。名物の「スノー・アイス」はフルーツ果汁などを固めた氷を削り、ふわふわ。㋲12時～21時30分 ㊡月曜(祝日の場合は翌日)	MAP P10B3 P115
ティオン・バル メルシー・マーセル		フレンチカフェ	モザイクタイルや緑が配された店内は、フランスとパリのスタイルを融合。素材にこだわったメニューを。㋲8時～24時(月・日曜は～23時) ㊡なし	MAP P12B4 P191
マリーナ モンティ	定番	モダン・イタリア料理	トスカーナ出身のエマニュエル・ファッジ氏によるモダンなイタリア料理が味わえる。㋲11時～23時59分(土・日曜は10時～) ㊡なし	MAP P11D3 P104
㋳ ティオン・バル ヤーファ・バクテー		バクテー	スパイスや漢方を煮込んだ潮州風薬膳バクテーの専門店。大きなスペアリブ入りのスープで健康増進。㋲11～22時(金・土曜は～23時) ㊡月曜	MAP P12B3 P98
オーチャード ヤクンカヤトースト		カヤ・トースト	国内に70店以上をもつカヤ・トースト専門店。着色料や保存料不使用のカヤ・ジャムは、1944年の創業以来、変わらぬレシピを守る特製。㋲8～18時 ㊡なし	MAP P7F2 P124

おいしいもの

ジューシーなハンバーガーにかぶりつこう

パンダを模したメニューがかわいすぎる!

エリア名 店・スポット名	星評価	ジャンル名	ひと言コメント	MAP 掲載ページ
チャイナタウン 飲茶酒楼（ヤムチャ）		飲茶	約80種類の点心が揃い、平日の食べ放題も評判。石鍋のフカヒレスープなども人気。⏲10時30分～22時（土・日曜、祝日は9時～）㊡月曜	MAP P10B3 P189
ら				
マリーナ ライズ		ブッフェ	アジアなど各国料理のブッフェが人気。⏲朝6時30分～10時15分、昼12時～13時45分、14時15分～15時30分の二部制、夜17時30分～22時15分 ㊡なし	MAP P11E3 P55
シティ ラオパサ・フェスティバル・マーケット		ホーカース	ビジネス街にあって、会社員やツーリストに人気のホーカース。特に賑わうのは夜。テラスや路上にサテー屋台が出る。⏲店舗により異なる ㊡店舗により異なる	MAP P10C3 P120
リトル・インディア ラグナー・ベア・フット・ダイニング		カレー	南北インド料理をハイセンスに提供。各種カレーのほか、500℃のタンドール窯で焼いた、チキン・ティッカなども名物。⏲11時30分～22時30分 ㊡月曜	MAP P8C2 P97
マリーナ ラサプーラ・マスターズ		フードコート	セルフ式でアジア名物を楽しめるフードコート。地元料理のほか、韓国、タイ、日本料理など約25軒。⏲10～23時（一部、曜日により24時間）㊡なし	MAP P11E3 P51
オーチャード レザミ		創作フレンチ	スター・シェフのセバスチャン・レピノイ氏が腕を振るう。世界的グルメガイド本で高く評価。⏲12時～13時30分LO、19時～20時30分LO ㊡なし	MAP P7E2 P104
デンプシー・ヒル レッドドット・ブリューハウス		ビアハウス	クラフトビール人気を牽引。醸造所を併設し、醸造職人のオーナーが作る地ビールを。⏲11時30分～22時30分（月曜は～22時、金・土曜は～23時）㊡なし	MAP P6A2 P193
ティオン・バル レッド・ハウス・シーフード		チリクラブ	老舗のシーフード・チェーン。ホテル内にあるこの店は、シックでおしゃれな雰囲気。⏲12時～14時30分、17時30分～22時 ㊡なし	MAP P4C2 P93
クラーク・キー ロング・ビーチ・アット・ロバートソン・キー		チリクラブ	看板メニューはマイルド系のチリクラブだが、ブラクペッパー・クラブ発祥の店でもある。店内に生簀がある。⏲11～23時（金・土曜は～23時30分）㊡なし	MAP P10A1 P93
わ				
マリーナ ワクダ レストラン&バー		モダン日本料理	日本人シェフの和久田哲也氏が手がけるモダンな高級ダイニング。⏲12～14時、17時～21時30分（金・土曜は～22時30分）㊡なし（土・日曜の昼は休み）	MAP P11E3 P55
オーチャード ワルン・エム・ナシール	オススメ！	インドネシア料理	インドネシア・パダンの料理を提供する人気食堂。注文は、入口のショーケースに並ぶ料理を3～6品ほど選べばOK。⏲10時～21時30分 ㊡なし	MAP P8A4 P105
ファーラー・パーク ンアーシオ・バクテー		バクテー	白コショウが利いたスパイシーな潮州風バクテーで有名。スープはおかわり自由で、揚げパンを浸して食べるとベストマッチ。⏲9～21時 ㊡なし	MAP P5D1 P99
あ				
オーチャード アーヴィンズ・ソルテッド・エッグ		フィッシュスキン・チップス	魚の皮を揚げたスナック「フィッシュスキン・チップス」の専門店。塩漬け卵の粉末を衣にまとわせたチップスはここだけのオリジナル。⏲10時～21時30分 ㊡なし	MAP P7F3 P165
オーチャード アイオン・オーチャード		ショッピングセンター	オーチャード地区のシンボル。8フロアに200軒以上が集結し、56階の展望フロア「アイオン・スカイ」も人気。⏲10～22時（店舗により一部異なる）㊡なし	MAP P7E3 P145
カトン アイ・ワンツー・カトン		ショッピングセンター	街を代表するショッピングセンター。空調の効いた館内でひと休みするのにもいい。⏲10～22時（店舗により異なる）㊡なし（店舗により異なる）	MAP P13B4 P79
オーチャード アカモティフ		アジア雑貨	タングリン・モール内にあり、インドネシアテイストの雑貨が充実。バティック柄のスカーフや小物などデザインはさまざま。⏲10～20時 ㊡なし	MAP P6C3 P137
マリーナ アライバル・ギフト・ショップ		ギフト・ショップ	ガーデンズ・バイ・ザ・ベイ（→P62）のメイン入口すぐそば。ロゴや植物などをあしらったグッズが揃い、おみやげ探しにぴったり。⏲9～21時 ㊡なし	MAP P11F3 P65

人でも気軽に ーカルメニュ を楽しめる

本ではなかなか 味わえないパ ン料理に挑戦

おかいもの

エリア名 店・スポット名	星評価	ジャンル名	ひと言コメント	MAP 掲載ページ

おかいもの

エリア名	店・スポット名	星評価	ジャンル名	ひと言コメント	MAP	掲載ページ
オーチャード	伊勢丹スーパーマーケット		スーパーマーケット	日系デパートの地下にあり、シンガポールの食品を集めたコーナーが人気。ここだけの限定品や箱入りのお菓子なども充実。⏲10～21時 ㊡なし	MAP P7E2	P142
オーチャード	伊勢丹スコッツ		ショッピングセンター	日本の伊勢丹のシンガポール支店。2Fの雑貨店「リ-スタイル・ストア(→P136)と、B1Fのスーパーマーケット(→P142)がおすすめ。⏲10～21時 ㊡なし	MAP P7E2	P164
オーチャード	ヴァイオレット・オン	オススメ!	クッキー・食品	国民的料理研究家ヴァイオレット・オンさんの店。クッキーなどはプラナカン・タイルを模したパッケージも素敵。特製の調味料なども。⏲11～22時 ㊡なし	MAP P7E3	P140
オーチャード	ウィスマ・アトリア		ショッピングセンター	トレンド感たっぷりのハイブランドからカジュアルブランド、レストランなどが揃う。吹き抜けの館内は開放的。⏲10～22時(店舗により一部異なる) ㊡なし	MAP P7E3	P164
オーチャード	1872 クリッパー・ティー・コー		お茶	1872年の創業以来、新鮮で上質な茶葉を揃える。蘭やマンゴーなどを使ったフレーバーティーが揃い、デザインも人気。カフェスタンド併設。⏲10～22時 ㊡なし	MAP P7E3	P145
チャイナタウン	エッセンシャル・エクストラ・ギフト・ストア		シンガポール雑貨	OUEダウンタウン内にあり、アクセサリーや雑貨、文房具などギフト向け商品を扱うセレクトショップ。ユニークなデザイン多数。⏲10時30分～18時30分 ㊡日曜、祝日	MAP P10C4	P136
リトル・インディア	エルイー・カフェ		伝統菓子	1949年創業、3代続く地元スイーツの名店。名物のパイナップル・タルトなどの焼き菓子は全て併設の工房で手作り。⏲10時30分～18時45分(日曜、祝日は～16時) ㊡なし	MAP P8C3	P141
チャイナタウン	オーキッド		中国雑貨	チャイナタウン内に5軒ある中国工芸・生活雑貨を扱うショップ。約200種類もの箸、櫛、扇子や茶器など、素材と品質に優れた商品が並ぶ。⏲10～22時 ㊡なし	MAP P10B3	P188
オーチャード	オーチャードゲートウェイ		ショッピングセンター	Ⓜサマセット駅、「313@サマセット」「オーチャード・セントラル」に直結。トレンド感あふれるショップが集まる。⏲11～21時(店舗により一部異なる) ㊡なし	MAP P7F3	P164
オーチャード	オーチャード・セントラル		ショッピングセンター	「ショッピングとアートの融合」をテーマとし、館内にモダンなアートが点在。人気ブランドから日本発のショップまで揃う。⏲11～22時(店舗により一部異なる) ㊡なし	MAP P7F3	P164
オーチャード	オーフリー・チョコレート		チョコレート	1998年にチョコレートケーキの販売からスタート。世界の上質カカオを使って手作りするチョコレートは添加物不使用で、濃厚な味わい。⏲10～21時 ㊡なし	MAP P7E3	P141
カトン	オンレウォ	オススメ!	ファブリック&布小物	デザイナーのユージーンさんが手がけるファブリック専門店。シンガポールの建物や街並みなどをデザイン。⏲10時30分～17時30分 ㊡日～火曜	MAP P13B2	P137
㋕ オーチャード	ガーディアン		ドラッグストア	国内最大のドラッグストア・チェーン。薬、コスメやメイク用品などのほか、オリジナルブランドのバス用品やヘアケア用品なども狙い目。⏲10～22時 ㊡なし	MAP P7E3	P143
北部郊外	ギフト・ショップ		ギフト・ショップ	「ナイトサファリ」(→P71)の入口近くにあり、おみやげ探しにぴったり。人気はオリジナルのぬいぐるみやTシャツ、マグカップなど。⏲18時30分～24時 ㊡なし	MAP P2C2	P73
北部郊外	ギフト・ショップ		ギフト・ショップ	「シンガポール動物園」(→P76)入口横。熱帯雨林を再現したような店内に、動物のぬいぐるみやTシャツなどが並ぶ。⏲9～19時(土・日曜は8時30分～) ㊡なし	MAP P2C2	P76
カトン	キム・チュー(金珠)	定番	プラナカン雑貨	1945年から3代続くプラナカン雑貨の有名店。陶磁器やサンダルのほか、文具なども。クッキーなど全て手作りのプラナカン伝統菓子もぜひ。⏲9～21時 ㊡なし	MAP P13B4	P134
シティ	クッキー・ミュージアム		クッキー	ルネッサンス風など華やかなパッケージ缶が人気のクッキー専門店。ローズ・ライチなどのほか、シンガポールならでは個性派フレーバーも大人気。⏲11～21時 ㊡なし	MAP P11D1	P140

厳選された茶葉が揃い、おみやげにもぴったり

上質なカカオの風味が広がるチョコレート

ビーズ刺繍のサンダルはプラナカン文化の象徴

エリア名 店・スポット名	星評価	ジャンル名 ひと言コメント	MAP 掲載ページ
オーチャード コールド・ストレージ シンガポール髙島屋店	定番	スーパーマーケット 国内に約60軒を持つ大手。生鮮食品から調味料、惣菜、日用品まで幅広く扱う。マーライオンをデザインしたみやげ用菓子類なども。⏲10時～21時30分 ㊡なし	MAP P7F3 P142
㋚ シティ サンテック・シティ・モール		ショッピングセンター 5つのタワーを結ぶ館内にさまざまなショップやレストラン、カフェ&バーが並ぶ巨大なモール。世界最大級の「富の噴水」も必見(→P86)。⏲10～22時 ㊡なし	MAP P11D1 P175
マリーナ ジェイソンズ・デリ		スーパーマーケット&デリ お菓子や調味料などローカルな食材などが見つかるほか、デリコーナーでは作りたてのアジア料理やサラダ、ジュースなども。⏲10～22時(金～日曜は～23時) ㊡なし	MAP P11E3 P144
オーチャード ジェイソンズ・デリ		スーパーマーケット&デリ お菓子や調味料などの地元食材が見つかり、おみやげ探しに便利。デリコーナーではシンガポール料理やサラダなどをテイクアウトできる。⏲10～22時 ㊡なし	MAP P7E3 P145
マリーナ ザ・ショップス アット マリーナベイ・サンズ		ショッピングセンター シンガポール最大級のショッピングモール。3フロアに約270軒の店舗などが集結。⏲10時30分～22時(金・土曜、祝前日は～23時。店舗により一部異なる) ㊡なし	MAP P11E3 P144
リトル・インディア シティ・スクエア・モール		ショッピングセンター Ⓜファーラー・パーク駅と直結したショッピングセンター。ローカル・ブランドが充実。スーパーやフードコートもある。公園エリアも人気。⏲10～22時 ㊡なし	MAP P9D1 P167
アラブ・ストリート シファー・アロマティクス		ノンアルコール香水 「ジャマル・カズラ・アロマティクス」(→P138)の姉妹店。要予約で好みの香りを調合してオリジナルの香水を作ってくれる。⏲11～20時(日曜は～17時) ㊡月・火曜	MAP P12B2 P138
オーチャード ジャニス・ウォン		チョコレート 話題のパティシエール、ジャニス・ウォンさんのショップ。20種の美しいチョコレート・ボンボンはご当地フレーバーが狙い目。⏲10～21時(金～日曜は～22時) ㊡なし	MAP P7E3 P141
アラブ・ストリート ジャマル・カズラ・アロマティクス		ノンアルコール香水 天然のエッセンシャルオイルのみで作られた香水は約150種。エジプトで手作りされた香水瓶の数々は目を見張る美しさ。⏲9時30分～18時 ㊡イスラム教の祝日	MAP P12B2 P138
シティ スーパーママ・ザ・ミュージアム・ストア@NMS		シンガポール雑貨 地元デザイナーが、シンガポールの風景や文化をモチーフにしたオリジナル雑貨を発信。日本の有田焼とコラボした食器などで知られる。⏲10～19時 ㊡なし	MAP P8C4 P137
オーチャード 313@サマセット		ショッピングセンター 「コットン・オン」「ZARA」など各国の人気カジュアルブランドが充実。各国料理店やフードコートも。⏲10～22時(金・土曜は～23時。店舗により一部異なる) ㊡なし	MAP P7F3 P164
リトル・インディア セルヴィス		インド雑貨 インド人女性が身につけるアクセサリー・ショップ。カラルなバングルなど、色、デザインともに豊富。⏲9時30分～20時45分(日曜は～18時) ㊡なし	MAP P8C3 P169
リトル・インディア セレブレーション・オブ・アーツ		インド雑貨 布製品から木製の置物、おみやげ向きの小物まで、品揃えが豊富。色鮮やかなクッションカバーや高品質のショールなどが人気アイテム。⏲9～21時 ㊡なし	MAP P8C3 P169
クラーク・キー セントラル		ショッピングセンター Ⓜクラーク・キー駅と直結。ファッションや雑貨ショップ、レストランなど150店以上が集まる、モダンな空間。街歩きの拠点に。⏲11～22時 ㊡なし	MAP P10B2 P183
㋟ オーチャード 髙島屋ショッピングセンター／ニー・アン・シティ		ショッピングセンター 東側は髙島屋、西側は約130の専門店が入る大型施設。B2Fにはスーパーやテイクアウト店が並び、デパ地下のよう。⏲10時～21時30分(店舗により一部異なる) ㊡なし	MAP P7F3 P163
オーチャード タングス・アット・タン・プラザ		ショッピングセンター 1932年に創業したシンガポール初のデパート。世界のブランドが集まり、特に1Fのコスメフロアは圧巻。⏲10時30分～21時30分(日曜は11～21時) ㊡なし	MAP P7E3 P164
チャイナタウン チャイナタウン・ポイント		ショッピングセンター 中央吹き抜けに螺旋式登り通路を配した巨大な建物。ホンリム・フードセンターともつながる。⏲10時頃～22時頃(店舗により異なる) ㊡なし(店舗により異なる)	MAP P10B2 P188

とりどりのガラスの香水瓶はうっとり必至

エリア名 店・スポット名 | 星評価 | ジャンル名 | ひと言コメント | MAP 掲載ページ

おかいもの

エリア名・店・スポット名	ジャンル	コメント	MAP	掲載ページ
オーチャード TWG ティー アット・アイオン・オーチャード	お茶	シンガポールを代表する高級茶葉ブランド。厳選した茶葉のほか、お茶を使ったお菓子などが揃い、オシャレなパッケージも人気。カフェ併設。🕙10時〜21時30分 ㊡なし	MAP P7E3	P130
マリーナ TWG ティー・ガーデン アット・マリーナベイ・サンズ	お茶	国内随一の茶葉ブランド。各国で厳選した約800種の茶葉のほか、お茶を使ったマカロンなどのお菓子やジャムも人気。ティーサロン併設。🕙10時〜21時30分 ㊡なし	MAP P11E3	P144
オーチャード チャールズ&キース	靴	1996年創設のシンガポール発のシューズブランド。エレガントからキュートなデザインまで揃い、比較的リーズナブルなのも人気の秘密。🕙10〜22時 ㊡なし	MAP P7E3	P145
オーチャード デザイン・オーチャード	セレクトショップ	シンガポールの新進気鋭のブランドのみ、100軒以上が集合。ファッション、コスメ、お菓子、調味料、雑貨などを一度に見られる。🕙10時30分〜21時30分 ㊡なし	MAP P7F3	P165
デンプシー・ヒル ドーヴァー・ストリート・マーケット	ファッション	「コム・デ・ギャルソン」の川久保玲氏がディレクターを務めるコンセプトショップ。50以上のブランドやオリジナル品が揃う。🕙11〜20時 ㊡なし	MAP P6A2	P193
アラブ・ストリート トコ・アルジュニード	バティック	ショールやサロン、テーブルクロス、バッグ、ポーチなど品揃え豊富で、色・柄、サイズなども多彩に揃う。🕙10時30分〜18時(日曜、祝日〜17時) ㊡なし	MAP P12B2	P172
チャイナタウン 東興(トンヒン)	エッグタルト	昔ながらの製法を守る菓子店で、エッグタルトが人気の名物。ほかに中華式のクッキーやパイなど30種類ほど。カフェスペースもある。🕙9〜22時 ㊡なし	MAP P10B3	P189
㊩ アラブ・ストリート ハジ・タワカル・トレーディング	アラブ雑貨	ペルシャ絨毯やトルコ製のランプ、陶器、バティック類など、アラブ系の雑貨が揃う。肌触りのいいシルク製品や安価なコットン小物など豊富。🕙10〜21時 ㊡なし	MAP P12B2	P173
オーチャード パラゴン	ショッピングセンター	高級ブランド店を中心に、洗練されたショップ約230軒が集合。ドラッグストア、レストラン&テイクアウト店などが並ぶB1Fは、観光客に利用価値大。🕙10〜22時 ㊡なし	MAP P7F3	P163
オーチャード ファー・イースト・ファイン・アーツ(チョーさんのお店)	雑貨	40年続くショップで、オーナーのチョーさんは日本語OKの親日家。アジア雑貨のほか、プラナカン柄をモチーフにした雑貨などが揃う。🕙12〜16時 ㊡日曜	MAP P7F3	P135
オーチャード フェアプライス・ファイネスト	スーパーマーケット	国内に約230店をもつ庶民派スーパー。調味料やレトルト食品、菓子など地元の人々が普段使う定番商品を中心にラインナップ。🕙8〜23時 ㊡なし	MAP P7E2	P142
ブギス ブギス・ジャンクション	ショッピングセンター	若者が集まる人気のモールで、カジュアルファッションやアクセサリー、コスメなどのショップが中心。🕙10〜22時 ㊡なし(店舗により異なる)	MAP P12A2	P173
ブギス ブギス・ストリート	ショッピング・アーケード	シンガポールの名所をモチーフにしたTシャツや小物など、プチプラみやげを扱う小売店が並ぶアーケード型ショッピングモール。🕙㊡店舗により異なる	MAP P12A2	P173
ブギス ブギス・プラス	ショッピングセンター	若い女性に人気のモダンなショッピングセンター。3階には有名スポーツブランドやカジュアル系ファッションが集まる。🕙10〜22時 ㊡なし(店舗により異なる)	MAP P12A2	P173
チャイナタウン オススメ! プラナカン・タイルズ・ギャラリー	プラナカン雑貨	オーナーはプラナカン・タイルの修復職人兼収集家。アンティーク品からオリジナル品まで大小色とりどりの美しいタイルが並び、額縁も豊富。🕙12〜18時 ㊡なし	MAP P10B3	P135
オーチャード プリティフィット	靴	手ごろ&フェミニンなデザインが多く揃う、シンガポール発の靴ブランド。旬を取り入れたデザインが豊富で、地元女子に圧倒的支持！🕙10時30分〜22時 ㊡なし	MAP P7E3	P165
オーチャード ブンガワン・ソロ	伝統菓子	1979年の創業以来、伝統菓子を作り続ける有名店。餅菓子のほか、約30〜40種のクッキーはランの花をモチーフにしたかわいい缶も人気。🕙10〜21時 ㊡なし	MAP P7E3	P140

エキゾチックなデザインの小皿などが揃う

料理の素などはバラマキみやげにぴったり

一番人気は甘さ控えめのパイナップル・タルト

	エリア名	店・スポット名	星評価	ジャンル名	ひと言コメント	MAP	掲載ページ
	カトン	ベーカーズ・ウェル		ベーカリー	人気のベーカリー＆ケーキショップ。ハンドメイドのカップケーキや焼きたてのパンが評判。パイナップルタルトはおみやげに。🕘8～21時 ㊡なし	 MAP P13B4	P79
	ホーランド・ヴィレッジ	ホーランド・ロード・ショッピングセンター		ショッピングセンター	アジア雑貨のショップが集結。小物、アクセサリー、服などの安カワ商品のほか、家具なども見つかる。🕘10時30分～21時頃(店舗により異なる) ㊡なし	 MAP P4A1	P194
ま	オーチャード	マンダリン・ギャラリー		ショッピングセンター	オーチャード・ロードの中心に位置。シンガポール初上陸のショップやブランドの旗艦店など約50軒が集まる。🕘11～22時(店舗により一部異なる) ㊡なし	 MAP P7F3	P164
	デンプシー・ヒル	ミスター・バケット・ショコラテリエ・デンプシー・ファクトリー		チョコレート	東南アジア各国のカカオを使うチョコレート店。工房、イートイン、トッピングを選んで作れるコーナーも。🕘11～19時(金～日曜、祝日、祝前日は10～22時) ㊡月曜	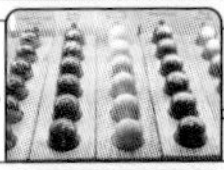 MAP P6A3	P193
	オーチャード	メリッサ		シンガポール雑貨	日本人オーナーがデザイン・開発した実用的な雑貨が充実。バティック小物やボックス入り菓子、プラナカン雑貨など、どれもセンス満点。🕘11～19時 ㊡月曜	 MAP P7F3	P136
	リトル・インディア	ムスタファ・センター		インド系デパート	インド系の巨大デパートで、リトル・インディアの象徴的存在。特に激安のアーユルヴェーダ系コスメとスパイスなどの食品が狙い目。🕘24時間 ㊡なし	 MAP P9D2	P132
や	チャイナタウン	ユーファ・チャイニーズ・プロダクツ		中国系デパート	5階建ての大きなデパート。お菓子や食品、お茶やハーブ、漢方薬、シルク、チャイナ服、手工芸品、骨董品まで中国製品が揃う。🕘11～21時(土曜～22時) ㊡なし	 MAP P10B2	P188
ら	シティ	ラッフルズ・シティ		ショッピングセンター	高級ブランドとカジュアルブランドがバランスよく集まるショッピングセンター。Ⓜエスプラネード駅とも地下道でつながり、アクセスも抜群。🕘10～22時 ㊡なし	 MAP P11D1	P175
	シティ	ラッフルズ・ブティック		ホテルショップ	名門ホテルのショップ。ホテルロゴ入りの紅茶や食品、雑貨などホテルのジナルアイテム数千種が並ぶ。特製のカヤ・ジャムもぜひゲットしたい。🕘9～21時 ㊡なし	 MAP P11D1	P128
	オーチャード	リ-スタイル・ギフト		シンガポール雑貨	バイヤー選ぶシンガポール・モチーフの雑貨はどれも日本人好み。ポーチや食器などのほか、地元ブランドの香水やコスメなども。🕘10～21時 ㊡なし	 MAP P7E2	P136
	リトル・インディア	リトル・インディア・アーケード		ショッピングモール	インド雑貨やサリーなどのファッション、アクセサリーやコスメなどの小さなショップが並ぶ、ローカルに人気のモール。🕘㊡店舗により異なる	 MAP P8C3	P169
	アラブ・ストリート・	リトル・ショップハウス		プラナカン雑貨	プラナカン文化研究家のオーナーによる手作りの靴やアクセサリーがオススメ。ビーズ刺繍の靴は1足ずつ時間をかけて製作されたもの。🕘11～15時 ㊡木・日曜	 MAP P12B1	P135
	北部郊外	リバーワンダー・ショップ		ギフト・ショップ	人気のパンダグッズを中心に、淡水魚をモチーフにした珍しいぬいぐるみやTシャツ、キーホルダーなどのオリジナルグッズを販売。🕘10時30分～19時 ㊡なし	 MAP P2C2	P74
	マリーナ	ルイ・ヴィトン		ファッション	世界で唯一、水上にあるルイ・ヴィトンの店舗で、マリーナ湾に浮かぶ壮麗なクリスタル・パビリオンが店舗に。🕘11～23時(金・土曜、祝前日は～23時30分) ㊡なし	 MAP P11E2	―
	カトン	ルマー・ビビ	定番	プラナカン雑貨	プラナカン雑貨の名店。オーナーはプラナカン女性のビビさん。陶器など上質のアイテムを揃える。美しい建物も必見。🕘9時30分～18時30分（要予約） ㊡月～水曜	 MAP P13B4	P134

☆夜あそび

	エリア名	店・スポット名	星評価	ジャンル名	ひと言コメント	MAP	掲載ページ
あ	クラーク・キー	ウォーター・ビー・ラウンド・クルーズ		リバー・クルーズ	シンガポール川からマリーナ・ベイへ、レトロなバンボートに乗って水辺を巡るクルーズ。🕘14～21時(30分間隔で運航。最終便は21時発) ㊡なし	MAP P10B1・P11B2	P156
か	クラーク・キー	カフェ・イグアナ・リバーサイド・ポイント		カフェ&バー	クラーク・キーの川沿いにテラス席を持つメキシカン・カフェ。テキーラベースのカクテル各種。🕘17～23時(金・土曜は12時～翌1時、日曜は12～23時) ㊡なし	MAP P10B2	P153

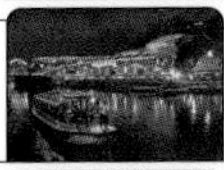

イナップル・
ルトはキュー
な缶も人気

ュートなマー
イオン雑貨も
く見つかる

の記念に名門
テルのオリジ
ルアイテムを

エリア名 店・スポット名	星評価	ジャンル名	ひと言コメント	MAP 掲載ページ

☆夜あそび

エリア	店・スポット名	星評価	ジャンル名	ひと言コメント	MAP	掲載ページ
オーチャード	ケ・パサ		ワインバー	1910年建造の歴史的建物を利用している。店内はワインカーブのような趣。⏲15時～翌2時(金・土曜、祝前日は～翌3時) 休なし	MAP P8A3	P159
ボート・キー	ⓢ サウス・ブリッジ	オススメ!	ルーフトップ・バー	ボート・キーにある穴場的なルーフトップ・バー。シンガポール川の向こうに、マリーナベイ・サンズを真正面に望む眺めが抜群。⏲17～24時 休なし	MAP P10C2	P152
クラーク・キー	シンガポール・リバー・クルーズ		リバー・クルーズ	シンガポール川からマリーナ・ベイを40分で一周する観光船。⏲13～22時(金・土・日曜10時～。60分間隔で運航。最終便は21時発) 休なし	MAP P10B1	P156
シティ	スカイ・バー		バー	高層ホテルの70階にあって、眼下に市内を一望できる。⏲17～24時(金曜・土曜は～翌1時。土曜15～17時はハイティーの提供あり) 休なし	MAP P11D1	P153
クラーク・キー	ズーク	定番	クラブ	老舗クラブで、世界的に有名なDJも登場する。ダンスミュージックが流れるメインフロアのほかに、テクノなど3エリアがある。⏲22時～翌3時 休月・火・木・日曜	MAP P10B1	P159
マリーナ	スパーゴ・バー&ラウンジ		バー&ラウンジ	マリーナの絶景を眺めながらカクテルや軽食を楽しめる。⏲7時～10時15分、12～14時、14時30分～23時(金・土曜、祝前日、祝日は～23時30分) 休なし	MAP P11E3	P49
シティ	スモーク&ミラーズ	オススメ!	ルーフトップ・バー	オープンテラスの人気バー。マリーナベイ・サンズを真正面に望み、シティの夜景も近い。⏲18～24時(木～土曜は～翌1時、日曜は17～24時) 休なし	MAP P10C1	P150
シティ	ⓣ ティンバー・エックス・エスイーエイ		レストラン&バー	シンガポール川の河口に面し、歴史的建物である「アートハウス」の前庭に気持ちのいいテラスを用意。⏲17～24時(金・土曜は～翌1時) 休日曜、祝日	MAP P10C2	P153
ボート・キー	ⓗ ハリーズ・ボート・キー		レストラン&バー	シンガポール川に面する広々としたテラスでビールや名物バーガーなどを。⏲11時30分～24時(土・日曜は～翌1時) 休なし	MAP P10C2	P185
クラーク・キー	ブリュワークス		クラフトビール	シンガポールで最初にクラフトビールを醸造したブリュワリー。できたての生ビールとオリジナルの無国籍料理。⏲12～24時(金・土曜、祝前日は～翌1時) 休なし	MAP P10B2	P185
ブギス	ⓜ ミスター・ストーク		ルーフトップ・バー	Ⓗアンダーズ・シンガポールの最上階にあって、屋上庭園風の設え。⏲17～24時(金曜、祝前日は～翌1時、土曜は15時～翌1時、日曜は15～24時) 休なし	MAP P12B2	P152
デンプシー・ヒル	ⓡ ラ・サルサ・キッチン&バー	オススメ!	レストラン&バー	南米の「サルサ」とカラフルな壁画アート、スパイシーな中南米料理。⏲15時～23時30分(金曜は12時～翌24時30分、土曜は～翌2時、日曜は～23時30分) 休なし	MAP P6A3	P158
マリーナ	ランタン	定番	ルーフトップ・バー	マリーナ湾に面したルーフトップ・バー。潮風を感じながらベイサイドの夜景を一望できる。⏲17～24時(金・土曜、祝前日は～翌1時) 休日・月曜	MAP P11D3	P150
マリーナ	レンク・バー&ラウンジ		バー&ラウンジ	ピアニストが奏でる音色に包まれる、シック&モダンな空間。ドリンクのほか、バーガーやサテー、ラクサなどのバーフードも。⏲11～24時 休なし	MAP P11E3	P55
シティ	ロング・バー		バー	シンガポールの代表的カクテル「シンガポール・スリング」が誕生した伝説的バー。無料のピーナッツは、殻を床に落としながら味わう。⏲12時～22時30分 休なし	MAP P11D1	P67

夜景を一望しながら1杯を楽しめる人気スポット

フルーツ系のカクテルがシンガポールでは定番

✿セントーサ島

エリア	店・スポット名	星評価	ジャンル名	ひと言コメント	MAP	掲載ページ
ビーチ駅	ⓐ アイ・フライ・シンガポール	★★	アトラクション	屋内でスカイダイビングできる世界初の施設。高さ約17m、ガラス張りの筒の中で、下から吹き上げる風に乗って、宙を飛ぶ。⏲9～22時(水曜は11時～) 休なし	MAP P14C4	P205
リゾート・ワールド・セントーサ	アドベンチャー・コーブ・ウォーターパーク™	★★	ウォーターパーク	流れるプールなど、さまざまなプールとスライダーが点在する水のテーマパーク。子どもから大人まで楽しめる。⏲10～18時(季節により変更あり) 休なし	MAP P15D2	P203

エリア名 店・スポット名	星評価	ジャンル名	ひと言コメント	MAP	掲載ページ
リゾート・ワールド・セントーサ ヴィクトリアズ・シークレット		コスメ・ショップ	フレグランスやコスメ、ボディケア商品などを扱う。Bombshellシリーズは、おしゃれ女子みやげとして人気。㊋10時～22時30分(金・土曜は～24時) ㊡なし	MAP P15D3	P209
ビーチ駅 ウィングス・オブ・タイム	★★★	ナイトショー	噴水のスクリーンに投影される3Dプロジェクションマッピング。伝説の鳥と子供たちが繰り広げる冒険物語。㊋19時40分、20時40分(所要約20分) ㊡なし	MAP P14C4	P205
パラワン・ビーチ FOCセントーサ		地中海料理	世界的グルメガイド本も賞賛するナンドゥ・ジュバニー氏による地中海料理店。オリジナルのスイーツやドリンクも豊富。㊋11時30分～22時 ㊡月・火曜	MAP P15E4	P207
リゾート・ワールド・セントーサ オーシャン・レストラン		レストラン	シー・アクアリウム™内。壁一面が大水槽に面し、魚が泳ぐ海中を眺めながら食事できる。㊋11時30分～15時(14時LO)、18～22時30分(21時LO) ㊡なし	MAP P15D2	P202
(か) 島東部 キーサイド・アイル		レストラン施設	ヨットが浮かぶマリーナを囲むセントーサ・コーブにあり、オイスター・バーなど、多くのエキサイティングなダイニングが集まる。㊋12時～22時30分 ㊡なし	MAP P4C4	P207
シロソ・ビーチ コーステス		欧風料理	シロソ・ビーチ沿いにあって、気持ちのいいテラス席が人気。おすすめはシーフード・プラッターなど。㊋9時～21時30分(金・土曜、祝前日は～22時30分) ㊡なし	MAP P14C4	P207
(さ) リゾート・ワールド・セントーサ ザ・フォーラム		アーケード	噴水のあがるザ・プール・リング(円形広場)の西側にあるアーケードで、カジュアルなレストランやショップが軒を連ねる。2024年まで改築工事中	MAP P15D3	P209
リゾート・ワールド・セントーサ シー・アクアリウム™	★★★	水族館	約1000種類の海洋生物が棲む。世界最大規模の大水槽や円形水槽、トンネル型水槽など、バラエティに富んだ展示が魅力。㊋10～19時(季節により変更あり) ㊡なし	MAP P15D2	P202
シロソ・ビーチ シロソ・ビーチ	★★	ビーチ	シンガポールを代表する白砂のビーチ。島の南側に連なる3つのビーチの一つで、白砂にパームツリーが繁り、リゾート気分の海水浴が楽しめる。さらには多くのアトラクション施設も点在し遊ぶこともできる。	MAP P14B3	P208
シロソ・ビーチ スカイパーク・セントーサ・バイ・AJハケット	★★	アトラクション	シロソ・ビーチにある施設で、一番人気は空中ブランコのように3人で浮遊するジャイアント・スイング。㊋12 時30分～19時(土・日曜は11時30分～) ㊡なし	MAP P14B3	P204
インビア・ルックアウト スカイヘリックス・セントーサ	★	アトラクション	オープンエアのパノラマライド。回転するゴンドラで、セントーサ島や本島の街並みを360度楽しめる。㊋10時～21時30分(最終搭乗21時15分) ㊡なし	MAP P14C3	P205
ビーチ駅 スカイライン・リュージュ・シンガポール	★	アトラクション	坂道をカートに乗って滑り下る。㊋11時～19時30分(最終入場18時30分。ナイトリュージュ金・土曜19～21時) ㊡水曜(ホリデー期間は無休)	MAP P14C4	P205
インビア・ルックアウト セントーサ 4Dアドベンチャー・ランド	★★	アトラクション	最新の4D テクノロジーを駆使した、4つの異なる乗り物で、さまざまな驚きの体験ができる。㊋12～19時(最終入場は4in1コンボの場合18時) ㊡なし	MAP P14C3	P205
(た) シロソ・ビーチ トリックアイ・ミュージアム	★★	アトラクション	だまし絵のアートや仮想現実をモバイルアプリで手軽に体験。巨大なクジラと一緒に海に飛び込みなど、トリックの世界へ。㊋11～19時(最終入場18時) ㊡なし	MAP P15D3	P205
リゾート・ワールド・セントーサ ドルフィン・アイランド	★★	ウォーターパーク	専用プールでイルカと直接ふれ合える体験プログラムがある。一緒に泳いだり、餌やりができる「ドルフィン・ディスカバリー」が人気。㊋10～17時 ㊡なし	MAP P15D3	P203
(な) インビア駅 ネイティブ・キッチン		インターナショナル料理	肉や魚料理、麺類などメニューは豊富で、ラクサやナシレマなどのローカルフードも食べられる。㊋12～15時(14時30分LO)、18～22時(21時30分LO) ㊡なし	MAP P15D4	P206
(は) ビーチ駅 ファンショップ・セントラル・ビーチ・バザール		スーベニア・ショップ	セントーサ島の公式スーベニア・ショップ。セントーサのロゴをあしらったオリジナルグッズなどが手に入る。㊋10時15分～21時30分(土・日曜は10時～) ㊡なし	MAP P14C4	P209

水槽を悠々と
ぐ海の生き物
ちに感動!

ルカとの時間
一生忘れられ
い思い出に

ビなどの具が
っぷりのシー
ード・ラクサ

エリア名 店・スポット名	星評価	ジャンル名	ひと言コメント	MAP掲載ページ

セントーサ島

ま
- リゾート・ワールド・セントーサ **マレーシアアン・フード・ストリート** フードコート チキンライスやラクサなどローカル・フードの名店が集まる人気のフードコート。⏲11～19時(金～日曜、祝日は～20時。LOは閉店30分前) ㊡火曜 MAP P15D3 / P206
- リゾート・ワールド・セントーサ **ミニオン・マート** キャラクターグッズ 「ユニバーサル・スタジオ・シンガポール」(→P200)内。映画『ミニオンズ』のキャラクターグッズが並ぶ。⏲10 ～19時(季節、曜日により変更あり) ㊡なし MAP P15D3 / P201
- シロソ・ビーチ ★★ **メガ・アドベンチャー・パーク** アトラクション 高台から海に向かって長いケーブルを高速で滑り降りる「メガ・ジップ」が一番人気。そのほか空中ロープを渡る「メガ・クライム」など。⏲11～18時 ㊡なし MAP P14C3 / P204

や
- リゾート・ワールド・セントーサ ★★★ **ユニバーサル・スタジオ・シンガポール** テーマパーク ハリウッド映画やアニメをテーマとした人気のテーマパーク。7つのゾーンに24のアトラクションが揃う。⏲10 ～19時(季節、曜日により変更があるので要確認) ㊡なし MAP P15D3 / P200
- リゾート・ワールド・セントーサ **ユニバーサル・スタジオ・ストア** ギフト・ショップ 「ユニバーサル・スタジオ・シンガポール」(→P200)内。キャラクターグッズや衣類など、園内最大の品揃え。⏲10 ～19時(季節、曜日により変更あり) ㊡なし MAP P15D3 / P201

ら
- リゾート・ワールド・セントーサ **ルイズ・N.Y.ピザ・パーラー** イタリア料理 「ユニバーサル・スタジオ・シンガポール」(→P200)内。オリジナルのニューヨーク・ピザやパスタなどを。⏲10 ～19時(季節、曜日により変更あり) ㊡なし MAP P15D3 / P201

ホテル

あ
- セントーサ島 **アウトポスト・ホテル・セントーサ** リゾート・ホテル 利用は16歳以上限定の大人のリゾート。モノトーン基調の館内や客室はシック&スタイリッシュ。㊊S$340～ 客室数193室 MAP P15D3 / P218
- セントーサ島 **アウリガ・スパ** ホテル・スパ 新月や満月など月の周期がもたらすエネルギーを反映した4種のトリートメント「アウリガ・ムーン・リチュアルズ」が人気。⏲8～22時(施術は9～20時スタート) ㊡なし MAP P15E4 / P213
- セントーサ島 **アマラ・サンクチュアリ・リゾート・セントーサ** リゾート・ホテル 丘の中腹のトロピカルガーデンに立つブティック・ホテル。スタイリッシュな館内にはスパやプールもある。㊊S$260～ 客室数140室 MAP P15D4 / P218
- シティ **ウィロー・ストリーム・スパ** ホテル・スパ 市内中心部のホテルにあり、アジア屈指の規模。ボディやフェイシャルなどのメニューのほか、アロマミストやサウナ、ジャクジーなども用意。⏲10～21時 ㊡なし MAP P11D1 / P213
- セントーサ島 **エクアリアス・オーシャン・スイート** ラグジュアリー・ホテル 客室はヴィラまたはスイートでゴージャスな雰囲気。水族館の水槽を客室から見られる「オーシャン・スイート」が大人気。㊊S$1174～ 客室数11室 MAP P14C3 / P218
- セントーサ島 **エクアリアス・ホテル** ラグジュアリー・ホテル 「アドベンチャー・コーブ・ウォーターパーク™」(→P203)に隣接。自然が融合した館内は開放感たっぷり。㊊S$521～ 客室数183室 MAP P14C3 / P218
- セントーサ島 **オアジア・リゾート・セントーサ** リゾート・ホテル 2021年開業。「癒やし」をテーマに掲げ、ロビーや客室など館内はナチュラルな雰囲気。㊊S$350～ 客室数191室 MAP P15D3 / P218

か
- セントーサ島 **カペラ** ラグジュアリー・ホテル 曲線デザインが優美な外観と、熱帯雨林が融合する、洗練された大人のリゾート。ハネムーナーにも人気。㊊S$1145～ 客室数112室 MAP P15E4 / P218
- オーチャード **グッドウッド・パーク** ラグジュアリー・ホテル 1900年に建造されたコロニアル様式の歴史的建造物を利用。客室からプールに直接アクセスできる客室が人気。㊊HPなどで要確認 客室数233室 MAP P7F2 / P214

シンガポールを代表する名門ホテルの1つ

- セントーサ島 **クロックフォード・タワー** ラグジュアリー・ホテル 全室がスイート・ルームで、24時間バトラーサービス付きのラグジュアリーなリゾート・ホテル。㊊S$984～ 客室数105室 MAP P15D3 / P218

さ
- オーチャード **ザ・セント・レジス・シンガポール** ラグジュアリー・ホテル ニューヨークを本拠地とする6ツ星ホテルで、東南アジア初進出。「大都会の邸宅」をイメージし、全室に24時間バトラー(執事)サービスあり。㊊S$900～ 客室数299室 MAP P7D2 / P215

エリア名 店・スポット名	星評価	ジャンル名 ひと言コメント	MAP 掲載ページ
マリーナ ザ・フラトン・ホテル・シンガポール		ラグジュアリー・ホテル 川沿いに立つ優雅な歴史的ホテル。壮麗な建物は1928年建造のパラディアン様式(17世紀の英国古典風)。客室はモダンで快適。㊊S$480～ 客室数400室	MAP P11D2 P214
オーチャード シャングリ・ラ		ラグジュアリー・ホテル 各国セレブが愛する南国の楽園で、権威ある賞を数々受賞。客室は6万㎡の広さを誇る庭園を取り囲むガーデン・ウイングなど3タイプ。㊊HPなどで要確認 客室数792室	MAP P7D1 P215
セントーサ島 シャングリ・ラ・ラサ・セントーサ		リゾート・ホテル ビーチに面する大型リゾートホテル。10タイプある客室からは南シナ海などを一望でき、開放的。㊊ HPなどで確認 客室数454室	MAP P14B3 P218
セントーサ島 シロソ・ビーチ・リゾート・セントーサ		リゾート・ホテル 美しい花や木々に囲まれたエコ・リゾート。緑の中に5タイプの客室のほか、ヴィラなども点在。無料のエコ・ツアーなども楽しめる。㊊S$320～ 客室数196室	MAP P14C3 P218
マリーナ セント・グレゴリー・スパ		ホテル・スパ シンガポール生まれの名門スパ。インドネシアや中国などの手法をブレンドした全身マッサージなどでゲストを癒やす。⏲11～20時 ㊡なし	MAP P11E1 P213
セントーサ島 ソフィテル・シンガポール・セントーサ・リゾート&スパ		ラグジュアリー・ホテル 豊かな自然に囲まれたゴージャスなリゾート。通常の客室のほか、緑の中にヴィラやスイートなども点在している。㊊S$300～ 客室数215室	MAP P4B4 P218
㊟ オーチャード チー,ザ・スパ		ホテル・スパ 世界中にファンをもつラグジュアリー・スパ。トリートメントはアジア各国のナチュラルな伝統的ヒーリング・メソッドをベースにしている。⏲10～22時 ㊡なし	MAP P7D1 P212
㊩ セントーサ島 ハードロック・ホテル・シンガポール		ラグジュアリー・ホテル ロック・テイストやメモラビア(有名ミュージシャンのアイテムの展示)が人気の有名ホテル。客室はシックで落ち着いた雰囲気。㊊S$461～ 客室数364室	MAP P15D3 P218
マリーナ バンヤン・ツリー・スパ		ホテル・スパ Ⓗマリーナベイ・サンズ(→P55)の55階に位置し、絶景を楽しみながら施術を受けられる。アジア各国の技を融合したメニューをラインナップ。⏲10～23時 ㊡なし	MAP P11E3 P212
オーチャード ヒルトン シンガポール オーチャード		ラグジュアリー・ホテル 2022年2月にオーチャード・ロードの中心に開業。植物をテーマにした客室のほか、チキンライスの名店「チャターボックス」(→P90)なども。㊊S$529～ 客室数1080室	MAP P7F3 P215
セントーサ島 ホテル・オラ		ラグジュアリー・ホテル レジャースポットや各国料理のレストランがエリアに位置し、どこに行くにも便利。プール・ビューの客室などが人気。㊊S$458～ 客室数389室	MAP P15D3 P218
セントーサ島 ホテル・マイケル		ラグジュアリー・ホテル ポストモダン建築家のマイケル・グレイブスがプロデュース。館内はナチュラル&モダンなインテリアで統一。㊊S$354～ 客室数461室	MAP P15D3 P218
㊮ マリーナ マリーナベイ・サンズ		ラグジュアリー・ホテル 57階建ての3棟の高層タワーに位置する5つ星ホテル。客室からは市街を一望。宿泊者はプールのほか、展望デッキも無料で入場自由。㊊客室数HPなどで要確認	MAP P11E3 P55
マリーナ マンダリン・オリエンタル		ラグジュアリー・ホテル 11年連続フォーブス5ツ星の受賞をはじめ数々の賞に輝く名門。客室から広がる絶景も魅力。※改装につき2023年9月まで一時休業中。㊊HPなどで要確認 客室数527室	MAP P11E1 P215
㋶ シティ ラッフルズ・スパ		ホテル・スパ 国内屈指のラグジュアリー・スパ。「ラッフルズ・シグニチャー・ジェムストーン・マッサージ」S$390(90分)など、アジアならではの施術が揃う。⏲10～19時 ㊡なし	MAP P11D1 P67
シティ ラッフルズ・ホテル・シンガポール		名門ホテル 1887年に開業し、「東洋の真珠」と称される。コロニアル調の白亜の建物だけでも必見。レストランなどの施設もハイレベル。㊊S$1039～ 客室数115室 	MAP P11D1 P66
オーチャード ルメードゥ・スパ		ホテル・スパ アメリカ・アスペンを本拠地とする高級スパ用品のブランドが手掛ける。フィンランド式サウナなどに入った後、トリートメントへ案内される。⏲10～19時 ㊡なし	MAP P7D2 P213

ったりした客
で優雅な滞在
楽しめる

やかな繁華街
中心に立ち、
光に便利

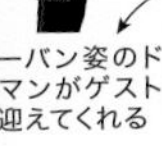

ーバン姿のド
マンがゲスト
迎えてくれる

シーン別！

お役立ち！旅の英会話

観光シーン

ツアーの予約をしたいとき

ツアーを予約したいのですが。

I 'd like to book a tour.

アィド　ライク　トゥ　ブック　ア　ツアー

ツアーの集合時間を聞きたいとき

何時までに戻ればいいですか？

What time should I back here?

ワッ　タイム　シュド　アイ　バック　ヒア

撮影の許可がほしいとき

写真やビデオを撮ってもいいですか？

Is it OK to take pictures or videos?

イズ　イット　オーケイ　トゥ　テイク　ピクチャーズ　オア　ヴィディオズ？

日本語案内がほしいとき

日本語のパンフレットはありますか？

Do you have a brochure in Japanese?

ドゥ　ユー　ハヴ　ア　ブロシュア　イン　ジャパニーズ

移動シーン

駅の場所を知りたいとき

駅までの道を教えていただけますか？

Could you please tell me how to get to the station?

クッジュー　プリーズ　テゥ　ミー　ハウ　トゥ　ゲット　トゥダ　ステイシャン

タクシーを呼んでもらうとき

タクシーを呼んでもらえますか？

Could you call a taxi for me?

クッジュー　コール　ア　タクシー　フォー ミー

地下鉄の切符売り場を知りたいとき

地下鉄の切符はどこで買えますか？

Where can I get a MRT ticket?

ウエア　キャナイ　ゲッタ　エムアールティー　ティケットゥ

タクシーで行き先を伝えるとき

オーチャード・レストランまでお願いします。

To Orchard Restaurant, please.

トゥ　オーチャード　レストラン　プリーズ

ホテルシーン

荷物を預けたいとき

荷物を預かってもらえますか？

Would you keep my baggage please?

ウッジュー　キープ　マイ　バゲジ プリーズ

プールに行く

プール用のタオルを貸してください。

Can I borrow a towel for the pool?

キャナイ　ボロウ　ア　タウエル　フォー　ザ　プール

トイレが壊れているとき

トイレの水が流れません。

The toilet doesn't flush.

ザ　トイレット　ダズン　フラッシュ

トラブルシーン

まわりに緊急を知らせるとき

緊急事態です。

It's an emergency.

イッツ　アン　エマージェンシイ

ものをなくしたとき

パスポートをなくしました。

I lost my passport.

アイ　ロスト　マイ　パスポート

盗難にあったとき

財布を盗まれました。

Somebody stole my wallet.

サムバディ　ストウル　マイ　ワレット

グルメシーン

コーヒーのおかわりがほしいとき
コーヒーのおかわりをもらえますか？
Can I have a refill of coffee?
キャナイ　ハヴァ　リフィル　オブ　カフィー

取り皿がほしいとき
取り皿をいただけますか？
Can I have some extra plates?
キャナイ　ハヴ　サム　エクストラ　プレイツ

持ち帰りたいとき
持ち帰り用の容器をください。
Can I have a to-go container, please?
キャナイ　ハヴァ　トゥ　ゴー　コンテイナー　プリーズ

違う料理がきたとき
これは頼んだ料理ではありません。
This is not what I orderd.
ジス　イズ　ノット　ワッ　アイ　オーダード

シェアしたいとき
みんなで分けて食べます。
I'd like to share it.
アイド　ライク　トゥ　シェア　イット

おすすめ料理を知りたいとき
おすすめは何ですか？
What do you recommend?
ワッ　ドゥ　ユー　リコメンド

会計を分けたいとき
別々に会計してもらえますか？
Can we pay separately?
キャン　ウィ　ペイ　セパレートリー

ショッピングシーン

試着したいとき
試着してもいいですか？
Can I try this on?
キャナイ　トライ　ディス　オン？

ほかのサイズがほしいとき
もう少し小さい(大きい)サイズはありますか？
Do you have smaller (larger) size?
ドゥ　ユー　ハヴ　スモーラー
(ラージャー)サイズ

包んでもらうとき
別々に包んでもらえますか？
Could you wrap these separately?
クッジュー　ゥラップ　ディーズ
セパレートリー

買物したものを袋に入れてほしいとき
袋に入れてもらえますか？
Could you put them in a bag, please?
クッジュー　プット　ゼム
イン　ナ　バッグ　プリーズ

クーポンを使う
このクーポンは使えますか？
Can I use this coupon?
キャナイ　ユーズ　ジス
キューポン

領収書がほしいとき
領収書をください。
Can I have a receipt please?
キャナイ　ハヴァ　レシート
プリーズ

エンタメシーン

チケットがほしいとき
明日のチケットを2枚ください。
Two tickets for tomorrow, please.
トゥ　ティキッツ　フォー
トゥモロゥ　プリーズ

席の値段を知りたいとき
いちばん安い席はいくらですか？
How much is the cheapest ticket?
ハウ　マッチ　イッダ　チーペスト
ティキットゥ

予約が必要か知りたいとき
予約は必要ですか？
Do I need a reservation?
ドゥァイ　ニーダ　リザヴェイシャン

ショーの時間を知りたいとき
ショーは何時に始まりますか？
What time does the show start?
ワッタイム　ダズダ　ショウ　スタァト

ショーがあるか知りたいとき
今日、ショーの開催はありますか？
Can I see a show today?
キャナイ　スィーァ　ショー　トゥデイ

初版印刷　2023年7月15日
初版発行　2023年8月1日

編集人　福本由美香
発行人　盛崎宏行
発行所　JTBパブリッシング
〒135-8165
東京都江東区豊洲5-6-36
豊洲プライムスクエア11階

企画・編集　情報メディア編集部
矢崎歩
取材・執筆・撮影　ブルーム(村山秀司、岡田知子)／袴もな／鈴木伸
表紙デザイン　中嶋デザイン事務所
デザイン　中嶋デザイン事務所／BEAM／山﨑デザイン室(山﨑剛)
橋本有希子／BUXUS(佐々木恵里)／office鐵
村上祥基／池内綾乃
表紙イラスト　MASAMI
本文イラスト　MASAMI／テライ アリサ／村山晴果
編集・写真協力　中田浩資／gettyimages／PIXTA
森本有紀／若宮早希
K&Bパブリッシャーズ／JTBシンガポール支店
地図　アトリエプラン
印刷所　凸版印刷

編集内容や、乱丁、落丁のお問合せはこちら
JTBパブリッシング お問合せ
https://jtbpublishing.co.jp/contact/service/

234592　762170
ISBN978-4-533-15531-4 C2026